Von der Uni ins wahre Leben

Lukas von Hippel • Thorsten Daubenfeld

Von der Uni ins wahre Leben

Das Know-how für den Jobstart

2., vollständig überarbeitete Auflage

Lukas von Hippel
Lonza Solutions AG
Basel, Schweiz

Thorsten Daubenfeld
Hochschule Fresenius
Idstein, Deutschland

ISBN 978-3-658-29944-6   ISBN 978-3-658-29945-3 (eBook)
https://doi.org/10.1007/978-3-658-29945-3

Die Deutsche Nationalbibliothek verzeichnet diese Publikation in der Deutschen Nationalbibliografie; detaillierte bibliografische Daten sind im Internet über http://dnb.d-nb.de abrufbar.

Springer
© Der/die Herausgeber bzw. der/die Autor(en), exklusiv lizenziert durch Springer Fachmedien Wiesbaden GmbH, ein Teil von Springer Nature 2011, 2020
Die 1. Auflage erschien 2010/2011 unter dem Titel „Vom Uni-Labor ins wahre Leben" im Wiley-VCH Verlag GmbH & Co. KGaA.
Das Werk einschließlich aller seiner Teile ist urheberrechtlich geschützt. Jede Verwertung, die nicht ausdrücklich vom Urheberrechtsgesetz zugelassen ist, bedarf der vorherigen Zustimmung des Verlags. Das gilt insbesondere für Vervielfältigungen, Bearbeitungen, Übersetzungen, Mikroverfilmungen und die Einspeicherung und Verarbeitung in elektronischen Systemen.
Die Wiedergabe von allgemein beschreibenden Bezeichnungen, Marken, Unternehmensnamen etc. in diesem Werk bedeutet nicht, dass diese frei durch jedermann benutzt werden dürfen. Die Berechtigung zur Benutzung unterliegt, auch ohne gesonderten Hinweis hierzu, den Regeln des Markenrechts. Die Rechte des jeweiligen Zeicheninhabers sind zu beachten.
Der Verlag, die Autoren und die Herausgeber gehen davon aus, dass die Angaben und Informationen in diesem Werk zum Zeitpunkt der Veröffentlichung vollständig und korrekt sind. Weder der Verlag, noch die Autoren oder die Herausgeber übernehmen, ausdrücklich oder implizit, Gewähr für den Inhalt des Werkes, etwaige Fehler oder Äußerungen. Der Verlag bleibt im Hinblick auf geografische Zuordnungen und Gebietsbezeichnungen in veröffentlichten Karten und Institutionsadressen neutral.

Titelfoto: Schum – stock.adobe.com

Springer ist ein Imprint der eingetragenen Gesellschaft Springer Fachmedien Wiesbaden GmbH und ist ein Teil von Springer Nature.
Die Anschrift der Gesellschaft ist: Abraham-Lincoln-Str. 46, 65189 Wiesbaden, Germany

Vorwort

Alle Studenten stehen am Ende ihres Studiums vor der Frage, was nun kommen soll. Das ging uns Autoren genauso, es geht uns eigentlich sogar noch heute an jedem Tag unseres Lebens so. Wir brauchen einen guten Grund, um morgens aufzustehen und den Tag damit zu verbringen, was wir an dem Tag machen dürfen oder sollen. Manchmal fremdgesteuert, manchmal selbstbestimmt.

Wir entscheiden genauso, wie Milliarden anderer Menschen jeden Tag entscheiden, ob sie zur Arbeit gehen wollen oder müssen: Wir werden den Zwang haben, Geld zu verdienen. Dann müssen wir zur Arbeit gehen, wobei jedes Unternehmen aus Menschen besteht, die auch einfach nicht zu Arbeit gehen könnten. Wir können einfach liegenbleiben, blaumachen, oder uns darauf freuen, dass wir gebraucht werden. Wir können aber auch zur Arbeit gehen wollen. Der Unterschied kann ganz leicht erklärt werden und ergibt sich fast intuitiv: Wenn wir schätzen, was wir machen, wenn wir wertgeschätzt werden für das, was wir machen, dann wird es uns mit hoher Wahrscheinlichkeit gut gehen. Wir werden gerne aufstehen und gerne arbeiten, weil unsere Arbeit Sinn stiftet und uns die Würde gibt, aus eigener Kraft leben zu können. Fehlt ein Baustein, sehen wir keinen Sinn in unserem Tun, erfahren wir keine Wertschätzung, werden wir mit hoher Wahrscheinlichkeit irgendwann krank werden, auch wenn wir Geld verdienen. Das muss nicht sein.

Auch erinnern wir uns noch immer gut daran, wie es für uns war, als wir nach der Hochschule in den Beruf wechselten und – als das gelungen war – feststellen mussten, dass wir nicht wirklich auf das vorbereitet waren, was uns erwartete. Wir hatten viele Kompetenzen nicht, die hilfreich gewesen wären, aber wir konnten auch mehr, als wir dachten. Wir haben im Lauf unseres Berufswegs verstanden, dass eine Hochschule letztlich keinen generalistischen Trainingsansatz verfolgen kann, sondern einem fachspezifischen folgen muss. Damit muss eine Ausbildung an einer Hochschule in vielen Bereichen von dem abweichen, was für einen erfolgreichen Berufseinstieg notwendig ist.

In unserem Fall hat es dazu geführt, dass wir, als wir uns auf einer Konferenz kennenlernen durften, uns zuhören konnten, wie wir vortrugen. Wir beschlossen, aus einem gehaltenen Vortrag und später noch weiteren Inhalten ein Buch zu machen, um Hochschulabsolventen für Themenfelder zu sensibilisieren, die für einen erfolgreichen Start in den Beruf wichtig sein können. Damit manche Lernkurve, die wir hart nehmen mussten, für andere leichter werden könnte. Dieses Buch erschien zunächst in einer anderen Form 2011 bei Wiley-VCH und richtete sich an Absolventen der MINT-Fächer.

Als wir mehr und mehr Rückmeldungen von Lesern bekamen, wurde uns auch die Frage gestellt, warum wir denn nur für Naturwissenschaftler geschrieben hätten, die Inhalte seien doch für alle Hochschulabsolventen interessant und relevant. Das war für uns eine unerwartete und deshalb besonders interessante Rückmeldung, waren wir doch davon ausgegangen, andere Disziplinen wüssten vielleicht mehr als wir und bräuchten ein solches Starterpaket nicht. So kann man irren. Nach fast zehn Jahren hatte das Buch auch durchaus eine Frischzellenkur vertragen, die wir vorgenommen haben. Mit Springer Gabler haben wir einen Verlag gefunden, der die Idee und das Konzept des Buches ebenfalls attraktiv findet, mit Frau Buttkus und Frau Harsdorf zwei Lektorinnen, die uns als Autoren kompetent und zügig durch verschiedene Dschungel und Wüsten des Verlagswesens führten, was unsere Arbeit leicht machte. Gleichzeitig haben sie uns nicht erlaubt, dass wir uns bequem zurücklehnen konnten und uns angehalten, präzise zu sein, wo wir schluderten und genauer zu werden, wenn es nicht so deutlich war, wie wir es meinten. Dafür möchten wir danken.

Ein Wort zum geistigen Eigentum: Wir wissen, dass wir unser Können durch Lernen von anderen erworben haben und nicht nur durch Selbstreflexion. Oft können wir nicht einmal mehr benennen, woher unser Wissen kommt. Wir haben Meter von Büchern gelesen in unserem Leben und können nicht mehr angeben, von wem alles wir gelernt haben. Wir haben Sokrates ebenso gelesen wie Bücher über Steve Jobs von Apple. Wir haben Goethe genauso genossen wie Bücher über die Strategieentwicklung von Unternehmen. Wir haben uns über Dürrenmatt hergemacht, wie auch über Studien zum kollektiven Verhalten von Gesellschaften. Wir kennen sogar Novalis und Google. Das alles im Anhang anzugeben, wäre wenig hilfreich. Besser ist es, wenn sich alle selbst auf die Reise machen, zu lesen, was ihnen in die Finger kommt, mit anderen zu sprechen, andere Meinungen und Wahrnehmungen zu hören, zu überdenken und selbst zu entdecken, was für sie wichtig ist und sie prägt.

Nicht jedes Buch, das wir hatten, haben wir auch heute noch im Regal, nicht jeder geniale Gedanke, an dem wir uns formen durften, ist uns heute noch mit seiner geistigen Urheberschaft präsent. Dennoch denken wir, dass wir die Mischung neu vorgenommen haben, und wir haben versucht, die nach unserem Verständnis für Hochschulabsolventen wichtigsten Themen komprimiert anzubieten.

Wir haben – zur besseren Lesbarkeit – auf die heute politisch korrekte durchgehende Verwendung aller Geschlechter im Text verzichtet. Für uns ist klar, dass Leser biologisch männlichen oder weiblichen Geschlechts sein können oder sich als divers fühlen können, wir haben sogar einige Gedanken darüber im Text verarbeitet. Wenn sich also ein Leser diskriminiert fühlen sollte, so appellieren wir an den guten Willen, uns nicht zu verklagen, denn wir wollen nicht diskriminieren, sondern einen besser lesbaren Text und weniger Seiten verkaufen. Mit nichts kann man mehr Seiten schinden als mit der durchgängigen politisch korrekten Benennung von Geschlechtern. Manche Drucksache des Deutschen Bundestages gibt ein Beispiel, wie das Verständnis eines Zusammenhangs durch politisch korrekte Bandwurmsätze auf der Strecke bleiben kann, was seitens anderer bereits zu Kritik an dieser Schriftform führte.

Unsere Familien haben ertragen, dass wir schrieben, was naturgemäß nicht Teil unserer täglichen Arbeit ist. Damit ertrugen Sie die Last unserer An- und Abwesenheit gleichermaßen und haben Geduld und Leidensfähigkeit gezeigt. Für diese Unterstützung möchten wir uns herzlich bedanken, wir durften es nicht erwarten, sind dankbar dafür.

Nun liegt es an Ihnen, zu entscheiden, ob wir am Bedarf vorbei geschrieben haben, oder ob die Themen, die wir angerissen haben, für Absolventen den Stellenwert haben, den wir meinen, erkannt zu haben. Wenn das Buch gut ist, sagen Sie es weiter, wenn es nicht gut ist, sagen Sie es uns.

Vor Ihrem Urteil steht aber nun die Prüfung des Inhalts. Bei der Lektüre wünschen wir viel Freude und manches Aha-Erlebnis.

Alzenau, Deutschland Lukas von Hippel
Allendorf, Deutschland Thorsten Daubenfeld
im Mai 2020

Inhaltsverzeichnis

1 Der Realitätsschock erster Arbeitstag   1

2 Das Rüstzeug oder: Die Kompetenzen, die ich habe – und was ich sonst noch so alles bräuchte   9

3 Landkarte der Möglichkeiten – was man mit den Kompetenzen so alles anstellen kann (im studierten Fach und anderswo)   141

4 Und jetzt? – Was sich ab heute ändern soll, um diese Frage zu beantworten   241

5 Was ich will – nicht, was man macht   305

1
Der Realitätsschock erster Arbeitstag

Zusammenfassung Der erste Arbeitstag in einem Unternehmen wird nur wenig mit Ihrem bisherigen Alltag an der Universität zu tun haben. In diesem einführenden Kapitel beschreiben wir anhand zahlreicher Beispiele, wie dieser „Praxisschock" für einen frisch gebackenen Uni-Absolventen aussehen kann. Diesen Praxisschock zu vermeiden oder zumindest abzufedern – davon handelt dieses Buch.

Mit dem ersten Arbeitstag im Beruf verändert sich das Leben eines Hochschulabsolventen nachhaltig. Endlich geht es darum, all das Wissen, das in jahrelanger Mühsal erarbeitet und erlernt wurde, anzuwenden. Dafür haben wir studiert. Dafür haben wir uns ausgebildet und ausbilden lassen. Wir haben in uns und unsere Zukunft investiert, auch wenn wirtschaftlich eine Lehre mit anschließender Weiterbildung mit hoher Wahrscheinlichkeit einfacher und wirtschaftlich erfolgreicher gewesen wäre. Nicht jeder erreicht einen Vorstandsposten in einem großen Konzern, und ein Meister mit einem eigenen Betrieb kann oftmals schneller wohlhabend werden als ein Akademiker.

Wer in Deutschland nach der mittleren Reife eine Lehre macht, erhält dafür bereits Geld und erwirbt Anwartschaftszeiten für eine spätere Rente und Rentenpunkte. Wer Abitur macht, hat sich qualifiziert, aber auch auf Anwartschaftszeiten verzichtet. Wer studiert, verzichtet ebenfalls darauf, bereits in ein Sozialsystem einzuzahlen und zumindest einen kleinen Schutz gegen Erwerbslosigkeit ebenso aufzubauen, einen schon größeren für eine wie immer geartete Altersvorsorge. Unsere Bildung war es uns also wert, zu verzichten und in uns und unsere Ausbildung zu investieren.

Wir haben Nächte gebüffelt, an Wochenenden für Klausuren gelernt, Praktika gemacht. Halt geschuftet. Weil es uns oft Spaß gemacht hat und weil wir der Meinung waren, dieses, unser Studium schaffen zu wollen. Manchmal aber auch, weil es halt im Studium so vorgesehen war und wir uns durchbeißen mussten. Nach der Lernphase kommen jetzt das Geldverdienen und die Nutzung der so hart erarbeiteten Kompetenzen. Auf diesen Tag haben wir, ganz wörtlich zu nehmen, jahrelang hingearbeitet.

Unser Weg zum Arbeitsalltag könnte in etwa so aussehen: Nach dem mehr oder weniger ausgedehnten Verhandeln des ersten Arbeitsvertrages ist es nun so weit. Wir sind stolz auf unseren Arbeitsvertrag, unsere Familie und unsere Freunde haben sich gefreut, mancher Kommilitone beneidet uns, wir sind gespannt und elektrisiert. Den zukünftigen Chef haben wir schon ein oder zweimal gesehen, vielleicht haben wir es so gut, dass wir den Chef schon von einer Konferenz oder aus einer Kooperation kennen, aber das wird eher die Ausnahme bleiben. Die zukünftigen Kollegen kennen wir mit hoher Wahrscheinlichkeit noch nicht alle, die vielleicht auch vorhandenen Mitarbeiter kennen wir in der Regel ebenso wenig, haben Sie bestenfalls im Rahmen unserer Vorstellungsgespräche einmal zu sehen bekommen. Der Weg in die neue und vielleicht noch weitgehend unbekannte Stadt hat funktioniert, vielleicht war die letzte Nacht noch eine im Hotel, vielleicht werden noch weitere im Hotel folgen oder wir haben schon ein möbliertes Zimmer gefunden, vielleicht sogar schon die erste Wohnung, die ziemlich sicher nicht unsere letzte sein wird. Die letzte Nacht war sicher nicht geprägt von ausgedehntem und erholendem Schlaf: Neugier, Fragen, Sorgen. Was, wenn ich scheitere und der Aufgabe nicht gewachsen bin? Was, wenn mitten in der Probezeit etwas schief geht? Was werde ich alles zu arbeiten haben? Schaffe ich das? Aber auch Freude: Ich kann endlich beweisen, was ich kann. Das wird bestimmt spannend und schön. Endlich die Welt verändern. Das Leben ist schön. Meistens.

Anmeldung bei der Rezeption als neuer Mitarbeiter, dann der Weg zum neuen Chef. Ein paar nette Worte, wie man sich doch auf die Zusammenarbeit freut. Gang zur Personalabteilung, um die Lohnsteuermerkmale, den Sozialversicherungsausweis und weitere Daten abzugeben, wenn das nicht bereits vorab geschah. Nun kommt also der eigene Schreibtisch, vielleicht in einem eigenen Büro, vielleicht in einem Gemeinschafts- oder Großraumbüro. Die Runde bei den Kollegen, den Mitarbeitern, die Übergabe der Insignien der Macht: Rechner, Mobiltelefon, Visitenkarten, Schlüssel oder Chipkarte, vielleicht die Arbeitsordnung, vielleicht Berufsbekleidung: Sicherheitsschuhe, Blaumann oder Weißkittel, vielleicht will der Werksausweis gemacht sein, vielleicht der Werksarzt besucht werden, die Kantine, wenn es sie gibt, möchte vermutlich auch eine besondere Geldkarte zum Bezahlen. Wenn nötig wird es eine Sicherheitsbelehrung geben, vielleicht auch eine Delegation von Pflichten, was immer das sein mag. Eine Kostenstelle will geführt werden, auf einmal habe ich Verantwortung für mehrere hunderttausend Euro, vielleicht für mehr als eine Million. So viel Geld. Der erste Tag ist rum, vielleicht die ersten Tage. Haben wir unser Geld verdient? Eher noch nicht. Noch kosten wir, wird in uns investiert. Finden wir den Weg zurück zum Ausgang? Morgen den Weg zurück zum Büro? Wo war das Klo? Wo war die Kantine? Wie waren noch mal die Namen der Kollegen? So viele neue Gesichter, so viele neue Namen. Dummerweise passen die nicht immer zusammen. Aber zum Glück lichtet sich der Nebel mittlerweile teilweise.

Wenn wir Glück haben, ist unser Vorgänger noch da und hat auch Zeit für uns. Das ist eher unwahrscheinlich, denn unser Vorgänger möchte ja entweder woanders arbeiten und das Unternehmen verlassen – wieso denn eigentlich? – oder bekommt eine neue Aufgabe und muss sich selbst auf die neue Aufgabe vorbereiten. Wenn wir Glück haben, ist er wenigstens einige Tage da und kann uns ein bisschen helfen. Vielleicht ist der aber auch schon weg und unsere Kollegen auch nicht gelangweilt. Gibt es einen Einarbeitungsplan? Wenn es gut geht, dann ja, aber der wird auch nicht alles beinhalten, was wir wirklich bräuchten. Vielleicht laufen wir die erste Woche rum, die EDV geht nicht, denn ein neuer

Rechner ist immer schwer zum Leben zu erwecken. Die Namen und Gesichter verschwimmen anfangs noch stark, später nicht mehr so richtig, die Müdigkeit geht auch langsam zurück, es setzt so eine Art Gewohnheit ein, der Adrenalinpegel pendelt sich ein. Wenn da nicht die Mitarbeiter wären. Die auch noch Anleitung wollen. Von mir. Aber die können wir ja noch gar nicht geben, wir verstehen ja noch viel zu wenig von dem Geschäft, für das wir eingestellt wurden. Dennoch: aus der Nummer kommen wir zumindest jetzt nicht raus, denn dafür sind wir eingestellt.

Mehrere Mitarbeiter wollen geführt werden, wollen wissen, was sie machen sollen. Wie sage ich denen, dass ich doch noch keine Ahnung habe? Darf ich das, oder bin ich dann als Vorgesetzter unten durch? Was waren nochmals die Aufgaben, die zu erledigen waren? Aha. Wissenschaftlich vielleicht nicht hoch interessant, denn Wirtschaft ist nun mal nicht universitäre Spitzenforschung. Nicht alle benötigen ein Rennpferd: Wenn es um das Bewegen schwerer Lasten geht, ist das auch zu schnell kaputt und dafür nicht geeignet. Ackergäule haben nicht nur ihre Berechtigung, ohne sie geht es nicht. Erst wenn viele arbeiten, kann auch ein Rennpferd seine Existenzberechtigung haben. Sind wir Ackergäule? Ja, das sind wir auch, und wir finden auch nichts Negatives daran, Beiträge zu leisten, damit mehr Menschen als nur wir satt werden. Es ist schön, wenn die eigene Arbeit einen Beitrag leisten kann, damit viele Menschen eine gesicherte Existenz haben.

Ich kenne die Welt außerhalb der Hochschule noch nicht, ich habe mich damit noch nicht auseinandergesetzt. Ich habe doch gelernt, mich immer damit auseinanderzusetzen, was gerade Stand der Debatte in der wissenschaftlichen Gesellschaft in meiner Disziplin ist. Wo bekomme ich Informationen her? Reicht Google, um über die Runden zu kommen? Stimmt es, dass ich nicht alles wissen muss, nur, wo ich es finde?

Spätestens jetzt werden wir lernen, dass es nicht reicht, zu wissen, wo etwas steht, wenn eine schnelle Entscheidung benötigt wird. Auch Kochrezepte helfen nicht weiter, denn die Zutaten werden täglich neu gemischt, aber das Menu will gekocht werden. Wie lerne ich am schnellsten, was ich benötige, um meine Aufgaben sinnvoll zu erledigen? Wir kann ich sicherstellen, dass meine Mitarbeiter nicht Däumchen drehen? Was kann ich machen, um ein sinnvolles Mitglied der wirtschaftlichen Gemeinschaft zu werden, in der ich jetzt arbeite? Wie kann ich dafür sorgen, dass die Firma, die pro Jahr mehr als ein Einfamilienhaus in mich und meinen Arbeitsplatz investiert - oder zumindest mehrere Garagen -, auch einen angemessenen Rückfluss für die Investition bekommt? Wie kann ich dafür sorgen, dass mein Schreibtisch und die daran geleistete Arbeit einen Mehrwert für alle darstellt, die dafür bezahlen, dass es mich an diesem Schreibtisch gibt? In anderen Worten: Was kann ich machen, um sinnvoll beschäftigt zu werden?

Vielleicht sind wir aber auch eher in ein Projektgeschäft geraten. Auch hier werden wir die firmentypischen Gebiete kennen lernen, auch hier geht der Gang zur Personalabteilung, zum Chef, zu den Kollegen. Auch hier will das Unternehmen kennengelernt werden, aber statt eigener Mitarbeiter werden wir vielleicht schon in typische Projekte gesteckt, bekommen zunächst etwas zu lesen. Vielleicht sind wir auch schon nach zwei Tagen auf einer Baustelle oder vor Gericht, vielleicht unterwegs in eines der besonders schwer zugänglichen Länder der Erde, um einen Vertrag zu verhandeln, eine Pipeline zu verlegen, vielleicht aber auch damit beschäftigt, einen Kindergarten mit einem Schaltschrank zu versehen, oder die Interessen anderer vor Gericht zu vertreten.

Auch hier werden wir mit völlig neuen Themen konfrontiert. Wir kennen die EDV-Programme nicht, die wir nun nutzen sollen, kennen nicht die Kunden, für die wir arbeiten, haben erstmalig mit Themen zu tun, die wir vorher nicht hatten. Wir werden vielleicht gleich viel, vielleicht erst mal weniger Verantwortung bekommen, aber wir werden in die Zukunft unserer Firma eingreifen. Vielleicht entwickeln wir einen neuen Stoßdämpfer, vielleicht einen neuen Motorblock, vielleicht beschäftigen wir uns mit der biotechnologischen Herstellung von Medikamenten und der Frage der optimalen Temperatursteuerung in einem Fermentationsbehälter, oder aber mit der Steuerung einer alkoholischen Vergärung. Vielleicht simulieren wir eine Trunkenheitsfahrt am Rechner oder stellen Modelle für die Fluggastbewegungen am Flughafen in Manila auf.

Eine erste Phase kann dann so aussehen, wie sie uns tatsächlich passiert ist: Eben noch nach der Promotion arbeitslos und in einer Fortbildung, dann wenige Tage später beim ersten Arbeitgeber. Übergabe der Insignien der Macht, der Vorgänger theoretisch noch da, praktisch nicht, da schon mental in der neuen Aufgabe. Ein neues Unternehmen, zwanzigtausend Kollegen, am Standort mehrere tausend. Drei Labors, ein

Technikum, zwei Diplomanden, fünf unterschiedliche Themen und inhaltlich keine Ahnung. Abends ein möbliertes Zimmer, das eine Frechheit ist mit Dusche und Toilette im Keller, erreichbar über zwei Treppen im gemeinsamen Treppenhaus. Ernährung von der Tankstelle, jedes Wochenende 1000 Kilometer pendeln zur Familie mit zwei kleinen Kindern. 15 Mitarbeiter, die etwas von einem wissen wollen, Spielregeln, die die anderen kennen, man selbst nicht. Was ist ein Zeitschriftenumlauf? Keiner sagt „Du" zu einem, an der Uni war das aber ganz anders. Gefühlte tausend neue Namen, Gesichter. Manche nett, manche nicht. Wie kann ich die Inhalte der Themen schnell beherrschen, an denen die 15 Mitarbeiter arbeiten? Das ist sicher heftig.

Meistens wird die erste Stelle nicht ganz so hart ausfallen, es kann aber passieren. Dann dauert das Auftauchen vielleicht auch etwas länger als die Probezeit, dann dauert es noch etwas länger, bis die Kompetenzen reichen, die Themen so zu bearbeiten, dass innovative Ideen geboren werden. Vielleicht hat das Leben aber auch andere lustige Ideen, was wir als Aufgaben bekommen können, wenn wir den uns bekannten Lebensraum Hochschule verlassen.

Unser Leben ist auf einmal wie ein Überraschungs-Ei: bunt eingewickelt, leicht außer Form zu bringen, außen süß, innen sperrig und nicht leicht verdaulich, wenn's gut geht nicht nur mit einer Figur, sondern mit etwas zu Basteln oder einem Puzzle dabei und nicht wirklich vorhersagbar. Was aber vorhersagbar ist, dass wir von unserer Ausbildungsstätte nicht wirklich auf unser Leben hin ausgebildet wurden, ja, auch nicht ausgebildet werden konnten, denn dazu ist das Leben zu vielfältig. Wir werden auch erkennen, dass wir zwar fast alles verwenden können, was wir mal gelernt haben, aber noch viel, viel mehr brauchen, um im Beruf erfolgreich zu sein.

Wir haben vielleicht auch noch gehört, ein guter Absolvent unseres Studiengangs kann alles. Bitte, bitte, glauben Sie das nicht! Wir können nicht alles, auch nicht alles besser. Es gibt Gründe, warum wir gemacht haben, was wir machen, und warum andere sich anders haben ausbilden lassen. Leider hat uns an dieser Stelle unsere Hochschule im Stich gelassen und nicht wirklich ausgebildet. Wir haben nicht gelernt, wie wir Menschen führen, wir haben nicht gelernt, welche Fallen die Kommunikation für uns bereithält. Wir haben nicht gelernt, dass wir vielleicht sogar dieselben Worte verwenden und doch etwas ganz anderes meinen können. Das sind dann perfekte Fallen, in die wir hineinlaufen können und vermutlich auch werden. Wir haben nicht gelernt, was wir alles nicht können und was uns wirklich noch fehlt. Von dem, was wir noch brauchen könnten, worüber es lohnt, auch einmal nachzudenken, davon handelt dieses Buch.

> # 2

Das Rüstzeug oder: Die Kompetenzen, die ich habe – und was ich sonst noch so alles bräuchte

Zusammenfassung In diesem Kapitel schauen wir zunächst auf das, was da ist: Wissen und Fähigkeiten, die Sie bereits besitzen – vielleicht, ohne dass Sie es bisher wussten! Diese sind Ihre Basis für den Start ins Berufsleben. Aber wir schauen uns auch die Grenzen von Wissen und Fähigkeiten an.

Anschließend skizzieren wir die notwendigen Soft Skills, zu denen vor allem das Wissen um Teamworking sowie Kompetenzen in der Kommunikation und der Unterscheidung zwischen Sach- und Beziehungsebene gehören. Auch dem Thema Führung ist ein breiter Abschnitt gewidmet, da Sie sich vermutlich in Ihrem Berufsleben aktiv oder passiv damit auseinandersetzen werden.

Im dritten Teil gehen wir auf die notwendigen wirtschaftlichen Basiskenntnisse ein, die im Berufsleben unabdingbar sind. Sie werden Begriffe wie Gewinn- und Verlustrechnung, Bilanz, Rentabilität oder Opportunitätskosten kennenlernen. Und wir geben Ihnen Hinweise, wo Sie all dieses Wissen außerhalb der Universität praxisnah weiter lernen können.

Sie stehen vor einer Entscheidung. Vor der Entscheidung, was Sie zumindest für die nächsten Jahre Ihres Lebens machen wollen, vielleicht für den ganzen Rest. Sie haben sich ausbilden lassen, vielleicht in Deutschland, vielleicht in einem Auswärtssemester oder gar länger irgendwo anders auf der Welt, und Sie haben viel gelernt. Dennoch hat Ihnen niemand vor Beginn des Studiums eine spätere Anstellung fest versprochen, es sei denn, Sie kommen aus einem der familiengeführten Unternehmen und Ihre Familie hat Sie eine bestimmte Ausbildung machen lassen, die Sie später einmal beruflich nutzen sollen. Sie haben also Ihr Studium gemacht, ganz einfach, weil es Sie interessiert und weil es Ihnen entspricht, weil es Ihnen liegt. Das hat mit Ihren Kompetenzen zu tun.

Was wir können

Kompetenzen haben Sie viele, die meisten witziger Weise schon in Ihrem Elternhaus erlernt. Bis zu unserem dritten Lebensjahr entwickeln wir viele unserer kognitiven Fähigkeiten, wir lernen räumlich zu sehen[1] oder wir lernen es nie wieder in unserem Leben. Es werden emotionale Weichen gestellt, wir entwickeln viele unserer späteren Verhaltensmuster. Manche davon dürften genetisch bedingt sein, andere wiederum sind erlernt. Werden erlernt nach dem Prinzip von Ermunterung oder Bremsen, durch die Bereitschaft, etwas auszuprobieren und auch mit dem Scheitern umzugehen. Vielleicht haben Sie schon einmal kleine Kinder gesehen, die hingefallen waren und sich zu ihrer Betreuungsperson umgedreht haben: Wenn die locker bleiben und nichts sagen, stehen Kinder oft ohne Tränen auf und machen weiter, selbst wenn sie bluten; wenn hingegen eine erschrockene Reaktion kommt und zu Hilfe geeilt wird, dann setzt ein Gebrüll ein, auch wenn das Knie nicht blutet, ganz nach dem Motto: „sage mir, wie ernst es ist …". Wir lernen in diesem Alter, uns auf unsere Umwelt einzustellen, sie auf uns wirken zu lassen, aber auch auf sie einzuwirken. Dabei wird unser Aktionsradius immer größer,

---

[1] Die Hirnforschung hat in den letzten Jahrzehnten enorme Fortschritte gemacht. Neben vielen populärwissenschaftlichen Artikeln wie unter https://www.spiegel.de/wissenschaft/medizin/hirnforschung-raeumliches-sehen-wird-erlernt-a-839569.html bietet sich besonders die Max Planck Gesellschaft an, sich weitergehend mit den Inhalten auseinanderzusetzen https://www.mpg.de/de.

unsere das Verhalten bestimmenden Grundkompetenzen stehen aber schon nach wenigen Jahren und können dann kaum noch verändert werden. Und das erste Mal in unserem noch jungen Leben beschließen wir mit drei oder vier Jahren, dass wir auswandern, auch wenn wir dann merkwürdigerweise abends doch wieder in unserem Bett einschlafen.

Ob Sie vor dem Fernseher groß wurden oder Bücher lasen, ob Sie ein Instrument spielen, oder aber im Sportverein waren, ob Sie sich in der Kirche engagiert haben, beim Roten Kreuz oder der Feuerwehr, ob Sie den Keller gesprengt haben oder Bilder malten, Sie haben dabei – ganz nebenbei – Kompetenzen erlangt, die Ihnen nicht nur durch die Schulzeit geholfen haben, diese Kompetenzen haben Sie bereits geprägt und die Prägung werden Sie nicht mehr loswerden, Sie werden sie teilweise sogar einmal weitergeben werden an Ihre eigenen Kinder.

Vielleicht erinnern Sie sich auch noch dunkel an Ihren Biologieunterricht, in dem Sie von Genotypen und Phänotypen gesprochen haben, also dem, was wir in unseren Genen mit uns mitschleppen und was wir durch unsere Umgebung gelernt haben. Dann kam das Human Genome Project,[2] die Entschlüsselung unserer Gene, von denen wir bis heute noch immer nur ansatzweise verstehen, was diese alles mit uns machen. In der Folge wurden wir immer stärker mit Informationen versorgt, was alles Teil unserer Gene ist: Anfälligkeit für Krankheiten, unser Aussehen vor der Anbringung von dekorativer Kosmetik oder dem Skalpell des Schönheitschirurgen, aber auch ganze Verhaltensmuster, wie zum Beispiel, dass wir heute wissen, dass es Spiegelneuronen in uns gibt, die uns befähigen, die Mimik unserer Gesprächspartner zu spiegeln und so zu vermitteln, dass wir den Anderen verstehen: Wir können mit anderen lachen, weinen, Grimassen schneiden. Vieles davon ist nicht erlernt, sondern steckt in uns drin, ist Teil unserer Natur.

Dabei können wir unsere genetisch bedingten Merkmale nur begrenzt beeinflussen, denn keiner von uns kann viel an seinem Aussehen ändern, an seinem Körperbau, an seiner Haar- und Augenfarbe, es sei denn, wir greifen auf die Errungenschaften der modernen Chemie und Medizin zurück. In unseren Genen stecken aber auch weit mehr Informationen und Verhaltensmuster, als wir uns heute träumen lassen, denn auch der

---

[2] Als eins von vielen kann man hier weitere Informationen bekommen. https://www.genome.gov/human-genome-project.

Umgang mit Gefahren, die Kreativität, ja sogar unsere Intelligenz ist ganz entscheidend von unseren Genen geprägt und nicht nur von der Erziehung. Es gab und gibt zwar Lehrmeinungen, die das permanent negieren und behaupten, dass alle Menschen in der Geburt sich gleichen. Selbst unsere geschlechtliche Ausprägung, sprich ob wir Mann oder Frau sind, sei das Ergebnis eines Lernprozesses und somit steuerbar. Somit sei jeder zu allem befähigt sei, wenn es nur die gleichen Chancen hätte, aber gehen Sie bitte davon aus, dass es ziemlich blanker Unsinn ist. Genetisch hat der Mensch auch nur zwei Geschlechter, egal, zu wie vielen wir uns versteigen, uns zurechnen zu wollen. Wenn Sie mit den Ideen konfrontiert werden, wir alle seien ab Geburt gleich und erst durch spätere Erziehung würden wir uns differenzieren, fragen Sie einfach mal, wie viele Kinder Ihr Gesprächspartner hat. Ab Geburt sind wir Individuen mit Stärken und Schwächen. Unsere Geschichte ist schon ziemlich weit geschrieben, bevor wir das Lesen und Schreiben erlernen. Fragen Sie Ihre Eltern oder Ihre Großeltern, die werden es sicher bestätigen.

Je mehr Kinder ein Mensch hat, desto klarer erkennt er, dass bereits mit der Geburt ein ziemlich komplett ausgestatteter Mensch das Licht der Erde erblickt hat, den die Eltern noch einige Jahre begleiten dürfen, der aber nicht ein unbeschriebenes Buch mit leeren Seiten ist. Mindestens die Hälfte der Geschichte ist schon geschrieben. Seitdem das menschliche Genom entschlüsselt wurde, hat sich für die Biologen ein wahres Schatzkästchen geöffnet: Endlich können wir hier über die in der Vergangenheit oft phänomenologische Beschreibung hinausgehen und Zusammenhänge wesentlich präziser beschreiben, als es noch vor wenigen Jahren möglich war. Wann das Auswirkungen auf moderne Erziehungstheorien haben wird, ist offen, gut ist aber, dass wir nun immer besser verstehen, wie viel von unseren Verhaltensweisen, Fähigkeiten und Limitierungen schon mit unserer Zeugung in uns gelegt wurden und was wir wirklich durch Erziehung beeinflussen können. Das bedeutet nicht, dass damit die Bereitschaft zu Anstrengung enden sollte, aber wir sollten für uns akzeptieren, dass wir, wenn wir den Körperbau eines Hammerwerfers haben, im Schulsport nie eine Eins bekommen konnten, da dort Leichtathletik, nicht Schwerathletik unterrichtet wird. Das ist noch einleuchtend, weil wir die Unterschiede im Körperbau sehen können.

Die gleichen Unterschiede gelten aber auch in unserer intellektuellen Grundausstattung, nur die kann man nicht so einfach sehen. Dennoch sind sie da, und das ist gut: Wir brauchen keine Welt, die nur Weltmeister im 100 m-Lauf hervorbringt. Wir brauchen die Vielfalt der Begabungen und Fähigkeiten. Damit haben wir aber auch zu akzeptieren, dass wir es unser ganzes Leben lang mit Menschen zu tun haben, die ganz anders gestrickt sind als wir. Um dennoch eine Art gesellschaftlichen Konsens darüber zu bekommen, was jeder können sollte und welches Maß an gemeinsamem Wissen man voraussetzen darf, haben dazu geführt, dass Standards gesetzt wurden, die zu bestimmten Schulabschlüssen führen. Dabei gibt es Fächer, die uns mehr oder weniger liegen. Die, die uns liegen, fallen uns leicht zu lernen, darin sind wir gut, sie unterstützen also unsere Grundkompetenzen, andere fallen uns schwer, weil wir sie nicht so ausgeprägt in unserem Grundrepertoire haben. Aber auch diese sollten ernstgenommen werden, denn so entsteht etwas, was eine Gesellschaft braucht: Die Möglichkeit, sich über berufliche Grenzen zu verstehen und eine Gesellschaft zu steuern. Wenn als Grundlage für eine Gesellschaft gesetzt wird, dass der Zahlenraum bis eintausend in etwa beherrscht wird und mit dem Taschenrechner oder der App gerechnet wird, wenn es gute und böse Technik gibt – Smartphone ist gut, Energieversorgung schlecht, wenn es gute und böse Bekleidung gibt – je nach Hersteller, dann verbringen wir viel Zeit in Stellungskriegen zwischen Befindlichkeiten, aber nicht mehr in einer sinnvollen Diskussion zur Lösung der anstehenden Probleme. Auch sich zu bilden darf anstrengen und geistiger Muskelkater ist sicher ebenso wertvoll wie eine schmerzende Wade.

Und was wir lernen

Wir sind aber auch in einer Gesellschaft groß geworden, die uns gelehrt hat „was man macht, und was nicht". Wir haben gelernt, wie wir einander die Hand geben, wir haben vielleicht noch gelernt, mit Messer und Gabel zu essen, wir haben gelernt, dass bei uns das Glas bei einem gedeckten Tisch auf der rechten Seite steht und wie man ein Weinglas hält. Wir haben gelernt, auf welcher Seite der Straße die Autos fahren und dass Herdplatten heiß sein können. Wir haben hoffentlich Lesen und Schreiben gelernt und nutzen es hoffentlich auch, sind keine funktionalen Analphabeten. Wir haben gelernt, Dinge und Menschen schön oder hässlich zu finden, wir haben gelernt, was wir lustig finden und was nicht. Wir haben gelernt, was wir richtig oder falsch finden und hoffentlich auch, wie wir mit anderen Meinungen umgehen. Wir haben gelernt, uns in fremden Sprachen auszudrücken. Wir haben gelernt, wie diese Erde aufgebaut ist, wir haben rechnen gelernt und uns mit Differenzialgleichungen beschäftigt, wir durften im Unterricht singen, malen, Sport betreiben und wir haben festgestellt, dass nicht alles zu uns passt und uns Freude macht. Danach kam eine ganz persönliche Entscheidung.

Dann haben wir uns für ein Studium entschieden. Die Gründe können vielfältig sein, die Entscheidung war aber letztlich eine persönliche. Das ist insofern wichtig, weil Sie hier Einfluss auf Ihr weiteres Leben genommen haben in einer Ausprägung, wie es Ihnen vielleicht zunächst noch gar nicht klar geworden ist, weil Sie sich zwar positiv damit auseinandergesetzt haben, aber vielleicht nicht abgrenzend nach dem Motto: Was ich nicht will – und was bedeutet es für mich, wenn ich nicht genau weiß, was ich nicht will.

Alle diese Fähigkeiten, die Sie teilweise tief in sich drinnen verinnerlicht haben, einfach, weil Sie die Eltern haben, die Sie haben, in der Umgebung groß geworden sind, in der Sie groß wurden und die Bildung genossen haben, die Sie hatten. Sie sind dabei erwachsen geworden und haben angefangen, Ihr Leben selbst bestimmt zu leben. Dann haben Sie sich für ein Studium entschieden, um einen Themenkreis, der Sie besonders interessiert, zu vertiefen. Das war eine klare und bewusste Entscheidung (hoffen wir mal), die Sie aufgrund verschiedener Aspekte getroffen haben. Vielleicht haben Sie sich einfach für das Fach interessiert, vielleicht haben Sie sich überlegt, dass man besonders gute Aussichten auf eine spätere Anstellung hat, vielleicht gab es ein Vorbild im Umkreis, bei dem Sie gesagt haben, so möchten Sie auch einmal werden, vielleicht …

… spekulieren wir hier zu viel über Ihre Gründe, und Sie haben ganz andere gehabt. Das ist gut möglich, denn wir liegen mit unseren Spekulationen meist falsch. Wichtig ist aber, warum Sie sich für das entschieden haben, was Sie gemacht haben, denn nur wenn Sie das wirklich verstanden haben, dann können Sie sich auch besser verstehen, welche Motivatoren Sie haben, welche Dinge Sie interessieren und antreiben, vielleicht sogar, für welches Erlebnis oder Ergebnis Sie bereit wären, zu sterben. Wenn Sie sich darüber genauer Rechenschaft angelegt haben, werden Sie sich und Ihre Motive besser kennen lernen. Doch dazu später mehr. Lassen Sie uns noch etwas bei Ihren Kompetenzen verweilen.

Die Startposition

Sie haben in Ihrem Studium unglaublich viele Erfahrungen gemacht: Sie haben sich in vielen Studiengängen mit Mathematik beschäftigt und sowohl gelernt, was die zweite Ableitung einer Formel bedeutet, als auch, wie man sie ausrechnet. Sie haben Integrale berechnet, Sie haben vielleicht Hyperflächen berechnet, Programme selbst geschrieben oder benutzt. Statistiken über Käuferverhalten ebenso ausgewertet, wie menschliche Verhaltensmuster analysiert. Sie haben vielleicht im Labor gestanden und Chemikalien zusammengerührt – und die Experimente sogar überlebt. Und Sie haben gelernt, genug Vertrauen in andere zu entwickeln, dass Sie nicht nur die eigenen Experimente überlebt haben, sondern auch die Ihrer Kommilitonen. Sie haben vielleicht Mäuse seziert und den Ekel überwunden, ein totes Tier aufzuschneiden, oder gar die Scheu überwunden, ein Tier zu töten. Sie sind durch die Wälder gegangen und haben alles angefasst, was auf dem Boden lag, vielleicht auch das eine oder andere nun wirklich ekelige Häufchen. Sie haben vielleicht Maschinen gezeichnet und konstruiert und gelernt, wie man mit der geeigneten Software Zeichnungen machen kann, die neue Gebäude, Maschinen, Automobile oder was auch immer darstellen. Sie haben gelernt, schon aus der Zeichnung heraus die Sollbruchstellen zu erkennen oder zu bestimmen, wie viele Kilometer Kabel durch ein Automobil gezogen werden, obwohl das gute Stück doch nur wenige Meter lang ist. Sie haben sich in ersten kleinen Projekten in die Forschung und Entwicklung eingebracht und haben so Ihre Credit Points erworben gemacht. Sie haben Paragrafen gelernt und sie auf mehr oder weniger fiktive Aufgaben angewandt, sich mit der Frage beschäftigt, warum man bei einem zu zeichnenden Vertrag auch das Ende bedenken sollte, bevor man überhaupt losgelegt hat.

Sie haben sich Stück für Stück fachliche Kompetenzen angeeignet auf einem weltweit sehr hohen Niveau. Deutsche Hochschulen sind noch immer weltweit begehrte Ausbildungseinrichtungen und Menschen, die sich in Deutschland haben ausbilden lassen, haben sehr gute Chancen auf den Arbeitsmärkten dieser Welt.

War das alles, was Sie in Ihrem Studium gelernt haben? Die Scheine gemacht, das Wissen verinnerlicht und abrufbar, noch geringe Erfahrung, aber doch schon erkennbar? Mehr nicht? Doch, da ist noch mehr:

Sortieren können – wie logisch wir doch sind

Sie haben sich so ganz nebenbei in vielen weiteren Disziplinen fortgebildet, ganz ohne es zu merken. Fangen wir mal mit dem Thema Logik an:

Sie haben ganz vom Beginn vorausgesetzt, dass es eine Ihrem gewählten Fach eigene Logik gibt, die Sie erlernen konnten. Sie sind davon ausgegangen, dass wir es mit einer Schöpfung zu tun haben, die bestimmten Regeln unterliegt, die Sie studieren können. Sie haben sich ganz selbstverständlich daran gewöhnt, dass es Maßeinheiten wie Meter, Zoll, Fuß, Kilometer und so weiter gibt und dass wir, wenn wir die Länge in Meter messen in der Regel im Rahmen unserer eigenen Fähigkeiten und der Genauigkeit unserer Messeinrichtung zum gleichen oder sehr ähnlichen Ergebnis kommen werden. Wenn dann dennoch ein Bild schief hängt, könnte das mehr mit unseren Augen und unserer handwerklichen Begabung zusammenhängen als mit der Genauigkeit eines Zollstocks.

Sie haben auch vorausgesetzt, dass wir bestimmte Ordnungsprinzipien benötigen, mit denen wir arbeiten können, Sie haben aber auch gelernt, dass es doch Unterschiede zwischen den Disziplinen gibt. Diejenigen unter Ihnen, die ein oder zwei Semester lang mal eine andere Disziplin lernen mussten (oder durften), haben meist schmerzhaft erfahren, dass die gewohnten Grundlogiken nicht immer passen. Ob nun der angehende Chemiker sich mit gekoppelten Pendeln in der Physik beschäftigt oder mit elektrischen Schaltungen, ob der angehende Arzt sich mit den Wundern der Chemie auseinandersetzen soll, oder der kommende Ingenieur die mathematischen Grundlager der Ballistik erlernt, obwohl er doch Pazifist ist und nie zur Armee gehen würde: Die Logiken, die wir in unserer Disziplin lernen, sind nicht überallhin übertragbar und führen oftmals zu Verwerfungen. Was es bedeutet, eine 4 × 4-Matrix zu haben und zu nutzen, kann für den Chemiker bedeuten, dass er vier Proben jeweils auf vier Reagenzgläser aufteilt, um dann weitere Experimente zu machen. Für den Ingenieur kann es eine Rechenaufgabe bedeuten, mit der letztlich ein zweidimensionales Problem beschrieben wird, für den Biologen können es Untersuchungen zum Wachstum von Zellkulturen in verschiedenen Milieus sein, für den Soziologen Kohorten in einer größeren Probandenzahl. Letztlich ist es aber in jedem Fall die Beschreibung einer Systematisierung, auch wenn gleiche Begriffe in unterschiedlichen Disziplinen unterschiedliche Bedeutungen haben können.

Diese Feststellung ist insofern wichtig und relevant, weil wir uns damit davon verabschieden müssen, dass unsere Logik jeder teilt und dass die Begriffe, die wir so selbstverständlich verwenden, eindeutig sind. Ein Spinner kann jemand sein, der verrückte Ideen hat, ein Angelzubehör oder Teil einer technischen Ausrüstung. Auf einer Tafel haben wir geschrieben, an ihr gegessen, sie vielleicht sogar gegessen oder sie als Gebirgstyp im Erdkundeunterricht kennen gelernt. Eine Matrix kann ein Rechenbeispiel sein, ein Fließ, auf das irgendetwas untergebracht wird oder auch eine Ansammlung von Zellen. Es kann also passieren, dass wir in unserer inhärenten Logik und Sprache Dinge benennen, die unsere Gesprächspartner als ebenfalls logisch bezeichnen, allerdings aus einer anderen Logik heraus, einfach, weil die gleichen Wörter andere Begriffe beinhalten. So können Missverständnisse entstehen, weil wir die gleichen Vokabeln mit unterschiedlicher Bedeutung verwenden und das nicht einmal bemerken.

Grundannahmen

In einem allerdings sind wir uns dennoch stillschweigend alle einig:

Wir gehen alle davon aus, dass wir es mit einer geordneten Schöpfung, einem Kosmos, zu tun haben, also dem Gegenteil von Chaos (auch wenn unsere Schreibtische manchmal anderes vermuten lassen). So haben wir beispielsweise nie in Frage gestellt, dass Experimente oder Messungen wiederholbar sind, ja, sogar wiederholbar sein müssen. Wenn wir sauber gearbeitet haben, dann werden unsere Experimente oder Berechnungen immer zum gleichen Ergebnis führen. Sind unsere Experimente oder Berechnungen wider Erwarten einmal nicht wiederholbar gewesen, so haben wir für uns gleich akzeptiert, dass wir uns entweder verrechnet haben, unsere verwendete Methode nicht anwendbar ist, oder wir mindestens einen Parameter noch nicht verstanden haben, der auch zu dem Ergebnis beiträgt. Weil wir diesen Parameter nicht kannten, haben wir dann daran gearbeitet, den zu verstehen, damit Ergebnisse wieder reproduzierbar sind. Das nennt man dann wissenschaftliches Arbeiten.

Wir haben – um eine extreme Gegenposition zu beziehen – jedenfalls nicht gedanklich zugelassen, dass wir vom Chaos umgeben sind, das keine nachvollziehbaren Regeln hat, so dass wir nicht wissen, ob wir, wenn wir morgen aus dem Haus gehen und uns nach links wenden, nicht auf einmal in Tomatensuppe versinken, um bei einer Wiederholung unseres Laufweges zu explodieren. Das wäre wirkliche eine surreale Welt, in der wir dann lebten, eine, die eher zu einem LSD-Trip passte, als in unser normales Weltbild.[3] Solche Einfälle passen einfach nicht zu unserer Grundannahme der Reproduzierbarkeit und der geltenden Gesetze. Sie gelten dann, wenn wir ganz schräge Bücher lesen, die bewusst die Regeln unserer Welt auf die Schippe nehmen. Sie gelten aber nicht in unserem täglichen Leben. Vermutlich haben wir uns darüber bisher auch keine Rechenschaft abgelegt, denn es ist für uns so was von normal, es lohnt einfach nicht, diese Grundlagen festzustellen. Doch, es lohnt, denn nicht jeder muss ja vom Gleichen ausgehen.

Gut, dass wir Sachen zweimal machen können, oder?

Durch die Grundannahme der geltenden (naturwissenschaftlichen) Regeln haben wir selbstverständlich akzeptiert, dass Dinge wiederholbar sind und wir mit unserem Handeln diesen Regeln unterworfen sind.

---

[3] Deshalb sind z. B. die Romane von der Scheibenwelt von Terry Pratchett oder Douglas Adams' „Per Anhalter durch die Galaxis" eben so witzig, da sie mit den uns gewohnten Beobachtungsmustern brechen.

2 Das Rüstzeug oder: Die Kompetenzen, die ich habe – und ...

Mörder sind in ihrem Handeln anders zu charakterisieren als Totschläger, Betrüger sind keine Diebe und Diebe keine Räuber.[4] Wir haben gelernt, logisch darin zu denken und zu handeln. Wenn wir durch ein Experiment feststellen, dass irgendetwas geschieht, wenn wir etwas machen und das auch reproduzierbar ist, dann können wir versuchen, daraus Regeln abzuleiten, die dann vielleicht auch übertragbar sind. Und wenn wir etwas übertragen konnten und das auch bestätigt ist, können wir eine Theorie aufstellen, die bis zum Beweis des Gegenteils gilt. So etwas nennt man dann wissenschaftliches Arbeiten. Dabei wissen wir allerdings auch, dass wir bis heute nicht alles begriffen haben, so dass es sein kann, dass einiges sich morgen doch ändert. Lassen Sie uns dazu ein Beispiel geben:

Stellen wir uns vor, wir sind ein Volk, das auch nur ansatzweise noch nicht verstanden hat, wie unser Sonnensystem funktioniert. Jeden Morgen geht die Sonne auf, jeden Abend geht sie unter. Nun haben wir eine Theorie, die besagt, dass wir ab dem Sonnenuntergang die ganze Nacht über eine Trommel schlagen müssen, bis die Sonne morgens wieder aufgeht. Wenn wir das nicht machen, geht die Sonne nicht mehr auf. Generationen haben schon die Trommel geschlagen und siehe da – die Sonne ging immer wieder auf. In einer Kausalkette können wir also lückenlos belegen, dass die Theorie stimmt, bis eines Tages jemand kommt, der sagt, dass das alles ganz großer Quatsch sein könnte und es lohnte, die Theorie zu hinterfragen: So beschließen sie alle, mal eine Nacht nicht zu trommeln, und wenn die Sonne nicht wieder aufgeht, dann könnte man ja noch immer trommeln, damit sie wiederkäme nach dann halt einer längeren Nacht. Wir werden Stimmen hören, die davor warnen, auf das gewohnte Trommeln zu verzichten, denn wenn jetzt die Dauer einer Nacht nicht getrommelt wird und wir dann wieder anfangen – wer kann denn heute mit Sicherheit sagen, dass es gelingen wird, die Sonne erneut

---

[4] Dennoch gibt es zwischen Disziplinen erhebliche Unterschiede und können Urteile zum Beispiel einer Revision unterworfen werden. Dann können gleiche Sachverhalte eine unterschiedliche Würdigung erfahren. Auch der Gesetzgeber ist nicht davor gefeit, dass ein erlassenes Gesetz anders interpretiert und genutzt wird, als es seiner Intention entsprach. So gibt es Gutachten und Gegengutachten, selbst die Rechtsauffassung eines Verfassungsgerichts oder Gesetzgebers ändert sich im Lauf der Zeit. Als Beispiel mögen die Kaperbriefe gelten, mit denen einst Souveräne Freibeuterei legitimierten. So war es ein langer Weg, Kriegsführung Regeln zu unterwerfen und wurden und werden solche international geschlossenen Abkommen bei Bedarf ignoriert oder uminterpretiert. Naturgesetze hingegen, davon gehen wir aus, ändern sich nicht.

zu locken und wieder einen Tag herbei zu trommeln, oder ob wir nicht in ewiger Finsternis versinken werden, weil die Sonne es uns übel nimmt, dass wir nicht getrommelt haben und nun beleidigt woanders scheinen geht. Bei solchen, die eben fleißig trommeln. Nach langen Debatten trauen wir uns nun doch und probieren es mal aus, wie es sich ohne Trommeln schlafen lässt.

Die Grenzen des Wissens

Nun, das Ergebnis des Experiments können Sie sich vorstellen, die in Gedanken gesetzte Gesellschaft könnte dann ruhiger schlafen, ein Dogma weniger und vielleicht mit maulingen Trommlern, die ihres Status beraubt und arbeitslos sind. Sie sagen, so etwas hat es nie gegeben. Doch. Denken Sie an Ihren Geschichtsunterricht: Bis vor wenigen Jahrhunderten war nach der Vorstellung vieler Menschen die Erde eine Scheibe, mit ganz klaren Konsequenzen für ihre Nutzbarkeit. Dennoch waren Menschen gebildet und zu guter wissenschaftlicher und handwerklicher Arbeit befähigt.[5] Wir sollten uns also davor hüten, die damalige Zeit mit dem heutigen Wissen arrogant zu verspotten, denn wir leben heute selbst in einer Zeit, die in wenigen Generationen einmal eine Zeit sein wird, auf die man zurückblickt und sich vielleicht wundert, wie naiv wir doch damals waren im Umgang mit welchem Wissen auch immer. Wir sollten uns auch deshalb davor hüten, vergangene Generationen zu verspotten oder zu attackieren, da wir alle auf dem kulturellen Erbe unserer Vorfahren aufbauen konnten.

Es kann uns sogar passieren, dass wir im Zeitalter der Digitalisierung schlagartig Wissen verlieren und die Menschheit in der Erkenntnis zurückwerfen, wenn wir nicht mehr Bücher haben und nicht mehr mit geschriebenen und gedruckten Medien umgehen können: Heute schon tun wir uns schwer, digitale Bilder oder Texte der ersten Generationen zu lesen, durch Wechsel der Software können ganze Bibliotheken nicht mehr verfügbar sein, ein in der EDV durchaus als wichtig und relevant

---

[5] Zum Beispiel: https://www.focus.de/wissen/mensch/geschichte/irrtuemer-der-geschichte-mittelalter-die-menschen-hielten-die-erde-fuer-eine-scheibe_id_3627640.html.

2 Das Rüstzeug oder: Die Kompetenzen, die ich habe – und ... 21

erkanntes Thema. Wenn also durch solche Wechsel der Software oder Rechnersysteme ganze Arbeiten nicht mehr zugänglich sind, ist das Wissen verloren und muss neu erarbeitet werden, kann es vielleicht nicht mehr. Das kann dann durchaus demütig machen in Bezug auf die Leistungen früherer Generationen und ihrer Leistungsfähigkeit. Es könnte uns auch dazu bringen, Fähigkeiten weiterhin zu trainieren, wie das Schreiben mit der Hand, einfach, weil wir dann anders denken als wenn wir eine Tastatur benutzen.[6]

Es sollte uns auch helfen, unsere eigenen Leistungen zu relativieren und uns etwas bescheidener in einen Zeitstrahl einzuordnen, der vor uns war, den wir nun ein paar Jahrzehnte mitgestalten dürfen und der noch lange nach uns sein wird. Die Aussage, die Welt sei eine Kugel brauchte Zeit, um sich durchzusetzen. Manche Erkenntnisse haben deutliche Konsequenzen, wie die Aussage, die Erde sei eine Kugel: Wenn die Erde eine Kugel ist, dann musste es ganz andere Wege nach Indien geben. Christoph Kolumbus griff diese These auf, das spanische Königshaus ermöglichte die Expedition, wir kennen das Ergebnis, aber auch den Irrtum: Kolumbus dachte, er sei in Indien, daher gibt es noch heute die Indianer. Die Konsequenz waren dann ganz andere Wege für Warenströme und die Entdeckung Amerikas, die Besiedelung neuer Landschaften und für hunderttausende Deutscher, Iren, Briten, Franzosen in einer Zeit, in der Europa die eigene Bevölkerung nicht wirklich ernähren konnte, die Chance, in einem neuen Land zu eigenem Land und eigenem Wohlstand zu kommen.

Wir haben also gelernt, unsere Welt mit anderen Augen zu sehen und Fragen zu stellen. Nicht nur die Frage, wieso wir nachts nicht mehr trommeln müssen, sondern auch die Frage, wieso eigentlich Benzin über einen Vergaser gehen muss, bevor man es verbrennt, oder ob nicht eine Einspritzpumpe auch gehen könnte oder ein Elektromotor, wieso wir nicht ein bestimmtes Medikament machen können, wieso wir nicht fliegen können sollen, wieso wir nicht zum Mond reisen sollen, wieso wir nicht ein über dreihundert Meter hohes Haus bauen wollen, wieso wir nicht Löcher in die Erde bohren, um Öl zu fördern, wieso wir nicht Telefone

---

[6] Zum Beispiel https://nzzas.nzz.ch/hintergrund/computer-tablet-smartphone-die-handschrift-verkuemmert-ld.145480?reduced=true.

bauen, die jeder mit sich führen kann, die auch noch Mails schreiben können, Musik abspielen und vielleicht eines Tages auch Kaffee kochen. Wir haben gelernt, die Generationenfolgen zu berechnen, uns mit Krankheiten und deren Vererbbarkeiten auseinanderzusetzen und zu bestimmen, mit welcher Wahrscheinlichkeit wir einmal Diabetes bekommen oder an einem Herzinfarkt sterben werden.

Gleichzeitig haben wir viel verlernt. Wir haben erst vor kurzem wieder verstanden, dass die Ziegel der Chinesischen Mauer deshalb so lange hielten, weil ein kleiner Teil Reis ganz bewusst mit in die Masse für die Ziegel gegeben wurde und so als eingebautes Klimagerät funktionierte, Feuchtigkeit speichernd und wieder abgebend, der Verwitterung vorbeugend.[7] Wir wissen dank Aufschreibungen und Überlieferungen viel, was nicht aufgeschrieben wird, kann verloren gehen. Aber auch das geschriebene Wort kann unverständlich werden, weshalb wir immer wieder daran arbeiten, alte und tote Sprachen zu verstehen und manchmal einen Rosetta Stone benötigen, um Hieroglyphen zu entschlüsseln oder Fantasie, um berichtetes zu glauben: Marco Polo beschrieb präzise, wie in China die Herstellung von Porzellan mit der Nutzung von Sickergruben zusammenhing, doch keiner wollte es glauben. Heute verstehen wie die Prozesse dahinter, auch wenn Porzellan anders gefertigt wird. Es klang seinen Zeitgenossen zu abstrus, um ihm Glauben zu schenken.[8]

Die Art und Weise, wie wir fragen, wird sich aber mit hoher Wahrscheinlichkeit im Laufe unseres Lebens geändert haben. Als Kind hatten wir eine Phase, in der wir unsere Eltern zur Weißglut bekommen haben, indem wir immer „warum" fragten. Diese Frage ist ein Spiel und führt in Sekunden an die Grenzen des eigenen Wissens und oft in die Metaphysik. Warum ist die Banane krumm? Weil sie nicht gerade ist. Warum ist sie nicht gerade? Weil sie krumm ist. So eine Schleife ist langweilig, weil sie unsinnig sich selbst wieder schließt. Nicht langweilig ist aber eine andere Serie an „Warums", die so aussehen kann: Warum ist die Banane krumm? Weil sie immer so wächst. Warum wächst sie immer so? Weil es die Natur so vorgibt. Warum gibt die Natur das so vor? Weil die Informa-

---

[7] Zum Beispiel https://www.spektrum.de/news/klebreis-fuer-die-chinesische-mauer/1034835.
[8] Es gibt verschiedene Ausgaben, z. B. Marco Polo, Die Wunder der Welt – Il Milione, Sohrkamp 2003.

tion über unser Wachstum in unseren Genen steckt. Warum steckt die Information in unseren Genen? – Und schon haben wir ein Forschungsprogramm andiskutiert, mit dem Ziel, das „Krumm-wachs-Gen" zu identifizieren. Das kann uns dann helfen, Bananen zu züchten, die sich ringeln oder gerade wachsen und weiß der Himmel was noch. Vielleicht verstehen wir auch, wieso sich mancher Bambus ringelt, ob das Bananen-krumm-Gen mit dem des geringelten Schweineschwanzes identisch ist, ob das dann übertragbar ist auf andere Probleme und was wir technisch so von der Natur lernen können, wie etwa beim Lotos-Effekt, dass eben nicht die Oberfläche besonders Schmutz abweisend ist, die poliert und glatt ist, sondern die, die eher rau ist, aber eine besondere Rauigkeit hat, so dass sie schlechte Hafteigenschaften aufweist. Und vielleicht versuchen wir, den Effekt auf Flugzeuge zu übertragen, um so Treibstoff zu sparen.[9]

Fragen hilft

Das Titellied der Sesamstraße hat als Text:

„Der, die, das,
wer, wie, was,
wieso, weshalb, warum,
wer nicht fragt bleibt dumm ..."

Dabei fällt auf, dass alle Fragen mit einem W anfangen. Ganz allgemein sind die W-Fragen, also die Frage, warum, wieso, woher, weshalb, wer, was, so genannte offene Fragen. Offen deshalb, weil die Antworten nicht ja, nein, kein Häkchen in einem Kästchen sein können, sondern eben offene Antworten zulassen, sogar brauchen. Es gibt keine vorgegebene Antwort, das macht die Fragen so schwer, aber auch so erfolgreich. Wer etwas lernen möchte, fragt besser mit offenen Fragen. Das gilt ganz allgemein: Im Tatort hören wir, wie der Kommissar fragt, was der Ver-

---

[9] https://www.iws.fraunhofer.de/de/presseundmedien/presseinformationen/2018/presseinformation_2018-08.html.

dächtige machte, oder wo er war. Im Kolloquium hat uns der Prüfer vielleicht auch gefragt, wie eine Reaktion von statten geht, oder welche Situation was für eine Konsequenz nach dem Strafgesetzbuch hat. Auch im privaten Bereich sind wir mit offenen Fragen meistens erfolgreicher: „Was machst Du heute Abend?" lässt als Frage mehr Antworten zu, als die Frage „Magst Du mit ins Kino gehen?" W-Fragen schaffen einen breiten Raum für Antworten, erlauben nicht nur ja-mein-weiß nicht als Antworten.

Erwachsene fragen typischerweise nicht mehr „warum". Dabei geht aber die kindliche Frage nach dem „Warum" meist im Studium verloren und wird durch ein „Wie" ersetzt. Ein Erwachsener fragt eher „wie geht dieses Gerät, diese Reaktion, dieses Was-auch-immer". Wir suchen eine schnelle Antwort, ideal eine Handlungsanweisung, damit wir zügig weiterarbeiten können, haben verlernt, „warum" zu fragen.

Ein Kind stellt noch die Frage nach dem Warum. Warum geht das Gerät? Warum geht etwas so, wie es geht? Diese Frage ist viel fundamentaler und wird uns – richtig angewendet – unschlagbar erfolgreich machen können. Kinder haben oft noch keine klare Vorstellung von Zeit, dafür sind sie unschlagbar neugierig und möchten ihre Umwelt verstehen. Also gehen sie zum Anfang, indem sie warum fragen. Aber auch alle anderen „W"-Fragen sind unglaublich erfolgreich, weil sie Möglichkeiten geben und nicht nehmen: Was kommt am Ende des Himmels? Wie kommt das Schild „Rasen betreten verboten" mitten auf den Rasen? Warum sterben wir und was kommt danach? Woher kommt die Schwerkraft? Was war vor der Zeit? Wieso kann Zeit nur in eine Richtung verstreichen? Warum können wir sie nicht rückwärtslaufen lassen? Was müssen wir tun, um die Schwerkraft aufzuheben? Wieso können wir nicht fliegen? Wer hat den Kosmos gemacht? Warum sterben Sterne? Wieso geht diese Packung Erdnüsse nicht auf? Warum schäumt Cola light mit Mentos über? Wieso bröckelt der Putz von der Wand? Wieso muss der Mensch schlafen? Was kommt hinter dem Universum? Wer hat das alles gemacht? Und warum? Diese Fragen zu beantworten, reicht ein Menschenleben nicht aus. Stellen wir sie anders, können wir sie schnell und einfach beantworten:

Wie schalte ich dieses Gerät an? Da. Diese Reaktion führt zu Produkt A. Ja oder Nein. Hat der Himmel ein Ende. Ja. Betreten Menschen den Rasen, um Schilder zu installieren, auf denen steht „Rasen betreten verboten"? Ja. Sterben wir am Ende unseres Lebens? Ja. Üben Körper eine Kraft auf andere aus? Ja. Können wir die berechnen? Ja. Gibt es eine negative Schwerkraft? Nein. Ist der Mensch aufgrund seines Körperbaus ungeeignet, um zu fliegen? Ja, aber mit Hilfsmitteln. Gab es einen Urknall? Ja. Regeneriert der Mensch im Schlaf? Ja. Wir kürzen hier ab. Andere Fragen, andere Antworten. Langweilige Antworten. Aber schnelle Antworten.

Wenn wir ein gutes Studium hatten, dann haben wir unsere natürliche Neugier beibehalten und werden sie noch hoffentlich lange mit uns herumschleppen. „Scio nescio" – „ich weiß, dass ich nichts weiß" Mit diesem Satz wird Sokrates ebenso wie Descartes zitiert, der so die Grenzen seines Wissens beschrieb. Er hatte sicher Recht, denn das, was wir nicht wissen ist sicherlich deutlich mehr, als das, was wir zu wissen meinen und, wie das Beispiel der Trommler zeigt, die die Sonne herbei trommelten, wissen wir oft nicht einmal, dass auch wir so eine Gesellschaft von Trommlern sind. Wir haben es eben nur noch nicht erkannt. Egal, ob es sich um Dogmen handelt, oder auch um scheinbar feste Erkenntnisse.

Dabei ist es ja oft auch nicht so, dass sich eine neue Erkenntnis fulminant durchsetzt und die ehemaligen Gegner sich bekehren lassen. Es wird in der Regel nicht so sein, dass Gegner einer Sichtweise sich von heute auf morgen verändern, die Richtigkeit der Aussage anerkennen und so gewissermaßen aus einem Saulus ein Paulus wird (falls es nicht bekannt sein sollte: Saulus war ein römischer Offizier, der den Auftrag hatte, Christen zu verfolgen, durch ein Wunder zum Christentum bekehrt wurde und nach langen Missionsreisen später selbst im Rom das Martyrium erlitt. Mit seiner Bekehrung änderte er seinen Namen von Saulus zu Paulus.)

Es wird bei neuen Erkenntnissen eher so sein, dass eine neue Generation heranwächst, die sich schon an den Gedanken einer neuen Weltsicht, einer neuen Technologie gewöhnt hat und damit deshalb ganz anders umgehen kann, weil man es eben schon als Realität gelernt hat. Egal, ob es sich um das Trommeln bei Nacht oder die Nutzung neuer Medien, eine neue medizinische Behandlungsmethode oder eine ganz andere neue Erkenntnis handelt. Ebenfalls ist es ganz normal, dass es eine deutliche Zahl an Menschen geben wird, die vor der Zukunft warnen. Ob es darum geht, den Fuß vom Baum kommend auf den Boden zu setzen, ob es darum geht, im Experiment zu beweisen, dass die Erde eine Kugel ist, oder ob wir zum Mond fliegen, es wird immer Stimmen geben, die warnen, dass es ja nicht gut gehen kann. Die Menschheit hat aber auch ausprobiert, was man so gebastelt hatte: Selbst nach den Atomtests in der Wüste Nevada hat man die Atombomben abgeworfen und nach dem verheerenden Ergebnis in Hiroshima dennoch auch Nagasaki bombardiert, um später nicht aufzuhören, Bomben oberirdisch und unterirdisch zu testen. Ein Ende der atomaren Bewaffnung ist nicht in Sicht, egal, wie sehr sich Diplomaten und Juristen auch bemühen mögen. Auch damit müssen wir umgehen und haben es gelernt. Sonst hätten wir nicht das Studium gewählt, das wir gewählt haben, sonst hätten wir uns nicht für eine Disziplin entschieden, die die Zukunft gestalten will und Veränderungen hervorbringen möchte.

„Nichts ist für die Ewigkeit" sagt ein Sprichwort und meint damit die Veränderungsprozesse, die sowohl durch Altern als auch durch neue Erkenntnisse einsetzen. Damit ist dann meistens gemeint, dass auch große Gebäude, wie etwa die Pyramiden, nicht in alle Ewigkeit leben werden. Die Kultur der Inkas verblich, China war vor vielen tausend Jahren eine Hochkultur, die Menschheit hatte Gaben, die sie heute schon wieder verloren hat: Die Römer wussten, wie man mit kolloidalem Gold Glas durchgehend rot färbt – wir können es nicht mehr, wir können heute nur noch die Oberflächen anfärben, was auch schön ist und erst Böhmisches Glas möglich machte. Es gibt Glasuren, die sind einfach für immer verloren. Es gibt Heilrezepte, die wir heute mühsam wieder erarbeiten. Wissen, Gebäude, Technik – alles hat seine Zeit und wird irgendwann vergehen. Die Sonne wird vergehen, mit ihr unsere Erde. Es wird zwar noch etwas dauern, und wir müssen deshalb nicht schnell unser Testament ändern, aber wir leben auf einem Planeten, der dem Untergang geweiht ist. Gibt es nichts für die Ewigkeit?

Doch. Es gibt es etwas, was für die Ewigkeit ist:

Nothing lasts forever, except what you don't know.

Dieses Zitat aus einem Lied[10] sollte uns durchaus nachdenklich machen. Wollen wir wirklich, dass unsere Unwissenheit für die Ewigkeit

---

[10] https://genius.com/Kula-shaker-hurricane-season-lyrics.

Bestand hat? Wir können es nicht verhindern, wir können aber aktiv daran arbeiten, dass das, was letztlich übrig bleiben wird, so wenig wie möglich sein wird. Bleiben wir also neugierig und versuchen wir, jeden Tag etwas schlauer zu werden, damit wir nicht ganz so dumm sterben, wie wir heute noch sind. Und wir haben die sprachlichen Mittel, dem Problem zu begegnen. Nutzen wir die „W"-Fragen.

Stressfest

Wir haben auch gelernt, viel und unter Druck zu arbeiten. Egal, ob wir nun für unser Studium gearbeitet haben, oder nebenbei Nachhilfe gaben, gekellnert haben oder als Kurierfahrer unterwegs waren – wir haben unsere Zeit eingeteilt und ganz nebenbei gelernt, große Mengen Arbeit in kleine Päckchen zu teilen, die wir dann abgearbeitet haben. Dabei war es dann egal, ob die Zeit so eng war, weil wir im Labor mal wieder eine Analyse in den Sand gesetzt haben, oder ob eine technische Zeichnung nicht so gut war, dass wir sie ruhigen Gewissens abgeben konnten, eine Hausarbeit eine lange Gedankensequenz brauchte, um zu einem begründeten Ergebnis zu kommen, ob am Ende des Geldes noch so viel Monat übrig war, dass wir uns beeilen mussten, der Zeit auch noch Geld hinzuzufügen. Wenn wir unser Studium schnell und zügig beendet haben, dann waren wir nicht faul und hätte manche Gewerkschaft ihren Mitgliedern empfohlen, nicht so wie wir zu arbeiten.

Vielleicht haben wir auch in der einen oder anderen Lerngruppe gearbeitet, zusammen gelernt und uns gemeinsam weiterentwickelt. Vielleicht haben wir auch an den Wochenenden gemeinsam nicht nur Ausflüge gemacht, sondern uns durch studienspezifische Zusammenhänge gequält, uns zwischen Nudeln mit Tomatensoße oder Leberwurstbrot gegenseitig für die nächste Klausur fit gemacht und alle möglichen Dinge getan, um die Zeit als Student sinnvoll zu nutzen und trotzdem möglichst kurz zu halten.

Ziemlich sicher haben wir viele verschiedene Prüfungen bestanden und haben unsere Zeit immer wieder auf ihre sinnvolle Verwendung hin geprüft, uns selbst optimiert und versucht, das Beste aus unserer Zeit und uns herauszuholen. Dabei haben wir Strategien entwickelt, wie wir unsere Zeit sinnvoll einsetzen können, wie wir eine große Aufgabe in kleine Pakete teilen, die kleinen Pakete wiederum in noch kleinere Scheiben schneiden und wie wir diese dann handhabbaren kleineren Scheiben tatsächlich schaffen, schnell und zügig nicht nur abzuarbeiten, sondern uns auch die Vorgehensweise anzueignen und auf andere Aufgaben zu übertragen. Das hat uns geholfen, den großen Berg Wissen, Können und Lernen zu bewältigen und dem Druck standzuhalten.

Damit haben wir uns eine Kompetenz angeeignet, die nicht alle besitzen, wir aber schon. Diese Kompetenz erlaubt es uns auch, mit Scheitern umzugehen, denn wir haben nicht alles immer richtig gemacht. Wir haben Klausuren verhauen, wir haben vielleicht die eine oder andere mündliche Prüfung nochmals machen dürfen, wir haben ziemlich sicher Arbeiten ebenfalls öfter machen müssen, wir haben gelernt, dass wir mit unserem Wissen vielleicht manchmal am Ende sind und nicht weiterkommen. Wir haben dann aber nicht aufgegeben und uns aufgerappelt, einen neuen Versuch gemacht, das Lehrbuch wieder bemüht, unsere Mitschriften aus den Vorlesungen oder Seminaren nochmals durchgenommen, wieder Übungen gemacht. Bis es geklappt hat. Das ist eine wesentliche Kompetenz von uns, die uns für den Rest unseres Lebens begleiten wird und die wir nicht hoch genug schätzen können. Hinfallen kann jeder, aufstehen gehört auch dazu und der Wille und der Mut, das dann auch zu machen, wenn es notwendig ist.

Diesem Druck hat nicht jeder standgehalten, denn nicht jeder, der mit uns angefangen hat zu studieren, hat das Studium auch tatsächlich beendet. Nicht jeder konnte dem Druck standhalten, nicht jeder hatte den Willen, sich tatsächlich durch das ganze Programm durchzubeißen, nicht jeder war begabt genug, das zu lernen und zu verinnerlichen, was unsere Disziplin ausmacht.

Nach Naturkatastrophen hat man immer wieder die Situation, dass Menschen von jetzt auf gleich all ihrer bisherigen Mittel beraubt worden sind. Sie haben keine gewohnte Umgebung mehr und müssen sich auf einmal neu sortieren, sich dramatisch veränderten Bedingungen anpassen. Dabei ist es ganz normal, wie sich Menschen unterschiedlich verhalten, auch wenn es unterschiedliche Verhaltensmuster gibt: Es gibt die, die in Agonie verfallen, die, die aggressiv werden, Menschen, die plündern, rauben, ja, auch vor Morden nicht zurückschrecken. Es gibt aber auch die, die schnell anfangen, auch hier die riesige Aufgabe in kleinere Pakete zu teilen, die anfangen, das Land aufzuräumen und wiederaufzubauen. Mit den Kompetenzen, die wir in unseren Studiengängen bekommen haben, sind wir zwar nicht in der Lage, jede Herausforderung erfolgreich zu meistern, aber wir sind zumindest in der Lage, nicht vor jeder Aufgabe verzweifeln zu müssen. Das sollte uns ein gutes Gefühl geben können. Es kann uns zwar viel passieren, aber nur wenig umwerfen.

Umgang mit Unbekanntem

Und wir haben gelernt, wie wir uns in eine völlig fremde Materie einarbeiten. Keiner von uns ist auf die Welt gekommen und hat all das gewusst, was wir heute wissen. Wir haben gelernt, zu lernen. Wir haben gelernt, Fragen zu stellen, uns und unsere Arbeit zu strukturieren, vielleicht auch schon die Arbeit anderer, wenn wir selbst als Tutor gearbeitet haben.

Wenn uns heute jemand einen Auftrag gäbe, uns ein Konzept für die Bewässerung der Sahara zu überlegen, wir hätten schnell eine Idee, wie wir uns der Thematik nähern würden. Vor unserem Studium wäre das nicht so einfach gewesen, aber unser Weg wird auch dadurch geprägt werden, welches Studium wir absolviert haben, denn wir werden als Juristen anders denken, als es Historiker oder Naturwissenschaftler tun. Wir haben in unserem Studium gelernt, wie wir ein großes und nicht leicht strukturiertes Thema angehen können, um kleinere Portionen zu machen, die dann leichter abzuarbeiten sind. Dabei haben wir immer die unserem Fach spezifische Brille und Wahrnehmung auf, wie sich an der Aufgabenstellung zeigen lässt.

Um bei dem Beispiel der Sahara zu bleiben, gibt es je nach Ansatz verschiedene Fragestellungen, die dann zu Grundaufgaben führen. Technisch ausgebildete Menschen werden auch eher technische Fragen stellen, so wie zum Beispiel die folgenden:

- Wie viel Wasser wird benötigt
- Wann wird das Wasser benötigt
- Welche Qualität soll es haben

- Wo kommt das Wasser her
- Wie wird es aufbereitet
- Wie wird es verteilt

Und weil wir nette Menschen sind, stellen wir vielleicht auch noch die Frage, wie sinnvoll ist es, wenn wir doch gleichzeitig nur Sand haben, den wir bewässern, also erweitern wir die Aufgabenstellung noch um die Frage

- Wie wird das Wasser gespeichert und
- Wie tief ist das Grundwasser
- Was soll später auf dem Boden wachsen, denn das kann die Menge des Stoffs definieren, die wir in den Boden bringen müssen

Und weil wir uns natürlich politisch korrekt verhalten wollen, fragen wir sicher auch noch

- Ist das Material denn biologisch abbaubar und
- wie schnell geht das, oder mit anderen Worten: Wann muss das Material ersetzt werden

Das sind alles Fragen, die wir sicher um mehr als ein halbes Dutzend erweitern können, die sich alle um den Themenkreis der Technik drehen. Wir denken vielleicht schon früh über Konzepte für die Wasserverteilung über Rohrleitungen nach und den Energieeintrag, der benötigt wird, um Seewasser zu entsalzen. Wir denken vielleicht an Membranen für die Umkehrosmose oder an andere Formen der Meerwasserentsalzung. Wir denken vielleicht an die Nutzung der Sonne als Energiequelle, um die Energie für die Wasserentsalzung ebenso zu bekommen, wie die Energie, um Wasser über weite Strecken zu pumpen. Wir denken vielleicht über die Pflanzen nach, die in einer solchen Umgebung wachsen können, über die Saatgüter, die Düngemittel und den notwendigen Pflanzenschutz. Vielleicht träumen wir noch weiter und sehen vor unserem geistigen Auge die weiten Felder, auf denen sich Soja oder Mais befinden und die der Welt Nahrung bringen.

Die Grenzen unserer Ausbildung

So werden aber andere Fragen zunächst eher nicht gestellt, die ebenfalls relevant werden könnten, vielleicht sogar noch viel wichtiger sind als die technischen Fragen, die uns so nahe liegen. Techniker fragen typischerweise nicht, ob es politisch durchsetzbar ist, die Sahara zu bewässern. Techniker fragen eher nicht, wie viel Geld benötigt wird, um das Projekt zu realisieren, Techniker fragen vielleicht noch nach der Zeit, die verbraucht werden darf oder wird, bis eine Lösung umgesetzt ist, sind aber von ihrer Technik oft so begeistert, dass sie andere Fragen ignorieren.

Es könnte ja sein, dass der eine Staat es zwar lustig fände, wenn er auf einmal über eine bewässerte Wüste verfügte, es könnte aber auch sein, dass ein anderer Staat gerade etwas dagegen hat. Es könnte sein, dass wir in die Lebensgrundlagen der heutigen Bewohner der Sahara eingreifen und die das nicht wollen: Eine Karawane, die auch heute noch durch die Wüste zieht, muss an den Oasen halt machen. Wenn es nun genug Wasser gäbe, würden die Oasen ihren Status als Rasthof verlieren, vielleicht auch ihre Einnahmequelle. Das muss nicht jeder mögen. Auch würden Nomaden auf einmal zu Farmern. Wollen die das? Gibt es vielleicht Verhaltensmuster bei den Menschen, die dagegensprechen, sesshaft zu werden? Viele Stämme leben heute noch fern von jeder demokratischen Vorstellung, die wir so haben. Dabei spielen Traditionen und Positionen in einer Rangordnung eine mindestens ebenso wichtige Rolle, wie in unserer Gesellschaft, nur dass wir oftmals die Zeichen nicht wirklich deuten können oder uns sogar überheblich darüber hinwegsetzen, weil wir in einer ganz anders funktionierenden Gesellschaft leben, die für uns die einzig mögliche Lebensform darstellt.

Diese Fragen sind nicht unbedingt Teil unserer Ausbildung. Wenn wir viel Glück hatten, dann haben wir vielleicht den ein oder anderen Postdoc erlebt, der aus einem anderen Land kam, wenn wir ganz viel Glück hatten, dann haben wir in einem eher international geprägten Arbeitskreis gearbeitet, in dem sich Russen, Amerikaner, Inder, Chinesen und Araber die Hand gaben. Das wäre dann aber schon viel gewesen, und alle die hätten zumindest den Hang zur Technik als gemeinsame Basis gehabt, auch wenn die Realitäten, aus denen Menschen kommen, unterschiedlich sind und es lohnt, zu versuchen, sie zu verstehen.

Wir fragen vielleicht auch nicht zuerst, wie es sich wohl anfühlt, wenn die Wüste nass wird. Gefühle sind ja in unserer Welt nicht so wirklich die vertrauensvolle Grundlage unserer Arbeit, wir haben es lieber etwas handfester. Wie man mit Stammesfürsten auf dem Boden sitzt, ob und wenn ja, welche Gastgeschenke üblich sind, wird auch nicht zwingend unsere erste Frage sein. Wie man sich kleidet, nicht zu beleidigen, werden wir auch erst dann fragen, wenn wir falsch angezogen waren, unser Verhalten nicht angemessen war und wenn wir es bemerken, oder darauf hingewiesen werden. Wie viel Zeit wir wohl brauchen werden, um eine Beziehung aufzubauen, die dann tatsächlich dazu führt, dass wir Erfolg haben können, werden wir eher großzügig ignorieren, denn wir sind ja von unserer technischen Mission überzeugt. Ob wir nun für uns wirklich eklige Sachen essen müssen wie lebende Heuschrecken oder Kamelhoden, werden wir auch nicht gleich bedenken. Wir fragen vielleicht nicht als erstes nach der Rechtssicherheit von Verträgen, und wie man die vielleicht so gestaltet, dass wir auch unsere Bewässerung verwenden können, oder ob es in der Kultur, in der wir uns bewegen, nicht Ausdruck von Misstrauen ist, wenn jemand auf Verträgen besteht. Wir fragen vermutlich auch nicht, ob der Brunnen, den wir vielleicht bauen wollen, nicht nur von Menschen, sondern auch von Vieh benutzt wird, das dann durch Koten vielleicht das Wasser so verunreinigt, dass Krankheiten resultieren und die Investition entwertet wird. Wir werden auch nicht als Teil unserer Strategie die Frage haben, was wir machen können, damit dieser Brunnen auch noch in mehreren Jahren benutzbar ist.

Wir fragen auch nicht, ob es religiöse Gründe gibt, die gegen unser Vorhaben sprechen, die Wüste zu bewässern oder was wir berücksichtigen müssen, damit es keine Gründe gibt, die dagegensprechen. Wir fragen es deshalb nicht, weil es nicht Teil unserer Ausbildung war. Dabei wird uns beim Lesen klar geworden sein, dass alle diese Fragen ebenfalls ihre Berechtigung haben und wir gut daran tun, die auch alle zu stellen und alle die, die wir noch nicht gestellt haben. Weil sonst das schönste technische Projekt auf einmal an ganz anderer Stelle scheitert.

Unser Vorgehen ist ein völlig normales und typisches Vorgehen, für Menschen unserer Ausbildung, die klare Beziehungen herstellen wollen,

Abhängigkeiten erkennen und fachspezifische allgemeine Grundlogiken anwenden. Wir sind aber in unserer Denkrichtung oftmals gefangen und nicht in der Lage, andere Sichtweisen auch nur ansatzweise zu erahnen oder in unser Kalkül einzubeziehen, wir mögen sogar die Grundlogiken anderer Disziplinen als ausgesprochen lästig, unlogisch oder unerheblich, im schlimmsten Fall kontraproduktiv empfinden. Dabei sind die anderen Fragen auch relevant und können ein Projekt ebenso sicher scheitern lassen, wie eine fehlende technische Umsetzbarkeit. Es gibt Beispiele, bei denen gezeigt werden, dass Projekte genau aus den Gründen gescheitert sind, weil Menschen Dinge gemacht haben, die sie nicht hätten machen dürfen, weil Gefühle verletzt wurden, weil Standards nicht eingehalten wurden und weil „gut gemeint" noch lange nicht „gut gemacht" bedeutet.

Als ein Beispiel dazu mag die Inbetriebnahme einer chemischen Produktionsanlage eines amerikanischen Unternehmens in Indien gelten, die gründlich danebenging. Das Unternehmen hatte an fast alles gedacht: Es war mit den lokalen Behörden gesprochen worden, man hatte eine Lösung gefunden, wie investiert wird, das Unternehmen hatte die lokalen Mitarbeiter rekrutiert, man hatte in die Anlage investiert. Es kam der große Tag der Inbetriebnahme. Alle waren da: Vorstände, lokale Politiker, die Mitarbeiter, der zukünftige Leiter der Anlage, die Presse, halt ganz großer Bahnhof. Zur Inbetriebnahme einer Anlage gehört für gläubige Inder auch eine religiöse Zeremonie und ein Teil der Zeremonie ist es, dass ein Lämpchen angezündet wird und Räucherstäbchen angezündet werden. Als das geschehen sollte, schritt der Sicherheitsingenieur ein, der das Anzünden des Lämpchens verbot, weil die Lagertanks schon mit leicht entzündlichen Flüssigkeiten gefüllt waren und somit eine theoretische Explosionsgefahr bestand. Kein offenes Feuer in der Anlage. Sicherheitsbestimmung. Nachvollziehbar. Also blieb das Lämpchen aus, es gab keine Räucherstäbchen und am nächsten Tag keine Arbeiter mehr. Da die religiöse Zeremonie gestört war, war auch die Anlage aus der Sicht der Belegschaft nicht in Ordnung und konnte nicht betrieben werden ohne dass Ungemach drohte. Erst ein komplettes Abpumpen der Lösungsmittel, eine erneute, dann einwandfreie Eröffnungszeremonie und ein späteres Wiederbefüllen der Tanks erlaubte die dann erstmalige Inbetriebnahme. Ein früheres Fragen, was bei einer feierlichen Eröffnung so alles dazugehört und welche Maßnahmen zu ergreifen sind, um eine feierliche Eröffnung zu ermöglichen, hätte es dem Unternehmen leichter gemacht, den Fehler zu vermeiden. Das war sicher eine teure Lernkurve, aber man muss nun auch die Kollegen in Schutz nehmen: In unserem normalen beruflichen Umfeld sind Fragen nach religiöser Kompatibilität eher die Ausnahme und haben es möglich gemacht, an diesem Beispiel zu zeigen, dass auch sehr gute Unternehmen nicht vor Fehlern geschützt sind. Lernt die Organisation, werden sich solche Fehler nicht wiederholen.

Vielleicht haben wir jetzt gerade verstanden, dass unsere gelernte Logik natürlich gut ist – sonst hätten wir sie ja nicht in unserem Studium gelernt – dass es aber auch noch weitere Grundlogiken gibt, die andere Disziplinen gelernt haben, die auch ihre Berechtigung haben. Sonst hätten wir im Studium nicht so viel über die anderen lästern können (und die über uns) – und später im Beruf nicht so gute Chancen, die Welt nach vorne zu bringen, wenn wir es schaffen, die Kompetenzen verschiedener Berufe sinnvoll zu verbinden.

Der Blickwinkel

Aus Kriminalromanen und Filmen kennen wir das Thema schon: Nicht jeder hat das volle Bild und nicht jeder Mensch ist in der Lage, gut und klar nur Gesehenes zu beschreiben. Mit diesem Problem schlagen sich alle Berufe herum, die mit Zeugen zu tun haben. Ermittler, egal ob bei der Polizei, der Staatsanwaltschaft oder von Behörden, Vorgesetzte, Lehrer, Eltern, alle haben die Situation, eine Geschichte, ein Ereignis aus unterschiedlichen Perspektiven beschrieben erzählt zu bekommen und nun ermitteln zu müssen, was denn nun eine objektivierte Wahrheit sein könnte.

Heute wissen wir, dass manches Seemannsgarn gar nicht falsch war und dass es tatsächlich Riesenkraken und Riesenwellen gibt. Wir wissen, dass es in der Steinzeit komplizierte Schädeloperationen gab und sogar welche, die die Patienten lange überlebt haben. Wir wissen, dass wir heute Dinge als normal betrachten, die noch vor wenigen Generationen als undenkbar angesehen wurden. Man möchte förmlich den Klatsch hören, als vor rund hundert Jahren Frau Benz mit der ersten Motordroschke fuhr, wie sich der Ort das Maul zerrissen hat: „Die Arme. Ihr Mann hat eine Fabrik, aber Pferde für die Kutsche können sie sich nicht leisten." Selbst der Erfinder des Automobils erlag einem Irrtum, als er den Markt für selbst fahrende Fahrzeuge auf weltweit höchstens eine Million schätzte, schon allein aus Mangel an geeigneten Fahrern. Egal, wie man nun zu der Frage steht, ob es weltweit tatsächlich nur eine Million geeigneter Autofahrer gibt – wir müssen sicher konstatieren, dass es allein in Deutschland mehr als vierzig Millionen Autofahrer gibt. Es war für Herrn Benz einfach nicht vorstellbar, dass fast jeder Mensch in der Lage sein könnte, ein Auto zu fahren.[11]

Was immer wir machen – wir interpretieren immer, was wir sehen. Wir können es einfach nicht lassen. Das nutzen auch Illusionisten, wenn sie uns scheinbar verzaubern, Demagogen, wenn sie Völker aufwiegeln, Filmemacher, wenn sie uns Realitäten vorgaukeln, die es nicht gibt. Wir interpretieren immer fleißig in Bilder oder erlebte Situationen hinein, die sich vielleicht ganz anders darstellen, wenn wir einen anderen Blickwinkel auf die Situation haben. Natürlich ist die Erkenntnis nicht wirklich schwer, aber es gibt dennoch immer wieder Situationen, die uns verwundern können, wenn wir den Blickwinkel ändern. Das kann auch passieren, wenn wir uns in einer uns ungewohnten Umgebung aufhalten oder in einem System, das uns begegnet, ohne dass wir die Spielregeln kennen, oder das uns in Unsicherheit hält. Allein die Erkenntnis, dass es so ist, kann uns helfen, erfolgreicher zu sein als andere. Weil wir uns und unser Wissen damit nicht mehr so absolut nehmen und uns auch nicht mehr so ultimativ ernst nehmen. Auch wenn es schwerfällt. Manchmal mehr, manchmal weniger.

Und der Schatz, aus dem wir schöpfen können – ein Beispiel

An einem Beispiel, das vielleicht nahe genug an jeder universitären Ausbildung ist, wollen wir einmal den verschiedenen Kompetenzen und damit auch verschiedenen Blickwinkeln nachspüren. Stellen wir uns dazu

---

[11] Zum Beispiel https://www.n-tv.de/wirtschaft/Die-grossen-Irrtuemer-der-Autoindustrie-article 18478156.html Gleiche Irrtümer gab es zu der Zahl noch kommender Patente, oder der Frage, wozu ein Mensch eigentlich einen PC benötigen könne.

einfach einmal vor, wir wollen ein neues Material zur Beschichtung von Oberflächen entwickeln und produzieren. Es soll in einem medizinisch relevanten Bereich verwendet werden, zum Beispiel für Brillen. Wir haben also die ultimative Erfindung einer Brillenbeschichtung, die dafür sorgt, dass Brillen nie wieder beschlagen und kaum noch dreckig werden. Halt so ein richtig gutes Produkt, das danach schreit, hergestellt zu werden.

Die ersten, die sich dafür interessieren könnten, sind Militärs. So viel zum Thema, es könnte etwas geben, was militärisch nicht interessant ist. Es muss kein Panzer sein, um militärisch interessant zu sein, wie das Beispiel eines Tropenmediziners zeigte, der eine besondere Nahrung entwickelt hat, um unterernährten Menschen in möglichst komprimierter Form Kalorien in einer ausgewogenen Diät zur Verfügung zu stellen. Einer der ersten Interessenten kam nicht etwa von der WHO sondern aus dem Pentagon. Es ist für eine kämpfende Truppe lebensnotwendig, hinreichend mit Kalorien versorgt zu werden, ideal in komprimierter Form, um als Soldat weniger Gewicht tragen zu müssen.

Im gegebenen Beispiel ergeben sich – je nach unserer Ausbildung – unterschiedliche Fragen:

Ein Chemiker wird sich vor allem die Frage nach der Struktur des Zielmoleküls stellen und dann überlegen, wie es von dieser Struktur ausgehend, ein Verfahren entwickeln kann, das in ideal wenigen chemischen Syntheseschritten, den so genannten Stufen, mit möglichst hoher Ausbeute und Reinheit anfällt. Wenn er das Verfahren dann kennt, wird sich der Chemiker zusammen mit Verfahrenstechnikern an das so genannte Scale-up Prozess machen, also die Ansätze so vergrößern, dass später einmal große Mengen produziert werden können. In dem gewählten Beispiel steht nun nicht zu befürchten, dass ein solches Produkt tatsächlich mal im Maßstab mehrerer 100.000 Jahrestonnen produziert werden muss, weshalb eine kontinuierliche Verfahrensführung eher nicht in Frage kommen wird. Dennoch hat der Chemiker genug Fragen zu beantworten, die er auch mit seinem Analytiker besprechen wird. Neben der reinen Ausbeute sind natürlich auch noch andere Fragen relevant. Das Verfahren soll sicher sein, denn wir wollen unsere Mitarbeiter weder vergiften noch in die Luft jagen. Jedes Verfahren produziert Abfälle, die entweder gereinigt oder entsorgt werden müssen. Daher soll das Verfahren möglichst wenige Abfälle produzieren. Das Verfahren soll gute

Raum-Zeit-Ausbeuten haben, damit wir das gegebene Reaktorvolumen so gut wie möglich nutzen. Jedes Verfahren muss genehmigt werden, damit es betrieben werden darf. Das geht letztlich nur über genaue Kenntnis der gesetzlichen Regelungen ebenso, wie über die Kenntnis dessen, was das eigene Unternehmen überhaupt produzieren kann und darf. Mitarbeiter wollen geschult werden, Analysenmethoden müssen funktionieren, die Rohstofflieferanten müssen gefunden und zugelassen werden, die Gebinde, in denen an die Kunden geliefert wird, müssen ebenfalls festgelegt werden. Es wird Werkstofffragen geben, denn nicht jede Reaktion kann in Glas oder Stahl laufen und keiner möchte sein Produkt auf den Boden finden, weil die Apparatur defekt wurde, und, und, und ...

Ein Physiker, der das hergestellte Material dann auf die Brillengläser auftragen soll, wird vielleicht über die Reinheitsvorstellung des Chemikers von 98 % die Nase rümpfen, denn da stecken ja dann noch 2 % Dreck in der Material, das er bekommt. Dreck, der die Anwendbarkeit einer Oberflächenbehandlung nachhaltig beeinträchtigen kann. Vielleicht hat er kein Verständnis dafür, dass der Chemiker schon stolz ist, wenn er das Material mit der Reinheit hinbekommt, weil das schon ein ganz guter Reinheitsanspruch sein kann. Können die Kerlchen denn nicht verstehen, dass man nur mit wirklich sauberen Materialien gute Ergebnisse erzielen kann? Vielleicht findet der Physiker, dass das Material nicht verwendbar ist und muss mit dem Chemiker sprechen, um ihm verständlich zu machen, dass sein Material so nicht verwendbar ist, wobei er nicht sagen kann, wieso es so ist. Beide werden sich dann versuchen an die Wahrheit heranzutasten, bis sie vielleicht verstanden haben, dass eine Reinheit von 99,8 nun doch mindestens sein muss und eine Nebenkomponenten gar nicht auftauchen dürfen, oder aber die Verbindung ist nicht mehr verwendbar.

Ein Ingenieur wird in den Anlagekomponenten denken, die er dann bauen muss, um sowohl eine chemische Verbindung herzustellen als auch die dann später auf andere Vorprodukte aufzutragen. Auch hier kann es verschiedene Randbedingungen geben, die sinnvoll berücksichtigt werden müssen: Wartungsintervalle sollen möglichst kurz sein, die Anlage sollte haltbar ausgelegt werden. Die Anlagen sollen eine möglichst hohe Verfügbarkeit haben. Die gesetzlichen Vorgaben bezüglich Emissionen und Immissionen wollen ebenso berücksichtigt werden, wie auch die verschiedenen Energiezufuhren ebenso gesichert werden müssen, wie auch die Einbindung in eine gegebenenfalls vorhandene Infrastruktur. Gleichzeitig sollen die Anlagen auch noch in Jahren gute Dienste leisten, sollen aber auch eine Weiterentwicklung der Technik begleiten. Kurz, so eine Eier legende Wollmilchsau wäre schon ganz gut. Darin sind sich der Chemiker und der Physiker sicher einig.

Derjenige, der die Anlage später betreiben soll, wird auch eine Meinung haben, denn der Produzent hat auch die Aufgabe, nach den gesetzlichen Regelungen zu produzieren. Dazu muss eine Sicherheitsanalyse gemacht werden, um die Schwachstellen der Anlage zu entdecken und – wenn nötig – schon vor dem Bau der Anlage Schwachstellen zu eliminieren. Es müssen Schichtpläne erstellt werden, die Zahl der Mitarbeiter auf jeder Schicht ist ebenso zu definieren, wie auch die Versorgung mit Rohstoffen und die Entsorgung von Abfall. Die Produkte wollen geplant, produziert und abgesetzt werden. Es müssen Zeiten für die Instandhaltung eingeplant, Meldeketten für Störungen installiert werden, die Anbindung an die Logistik muss erfolgen und noch vieles mehr.

Hoffentlich nicht zuletzt kommt dann noch der zuständige Produktverantwortliche, der die Brillengläser verkaufen soll, der seinerseits Vorstellungen davon haben kann, wie sich der Brillenkunde seine Brille nicht nur vorstellt, sondern auch, wie viel Geld er bereit ist, dafür auszugeben. Wenn wir hier aber erstmals über Geld sprechen, wird es zu spät sein. Dem Produktmanager wird das chemische Molekül letztlich egal sein, das auf dem Brillenglas ist, ihm wird auch das Verfahren egal sein, mit dem es auf die Brillengläser gebracht wird, er wird auch keine Meinung haben, wie die Anlage aussehen soll, die das alles produziert, aber er wird eine Vorstellung davon haben, was der Markt bereit ist, dafür auszugeben. Und er wird es immer eilig haben, denn der Wettbewerb schläft nicht. Damit also nicht andere schneller sind und man selbst nicht zum Zuge kommt, wird es dieser Mensch immer eilig haben. Er wird eine Meinung dazu haben, wie er die staunende Öffentlichkeit davon in Kenntnis setzt, dass nun eine neue Generation an Brillengläsern auf den Markt kommen wird.

Auch die Juristen des Unternehmens werden Vorstellungen haben, welche Risiken das Unternehmen eingeht. Es wird Versicherungen geben, die abgeschlossen werden wollen, vielleicht auch solche gegen Produktionsausfälle. Es wird die Frage kommen, ob das Material giftig ist, vielleicht eine Chemiewaffe, ob es langzeitig toxische Effekte gibt und wie man sich dagegen schützt, oder ob es in der Konsequenz zu Exportbeschränkungen führt. Es wollen Verträge geschlossen werden mit Lieferanten und mit Kunden. Es werden Werbematerialien gestaltet werden wollen, die das Produkt anpreisen, aber auch die Wettbewerber informieren. Es wird Geld benötigt werden, um die Anlagen zu bauen und die Rohstoffe einzukaufen. Bis Geld in die Kasse kommt, wird erst mal Geld ausgegeben werden müssen. Da sind dann die kaufmännischen Abteilungen gefragt. Nicht zuletzt auch die Geschäftsführung, denn irgendjemand wird zu dem ganzen Projekt am Ende seine Zustimmung geben müssen.

Endlich ein Kunde

Kunden werden nicht nur die Brillenträger der Welt sein, sondern auch Augenärzte und Optiker. Kunden werden aber auch vielleicht die Armeen dieser Welt werden, denn es gibt fast nichts, was nicht militärisch interessant wäre: Ein Leuchtmittel, das nicht mehr kaputt geht, wäre ideal geeignet für Panzer oder andere Fahrzeuge, die oft starken Erschütterungen ausgesetzt sind. Eine Brille, die nicht mehr beschlägt, nicht mehr verkratzt, nicht mehr reflektiert, nicht mehr kaputt gehen kann oder andere neue Eigenschaften hat, ist ideal für den harten Einsatz im Gelände geeignet und somit wiederum von militärischem Interesse. Man sollte sich schon früh von der Vorstellung lösen, dass es Produkte geben könnte, die nicht militärisch interessant sind. Man kann vielleicht nicht mit jedem Produkt einen Menschen umbringen, aber selbst Spielzeug kann militärische Verwendung finden und hat es schon gefunden.

Kunden sind generell die Menschen, die unsere Löhne und Gehälter bezahlen. Selbst bei den Unternehmen, die Geldscheine drucken, darf es nicht zur Selbstbedienung kommen. Bitte verabschieden Sie sich gleich vom Beginn Ihres Berufslebens von der Vorstellung, Kunden seien die unwichtigsten Menschen der Welt – sie sind es nicht. Durch ihre Kaufbereitschaft tragen sie dazu bei, dass Unternehmen Produkte herstellen, Dienstleistungen anbieten und verkaufen können. Auch der öffentliche

Dienst oder Beamte leben davon, dass es Unternehmen und Personen gibt, die in der Lage sind, Steuern zu zahlen. Und Unternehmen können nur dann Steuern zahlen, wenn sie Gewinne erwirtschaften. Die wiederum können nur dann abgeführt werden, wenn Kunden die Produkte kaufen und gerne kaufen. Das gilt auch für dieses Buch. Der Verlag hat mit einer bestimmten Auflage kalkuliert und ist davon ausgegangen, dass dieses Buch in einer bestimmten Zeit eine bestimmte Menge Käufer finden wird. Nur wenn die Annahme auch Realität wird, wird der Verlag es sich leisten können, andere Bücher herauszubringen, so, wie dieses Buch nur deshalb herausgebracht werden konnte, weil der Verlag in der Vergangenheit schon viele erfolgreiche Bücher verlegt hat. Am Beispiel von Büchern entscheiden letztlich die Leser darüber, ob ein Buch gelungen ist, oder nicht. Wird es gekauft, kann der Verlag die Gehälter der Verlagsmitarbeiter zahlen. Verkauft es sich nicht, kann es sein, dass der Verlag nicht mehr lange lebt. Damit muss auch bei einem Buch wie diesem das Thema des Kunden, also des Lesers, ganz von Anfang an im Vordergrund stehen.

Diese kleinen Beispiele von der Brillenchemikalie und diesem Buch haben hoffentlich schon gezeigt, wie viele verschiedene Disziplinen miteinander sprechen müssen, um zu einem nachhaltigen Erfolg zu kommen. In unserem nun wirklich nicht sehr komplexen Beispiel der Brillenbeschichtung sind es schon: Chemiker, Physiker, Biologen, Mediziner, Ingenieure, vielleicht Werkstoffwissenschaftler, sicher Kaufleute, Kreative, Logistiker und Juristen. In Funktionen ausgedrückt werden Forscher, Entwickler, Einkäufer für Chemie und Technik, Entsorger, Anlagenplaner, Sicherheitsfachkräfte, verschiedene Ingenieursdisziplinen wie Hoch- und Tiefbau, Anlagenbau, Mess- und Regeltechnik, EDV, Logistiker, Qualitätsmanager, Mitarbeiter in Marketing und Vertrieb, Auftragsabwickler, Absatzplaner, Juristen, Risikomanager, Buchhalter, Controller und Entscheider benötigt, um das Unternehmen zu repräsentieren. Dazu kommen noch Mediziner und Biologen für die Funktionalität, Materialwissenschaftler für die Produktsicherheit, Behörden für die relevanten Genehmigungen und Prüfungen, Tester, Distributoren und, und, und …

… und am Ende wir alle – als potenzielle Kunden.

Ein Beispiel kann uns verdeutlichen, was passieren kann, wenn ein neues Produkt nicht ideal entwickelt wird. Nehmen wir Zeolithe. Das sind anorganische Materialien, die den Charme haben, unglaublich viele Hohlräume in Relation zu dem Volumen zu haben, dass sie in Anspruch nehmen. Damit bieten sich die Materialien als Katalysatoren ebenso an, wie als Adsorbenzien, beispielsweise in Waschpulvern. Es gibt Zeolithe, die eine so geringe spezifische Dichte haben, dass ein Kind locker einen Sack von hundert Liter Volumen heben kann. Es gab einmal die Idee, man könne mit evakuierten Zeolithen ja auch ideal isolieren. Klar. Ein Material, das sich dadurch auszeichnet, dass es mehr Hohlräume als Material hat, sollte evakuiert da einen idealen Einsatzbereich haben können, wo man den Wärmefluss gerne verringern möchte, wie bei einer Thermosflasche. Also gab es die Überlegung, dass sich doch Kühlschränke und Eistruhen ideal eignen können sollten, um eine solche neue Technologie einzusetzen. Gesagt, gemacht. Viele Entwicklungsstunden später gab es Prototypen. Parallel dazu hatte man mit Herstellern von Kühlgeräten gesprochen, die die Idee auch schick fanden, ein neuartiges Wärmeflusskonzept in den Kühlgeräten zu haben. Als dann die Prototypen vorlagen, machten sie das, was man erwarten konnte, sie funktionierten. Dann wurde erstmals über den Preis gesprochen, der so prohibitiv hoch war, dass wir noch heute den Einsatz der neuen Technologie vermissen, aber auch nicht den doppelten Preis für die Kühlung unserer Vorräte zahlen müssen, als wir es heute machen. Wir können also auch lernen, dass man nicht früh genug über Geld sprechen kann, um teure Fehlentwicklungen zu vermeiden. Wir brauchen also schon ganz früh in einem Projekt alle Kompetenzen an einem Tisch und sollten uns auch nicht scheuen, die zu fragen, die einen Beitrag leisten können. Interessanter Weise gibt es gerade ein neues Start-up, das genau diese Technologie wiederbeleben möchte. Als Investor würde ich prüfen, ob die relevanten Fragen nach Kunden, Märkten und Preisen und Kosten schon beantwortet sind, bevor ich mein Portemonnaie öffne.

Alle Ausbildungen, alle Funktionen wollen und müssen mit einander sprechen, mit einander arbeiten, mit einander Dinge nach vorne entwickeln. Und nur, wenn alle diese Funktionen das auch schaffen, dann können wir Erfolg haben. Wenn sich irgendwo Kommunikationspannen einschleichen, sich ein falsches Verständnis einnistet, dann werden sich

Entwicklungen verzögern oder Geld in die ganz falsche Richtung gelenkt. Dabei ist es nicht einfach und fordert täglich neue Anstrengung, um erfolgreich zu sein.

Soft Skills – alles nur Geschwätz?

Vielleicht haben Sie schon einmal den Begriff „Soft Skills" gehört. Sie können den Begriff mittlerweile auch schon in Stellenanzeigen finden, haben ihn vielleicht auch schon selbst dort gelesen. Aber haben Sie eine Idee, was das wohl sein soll? Ist es ein griffiger Begriff oder schwammig? Wenn wir die Aufgabe bekämen, darüber eine Arbeit zu schreiben, könnten wir das? Könnten das die Leute, die den Begriff in der Stellenanzeige verwendet haben? Fragen Sie ruhig nach, wenn Sie im Vorstellungsgespräch sind und Ihnen der Begriff vorgelegt wird: Was meint der Gesprächspartner mit dem Begriff? Oder nehmen wir den Begriff „Unternehmenskultur": „Wir haben ein Unternehmen, dessen Kultur geprägt ist durch den offenen und ehrlichen Umgang miteinander, quer durch die Hierarchien". Was will uns der Personalreferent damit sagen? Wir wissen es nicht. Aber es klingt vielleicht gut und interessant für uns. Was ist aber ein offener und ehrlicher Umgang miteinander?

Was machen also Menschen, wenn sie mit Begriffen konfrontiert werden, die sie nicht kennen? Entweder so tun, als ob sie ihn kennen, oder dort nachschlagen, wo man etwas darüber finden kann, zum Beispiel in einem Lexikon. Heute ist das statt des Brockhaus oder Meyers großem Lexikon natürlich Wikipedia. Doch ist bei internetbasierten Medien immer Vorsicht angebracht, denn wir stellen selbst bei internetbasierten Datenquellen oft nicht mehr die Frage, ob die Information, die wir so bekommen, tatsächlich auch hinreichend gut geprüft ist. Der Luxus der schnellen Verfügbarkeit und die durch ein Seitenlayout gegebene scheinbare Seriosität lassen uns unkritischer mit Daten umgehen, als wir es vielleicht sollten. Wenn Sie also bei Wikipedia nachschlagen, stellen Sie fest, dass sich selbst Wikipedia schwertut, den Begriff zu definieren. „Soft Skills" wird dort mit sozialer Kompetenz umschrieben. Aha. Und nun? Die haben wir doch. Punkt. Reicht. Nächstes Thema. Wie war das mit der Anlage zur Herstellung von Chemikalien für die Beschichtung von Brillen? Die Chemie war wirklich spannend, das Verfahren noch nicht ausgereift, da lohnt es doch, darüber zu sprechen. Mehr als über den Unsinn, wie „Soft Skills".

Genau. Das ist auch der Grund, warum wir alle einmal entschieden haben, das Fach zu studieren, das wir studiert haben. Wenn Sie einen naturwissenschaftlichen oder technischen Studiengang belegt haben, dann nehmen Sie sich bitte einfach mal die Zeit, darüber nachzudenken, was Sie dazu bewogen hat, das Fach zu studieren, das Sie gewählt haben, und nicht eines der folgenden:

- Sozialpädagogik
- Soziologie
- Psychologie
- Jura

Das fühlte sich eben nicht so gut an, oder? Das sollen Wissenschaften sein? Doofes Gelaber oder Wortverdreher. Da gibt es doch nichts, woran man sich festhalten kann. So sprechen gerne Menschen, die MINT-Fächer bevorzugen.

Na gut. Dann noch ein paar andere Ausbildungen: Um nicht ganz so in Extremen zu denken, überlegen Sie bitte, wieso Sie nicht

- Betriebswirtschaft mit Schwerpunkt Kommunikation
- Werbefachwirt
- Grafik und Design
- Musik oder Kunst

zu Ihrem zukünftigen Beruf gemacht haben. Davon kann man nicht leben? Nur was für Softies?

Oder denken Sie, wenn Sie einen sozialwissenschaftlichen oder wirtschaftswissenschaftlichen Studiengang wählten darüber nach, warum Sie nicht

- Informatik
- Physik
- Chemie
- Biochemie oder Biologie

studieren wollten. Am NC kann es nicht gelegen haben, denn die meisten Fächer haben keinen. Wohl aber einen Anforderungskatalog, der genauso wenig für alle interessant ist, wie die anderen benannten Fächer. Es hat Ihnen einfach nicht getaugt, entsprach nicht Ihren präferierten Denkmustern.

Wir dürfen dankbar sein, dass es für alle diese Disziplinen Spezialisten gibt, deren Denken sich zum Glück besonders eignet, die jeweiligen Aufgaben besonders gut zu meistern. Dann müssen wir nicht ran. Man könnte es schlechter haben, sollte aber auch nicht die Existenzberechtigung der anderen Disziplinen in Frage stellen.

Abgrenzungen

Diese Fächer sind natürlich mit Bedacht ausgesucht worden, weil sie zu unseren Ausbildungen gewissermaßen Kontrapunkte darstellen. Wir haben uns bewusst auf die Fächer gestürzt, die mit unseren Denkprozessen besonders gut zu tun haben. Unserer Studienwahl ist gemeinsam, dass die besonderen Logiken unserer Studiengänge besonders gut zu uns passen. Das Risiko, das wir eingehen, ist, dass es im Lauf unseres Studiums vielleicht die fachspezifische Denkweise, die wir gelernt haben, etwas zu absolut genommen wird und andere Sichtweisen nur mühsam Gehör finden. Wir fühlen uns wohl dabei.

Bitte nehmen Sie den Satz wörtlich: *Es ist uns wohl dabei.*

„Wohl" ist ein hochemotionales Wort, es beschreibt ein Gefühl. Wohlig, wohl kann mit Wärme, mit Sattheit, mit Entspanntheit, aber auch mit Befriedigung und Anstrengung, mit dem Gefühl zu tun haben, das sich einstellt, wenn wir etwas Besonderes erreicht haben, zu tun haben – und schon sind wir dabei, dass wir als studierend vom Kopf getriebene Menschen doch Emotionen haben. Wir sind keine emotionslosen Maschinen, wir wollen es auch nicht sein. Wir wollen nach der Erkenntnis, dass etwas gelungen ist nicht einfach weitermachen, sondern uns freuen. Wir wollen unseren Sexualtrieb ausleben und uns in der anschließenden Ruhephase wie fühlen? – klar: wohl. Das führt uns dazu, dass wir offensichtlich mindestens zwei Seiten in uns haben, die uns als Menschen beschreiben: Eine, die rational getrieben ist und eine, die eher durch Emotionen bestimmt wird. Lassen Sie sie uns als Sachebene und Beziehungsebene beschreiben, denn so hat es sich mittlerweile ziemlich allgemein als Begrifflichkeit durchgesetzt.

Die Sachebene
Auf der Sachebene werden wir uns über all die Themen unterhalten, die überprüfbar sind. Ist die Entfernung von uns zur Tür drei Meter oder kürzer? Wir können es messen. Wiegen wir viel oder wenig, sind wir zu dick oder normalgewichtig? Wir können es messen, auch wenn die Frage, was „normal" ist, durchaus einen kulturellen Hintergrund hat, der sich ändern kann, wie wir auf Bildern vergangener Jahrhunderte sehen könne. Ist die Leistungsfähigkeit eines Motors in kW oder PS richtig angegeben? Egal, wir können es berechnen. Sind unsere Eltern unsere Eltern? Ein Gentest wird auch das zu Tage bringen. Gehört der Fingerabdruck dem Täter? Die Polizei wird es ermitteln können. Zahlen, Daten, Fakten.

Auf der Sachebene werden wir aber auch unsere Dispute führen können. Wir groß ist die Wahrscheinlichkeit, dass der Beschuldigte eben doch nicht der Täter ist – die Blutgruppen und ihre Häufigkeit werden es belegen. Speziell in amerikanischen Krimis wird uns das Spiel mit der Statistik gerne immer wieder vor Augen geführt und gezeigt, dass viele Indizien gegen jemanden sprechen können, ein Beweis sieht sicher immer anders aus. Nach Irrungen und Wirrungen setzt sich dann schließlich eine Meinung durch, die vielleicht abstrakt richtig ist.

Auf der Sachebene haben wir studiert, haben wir gelernt, dass es für unser Fach richtig und falsch gibt, zumindest eine Grundlage für eine Benotung. Ein Experiment, das wiederholt wird, muss das gleiche Ergebnis haben, eine Rechnung, von mehreren Personen durchgeführt, muss bei allen zum gleichen Ergebnis kommen. Auch bei der Gestaltung von Verträgen sind inhärente Logiken zu befolgen, die man vielleicht noch durch die Salvatorische Klausel zu glätten versucht. Oder es stimmt etwas nicht. Die Sachebene lügt nicht, wenn etwas anderes herauskommt, als gedacht, dann sind wir noch zu dumm, zu verstehen, was uns die gegebene Situation sagen will. Die Sachebene erlaubt aber auch die Interpretation. Wenn wir beim Beispiel der Chemikalie für die Beschichtung von Brillen bleiben, so kann es ja passieren, dass auf einmal Qualitätsprobleme auftauchen: Die Beschichtung weigert sich, auf dem Glas zu bleiben, und, um es ganz schlimm zu machen, das fällt leider erst bei den Kunden auf, als die anfangen, die Brillen zu putzen. Nach einigen Wochen wird die Beschichtung dünner, sie geht an einigen Stellen ab, an anderen bleibt sie haften. Und um es ganz vertrackt zu machen, haben wir nur bei etwa zehn Prozent der Gläser solche Probleme. Zehn Prozent ist viel zu viel, um ein Artefakt zu sein, viel zu wenig, um die ganze Technologie zu verwerfen. Aber zehn Prozent können das Produkt umbringen und unsere gerade neu getätigte Investition in eine neue Anlage ist in Gefahr, ebenso, wie die Arbeitsplätze, die sich dahinter verbergen. Damit ist also auch unser Arbeitsplatz gefährdet. Das macht es nicht schlimmer, aber wir sind viel unmittelbarer betroffen. Krisenstimmung.

Die Geschichte könnte etwa so laufen: Die Kunden, die betroffen sind, gehen zu ihrem Optiker und reklamieren. Die wiederum schreiben lapidar, dass ein Garantiefall vorliegt, man möge doch bitte schnellstmöglich Ersatz schicken. Haben wir eigentlich eine Regelung, dass wir nicht die nun doppelte Arbeit der Optiker bezahlen müssen? Ein Blick geht zum Marketing, das vielleicht auf die Rechtsabteilung verweist. Haben wir die Haftpflichtversicherung bezahlt? Haben wir überhaupt eine? Bis die Fälle sich häufen, werden wir vielleicht nicht um Rücksendung der betroffenen Gläser bitten, spätestens nachdem nun doch viele Gläser betroffen sind, wollen wir sie haben, um sie zu untersuchen, wieso sie defekt sind. Täglich treffen nun mehrere hundert Gläser ein, ein Blick genügt, um zu sehen, dass es ein Problem gibt. Können wir mit solchen Rücksendungen umgehen? Die Gläser gehen in die Produktion zur Stellungnahme, der Mitarbeiter im Marketing sendet beruhigende Signale zu den Kunden, weist aber darauf hin, dass nicht garantiert werden kann, dass die jetzt erfolgte Ersatzlieferung nicht auch schadhaft ist. Statistisch gesehen haben wir nun die Chance von einem Prozent, dass ein Kunde zweimal ein schadhaftes Glas bekommt, aber zehn Prozent der Kunden, die reklamierten, werden erneut ein Problem bekommen. Das ist nicht gut für unser Image. Gegenmaßnahmen dazu können auf die Schnelle nicht eingerichtet werden, nur ein nettes Begleitschreiben, vielleicht mit Brillenreinigungstüchern oder was auch immer, kann versuchen, den Zorn zu dämpfen.

Die Produktion ruft alle zusammen, die einen Beitrag leisten können: Analytik, Entwicklung, Einkauf, Qualitätsmanagement ..., es muss ja einen Grund geben, der naturwissenschaftlich erklärbar ist. Gründe kann es viele geben: andere Rohstoffe führen zu anderen Verunreinigungen, führen zu Abplatzungen. Oder durch das Anlagendesign gibt es Totvolumina, in denen sich Material sammeln kann, das dann vergammelt und so die Beschichtung schadhaft macht. Oder es ist nur eine ganz bestimmte Charge an Produkten betroffen. Oder auch nicht. Oder sind nur bestimmte Optiker betroffen, die vielleicht ihrerseits die Gläser kaputt gemacht haben, als sie sie eingeschliffen haben. Oder auch nicht. Oder hat das Material so gelagert, dass es auf dem Weg zum Optiker kaputt ging? Wenn wir uns die Mühe machen, das alles logisch abzuleiten, dann haben wir schnell Ansatzpunkte. Können wir das denn bestätigen mit Produkten aus unserer Anlage: wenn wir nun immerzu Brillengläser putzen – geht auch bei uns die Schicht ab? Gibt es ein besonderes Putzverhalten, zum Beispiel mit einem Reinigungsmaterial, das nicht für unsere Brillen geeignet ist? Mühelos werden wir viele Menschen für ziemlich lange Zeit beschäftigen, um herauszubekommen, wieso die Brillengläser ihre Beschichtung verlieren. Das alles findet auf der Sachebene statt.

Die Beziehungsebene
Auf der Beziehungsebene werden aber gleichzeitig ganz andere Themen diskutiert werden: Wer ist der Schuldige? Wer gehört entlassen? Wem kann man unterjubeln, dass er nicht aufgepasst hat? Wer hat voreilig zugestimmt, das Produkt auf den Markt zu bringen? Wie bringe ich meiner Familie bei, dass ich meinen Arbeitsplatz verloren habe oder dabei bin, zu verlieren? Mit wem habe ich noch eine Rechnung offen? Wieso hat keiner auf mich gehört? Wir haben doch alle gewusst, dass wir viel zu früh die Anlage in Betrieb genommen haben, wieso nur wollte die Geschäftsführung nicht hören? O weh, o weh, wenn das mal gut geht.
Die Qualität der Fragen und Sätze – das ist „unüberlesbar" – ist eine ganz andere. Hier schwingen permanent Emotionen mit, Ängste, Druck.

Gefühle, Intuitionen führen zu zwischenmenschlichen Beziehungen und definieren den Umgang mit einander. Ob es uns gefällt oder nicht, auf der Beziehungsebene finden sich qualitative, also „weiche" Aussagen, keine quantitativen, wie auf der Sachebene. Und nun ein Hinweis, der für Sie vielleicht neu ist, unser Leben aber nachhaltig prägt: Wenn man sich ansieht, wie stark wir auf welcher der beiden Ebenen arbeiten, dann lässt sich nicht leugnen, dass – egal wo – die Beziehungsebene überwiegt. Je nachdem, welche Quelle wir bemühen, die Beziehungsebene prägt 2/3 bis zu achtzig Prozent unseres Lebens und unserer Arbeit. Das muss uns nicht gefallen, es ist aber so. Wir und alle, die sich wie wir einer eher harten Wissenschaft verschrieben haben, die wir Zahlen, Daten und Fakten mögen, weil sie im Idealfall eindeutig, ja sogar eineindeutig sind, wir alle müssen akzeptieren, dass wir letztlich doch hochemotionale Bündel sind, die auch noch in ihrem Verhalten durch unsere Emotionen getrieben werden. Regt sich da Widerspruch? Ist das alles unsinnig? Das ist gut, denn auch die Bezeichnung „Unsinn" ist eher ein emotionaler denn ein rationaler Ausdruck.

Wie vermeiden wir also, dass sich in unserem Beispiel der Reklamation die Menschen, die wir um den Tisch versammelt haben, nicht nachhaltig mit einander in die Haare bekommen und überwerfen? Indem wir auch hier versuchen, die Mechanismen und Treiber zu verstehen. Indem wir uns fest vornehmen, nicht davon auszugehen, dass jemand auf die Welt gekommen ist, nur um uns zu ärgern. Auch wenn es manchmal schwerfällt, das zu glauben und zu akzeptieren. Auf der Beziehungsebene beginnen wir Kriege, auf der Beziehungsebene finden wir unseren Partner, auf der Beziehungsebene schmusen wir mit unseren Kindern, auf der Beziehungsebene umarmen wir unsere Eltern, auf der Beziehungsebene weinen wir im Kino. Die Beziehungsebene macht Sätze wie „ich liebe dich" so schwer, denn wenn dann die Antwort „schön für dich. Geh doch in den Rhein." kommt, dann tut das weher, als wenn wir nicht erkannt haben, dass unser Prozess für die Herstellung der beschichteten Brillengläser deshalb nicht läuft, weil wir etwas nicht gewusst haben, was wir aber hätten wissen können, wenn wir genauer hingesehen hätten. Es fällt uns auch doppelt schwer, uns souverän auf der Beziehungsebene zu bewegen, weil wir ja gerade lieber mit Zahlen, Daten, Fakten arbeiten. Wie messe ich den Grad der Liebe? Wie meine Sorge? Wie gehe ich um mit Verletzung? Mit Zurücksetzung? Mit Ablehnung?

Jetzt wird's ganz hart – ein Gedicht

Wenn nicht mehr Zahlen und Figuren
Sind Schlüssel aller Kreaturen
Wenn die so singen, oder küssen,
Mehr als die Tiefgelehrten wissen,
Wenn sich die Welt ins freye Leben
Und in die Welt wird zurück begeben,
Wenn dann sich wieder Licht und Schatten
Zu ächter Klarheit wieder gatten,
Und man in Mährchen und Gedichten
Erkennt die wahren Weltgeschichten,
Dann fliegt vor Einem geheimen Wort
Das ganze verkehrte Wesen fort.

Toll. Schön. Auf den Punkt. Super.
Oder?
Schrecklich. Mist. Holt mich hier raus, ich halt's nicht aus!!!

Das Gedicht ist von Novalis und stammt aus dem Jahr 1800,[12] ist also weit über 200 Jahre alt oder etwa sieben bis acht Generationen jung. Wenn Sie Novalis nicht kennen – Sie haben durchaus etwas versäumt, und jede Stadtbücherei wird sich glücklich schätzen, Ihnen Werke auszuleihen von Georg Friedrich Philipp Freiherr von Hardenberg, genannt Novalis, Schriftsteller der Frühromantik, Philosoph und Bergbauingenieur, der zuweilen mit der letzten Profession haderte. Gerade das Hadern mit dem Beruf des Ingenieurs ist auch heute noch für uns interessant, zeigt es doch in seiner Person und seinem Hader auf Widersprüche zwischen Disziplinen hin: Den zahlengetriebenen Disziplinen wie den MINT-Fächern, aber auch den wirtschaftswissenschaftlichen zahlengetriebenen Berufsbildern und der anderen Seite der Berufsspektren, die sich mit menschlichen Gefühlen und Verhaltensmustern beschäftigen. Oder einfacher: Dem Konflikt und Sach- und Beziehungsebene.

Platt formuliert mag man die Entscheidung von Novalis für die Literatur und Philosophie und die Entscheidung gegen den Beruf des Berg-

---

[12] https://de.wikipedia.org/wiki/Wenn_nicht_mehr_Zahlen_und_Figuren andere Versionen beispielsweise unter https://www.deutschelyrik.de/wenn-nicht-mehr-zahlen-und-figuren.html.

bauingenieurs als die Entscheidung im Konflikt zweier Weltanschauungen sehen, die er in dem Gedicht beschrieb. Hierzu ließe ich noch viel mehr schreiben, könnte man die Historiker und Germanisten befragen. Sollte sich aber ein Leser dieses Buchs dazu aufraffen können, mal an anderer Stelle nachzusehen, was damals in der Romantik alles so Spannendes passierte – es war wirklich eine spannende Zeit. Napoleon, Caspar David Friedrich, Warenströme rund um den Globus, beginnende Naturwissenschaften, literarische Höchstleistungen, musikalisches und malerisches Neuland. Der Glaube, die Welt berechnen zu können herrschte ebenso, wie sich der Mensch als Individuum entdeckte und Goethes Werther in seiner Schwärmerei im Suizid den Ausweg aus den schmachtenden Leiden sah, viele Nachahmer findend. Alles Unsinn? Vielleicht nicht ganz:

Was in dem Gedicht nachhaltig beschrieben wird und auch heute noch Aktualität besitzt, ist der permanente Konflikt zwischen der Sach- und der Beziehungsebene, nur eben schöner beschrieben, als es dieser Satz vermag. Die Romantik brach mit tradiertem Denken, entdeckte die Leidenschaft und die Emotion neu. Zahlen, Daten, Fakten, die Attribute des Bergbauingenieurs, führen weit, aber nicht weit genug. Emotionen werden in der Romantik aufgegriffen, als wahre Treiber menschlichen Handelns gesehen und somit letztlich als eher Geschichte und Epoche machende Kräfte verstanden. Der Einmarsch Caesars in Ägypten diente in der Interpretation der Romantik letztlich der Befriedigung des Geschlechtstriebes und weniger der hehren Politik, die vorgeschoben wurde. Goethes Werther, der früher erschien, ist auch ein hochemotionales Werk, in dem sich ein junger Mann letztlich in seinem Konflikt zwischen rationalem Vorgehen und hoher Emotionalität verfängt, eine Situation, die er nur durch einen Freitod aufzulösen vermag. Harte Kost so etwas zu lesen? Nein, nicht wirklich, es sei denn, wir haben Probleme damit, dass wir als Menschen lustige Wesen sind und uns nicht immer rational verhalten.

Das finden Sie einfach doof? Ist nicht Ihr Thema? Damit können Sie nichts anfangen? Emotionales Geseiere? Um so einen Unsinn zu hören, haben Sie nicht studiert? Für so einen Blödsinn muss nun wirklich kein Buch geschrieben und erst recht nicht gekauft werden. Was ein Mist! Sie brauchen nur einen Punkt, dann heben Sie die Welt aus den Angeln? Sie können berechnen, dass es den Weihnachtsmann nicht geben kann, denn das Tempo, das er haben muss, um die Kinder zu besuchen, kann er nicht haben, sonst verbrennt er wegen der Reibung? Moment mal, bitte, es bleiben Fragen.

Gibt es Gott? Eine Schöpfung? Wenn wir Regeln haben, die wir nutzen können, um reproduzierbar was auch immer zu machen, was steckt dahinter, wo kommen diese Regeln her? Gibt es Geheimnisse, die uns Menschen noch verborgen sind und die wir nicht berechnen können? Wieso kann die Zeit immer nur in die eine Richtung gehen? Ist alles völlig unsinnig, was hier steht? Hatten Sie schon einmal weiche Knie beim Anblick von jemandem? Wie fühlte sich der erste Kuss an? Der erste Sex? Hatten Sie schon einmal das Gefühl, die Welt gehörte Ihnen? Konnten Sie das berechnen?

Oder gefällt Ihnen das Gedicht? Nehmen Sie aktiv Farben, Gerüche, Temperaturen, Stimmungen wahr? Gehen Sie gerne ins Kino und schauen sich Romanzen an? Können Sie packungsweise Taschentücher verbrauchen, wenn der Film nur schön genug ist? Können Sie einen Zauberer beobachten, ohne dass es für Sie wichtig ist, zu verstehen, wie er sie durch eine Illusion täuscht? Macht es Ihnen Freude, abends mit Freunden zu sitzen und zu reden? Finden Sie Gott und die Welt spannend?

Wir bewegen uns gerade komplett auf der Beziehungsebene, die den Vor- oder Nachteil hat, nicht komplett berechenbar zu sein. Dennoch können wir heute viele Teilaspekte der Beziehungsebene beschreiben und haben es da besser als Novalis, der das alles noch nicht kannte und so mit anderen zu Pionieren der Beschreibung von emotionalen Treibern menschlichen Handelns wurde. Zu diesen Themen gehören unter anderem unsere Fähigkeiten

- mit anderen zusammenzuarbeiten, also unsere Teamfähigkeit
- zu malen oder zu musizieren, also unsere musischen Fähigkeiten
- Menschen schnell einzuschätzen, also unsere Menschenkenntnis
- Mit anderen mitzufühlen, also unsere Empathie
- Mit anderen zu sprechen, verbal und non verbal, also unsere Kommunikationsfähigkeit

- Rückmeldungen zu geben und zu nehmen, also unsere Kritikfähigkeit
- Uns selbst bewusst wahrzunehmen, also unser Selbstbewusstsein
- Unsere Umwelt zu registrieren und Situation einzuschätzen, also unsere Wahrnehmung
- Konflikte anzugehen und auszutragen

Der Mensch und das Team

Lassen Sie uns im Folgenden auf die einzelnen Punkte eingehen.

Es gibt kaum ein Thema, das so massiv gestresst wurde, wie die berühmte Teamfähigkeit. Natürlich sind wir alle teamfähig, denn TEAM steht ja augenzwinkernd für „toll, ein anderer macht's". Und wir alle finden es gut, wenn andere etwas machen.

Die Entwicklung von Theorien um Teams und Teambildung ist noch nicht sehr alt, aber trotzdem haben Menschen schon seit Jahrtausenden miteinander gearbeitet, und müssen das auch, um sich und ihre Familien zu ernähren. Menschen haben die Fähigkeit, mit anderen zu kooperieren, auch mit Menschen, die man nie in seinem Leben gesehen hat. Der Bäcker kennt den Landwirt nicht, der das Korn angebaut hat, aus dem später das Mehl für unsere Brötchen wurde. Der Landwirt kennt nicht den Chemikanten, der ein Düngemittel produziert hat und beide nicht den Menschen, der die Baumwolle gesponnen hat, aus der ihre Oberbekleidung wurde. Das ist aber nichts Neues: Heute weiß man durch Funde, dass bereits in der Steinzeit Halbzeuge von Feuerstein über mehr als tausendfünfhundert Kilometer transportiert wurden, um anderenorts als Halbzeuge zu Klingen verarbeitet zu werden.[13]

Durch eine zunehmende Spezialisierung und gesteigerte Anforderungen an die verschiedenen Funktionen wurde es immer nötiger, dass Menschen unterschiedlicher Ausbildung miteinander zusammenarbeiten. Das Paradebeispiel, was immer gerne aus der Teamtheorie gewählt wird, ist die Raumfahrt.

---

[13] https://www.spektrum.de/news/steinzeit-fernhandel-am-ende-der-welt/1643568.

Die Mondlandung als Teamerfolg

Sie haben nun folgende Situation: Drei Menschen, so war es am Anfang geplant, sollen zusammen zum Mond fliegen. Zwei werden dabei mit einem kleinen Raumfahrzeug auf dem Mond landen, einer wird im Mutterschiff den Trabanten umkreisen, bis die beiden anderen wieder zurückkehren und dann alle nach Hause fliegen, um vor dem Nachmittagskaffee zu landen. Zwei sollen auf dem Mond laden, damit einer da ist, dem anderen zu helfen, sollte es einen Unfall geben. Risikomanagement. Alle Positionen mit Redundanz zu versehen geht nicht, da dann Gewicht und notwendiger Platzbedarf zu groß werden. Manchmal muss man Kompromisse schließen, um etwas umsetzen zu können.

Keiner von Ihnen weiß, wie man auf dem Mond landet. Es hat halt noch keiner gemacht, der davon berichten konnte. Keiner weiß, ob es nicht Strahlen im Weltraum gibt, die sie binnen kurzer Zeit krank machen, daher plant man nach der Rückkehr eine mehrwöchige Quarantäne ein. Keiner weiß, ob sie die Hinreise überleben werden. Es ist ein hochriskantes Abenteuer, bei dem man, wenn es daneben gibt, zwar sagen kann, dass es eine spektakuläre Beerdigung war, bei der man aber auch sagen könnte, dass nur ausgemachte Dummköpfe sich auf eine Rakete mit vielen Tonnen explosiver Treibstoffe setzen und die unter sich anzünden lassen. Wenn also nach den Menschen gesucht wird, die geeignet sind, dann denkt man nicht zuletzt an Testpiloten: Körperlich hoch belastbare Menschen, die gleichzeitig eine gute Affinität zu Technik haben, beruflich damit umzugehen verstehen, nicht zu wissen, ob sie abends wieder lebend oder gesund nach Hause kommen und die diesen Reiz brauchen, um sich wohl zu fühlen. Vielleicht würde ja auch uns reizen, zu wissen, dass die nächste öffentliche Toilette gute 380.000 km entfernt ist, oder wir fänden es auch schön, wenn die Erde aufgeht und nicht der Mond. Aber würden wir dafür erst jahrelang trainieren mit nur einer relativen Chance, am Ende dabei sein zu dürfen, und falls ja, uns dann auf eine Rakete setzen, die unter uns angezündet wird?

So ähnlich hatte wohl auch die NASA gedacht und angefangen, ihre ersten Besatzungen zusammenzustellen, als sich – völlig unerwartet – Probleme einstellten. Beim näheren Hinsehen zeigte sich, dass es Probleme mit den Besatzungen gab. Es waren keine Teams, die zusammenarbeiten konnten, es waren stattdessen Zusammenballungen von drei Alphatieren, die gerade untereinander ausmachen mussten, wer denn das schönste und beste Alphatier sei. Bildlich gesprochen hatte man drei Kampfhähne in einen engen Raum gesteckt und wunderte sich nun, dass die miteinander kämpften, um auszumachen, wer denn der beste, größte und schönste Hahn sei. Die drei verhielten sich lediglich rollenkonform, wenn auch in diesem Fall unerwünscht.

Nachdem klar wurde, dass das allein nicht reicht, um zum Mond zu gelangen, wurde in der Folge recht schnell daran gearbeitet, zu verstehen, was sonst noch alles dazu gehört, um aus Menschen ein Team zu formen. Wir wissen heute, dass es dann tatsächlich am 20. Juli 1969 so weit war und der erste Mensch den Mond betrat. Wir alle wissen, dass es Neil Armstrong war, der den denkwürdigen Satz sagte vom kleinen Schritt für einen Menschen und dem großen für die Menschheit. Vergessen ist für die meisten, dass es Edwin „Buzz" Aldrin war, der als zweiter Mensch den Mond betrat und keiner weiß wirklich, was sein erster Satz auf dem Mond war. Beide konnten das aber nur, weil Michael Collins in der Raumkapsel aushielt und darauf wartete, die beiden anderen dann wieder sicher an Bord zu nehmen.

Weitgehend unbekannt ist, dass Edwin Aldrin später krank wurde und unter Depressionen und Alkoholmissbrauch litt. Vielleicht, weil er es nicht verwinden konnte, doch nicht der erste Mann auf dem Mond gewesen zu sein, an den sich alle erinnern, obwohl er sogar der am meisten fotografierte Mensch bei der Mission war. Spätere Äußerungen gehen in verschiedene Richtungen, lassen aber durchaus den Schluss zu, dass er darunter gelitten hatte, nicht der erste sein zu dürfen mit dem Ausspruch, an den sich alle erinnern und dass es ihm nicht reichte, als zweiter Mensch auf dem Mond stehen zu dürfen, ein Privileg, um das ihm schätzungsweise mal locker 100 Millionen kleine und große Jungen beneidet haben und beneiden. Viele hätten viel darum gegeben, an seiner Stelle stehen zu dürfen, doch für ihn fehlte vielleicht etwas, so dass das große Abenteuer entwertet wurde. Wenn wir nun heute den Kopf schütteln, so nach dem Motto, wie kann er nur, sollten wir bitte nicht vergessen, dass er ganz klar vom Typ her ein Alphatier war, sein musste. Für Michael Collins war es vielleicht anfangs auch ein Thema gewesen, nicht auf den Mond gehen zu können, denn nach einer so langen Reise würde wohl jeder gerne die Chance haben, den Mond zu betreten. Aber er hatte seine Rolle und die konnte er füllen und er hatte sie für sich ganz allein, niemand machte sie ihm streitig. Er hatte damit dann auch kein Thema, denn er war ja auch allein dafür verantwortlich, dass die Heimkehr gelingen konnte. Klar wäre ein Besuch auf dem Mond noch schöner gewesen, aber ohne ihn keine Mondlandung und vor allem keine Rückkehr. Die beiden anderen waren ja in ihrer Reihenfolge austauschbar, er nicht. Aldrin und Armstrong hatten beide die gleiche Chance, als erster auf dem Mond zu stehen und Aldrin war letztlich dazu befohlen, es nicht zu sein.

Nachdem nun klar war, dass es nicht unbedingt sinnvoll ist, Menschen in einen kleinen Raum zu sperren, den man auf die Spitze einer Rakete geschnallt hat, um die dann anzuzünden, während die Menschen im Raum sich noch ganz massiv damit beharken, wer denn von ihnen nun der Beste, Größte und Schönste ist, galt es, sich Gedanken darum zu machen, was denn da passiert. In der Folge führte das zu unglaublich vielen Arbeiten über Teams, Teambildung und Teamführung. Es hat unglaubliche Mengen an Theorien gegeben, wann Teams gut funktionieren und wann nicht. Wer es möchte, kann etwa 20 Meter Literatur, bestehend aus mehr als 1600 verschiedenen Titeln, zu dem Thema „Teamwork" lesen. Vieles davon ist von einander abgeschrieben, manches spiegelt extreme Positionen wider. So waren die 80er-Jahre des letzten Jahrhunderts in der Automobilindustrie davon geprägt, dass die Arbeiter an den Bändern doch selbst gesteuerte, quasi autonome Arbeitsgruppen bilden sollten. Die Logik dahinter war ganz einfach: Es sollten die, die letztlich unmittelbar betroffen waren, ihre Arbeit selbst definieren, ganz nach dem Motto, dass sie es am besten können. Es gab Anfangserfolge, die dann nicht nur in der Automobilindustrie umgesetzt wurden. Volvo[14] war das erste Unternehmen, Ford, Opel und andere folgten zeitnah. Es hatte in der Tat Erfolge gegeben, und es konnte die bisher nicht genutzte Intelligenz und Kompetenz von Mitarbeitern genutzt werden. Es gab aber auch Grenzen, weshalb viele Versuche wieder beendet wurden.

---

[14] https://www1.wdr.de/stichtag/stichtag6756.html und als Kontrast https://www.zeit.de/arbeit/2017-11/teamarbeit-gruppendynamik-unternehmen-mitarbeiter-psychotest.

Die 90er-Jahre des letzten Jahrhunderts kannten überspitzt formuliert vor allem Jugendlichkeit. Platt formuliert gab es ein Streben nach schneller Karriere, wer mehr als 2–3 Jahre auf einer Funktion verharrte, war entweder doof oder ein Fachmann, der dort verharren würde. Es war das Zeitalter schnell gewonnener Millionen und ebenso schnell vernichteter Werte. Es war die Zeit, als die Mobilfunkwelle losging und Milliarden für die Nutzungsrechte an Frequenzen gezahlt wurden, ohne dass es die dafür notwendigen Technologien schon gab, die Frequenzen zu nutzen. Es war die Zeit, in der jeder Kredit bekam, egal, wie schräg die Geschäftsidee war, Hauptsache, sie hatte vermeintlich Potenzial. Echte Teamarbeit konnte in einem solchen Klima nicht unbedingt gedeihen. Das sich dahinter verbergende Menschenbild war, dass nur eine schnelle Karriere und schnelle Millionen dem Leben einen echten Sinn geben. Wer mit Anfang Dreißig nicht im Vorstand war, war – hart formuliert - Biomüll. Vielleicht ist das auch ein Grund, warum so viele Bücher zum Thema Teambildung geschrieben wurden, denn manche Irrtümer tun weh, und Bremsspuren können lang sein.

Teamtheorie und Teamzusammensetzung

Der für uns nachhaltigste Ansatz zum Thema Teams kommt von Dr. Meredith Belbin, einem englischen Psychologen.[15] In den 70er-Jahren des letzten Jahrhunderts interessierte er sich stark für die zwischenmenschlichen Prozesse, die bei der Teambildung geschehen und wieso manche Teams funktionieren, andere hingegen grandios scheitern. Dabei ging Belbin davon aus, dass es bei erfolgreichen Teams nicht darauf ankommt, die gleichen Persönlichkeitsmerkmale zusammenzubringen, sondern – ganz im Gegenteil – dass es darauf ankommt, bestimmte Rollen und Funktionen besetzt zu bekommen, ohne die ein Team nicht komplett funktionstüchtig ist. Das leuchtet auch unmittelbar ein, wenn man sich die oben beschriebenen ersten Erfahrungen der Apollo-Teams ansieht, bei denen Menschen sehr ähnlicher Eigenschaften ja gezeigt hatten, dass sie sich schwertun, mit einander zusammenzuarbeiten. Belbin

---

[15] https://www.belbin.de/teamrollen/.

fand nun heraus, dass in besonders gut funktionierenden Teams es nicht immer eine „Friede-Freude-Eierkuchen"-Stimmung herrschte, sondern es auch schon einmal durchaus zur Sache gehen konnte. Er fand aber auch heraus, dass ohne die Anwesenheit von bestimmten Charakteristika es wahrscheinlich war, ein nicht wirklich gutes Ergebnis des Teams zu bekommen.

Nicht ganz verwunderlich fand Belbin, dass Teams letztlich Wissen haben, zu Handlungen befähigt sein und zur Kommunikation in der Lage sein müssen. Nur wenn es uns gelingt innerhalb des Teams zu kommunizieren und auch Gedanken nach draußen zu bringen, aber auch Gedanken von außen in das Team hineinzubringen, können wir erfolgreich sein. Ebenso ist es unabdingbar, dass wir in der Lage sind, etwas zu machen, sonst sitzen wir nur da, trinken Tee, Kaffee oder Bier und haben es gemütlich. Und nicht zuletzt brauchen wir natürlich auch Wissen über das, was wir erarbeiten sollen. Wer nicht weiß, wie man strickt, wird es schwerlich zu einem Wollpullover bringen können. Banal, aber doch wichtig – und tatsächlich oft ignoriert. Es gibt Teams, die zusammengesetzt werden, indem die Fachleute zusammengeholt werden. Ob die nun begabte Kommunikatoren sind oder nicht, bleibt dabei unberücksichtigt. Vielleicht kennen Sie solche Beispiele von der Uni oder aus anderer Betätigung.

Teamrollen nach Belbin

Bei der weiteren Betrachtung lassen sich die drei Hauptrollen noch weiter unterteilen:

Bei den *handlungsorientierten Rollen* finden sich der Macher, der Umsetzer und der Perfektionist wieder. Dabei haben die drei Rollen wiederum ihre ganz eigenen Merkmale und Aufgaben.

Der **Macher** ist ein Mensch, der Dinge bewegen will. Er krempelt die Ärmel hoch, steckt voller Energie, fühlt sich aber auch permanent unter Druck, weil die Zeit so schnell vergeht. Unklare Angaben kann er nicht vertragen, wenn die Besprechung um 14 h angesetzt ist, dann ist er um 13:55 da und will um 14:05 am liebsten loslegen. Er hat keine Angst vor Verantwortung, er versucht ein komplexes Thema in kleinere Unteraufgaben zu zerlegen, sucht Strukturen und veranlasst, dass Aufgaben sofort, am besten gestern, erledigt werden. Dadurch kann er aber auch provozierend wirken, vor allem auf die, die nicht so schnell zerlegen können, wie er selbst. Der Macher provoziert dadurch auch Konflikte, ist aber nicht wirklich nachtragend. Oft wirken sie arrogant, wissen alles besser und verbreiten Hektik und Ungemütlichkeit. Am wohlsten fühlt sich ein solcher Mensch in flachen Hierarchien, am besten in einem Team von Gleichgestellten. Führungspositionen und die damit verbundene Kontrolle und Koordination finden Macher eher lästig und unangenehm. Wie kann man ihnen nur so misstrauisch gegenübertreten, sie kontrollieren zu wollen?

Der *Umsetzer* ist, wie sein Name schon sagt, der, der dann tatsächlich ausführt und Dinge endlich macht. Er ist zuverlässig und diszipliniert. Wenn andere zu spät kommen und über Kopfschmerzen klagen, hat der Umsetzer schon längst zwei Kopfschmerztabletten eingenommen und angefangen zu arbeiten. Effizient, systematisch und methodisch. Vielleicht isst der Umsetzer auch so seinen Teller leer, in jedem Fall wird es mit ihm keine Überraschungen geben. Um seine Stärken ausleben zu können, braucht er durchführbare Arbeitspläne, die er sich selbst auch gerne schon einmal erstellt, wenn die Konzepte gegeben sind und gerade kein anderen in die Vorlage gegangen ist. Die für ihn notwendige stabile Struktur wird sich der Umsetzer gegebenenfalls auch schaffen. Im Chaos oder ohne starke Struktur wird er jedenfalls nicht gut arbeiten können. Wenn ein Umsetzer immer wieder mit neuen Ideen oder Lösungsvorschlägen konfrontiert wird, wird er nicht gerade nett reagieren und erscheint dann nicht nur unflexibel, er ist es auch.

Der *Perfektionist* geht sicher noch einen Schritt weiter als der Umsetzer. Er ist, wie seine Rolle schon sagt, perfektionistisch veranlagt. Er sieht nicht um acht Uhr die Nachrichten, sondern um exakt zwanzig Uhr und null Sekunden. Seine Uhr ist genauer als die Atomuhr und er ist genervt, wenn sich die Nachrichten wegen eines Werbeblocks um einige Sekunden verschieben. Wenn Sie ihn um fünf einladen, ist er um fünf da. Unpünktlichkeit bereitet ihm buchstäblich körperliche Schmerzen. Er ist genau, zuverlässig, aber auch ängstlich, wenn es Veränderungen gibt, denn Veränderungen waren noch nie gut für die Ordnung und stören die Chance, alles im Griff zu haben. Da er einen extremen Anspruch auf das

Ergebnis seiner Arbeit hat, delegiert er nicht gerne und kontrolliert alles mehrfach. Durch seine sehr hohe Genauigkeit kann es ihm passieren, dass er das große Gesamtbild aus den Augen verliert. Wenn alle anderen schon den Erfolg feiern, dann wird der Perfektionist auch noch den Hallenboden fegen und die Rechnung stellen.

Handlungsorientierten Rollen stehen drei *kommunikationsorientierte Rollen* gegenüber, in denen sich der Koordinator, der Teamworker und der Weichensteller wiederfinden.

Wie sein Name es schon sagt, koordiniert der **Koordinator** Arbeitsprozesse. Das kann er, weil er gut zuhören kann, selbstsicher ist, kommunikativ und entscheidungsfreudig. Er kennt den Arbeitsprozess, setzt Ziele, auch Teilziele und Prioritäten, kann relevante und nicht relevante Problemstellungen voneinander unterscheiden, delegiert Aufgaben und überwacht Arbeitsergebnisse auch in Bezug auf die Einhaltung von Zielen und Zeitvorgaben. Dadurch kann es kommen, dass er als manipulierend empfunden wird und sich seine Teammitglieder auf der persönlichen Ebene von ihm entfernen. Der Koordinator delegiert gerne alles, so kann es auch vorkommen, dass er den Blumenstrauß an seine Frau zum Geburtstag durch die Assistentin überbringen lässt, ohne sich auch nur ansatzweise irgendwas dabei zu denken. Den Koordinator findet man oft als Teamleiter, weil er so effizient und gut die Arbeit anderer zu lenken versteht.

Der **Wegbereiter** oder **Weichensteller** ist ein Hans-Dampf-in-allen-Gassen. Er ist extrovertiert, man sieht ihm sofort an, wie es ihm geht. Er redet mit allen und jedem, kann sich für fast alles begeistern, ist schnell mit jedem „gut Freund", sozial und gesellig. Er kommt in einen Raum mit lauter ihm unbekannten Menschen und wird innerhalb nicht einer Stunde wissen, wer ihm bei seinen Themen weiterhelfen kann und wer vielleicht einmal später für was auch immer in Frage kommen könnte. So bringt er auch immer neue Erfahrungen und Kompetenzen zusammen und findet so neue Möglichkeiten und Lösungsalternativen. Da jedes neue Blümchen für ihn so schön riecht, geht er mit Widerständen eher locker um und wendet sich einem neuen Blümchen zu. Es gibt ja noch so viele auf der Wiese, wozu sich dann festlegen und beschränken? Ihn da in seinem anfänglichen Enthusiasmus gefangen zu halten und dafür zu sorgen, dass er nicht ausbüchst und sich auf Schauplätzen geringerer Relevanz tummelt, ist dann die Aufgabe anderer Teammitglieder. Gesellig, wie er ist, wird sich der Weichensteller aber auch einfangen lassen.

Der *Teamworker* ist – platt formuliert – der, der den Kaffee kocht. Er ist sympathisch und beliebt, der, bei dem man sich nicht vorstellen kann, dass er mal selbst Probleme haben könnte, denn er kann so gut zuhören und kennt seine Kollegen alle, auch die Wehwehchen, die persönliche Geschichte und alles, was irgendwie wichtig sein könnte. Der Teamworker ist diplomatisch und wird auch bittere Pillen so verabreichen, dass das Schlucken leichter fällt. Teamworker vermeiden Rivalität und schaffen es auch, die zu knacken, die sonst immer nur schweigend dabeisitzen. In kritischen Situationen ist aber der Teamworker nicht der ideale Entscheider: „Was würdet Ihr denn machen" ist dann eher seine Frage, er würde niemals in einer kriegerischen Situation aus hundert zehn Männer auswählen, um die dann in den sicheren Tod zu schicken. Nur ausdiskutiert bekäme er es auch nicht.

Natürlich benötigen wir auch endlich noch *wissensorientierte Rollen*, ohne die ein Team auch nicht erfolgreich sein kann. Mit dem Erfinder, dem Beobachter und dem Spezialisten sind dann auch die Teamrollen komplettiert.

Der *Erfinder* ist natürlich ein kreativer und fantasievoller Mensch, der oft introvertiert ist, da er mit seinen unorthodoxen Denkansätzen nicht immer verstanden wird. Wir soll er auch, wenn er doch in Gedanken schon auf dem Mars ist, während die anderen noch beim Mittagstisch sitzen. Er hat permanent neue Ideen, neue Strategien und alternative Lösungen. Auch wenn die Aufgabe noch so schwer ist, der Erfinder wird schon eine Lösung finden. Nebensächlichkeiten stören da nur und werden großzügig weggewischt. Flüchtigkeitsfehler können dem Erfinder gerne passieren, denn die sind in der großen und neuen Problemlösung ja noch nicht wirklich erkennbar gewesen. Details sind auch nicht so wirklich sein Thema. Ob die Schrauben nun zöllig oder metrisch sind, dem Erfinder ist es wirklich egal. Es gibt ja nun wirklich Wichtigeres.

Der *Beobachter* ist ruhig. Er sitzt dabei und hört sich die aus seiner Sicht gegackerten Eitelkeiten der anderen freundlich an. Er ist nüchtern, analytisch und strategisch. Deshalb kann er aus dem Gegackere anderer die wichtigen und relevanten Informationen schnell herausfiltern, in Strategien und Konzepte packen und hat dabei die relevanten Möglichkeiten schon nebenbei vorgeprüft. Sein Urteilsvermögen ist ausgeprägt und gut. Leider kommt er – wenn er denn mal den Mund aufmacht – eher trocken und nüchtern herüber, ganz so, als gehe ihn das alles gar nichts an. Das kann dazu führen, dass seine Beiträge nicht aufgegriffen werden, so dass er dann ganz die Lust an dem Thema verliert. Sein Humor ist zynisch, er erscheint skeptisch, ohne es zu sein.

Der *Spezialist* ist immer auf die technischen Aspekte eines Themas konzentriert. Er kennt sein Fach aus eigener Erfahrung mindestens seit Begründung der Disziplin, wenn er nicht selbst die Disziplin erfunden hat. Er kennt die Hintergründe und hat die Fähigkeiten, die anderen Teammitgliedern vielleicht fehlen, er ist einfach professionell. Der Spezialist ist sehr engagiert, engagiert sich für die Sache und identifiziert sich selbst sehr mit dem Thema. Eine Kritik an seinem Urteil ist eine Kritik an der Person und nicht ein fachlicher Disput. Gleichzeitig können Spezialisten stundenlang über die Vorzüge von rechts- oder linksgeschnittenen Gewinden in metrischen oder zölligen Maßen referieren, ohne dass es ihnen langweilig wird, denn sie befinden sich ja mit sich selbst in guter Gesellschaft. Dennoch lohnt es immer, dem Spezialisten zuzuhören, auch wenn es manchmal schwerfallen mag.

Wenn nun der Eindruck entstand, hier werden wie im Jahresendhoroskop Typen beschrieben, ja, das ist richtig, nur das mit dem Jahresende stimmt nicht wirklich. Es gilt das ganze Jahr über. Es kann zwar nicht gelingen, die Grundtypen in der hinreichenden Genauigkeit in einem Buch wie diesem zu beschreiben, oder wir würden hier ein Buch über die Teamtheorie schreiben, was nicht die Aufgabe ist, aber die Unterschiede der verschiedenen Typen sind durch die pointierten Formulierungen sicherlich deutlich geworden. Wir alle kennen auch sicherlich Menschen, die wir sofort der einen oder anderen Rolle zuordnen können. Und das Lustige an uns Menschen und unserer Arbeitsweise ist die Tatsache, dass alle diese Typen sich zusammenfinden müssen, um ein Team zum Erfolg zu führen.

Durch unser Studium haben wir uns in vielen Bereichen auf die Rolle des Spezialisten vorbereitet. Sie liegt uns auch, sonst hätten wir das Studium nicht erfolgreich beendet. Wir haben aber auch durch die Grundlogiken unseres Studiums gelernt, zu beobachten und einzuordnen. Dadurch können wir uns vielleicht auch mit der Rolle des Beobachters ebenso anfreunden, wie mit der des Erfinders, letztlich den wissensbasierten Rollen. Das ist auch eine der wesentlichen Aufgaben unserer Ausbilder an der Bildungseinrichtung gewesen, die uns das von uns studierte Fach nähergebracht haben. Aber wir haben nun verstanden, dass es da doch noch mehr gibt, was uns beschäftigen sollte. Wir sollten auch mitnehmen, dass wir mit unseren erlernten Rollenkompetenzen bestenfalls ein Drittel der nötigen Rollen einnehmen können. Das ist eine wirklich wichtige Erkenntnis, auch wenn die Pille bitter sein mag: Uns fehlen fachlich mindestens zwei Drittel, um erfolgreich sein zu können.

Rollenspiele

Wenn wir uns die anderen verschiedenen Typen noch einmal vor Augen führen, dann werden wir Rollen finden, die uns eher liegen, als andere. Wir werden feststellen, dass es Rollen gibt, die wir schon heute ausfüllen können und andere, die nun wirklich nicht zu uns passen. Das ist völlig normal und es ist auch ganz normal, wenn am Anfang des Berufslebens nicht viele Rollen zu uns passen und die, die passen, vielleicht auch noch nicht wirklich. Wir werden aber auch feststellen, dass, je älter und erfahrener wir werden, mehr und mehr Rollen zu uns passen, wir also in Teams unterschiedlicher Zusammensetzungen verschiedene Funktionen und Aufgaben übernehmen können, um das Team zum Erfolg zu führen. Das erhöht dann unsere Chancen, erfolgreich mit anderen zusammenzuarbeiten. Unsere Chancen werden deshalb erhöht, weil wir dann in einem neu zusammengesetzten Team auch einmal eine ganz andere Rolle einnehmen können, die vielleicht jemand anderes nicht besetzt und die sonst keiner im Team besetzen kann. Und wir werden bei einer breiten Palette an Rollen, die wir einnehmen können, nicht mehr mit anderen darum kämpfen müssen, wer denn die Rolle bekommt, die wir selbst am besten können. Oder, in anderen Worten: Unsere Chancen, erfolgreich zum Mond und zurück zu fliegen und das zu überleben, haben sich dramatisch erhöht.

Nun müsste sich doch nach Belbin ergeben, dass die ideale Zahl an Teammitgliedern immer neun sein sollte, ein jeder ein klarer Vertreter einer Rolle. Die Antwort auf die Frage ist einfach und sie lautet nein. Es kann zwar sein, dass ein Team auch mal die ideale Zusammensetzung von neun Mitgliedern hat, in der Praxis haben sich aber Teamstärken von fünf bis sieben Menschen für große Aufgaben als ideal herausgestellt. In der logischen Konsequenz bedeutet das, dass dann einzelne Teammitglieder mehrere Rollen haben, was auch tatsächlich geschieht. Es können auch Rollen mehrfach besetzt sein, wie die des Spezialisten. Fünf bis sieben Menschen in einem Team sorgen schon für die nötige Gruppendynamik und sind nicht so wenige, dass die Vielfalt an Denkansätzen fehlt. Auch lernen wir glücklicherweise hinzu und können im Lauf eines Lebens so viele Kompetenzen erlernen, dass wir viele Teamrollen einnehmen können, ohne uns mit anderen um die Position zanken zu müssen.

Darauf sollten Sie wirklich achten: Sorgen Sie dafür, dass die verschiedenen Sichtweisen in Ihren Teams vertreten sind. Für den Erfinder und kreativen Kopf sind die „Erbsenzähler" eine Qual, denn sie bremsen ihn nur in der weiteren Ausbreitung seiner guten Ideen. Umgekehrt halten es die Perfektionisten oftmals kaum aus, wenn wieder einer der Dampfplauderer oder Chaoten Unruhe bringt, wo doch die jetzige Arbeit noch nicht gemacht worden ist und es noch so viel zu machen gibt, bis es dann endlich fertig ist. Wir würden dazu neigen, die Menschen, die wir nicht mögen, weil sie mit ihren Eigenschaften unseren entgegenstehen, nicht in unser Team zu holen.

Jeder von uns kennt Menschen, die wir einfach schrecklich finden. Es kann sein, dass wir sie deshalb so schrecklich finden, weil sie bei uns die Rollen repräsentieren, die wir nicht in der Lage sind einzunehmen. Das sind dann Sichtweisen, die wir nicht haben, die unsere so genannten „blinden Flecke" repräsentieren. Blinde Flecken zu haben, ist ganz normal und Teil unseres Lebens.[16] Jeder Augenoptiker kann uns die blinden Flecken auf unserer Netzhaut zeigen, sie werden sogar manchmal in der Werbung gezielt genutzt oder bei optischen Spielereien. Auch in unserem Leben werden wir bestimmte Rollen nie einnehmen können, weil sie ansatzweise auch nicht im Geringsten in uns angelegt sind. Ja, es geht sogar noch weiter – manche dieser Rollen bereiten uns körperlich fast Schmerzen, wenn wir uns mit den Rolleninhabern unterhalten müssen, uns auf sie einlassen sollen: Wie sollen sich auch der Perfektionist und der Er-

---

[16] https://www.spektrum.de/lexikon/biologie/blinder-fleck/9422.

finder jemals einig werden können: Wenn der Erfinder schon bei der übernächsten Idee ist, ist der Perfektionist ja noch damit beschäftigt, bildlich gesprochen, den Hallenboden zu fegen und die Rechnung nach erfolgter Lieferung zu schreiben. Wenn wir aber diese Rollen nicht alle vertreten haben, also auf die Chance des Reichtums durch andere Denk- und Arbeitsansätze verzichten, nehmen wir uns Chancen zum Erfolg. Ohne den Ideenreichtum des Erfinders werden wir nichts Neues machen, aber ohne die Gründlichkeit des Perfektionisten nichts zu Ende bringen. Deshalb müssen wir uns wirklich nicht gleich lieben oder heiraten – zu respektieren ist auch schon eine Aufgabe. Der Teamworker wird da schon auf uns aufpassen, für jeden sein liebendes Ohr haben und das Team auch ohne Massaker zum Erfolg führen, auch wenn sich am Ende alle fragen, was er denn gemacht hat, außer den Kaffee zu kochen. Eben das war der Beitrag, und ohne diesen Beitrag hätte sich das Team zerstritten und bekriegt bis aufs Messer. Ohne die Kompetenzen und Erkenntnisse anderer und ohne die Perspektive andere Erfahrungen fehlt einem Team etwas und lässt es nicht erfolgreich sein.

Die Praxis ist oft anders

Im wahren Leben ist es nun so, dass Teams ja oftmals aufgrund der Verfügbarkeit einzelner Menschen in die Welt gesetzt werden, die nicht langwierige Tests und Prüfungen über sich ergehen lassen müssen. Da hat es die NASA leichter, wenn sich zehntausende intelligenter Menschen bewerben, um eine der begehrten Stellen zu bekommen. Den meisten Organisationen geht es da anders. Keine Organisation, weder die Uni, noch die Wirtschaft, hat beliebige Ressourcen, die auch beliebig verfügbar sind, um bei Bedarf eingesetzt zu werden, und keine Organisation, weder in der Wirtschaft noch bei der öffentlichen Hand ist so begehrt, dass sich wiederum tausende von Menschen bewerben, um eine Stelle zu bekommen. Auch wenn sich auf eine offene Stelle vielleicht mehrere Menschen bewerben, so ist die Auswahl geringer und auch die Methoden der Personalauswahl sind durchaus nicht so fein ausgearbeitet, wie vielleicht bei der NASA. Nachvollziehbar, denn wer kann schon mehrere Monate Zeit in einen Auswahlprozess stecken, um am Ende nur einen neuen Mitarbeiter zu haben. Damit müssen wir mit den Menschen leben, die wir haben, denn andere bekommen wir nicht. Um mit denen, die wir haben, dennoch gute und erfolgreiche Arbeit zu leisten, brauchen wir dann auch wieder die Teamworker, die den Kaffee kochen und dafür sorgen, dass die anderen alle gut zusammenarbeiten können. Es kann dennoch sein, dass Teams scheitern. Das kann sogar dazu führen, dass dann ganze Unternehmen untergehen.

Ein Beispiel
Als Beispiel möge die Firma Cargolifter[17] dienen: Die Firma Cargolifter hatte sich zum Ziel gesetzt, wieder Luftschiffe, also landläufig Zeppeline, zu bauen, um mit denen große Lasten über weite Strecken zu transportieren. Die Idee bestand darin, die Kosten für Luftfrachten für die Güter zu verringern, die nicht spätestens binnen 48 Stunden irgendwo auf der Welt ankommen müssen. Da beim Flugverkehr ein wesentlicher Teil der Energie in den Schub des Flugzeugs gesteckt werden muss, damit es nicht vom Himmel fällt, resultieren so relativ hohe Reisegeschwindigkeiten und sehr hohe Energiekosten, eben weil der größte Teil der Energie in den Auftrieb und nicht in den Vorschub gesteckt werden muss. Wenn also kein ganz großer Zeitdruck hinter dem Transport steckt, dann bietet sich noch die Seefracht an, die dann aber im transkontinentalen Verkehr schon ziemlich lang unterwegs ist und nicht überall sind Häfen, weshalb manche Güter mehrfach aufwendig umgeladen werden müssen oder nur in Einzelteilen versendet werden können.

Als logischer Kompromiss böte sich an, ein Gefährt zu bauen, das in sich den Auftrieb schon vereinigt, um dann mit wenig Energie den Vorschub zu organisieren und das überall Ware aufnehmen kann. Es kommt aber noch besser:

Manche Güter haben die Eigenschaft, eher sperrig zu sein. Wer mal einen Transporter mit Überbreite auf der Autobahn vor sich hatte, versteht, dass zum Beispiel ein Windrad und seine drei Flügel eher sperrige Teile sind. Auch wer mal gesehen hat, wie Fertighäuser geliefert werden, weiß, wie es aussieht, wenn Tieflader in der Sackgasse meinen, wenden zu müssen. Da wäre es doch prima, wenn es einen gewissermaßen schwe-

---

[17] https://www.cargolifter.de/aktuelles/2019/.

benden Kran gäbe, der solche großen Teile mit beispielsweise 50 Tonnen Gewicht einfach in der Fabrik abholt und dann damit zum Kunden entschwebt, wo dann, ohne große Vorbereitung zentimetergenau die dicken Prügel eingepasst werden. Kein Umladen mehr, grenzenlose Mobilität der schweren Brocken, ein weltweites Netz von Transportern, die große Tonnagen locker mitnehmen und so von einem zum anderen Ort bringen. Egal, ob es dahin eine Straße gibt, oder nicht.

Das war – in dürren Worten – das Konzept von Cargolifter. Es gab auch Startkapital, dann gab es mindestens zwei weitere Finanzierungsrunden, aber es scheint, als fehlte es der Firma an Umsetzern und Perfektionisten, vielleicht auch an Menschen, die den Mut hatten, mit einem Prototyp schon einmal Geld verdienen zu wollen. Es wurde nicht ein Produkt zu Ende entwickelt, sondern auf einmal wurden aus dem fliegenden Kran zwei unterschiedliche Typen, dann kam noch ein Passagierschiff dazu, um mögliche Kunden zu beeindrucken, dann wurde die größte freitragende Halle Europas gebaut, um das große Luftschiff aufzunehmen, das es nicht gab und das dann nie mehr gebaut wurde. Als die Firma ihr Leben aushauchte, weil am Ende des Geldes noch so viel Arbeit übrig war, aber keine Umsätze in Sicht, gab es eine große freitragende Halle, einen Prototyp eines Zeppelins für die Personenbeförderung, viele Träume und Ideen, viel verbranntes Geld und eine Firma, die nicht ganz sechs Jahre alt geworden war, bis sie sich in die Liquidation bewegte.

Heute gehört die Halle dem malaysischen Konzern Tanjong, der in ihr ein „künstliches Tropenparadies" mit angeschlossenem Hotelbetrieb eingerichtet hat. Das Luftschiff gehört jetzt einer Schweizer Firma und macht Rundflüge über die Alpen. Ob der Cargolifter, der fliegende Kran, letztlich Chancen gehabt hätte, wirklich gebaut zu werden und wir heute Fertighäuser komplett in der Fabrik zusammenbauen würden, sie dann zur Baustelle fliegen und dort punktgenau auf die Kellerwände setzen würden, kann aktuell keiner sagen, auch wenn es von verschiedenen Seiten immer mal wieder Bestrebungen gibt, das Thema erneut größer aufzugreifen.

Auffällig für den externen Beobachter war in jedem Fall, dass immer, wenn ein Projekt Widerstände erfuhr, sich das Unternehmen auf ein neues Thema versteifte und sich letztlich in der Produktvielfalt zu verlieren schien. Das nur auf die Teamzusammensetzung zurückzuführen, wäre sicher auch sehr weit geurteilt, scheint aber auch nicht wirklich weit hergeholt zu sein, denn letztlich wurde kein Produkt zu Ende entwickelt und verkauft. Die kreativen Köpfe wollten sich mit den ärgerlichen Details der Niederungen vielleicht nicht beschäftigten, sie hatten ja genug neue Ideen, und die möglichen Korrektive wurden nicht gehört oder waren nicht eingestellt.

Reizvoll wäre es, mehr über die spezielle Teamarbeit bei Cargolifter zu lernen. Eine gute und einleuchtende Idee hätte sich ja auch durchsetzen können, hat es aber nicht. Dass sie es nicht tat, aber immerhin sechs Jahre lang Zeit und Geld da waren und viele intelligente Menschen an dem Thema arbeiteten, lässt darauf schließen, dass irgendetwas im Projekt nicht richtig lief. Sonst wären noch mehr Zeit und Geld da gewesen und auch erkennbare Erfolge. Da letztere fehlten, suchte sich dann das Geld andere Projekte, um sie zu unterstützen. Und wir haben ein gutes Beispiel, um etwas über Teams und deren Zusammensetzung zu lernen.

Weitere Kompetenzen

Unsere Erfolgschancen in der Zusammenarbeit mit anderen werden aber nicht nur durch unsere Möglichkeiten Rollen einzunehmen und diese auszufüllen definiert. Neben den Rollen, die wir einnehmen können (und wollen), kommt unserer Fähigkeit, uns auszudrücken und andere wahrzunehmen, eine mindestens ebenso große Bedeutung zu. In anderen Worten: Unsere Fähigkeit, erfolgreich zu kommunizieren, ist für unseren Erfolg oder Misserfolg von unmittelbarer Bedeutung. Wir kommunizieren permanent auf allen Kanälen, wir nehmen uns selbst und unsere Umwelt mit allen Sinnen wahr. Wir hören, wir riechen, wir schmecken, wir fühlen uns, unsere Umwelt und nehmen alles um uns herum ganzheitlich wahr. Deshalb sind wir auch vollkommen irritiert, wenn Geräusche nicht zu dem Gesehenen passen, deshalb sind wir unsicher, wenn es dunkel wird und wir uns auf einen unserer Sinne nicht verlassen können. Wir sind neben dem reinen sprachlichen Inhalt in der Lage, auf Grund von Klangfarben, Lautstärke und Modulation zu hören, ob jemand entspannt, fröhlich, verärgert oder aggressiv ist und können das sogar in uns völlig fremden Sprachen deuten, wobei wir dann mit unserer Interpretation nicht immer richtig liegen müssen. Dennoch sollten wir uns darüber Rechenschaft ablegen, wo wir wann gut und wann schlecht kommuniziert haben. Wenn es so weit kommt, dass wir um Entschuldigung bitten, dann haben wir sicher nicht ein Meisterwerk an Kommunikationsfähigkeit hingelegt, oder uns einfach völlig verschätzt.

Im Folgenden werden Sie sehen, dass es gut war, in der Schule auch die musischen Fächer gehabt zu haben und dass Sprache ebenso eine gefährliche Waffe sein kann, wie auch der Quell von viel Freude und Unterhaltung.

Wenn Sie malen, zeichnen, bildhauerisch tätig sind oder Druckgrafiken herstellen, dann werden Sie wissen, dass es eine ganz eigene Form ist, um sich auszudrücken. Schon kleine Kinder, die erstmalig ihre Eltern malen, haben dabei einen ganz unverwechselbaren Stil, Köpfe mit Gliedmaßen zu versehen. Bei aller Ähnlichkeit, die Kinderbilder haben, wenn sie sich dem gleichen Thema widmen, so sind die Unterschiede doch so unverkennbar, dass Eltern, die ihre Kinder kennen, die Bilder meistens herausfinden werden, die ihre Kinder gemalt haben. Mit diesem kleinen Beispiel haben wir schon die Grenzen dessen verlassen, was uns die Naturwissenschaft lehrt: Dort, wo das Ergebnis einer Rechnung immer das gleiche ist, da wir ja von reproduzierbarer Gesetzmäßigkeit umgeben sind, ja, von und mit ihr leben, da haben wir jetzt zwar auch ein Ergebnis, ein gemaltes Bild, aber es ist eben nicht gleich, es wird sich sogar im Laufe eines Lebens verändern: Wenn wir ein Kind mit drei, sieben, zehn Jahren bitten, seine Eltern zu malen, dann werden die Ergebnisse höchst unterschiedlich sein, wenn wir die Erwachsenen bitten, so werden die Bilder auch immer anders ausfallen. Das gilt nicht nur im Quervergleich von Menschen gleichen Alters, sondern auch für ein und denselben Menschen im Laufe seines Lebens.

Dabei werden wir oft nicht in der Lage sein, zu überprüfen, ob ein Bild so aussieht, wie es aussieht, weil der Maler des Bildes die Welt tatsächlich so sieht, oder ob es sich um einen künstlerischen Ausdruck handelt, solange er halbwegs realistisch malt: Man hatte sich Jahrhunderte lang über die Bilder von Vermeer den Kopf zerbrochen, wie es ihm wohl gelungen sei, das Licht so einzufangen, wie er es tat, und was ihn wohl bewogen habe, alles in einem leicht zerfließenden Licht zu malen. Das wurde als umso außergewöhnlicher angesehen, als er in einer Zeit lebte, in der die

Hauptaufgabe der Maler darin bestand, die sich ihnen zeigende Welt so naturalistisch wie möglich zu malen. Seine Technik war, da ist man sich heute wohl sicher, die Folge einer Augenerkrankung, die ihn tatsächlich malen ließ, was er sah, er sah aber etwas, was andere so nicht wahrnehmen konnten. Wir wiederum können und sollten aus dem Beispiel die Erkenntnis ableiten, dass noch nicht einmal sichergestellt ist, dass wir das gleiche sehen, wie die Menschen, mit denen wir reden.

Weniger spektakulär, aber auch in die Richtung gehend sind andere Wahrnehmungsunterschiede, wie das räumliche Sehen: Etwa 10–15 % der Menschen haben kein räumliches Sehen. Das fällt im normalen Umgang miteinander nicht auf, hat aber Konsequenzen. Jemand, dem das räumliche Sehen fehlt, wird alle seine Entfernungsschätzungen nicht aufgrund zweier Bilder machen, die im Kopf übereinander projiziert werden und so zur Ableitung der Entfernung dienen. Der Mensch, dem das räumliche Sehen fehlt, muss Entfernungen aufgrund von Entfernungen einschätzen, die er schon einmal so oder ähnlich wahrgenommen hat. Damit sind aber auch Fehlerquellen anders möglich und Fehleinschätzungen dann leichter möglich, wenn der Erfahrungshintergrund über Entfernungen fehlt. Das kleine Beispiel kann uns helfen zu verstehen, wie kompliziert unsere visuelle Wahrnehmung tatsächlich ist und welche Unterschiede es hier geben kann, die zu unterschiedlicher Wahrnehmung führen können. Es kommt aber noch besser:

Die Aufgabe: Male ein Haus!

Stellen Sie sich bitte vor, jemand bekommt die Aufgabe, ein Haus zu malen. Der Auftrag lautet: „Male ein Bild von einem Haus, in dem eine Familie bequem leben kann." So etwas kann eine typische Aufgabe aus dem Kunstunterricht sein. Nach dieser Themenstellung lehnt sich der Kunstlehrer zufrieden zurück und lässt die Klasse machen. Nun fragen wir zunächst einmal, ob die Frage so eindeutig ist, wie wir es möchten, damit jeder ohne Rückfrage in der Lage ist, das Bild zu malen. Auf den ersten Blick scheint die Aufgabe klar, aber es wird sich gleich zeigen, dass es so einfach doch nicht ist.

Natürlich gibt es noch Fragen zu den Materialien: Soll mit einem Stift, Rötel, Kreide, Kohle oder Tusche gezeichnet werden, soll mit Wasserfarbe, Öl- oder Acrylfarbe gemalt werden, sollen Pigmente angeschlämmt werden oder mit Eiweiß verrührt als Tempera, vermalt werden? Schwarzweiß oder bunt? Bunt oder farbig? Welcher Untergrund darf es denn sein – Papier, Leinwand, Putz, eine Wand, Schiefer, der Strand – es gibt also noch Klärungsbedarf. Diese Klärung herbeizuführen dürfte relativ leichtfallen, da ja meistens die Utensilien da sein werden, wenn die Aufgabe gestellt wird. Trotzdem ist die Aufgabe nicht so einfach, wie man meinen sollte. Das Grundprinzip dahinter ist das gleiche, wieso die Textaufgaben, die so gerne in der Mathematik gestellt werden, auch ihre Tücken haben und ebenfalls Interpretationsspielraum geben.

Das Bild, das von demjenigen, die die Aufgabe bekommen haben, gemalt wird, wird neben der Frage einer künstlerischen Begabung und seinem Alter ganz erheblich davon abhängen, in welchem Kulturkreis und welcher Gegend der Welt er aufgewachsen ist: Es kann sein, dass er die Frage stellt, was denn ein Haus sei, wenn er einem Stamm von Nomaden angehört und permanent in einem Zelt lebt, oder Zelte noch immer die Unterkunft schlechthin sind, aber auch dann wird der Mensch im Zweifelsfall das Zelt mit einem Haus vergleichen. Es gibt heute noch Kulturen, die sich von den Nomaden ableiten, die sich dennoch mittlerweile als relativ sesshaft erweisen. Dennoch steht bei jedem Haus, das mit unseren Häusern eher nicht vergleichbar ist, ein Zelt, denn man weiß ja nie und möchte auf alte Traditionen ebenso wenig verzichten, wie wir.

Als eifrige Kinogänger oder Fernsehzuschauer wissen wir alle, dass es weltweit erhebliche Unterschiede im Hausbau gibt. Dabei müssen wir gar nicht die großen Unterschiede weltweit in Betracht ziehen, wie die Unterschiede zwischen Häusern in den Vereinigten Staaten von Amerika, Europa, Asien, um nur ein paar Beispiele zu nennen. Es reicht schon, im deutschsprachigen Raum die unterschiedlichen Baustile zwischen der Küste im Norden mit der typischen Klinkerfarbe und Reet als Dachdeckung, die Fachwerkhäuser von Mitteldeutschland und die von Lüftelmalerei geprägten Häuser im Schwarzwald oder in Bayern zu vergleichen, um zu sehen, dass ein Haus nicht ein Haus ist. Wir fahren keine tausend Kilometer und haben doch eine regional so unterschiedliche Art und

Weise, Häuser zu bauen, dass es kaum erwartbar sein kann, ein auch nur annähernd gleiches Bild zu bekommen.

Die noch ähnlichsten Bilder werden wir bekommen, wenn wir ganz junge Menschen des gleichen Kulturkreises bitten, ein Haus zu malen. Im Alter von etwa vier bis sieben Jahren werden wir erleben, dass in unserem Kulturkreis zwei Stockwerke hat, dann ein schräges Dach, einen Kamin, aus dem es raucht und der merkwürdig auf das Dach gesetzt wird, eine Haustür und insgesamt drei Fenster, eines neben der Haustür, die meistens auf der rechten Seite des Hauses ist und im ersten Stock zwei Fenster, die durch Sprossen so geteilt sind, dass es wie ein Kreuz aussieht. Da sind sich die jungen Künstler alle einig, dass ein Haus ein Dach braucht, einen Kamin, zwei Stockwerke, Fenster und eine Eingangstür. Dieses Haus wird auf einer Wiese stehen, die dann – je nach Vorliebe des Künstlers – viele oder wenige Blumen haben wird, oder auch Rennwagen beherbergt. Die Sonne wird scheinen, vielleicht sogar lachen. Wieso die Fenster solche Kreuze haben, obwohl es doch kaum noch solche Vorbilder gibt, bleibt ein Geheimnis der Kinder, genauso, wie die lachende Sonne. Erst später, mit zu nehmendem Alter und breiterer Bildung in Bezug auf Hausbau, werden die Bilder sich stärker differenzieren.

Die nächste Frage wird sicher sein, was denn eine Familie ist und wie groß die wohl sein wird. Wir sind daran gewöhnt, dass wir unter Familie immer die unmittelbar nächste Familie verstehen, zu der schon die Großeltern und Onkel und Tanten nicht mehr gehören. Vater, Mutter und so viele Kinder, wie unsere Familie hat, werden wir als junge Menschen als unsere Familie bezeichnen. In Zeiten sich verändernder Familienstrukturen ist es oft nur noch ein Kind, vielleicht zwei, meistens aber nicht mehr. Andere Kulturräume werden selbstverständlich die Großeltern noch mit einbeziehen in die Frage nach Familie, auch Onkel, Tanten, Vettern und Basen stehen als Familie zur Verfügung. Die Frage, wann die Familie in ihrer Begrifflichkeit aufhört, ist also tatsächlich auch zu klären – und entscheidet in dem Beispiel darüber, wie groß denn so ein Haus werden muss, damit die ganze Familie Platz hat. Auch muss die Frage geklärt werden, ob jedes Familienmitglied ein Zimmer braucht, ob eines pro Person reicht, wie viele Badezimmer die Familie haben muss, ob es Haustiere gibt und so weiter.

Die Frage nach der der Interpretation des Wortes Familie ist sehr relevant – wenn man sich Grundrisse von Häusern ansieht, die vor 20 oder 30 Jahren Standard waren, dann hatten in Deutschland solche Häuser zwei Kinderzimmer, wenn es der Architekt gut meine, dann waren die auch jeweils größer als zwölf Quadratmeter. Heute gibt es nur noch ein Kinderzimmer, dafür reflektieren die Entwürfe in den Wohnzimmern veränderten Fernsehkonsum. Die Frage spiegelt sich auch wieder in der politischen Diskussion: Waren noch vor einer Generation Familie typisch gekennzeichnet durch eine durch Ehe verbundene heterogeschlechtliche Lebensform zweier Menschen mit ihren leiblichen Kindern, so haben wir heute längst einen breiteren, dadurch aber nicht einfacheren Zustand: Nicht einmal mehr der Anwesenheit von Kindern bedarf es, um eine Familie zu haben, gleichgeschlechtliche Partnerschaften wollen als registrierte Lebenspartnerschaft ebenso als Familie anerkannt werden, die die durch Ehe oder einfaches Zusammenleben mehr oder weniger fest verbundenen Paare unterschiedlichen Geschlechts, wie immer das definiert wird. Werden also die Kinder von Alleinerziehenden zu dem gleichen Verständnis von Familie kommen, wie die Kinder einer durch die Ehe verbunden Eltern? Die Wahrscheinlichkeit ist nicht sehr groß und zeigt, dass bereits bei dem Wort Familie ein gewaltiger Interpretationsspielraum durch Generationen und Kulturen gegeben ist.

Daneben wird es aber auch ganz entscheidend darauf ankommen, in welchem Jahrhundert der Mensch lebt, der ein Haus malen soll: Hausbau unterliegt Moden, die Preise für Grund und Boden fluktulieren auch gewaltig. War es mal in Europa absolut undenkbar, dass eine bürgerliche Familie mit weniger als zwei Bediensteten auskommen konnte, was dazu führte, dass die Häuser auch Platz für das Personal hatten, mit Grundstücksgrößen kaum unter 1000 m², so ist es heute eher die Ausnahme, in Ballungsgebieten Grundstücksgrößen von letztlich über 350 m² zu finden. Gab es früher winzige Häuser mit vielleicht nur zwei Räumen, in denen sich die Familien zusammen mit dem Vieh drängten, ist heute eine ganz andere Großzügigkeit bei den Räumlichkeiten zu vermelden.

Auch der Malstil unterliegt Schwankungen, davon können wir uns leicht überzeugen, wenn wir in Gemäldegalerien gehen. Lange Zeit lebte der Mensch in einer Welt, die er so nicht malen konnte, weil die Prinzipien der perspektivischen Zeichnung noch nicht erkannt waren. Dann wurde die perspektivische Zeichnung erfunden, es gab die Fluchtpunktbetrachtung, auf einmal war ein zweidimensionales Stück Papier in der Lage, drei Dimensionen zu erfassen. Nachdem Jahrhunderte mehr oder weniger naturgetreu gemalt wurde, entwickelten sich der Impressionismus und in seiner Folge der Expressionismus, gefolgt vom Surrealismus und anderen -ismussen, die für verschiedene Stilrichtungen stehen. Klar, dass die Malrichtungen sich auch auf die Art und Weise auswirkten, wie Häuser gemalt wurden. Selbst den Kunstunterricht haben die neuen Malrichtungen beeinflusst und damit auch die Art und Weise, wie ganze Generationen gezeichnet und gemalt haben.

Ganz zu schweigen davon, dass die meisten Menschen in Deutschland in Wohnungen leben, also nicht in einem eigenen Haus und auch kein Eigentum haben oder erwerben werden. Ob das der Maler berücksichtigt? Es kommt darauf an, woher er kommt und was er kennt. Ist die Aufgabe noch so eindeutig, wie wir vielleicht meinten? Die Ergebnisse werden in jedem Fall ganz unterschiedlich sein und nicht nur von Mensch zu Mensch abweichen, sondern auch davon abhängen, wann der Mensch das Haus malt.

Ein Lied ist ein Lied ist ...

Vielleicht ist dann die Musik einfacher im Sinne einer reproduzierbaren Kommunikation, denn als Mittel der Kommunikation sind ja die Noten klar vorgegeben: eine Note regelt die Tonhöhe und Länge und das Instrument ist ja ebenfalls vom Komponisten vorgegeben. Also sollte doch ein Ergebnis des Musizierens dann auch eine reproduzierbare Musik ergeben. Ist es aber nicht, wie wir alle wissen: Es ist doch verblüffend, dass wir, obwohl die Noten aufgeschrieben werden können, im Zweifelsfall in der Lage sind, an der Art und Weise, wie sie gespielt werden, das Original einer Band von den Ergebnissen einer Coverband zu unterscheiden und sogar in der Lage sind, zwei unterschiedliche Aufnahmen des gleichen Stücks fehlerfrei auseinander zu halten. Auch in der Interpretation klassischer Musikstücke werden wir Unterschiede hören können, je nachdem, welcher Musiker die Stücke spielt.

Dabei geht es schon damit los, dass zwar eine Achtelnote eine Achtelnote ist, die tatsächliche Zeitdauer der Note ist aber nicht festgelegt und lässt sich somit von Spieler zu Spieler, von Jahrhundert zu Jahrhundert und nach Geschmack und Neigung variieren. Auch im Laufe eines Lebens ändert sich die Fähigkeit und Schnelligkeit eines Musikers, was man sehr gut an einigen berühmten Stücken hören kann: „With a little help of my friends" von Joe Cocker hat er so oft aufgenommen, dass man auch hören kann, wie er über die Jahrzehnte alterte und damit zu immer unterschiedlicherer Interpretation des gleichen Liedes kam. „Smoke on the water" von Deep Purple ist ebenfalls ein gutes Beispiel, wie nach Jahrzehnten aus ehemals zornigen und aggressiven jungen Männern eher gesetzte Männer wurden, deren Rauch über Montreux ganz anders besungen wurde.

Für die klassische Musik gibt es kaum ein besseres Stück als „Kanon et Gigue" von Pachelbel: Dieses Stück wurde wohl gefühlte zehntausend Mal aufgenommen. Obwohl die Noten und die Notation doch immer die gleiche blieben, so gibt es Versionen, die über sieben Minuten dauern und welche, die mit knapp vier Minuten auskommen, ohne dass es einen Teil in der Partitur gibt, der ein freies Solo erlaubt, also in allen Aufnahmen die gleichen Noten gespielt wurden, keine hinzukamen und keine weggelassen wurden. Auch hier, so lässt sich einfach ableiten, ist es also unmöglich festzulegen, wie ein Musikstück klingen soll oder wird. Der Komponist und seine Komposition werden offensichtlich dem Interpretationsspielraum des Musikers und dem Zeitgeist unterworfen.

Eine weitere Erschwernis kommt hinzu, weil jedes Instrument seine eigene Charakteristik hat – Eine Gitarre hat nun mal ihren eigenen Klang, eine Geige auch, und jedes Instrument klingt auch noch anders, selbst die Wundermeister unter den Gitarrenbauern schaffen Instrumente, die jedes für sich einen eigenen und unverwechselbaren Klang haben. Diese Instrumente, wie auch Flöten oder Klaviere geben nicht nur Töne wieder, sondern auch die Art und Weise, wie sie gespielt werden, ob sanft oder laut, verzagt oder heftig. Damit haben der Spieler und sein Instrument ebenfalls deutlichen Einfluss auf das klangliche Erlebnis eines Musikstücks, genauso, wie die Klangfarbe der Stimme eines Sängers ebenfalls. Wir können hören, ob wir das Original, eine Cover-version, ja sogar, welche Aufnahme wir vor uns haben.

Als Instrument weniger von Spieler abhängig sollten dann also Cembalo und Orgel ja etwas unverfänglicher sein, denn sie erzeugen die Töne rein durch mechanische Bewegungen. Beide Instrumente sind dadurch charakterisiert, dass der Spieler ihnen nicht andere Klänge entlocken kann, denn Register ist Register, Anschlag ist Anschlag. Und dennoch: Wenn am gleichen Instrument verschiedene Spieler spielen, werden selbst die gleichen Noten unterschiedlich klingen, was wir im Zeitalter der konservierbaren Musik im Vergleich tatsächlich hören können.

Es bleibt also auch hier festzuhalten, dass auch eine noch so gute Beschreibung einer vorzunehmenden Tätigkeit nicht bedeutet, dass jeder Mensch sie gleich ausführt und zu einem gleichen Ergebnis kommt. Das mag einen beruhigen oder beunruhigen – es ist so, und wenn wir es wissen, dann haben wir den ersten Schritt gemacht, um damit gut umzugehen.

Das Gespräch

Das Kommunikationsmittel unserer Wahl wird in der Regel die Sprache sein. Dabei haben wir schon an der Aufgabe des Zeichnens eines Hauses feststellen können, dass die scheinbar so einfache Aufgabe es dennoch faustdick hinter den Ohren hat. Denn selbst die Sprache unterliegt der Interpretation, weshalb noch lange nicht gesagt ist, dass das, was gesagt wird, auch verstanden wird. Vielleicht haben Sie das schon in der Schule bei den berühmten Textaufgaben des Mathematikunterrichts gemerkt. Wenn wir davon ausgehen, dass der Lehrer nicht auf die Welt gekommen ist, um seine Schüler zu ärgern oder ihnen missverständliche Aufgaben zu geben, dann liegt es wohl eher in der Tücke der Sprache, die dazu führt, dass eine gestellte Textaufgabe doch zu unterschiedlichen Lösungsansätzen führt. Mündliche Prüfungen sind dabei den schriftlichen oftmals überlegen, weil hier unterschiedliche Auffassungen der Frage im Dialog ausgeräumt werden können, ohne dass es zu Problemen führen muss: Nehmen wir an, die Frage lautet: „Sie stehen auf einem Turm, haben aber kein Höhenmesser. Wie können Sie die Höhe des Turms über dem Boden bestimmen?" Vielleicht möchte der Frager über die barometrische Höhenformel sprechen und über Druckunterschiede je nach Höhe. Vielleicht möchte er über die Fallgeschwindigkeit eines Gegenstandes sprechen, mit dem Sie über die Zeit auch die Höhe bestimmen können. Vielleicht möchte er eine trigonometrische Aussage haben, bei der über die Messung von Winkeln auf ganz anderem Wege die Längen bestimmbar sind. Wir werden es nicht wissen, doch ist die Gefahr, eine Antwort zu geben, die nicht in das gewünschte Lösungsschema passt, bei der Textaufgabe wesentlich größer als in der mündlichen Prüfung. Wenn wir jetzt merken, dass Sprache unglaublich wichtig ist, für die Interpretation von Aufgaben, können wir nun auch merken, dass wir nicht präzise genug formulieren können, um halbwegs verstanden zu werden; das Risiko, falsch verstanden und falsch interpretiert zu werden, bleibt aber ungebrochen hoch. Deshalb haben wir auch im Deutschunterricht so oft die Frage beantworten dürfen: Was will der Dichter damit sagen – eine Interpretation.

Ist das nicht verblüffend? Da schreiben Menschen Text und andere verbringen ihre Zeit damit, die zu interpretieren. Sprache ist unglaublich wichtig für uns, auch wenn wir ein Studium gewählt haben, damit wir bitte aus diesem Interpretationswust herauskommen. Es kann doch nicht sein, dass wir uns wirklich Gedanken darum machen müssen, ob wann wer was wie oft was gesagt hat. Doch. Leider schon, denn Sie haben gesehen, dass alle Transportmedien von Information der Interpretation unterliegen und damit auch die von uns so gewünschte Eindeutigkeit, besser noch die Eineindeutigkeit, leider nicht gegeben ist. Hier einige Beispiele.

Die Feinheit der Sprache

Darauf ist schon der Teufel in Goethes Faust hereingefallen. Zur Erinnerung und für die, die Goethes Faust nicht gelesen oder gesehen haben: Der Teufel geht mit Faust einen Deal ein: Faust, der alternde, zweifelnde Gelehrte, wird ein junger Schönling, um einem Mädchen erfolgreich nachzustellen und seine Hormone auszuleben. Im Gegenzug bekommt der Teufel die Seele, wenn Faust den Zustand hormoneller Ekstase eingefroren haben möchte und das auch äußert. Halt das übliche, wenn man mit dem Teufel so einen Handel treibt. Dann ist es so weit, Faust äußert

2 Das Rüstzeug oder: Die Kompetenzen, die ich habe – und ...

sich. In der Schlüsselszene lässt Goethe Faust sagen: „Könnt' ich zum Augenblicke sagen, verweile doch, du bist so schön." Der Teufel triumphiert: „Er ist gerichtet" – Stimme aus dem Himmel: „Er ist gerettet." – Zack. Doch nichts mit dem Deal. Die Seele von Faust ist nicht gerichtet, ist gerettet. Das verdankt Faust letztlich dem Umstand, dass er die deutsche Sprache gut beherrscht und den Konjunktiv verwendet. „Könnte" ist nicht „möchte" – „könnte ich sagen" ist nicht „ich sage". Dieser kleine, aber feine Unterschied rettet seine Seele und lässt uns erahnen, dass wir damals im Unterricht in der Schule doch besser aufgepasst hätten haben können. Aber das macht ja nichts, wir haben noch genug Zeit in unserem Leben und können ja noch Spaß an der Sprache finden.

Wenn man Spaß an der Sprache entwickelt, dann kann man sich manchmal richtig freuen: Die Autobiografie von Boris Becker trägt den schönen Titel: „Augenblick – verweile doch", eine klare Anspielung auf Goethes Faust. Nun möchte man Herrn Becker nicht unbedingt unterstellen, dass er ein Germanistikseminar erfolgreich besucht haben könnte, seinem Ghostwriter sollte man etwas mehr Bildung ruhig zutrauen. Gestählt vom Dialog der Faust'schen Rettung wissen wir nun, Herr Becker ist sprachlich leider gerichtet, nicht gerettet. Im Gegensatz zu Faust, der im Konjunktiv wünschte, er könne sagen, der Augenblick möge verweilen, legt sich Herr Becker fest. Hoffentlich nicht mit den konstruierten Konsequenzen. Ob er einen gleichlautenden Deal mit dem Teufel hat, wissen wir nicht und wünschen wir ihm sicher auch nicht – sein Erfolg bei Frauen könnte ja auch durchaus andere Ursachen haben.

Wenn man Spaß an der Sprache hat, wird man nicht nur Spaß am Genitiv bekommen und tatsächlich versuchen, ihn zu retten, ebenso, wie langsam aber sicher selbst der Dativ in Bedrängnis gerät. Man wird auch anfangen, Bedienungsanleitungen anders zu lesen. Dabei fällt auf, dass immer mehr Bedienungsanleitungen mit Bildern unterstützt werden – es werden also zwei Kanäle der Wahrnehmung bedient: Text und Bild, in der Hoffnung, so zu Anleitungen zu kommen, die der unkundige Verbraucher lesen, verstehen und nachvollziehen kann. Das ist nicht unsinnig, ganz im Gegenteil: In der Schule, in der Werbung, in Comics werden wir mit der Kombination von Sprache und Bildern konfrontiert, weil wir es uns so besser merken können. Jeder von uns wird Erinnerungen an Aha-Erlebnisse haben, bei denen durch ein Bild endlich klar wurde, was die Sprache nicht schaffte, zu vermitteln. Manche Zusammenhänge sind sogar so komplex, dass wir nur noch Bilder benutzen können, um zu zeigen oder zu beschreiben, was geschieht. Das können Computernetzwerke sein, biologische Prozesse, Sprengzeichnungen von Motoren – der Versuch, so etwas nur durch Sprache auszudrücken, würde hunderte von Seiten füllen, was so in der Kombination von Bild und Text auf wenige Seiten passt. Es gilt dann eben doch manchmal das Sprichwort, das sagt „ein Bild sagt mehr als tausend Worte".

Hören wir zu

Dann sollten wir nun endlich den Stein der Weisen gefunden haben – bei intelligenter Kombination der Methoden müsste ja etwas resultieren, was die perfekte Kommunikation ermögliche. Leider nein, denn wir Menschen sind ja lustige Geschöpfe und immer für eine Überraschung gut. Bitte merken Sie sich folgende Sätze, sie sind wichtig; sie haben schon gegolten, bevor wir geboren wurden, sie werden gelten, solange wir leben und es ist nicht revolutionär, zu prognostizieren, dass sie auch noch gelten werden, wenn wir alle nicht mehr leben:

- Gesagt ist nicht gehört
- Gehört ist nicht verstanden
- Verstanden ist nicht einverstanden
- Einverstanden ist nicht erinnert
- Erinnert ist nicht gemacht

Jeder von uns wird solche Situation kennen. Auch wenn jetzt die Erkenntnis eigentlich banal ist, diese fünf Feststellungen sind fundamental wichtig. Nur, weil wir etwas gesagt haben und uns ein Mensch gegenübersitzt, vom dem wir wissen, dass er nicht schwerhörig ist, es also keinen Grund gibt, warum sich Schallwellen von unserem Mund nicht auch in seinen Gehörgang verirren, bedeutet noch lange nicht, dass dieser Mensch uns tatsächlich auch zuhört. Viele Menschen beherrschen die unglaublich gute Technik, so auszusehen, als ob sie tatsächlich voll konzentriert einem Vortragenden lauschen, in Wirklichkeit sind sie aber mit ihren Gedanken ganz woanders. Das sich naturgemäß anbietende Beispiel ist das eines Schülers oder Studenten, der im Unterricht zwar anwesend ist, aber in Gedanken gerade im Urwald ist, Bücher fertig träumt, sein Computerspiel bearbeitet oder irgendetwas anderes macht, was gerade nicht auf dem Lehrplan steht. Calvin aus dem gleichnamigen Comic zeigt es in Perfektion, wenn er sich aus der Schule in sein Raumschiff träumt, um Abenteuer zu erleben, die ihm die Schule nicht bieten mag.

Nun mag das Beispiel einer Unterrichtsstunde nicht unbedingt als das Beispiel guter Kommunikation gelten, doch sollten wir uns auch vergegenwärtigen, dass wir alle schon einmal den Satz gehört haben „was hast du gesagt? Ich habe gerade nicht zugehört." Dann wird es wenigstens mitgeteilt, doch woher wollen wir wissen, ob in allen anderen Fällen, in denen der Satz nicht kam, auch tatsächlich zugehört wurde?

Es gibt Kniffe, sich das Zuhören anderer zu sichern. Das kann ideal bei Rednern beobachtet werden, die amüsant und interessant sprechen. Diese Redner werden sich auf ihr Publikum einstellen, sie werden während ihrer Rede die Stimme modulieren, laute und leise Passagen werden sich ebenso abwechseln, wie auch die Botschaften, die gegeben werden sollen, mundgerecht verpackt werden. Denn brillanten Rednern ist weniger daran gelegen, selbst schön zu sein oder gut zu wirken, sie wollen in der Regel etwas erreichen und die Rede, das Gespräch ist ihr Transportmedium.

Wenn also ein Gespräch stattfindet, dann ist dennoch noch lange nicht sichergestellt, dass die Gesprächspartner sich auch verstehen. Etwas zu hören, bedeutet noch lange nicht, das Gehörte auch verstanden zu haben. Natürlich gilt das für komplexe Zusammenhänge, wie etwa die Auslegung eines Getriebes, eine chemische Synthese, die Mechanik eines Vertrages oder die Taktik eines Fußballspiels ebenfalls. Es wäre doch auch zu schön, wenn wir alle nach einer Vorlesung tatsächlich nicht nur gehört hätten, was der Dozent vorträgt, sondern es darüber hinaus auch, gleich verstanden hätten. Vielleicht erinnern wir uns sogar an Vorlesungen, die so gut waren, dass sie gefährlich wurden, weil sie uns das Gefühl gaben, wir hätten nicht nur das Gesagte gehört, sondern auch verstanden, was sich später leider als Irrtum herausstellen sollte.

Und wir waren mit diesen Vorlesungen sogar einverstanden. Das muss nicht so sein: Nicht alle Ausbildungsinhalte werden wir widerspruchslos in uns hinein geschaufelt haben, sonst hätten wir ja nur wiedergegeben, was wir gehört haben, wir sind aber hoffentlich auch dazu angehalten worden, selbst zu denken und eigene Überlegungen anzustrengen. Dann werden wir nicht mehr alles einfach schlucken und akzeptieren. Wir werden das Gehörte vielleicht verstehen, aber nicht einverstanden sein. Nicht damit einverstanden sein, dass die Erde eine Scheibe ist, nicht damit einverstanden sein, dass per Dekret alle Tiere nur vier Beine haben, nicht damit einverstanden sein, dass sich Elektronen mit fast Lichtgeschwindigkeit um die Atomkerne bewegen sollen, ohne dass es zu relativistischen Effekten kommt. Durch den Widerspruch, unser „nicht-einverstanden-Sein", können sich ganz neue Dinge ereignen: Wir akzeptieren vielleicht nicht, dass Menschen nicht fliegen können und entwickeln ein Flugzeug, wir sind nicht einverstanden, dass Menschen an Krebs sterben, wir sind nicht einverstanden, dass wir etwas nicht wissen – und fangen an zu forschen.

Bei vielem wird es aber so sein, dass wir etwas hören und verstehen. Die Botschaft, dass der Mülleimer voll ist und einer Entleerung bedarf, ist gehört und verstanden. Eine Überprüfung in der Küche ergab auch zweifelsfrei, dass in der Tat eine Leerung nützlich und angebracht wäre. Das bedeutet noch lange nicht, den Appell, der in der Aussage steckt, auch zu verstehen und umzusetzen. Vor allem bedeutet es auch nicht, dass sich diese Erkenntnis wie ein roter Faden durch unser Leben zieht und täglich zu einer einfachen Wiederholung des Leervorgangs führt.

Es kann auch sein, dass sich Menschen nicht wirklich logisch verhalten: Es ist zweifelsfrei so, dass übermäßiger Genuss von Alkohol zu rauschähnlichen Zuständen mit späterer Reue führen kann. Viele Menschen haben das gehört und auch verstanden. Durch experimentelle Überprüfung haben ebenfalls viele Menschen sich mit der Erkenntnis einverstanden erklärt und können die Erfahrung sogar wiederholen. Es gelten also alle Zusammenhänge, und dennoch betrinken sich Menschen immer mal wieder, wohl wissend, dass sie es am nächsten Tag eher bereuen werden und der scheinbare Genuss vielleicht in keiner Relation zum späteren Ergebnis steht. Sind wir nicht lustig? Ist es nicht interessant, wie wir Menschen Widersprüche aushalten können und das sogar wiederholt?

Interpretation des Gesagten

Bislang haben wir uns auf der für unser Studium so prägenden Sachebene bewegt, sogar dann, als es darum ging, uns einmal wieder zu betrinken. Doch auch auf der Beziehungsebene können die Dinge ganz schön aus den Fugen geraten, auch wenn wir hören und verstehen. Beispielhalt soll es folgender ganz einfacher Satz zeigen, wie viele Möglichkeiten der Interpretation es gibt:

„Wo bist Du gewesen?"

Den Satz haben wir alle schon einmal gehört. Er kann ganz einfach Neugier ausdrücken, zu erfahren, wo denn ein Mensch gewesen ist, um dann in eine weitergehende Unterhaltung einzusteigen, wie es dort war, was wer gemacht hat und so weiter. Der Satz kann aber auch ein latenter Vorwurf sein, ganz nach dem Motto: Wir alle warten hier, und einer ist nicht da. Hier sitzen Menschen rum und wollen etwas machen, können es aber nicht, weil gerade einer fehlt. Oder der Satz kann Ausdruck einer großen Sorge sein und eigentlich verklausuliert bedeutet, wie schön, dass du jetzt da bist, ich habe mir Sorgen gemacht, ob wohl etwas passiert ist, da du zu spät kommst. Der Satz kann auch die Sorge ausdrücken: Betrügst du mich? Hintergehst Du mich? Machst Du etwas, was Du nicht machen solltest, etwas, was ich nicht möchte, dass es geschieht.

Hier hilft uns der Tonfall, der aggressiv, laut, zweifelnd, müde, genervt sein kann. Die Modulation in der Stimme hilft uns bei der Interpretation des Gesagten. Umgekehrt erwarten wir aber auch, dass unsere Sprache entsprechend interpretiert wird. Das muss nicht immer gut gehen, gerade bei uns und unseren Studiengängen – wir sind eben nicht die Weltmeister der Kommunikation – und wollten es auch in der Regel nicht werden.

Neben der Interpretation des Gesagten, des Gehörten, des Verstandenen, des Einverstandenen und des vielleicht auch Erinnerten, ist auch die Wortwahl wichtig, denn die Sprache ist ein wirklich starkes und gutes Instrument, auch wenn sie oft vergewaltigt wird. Durch Sprache lässt sich sehr viel beschreiben und präzisieren, aber auch so mancher Unsinn geschieht: Es gab mal eine Zeit, da reichte das Wort Geiselnehmer nicht mehr aus, um journalistisch das auszudrücken, was gemeint war – schwupps wurde der Geiselgangster erfunden und das Boulevard hatte sein neues Wort. Wortschöpfungen haben gerne einen marktschreierischen Charakter, ohne dass sie den Kern der Sache wirklich treffen müssen. Wer darauf achtet, hat schon viel gewonnen in der Beurteilung von Informationen und den Emotionen, die durch Wortwahl erzeugt werden sollen.

Sprache lügt nicht

Parallel dazu ist die politische Korrektheit der Sprache schon teilweise mühsam und kann zu merkwürdigen Ergebnissen führen, wenn es zwar den Beruf des Ingenieurs und der Ingenieurin ebenso gibt, wie den Beruf des Anwalts oder der Anwältin, des Chemikers oder der Chemikerin, des Biologen und der Biologin, aber im gleichen Atemzug Ämter, die per Definition geschlechtsneutral sind, auf einmal zum Beruf werden: Das Amt des Ministers, das Amt des Kanzlers, das Amt des Richters können natürlich Männer und Frauen gleichermaßen innehaben. Wenn nun aber aus der Frau Minister die Ministerin wird, dann wird Minister zum Ausbildungsberuf und die Ministerin hat den Beruf Minister gelernt. Wenn aus dem Amt des Richters der Beruf wird, so ist dazu nicht einmal eine juristische Ausbildung notwendig, denn wir kennen ja auch das Amt des Laienrichters, den Schöffen. Dabei ist Schöffe kein Beruf, sondern wiederum geschlechtsneutral ein Amt. Gleichzeitig unterscheidet unsere Sprache sauber die Ausbildungsberufe, nach Geschlecht sortiert den Koch und die Köchin, aber nur die Hebamme und nicht wirklich den Hebammer oder gar nicht den Hebammerich. Ebenfalls kennen wir die Krankenschwester, aber nicht den Krankenbruder, der dann Pfleger heißt, wobei es auch Pflegerinnen gibt. Ganz lustig wird es, wenn noch die Mediziner ins Spiel kommen, denn es gibt ganz selbstverständlich den Herrn Doktor und die Frau Doktor, nicht aber die Doktorin, auch wenn sie nicht eine Dissertation angefertigt haben, werden sie oft so genannt. Auch gibt es den Beruf der Amme, eine Ammer aber ist ein Vogel und keine männliche Amme. Vielleicht denken Sie jetzt, dass es ziemlicher

Unsinn ist, so auf einzelnen Begriffen herumzureiten, denn es sei ja so politisch korrekt und diene der Gleichstellung von Mann und Frau. Wir als Autoren hätten da als Männer kein Recht, uns so reaktionär aufzuführen und die männlichen Formen der Berufe und Ämter als allgemein zu setzen. Ja und nein.

Ein Amt ist geschlechtsneutral. Das haben wir versucht, klarzumachen. Auch ein Beruf ist letztlich geschlechtsneutral, auch wenn in der deutschen Sprache der Beruf männlich ist, denn Männer wie Frauen können gleichermaßen dem gleichen Beruf nachgehen. Dennoch wollen wir nicht das Wort „die Berufin" erfinden für Berufe, die dann von Frauen wahrgenommen werden. Im Sinne einer klaren Sprache ist es jedenfalls nicht, wenn wir in einer Stellenanzeige lesen, dass ein Ingenieur (m/w/d) gesucht wird. Der Stelleninhaber (m/w/d) soll was auch immer machen. Mal ehrlich: Wird dadurch verständlicher, wer gesucht wird und was der Mensch machen soll? Der Mensch – obwohl das Wort maskulin ist – ist ja auch geschlechtsneutral und natürlich gibt es Menschen unterschiedlichen Geschlechts. Wo ist da die Neuigkeit?

Wir sollten uns also eine gute Portion Misstrauen bewahren, wenn uns sprachliche Wunderwerke der politischen Korrektheit begegnen. Oftmals sind die nicht mehr wirklich lesbar und führen am eigentlichen Kern des Themas vorbei. Vielleicht dient die Sprache nur dazu, Nebel zu werfen. Wenn ein Mörder kein Mörder mehr ist, sondern ein Mensch in einer besonderen sozialen Situation, dann ist das zwar politisch völlig korrekt, aber nicht hilfreich in der Einordnung von ethischen Standards. Wenn Kinderbücher aus dem letzten Jahrhundert umgeschrieben werden sollen, weil sie Ausdrücke enthalten, die heute nicht mehr politisch korrekt sind, stellt sich die Frage, mit welchem Recht wir die verändern, statt sie in einem Kontext einzuordnen. Wenn es heute in vielen Ländern (aber bei weitem nicht in allen) nicht mehr üblich ist, Sklaven zu halten, bedeutet es nicht, dass dort nicht früher Sklaven gehalten wurden. Sollten wir deshalb Bücher wie Tom Sawyer oder Pipi Langstrumpf verbieten? Damit könnte bei einer vollkommen politisch korrekten Diktion die Gefahr verbunden sein, dass Gutes gewollt und nicht ganz so Gutes erreicht wird. Geschichtsklitterung ist es in jedem Fall. Und damit wären wir wieder bei Goethes Faust.

Wenn Sprache und Handlungen zum Krieg führen

Es gibt eine wunderbare schwarze Komödie, auf Englisch „The War Of The Roses", Deutsch „der Rosenkrieg", mit Kathleen Turner und Michael Douglas in den Hauptrollen. Auch wenn der Film schon älter ist – er lohnt gesehen zu werden als Lehrstück kommunikativer Katastrophen. Erzählt wird die Geschichte zweier junger Leute, die sich kennen lernen, dann sich lieben, heiraten, zwei Kinder bekommen und so friedlich miteinander leben könnten, wenn nicht auf einmal kleine Gemeinheiten in den Alltag einzögen. Die schaukeln sich auf, bis beide im Ehekrieg sind, der so heftig wird, dass es am Ende keinen wirklichen Ausweg mehr gibt, und der Film in einer Katastrophe endet. Ein Film zum Lachen, aber auch ein Film, der vor Augen führt, wie wichtig es ist, mit einander zu sprechen, die Wirkung des Gesagten zu prüfen und vielleicht auch einmal etwas zurückzunehmen.

Es kann schon einen Unterschied in einer Partnerschaft machen, wenn einer der Partner abends zu unterschiedlichen Zeiten kommt und der andere auf ihn wartet, vielleicht sogar an einem schön gedeckten Tisch mit brennenden Kerzen. Dann wird das Warten so richtig ärgerlich. Der, der zu spät kommt, muss das ja noch nicht einmal als Lieblosigkeit verstehen – er hat vielleicht einfach nur so viel zu tun und möchte das zu Ende bringen. Um endlich damit fertig zu sein, und weil morgen schon wieder so viel auf den Tisch kommt. Was der eine als Lieblosigkeit verstehen mag – wieso kommst Du schon wieder zu spät? – mag der andere als das Ventil erleben, um endlich den hohen Druck in der Arbeit loszuwerden – so ist mein Schreibtisch endlich wieder sauber und kann ich in Frieden arbeiten. Wenn in einer Partnerschaft darauf geachtet wird, auch über Motive zu sprechen, oder einfach mal anzurufen, um eine Veränderung mitzuteilen, dann kann das sehr helfen. Ein reines „Schatz, es wird heute Abend spät" muss aber nicht unbedingt hilfreich sein, denn es kann ja auch darauf hinweisen, dass hier ganz anderes geschieht. Versuchen wir also, transparent zu sein und Motive offenzulegen. Das könnte bereits helfen.

Neben der verbalen Kommunikation gibt es auch die nonverbale. Auch die kann zu Kriegen führen und direkt in die Katastrophe. Die

Komik von Laurel und Hardy basiert darauf, dass die beiden Herren eigentlich liebenswerte Menschen sind, denen manchmal ein kleines Missgeschick passiert. Das wird dann aber nicht kurz besprochen, korrigiert und vergessen, sondern es wird genutzt, um darauf ein größeres aufzubauen, dem ein noch größeres folgt, bis dann letztlich die Katastrophe da ist. In Vollendung weiterentwickelt hat diese Form der Komik Vicco von Bülow, bekannter als Loriot, dessen Heiratsantrag mit der Nudel an der Nase ebenso herrlich zeigt, wie Kommunikationspannen geschehen können oder dessen Film „Pappa ante portas" auch nur deshalb so lustig ist, weil die Kommunikation – wieder zwischen einem Ehepaar – so unglaublich schwer ist. Im Gegensatz zum Rosenkrieg geht hier die Geschichte zum Glück relativ gut aus und rauft sich das Ehepaar letztlich wieder zusammen. Über Kommunikation, ihre Wirkung und Kommunikationspannen können wir in beiden Fällen viel lernen.

Wir haben es also in der Hand und können Situationen eskalieren oder deeskalieren lassen, nur durch unsere Sprache gesteuert. Deshalb ist es so wichtig zu verstehen, welche Wirkung Sprache haben kann und dass wir dabei höllisch aufpassen müssen, um nicht eine ganz andere Wirkung zu erzielen als die, die wir beabsichtigt haben. Sind wir erst mal in einer kommunikativen Sackgasse, dann wird es schwer, da wieder raus zu kommen und kostet mehr Zeit und Mühe, wenn es überhaupt gelingt, als es gekostet hätte, die Situation zu vermeiden. Es lohnt also zu versuchen, andere zu verstehen, um zu verstehen, mit welchen Mitteln der Kommunikation die größten Erfolge erzielbar sind.

Rückmeldung geben und nehmen

Zuallererst: Eine Rückmeldung ist prinzipiell etwas Gutes: Der, der sie bekommt, bekommt etwas zutiefst Wertvolles, nämlich die Sicht eines anderen Menschen auf ihn und seine Leistung. Es ist auch Ausdruck einer Wertschätzung, denn nur der, der einen Wert hat, ist es auch wert, die Rückmeldung zu bekommen. Es bedeutet ja auch, dass jemand sich die Zeit benommen und uns sich die Mühe gemacht hat, Rückmeldung zu geben. Darüber nachzudenken, was er sagen oder schreiben möchte. Darüber nachzudenken, wie er es formulieren möchte und was er mit dieser

Rückmeldung erreichen möchte. Wer also eine Rückmeldung bekommt, bekommt etwas ganz Wertvolles, auch wenn der Inhalt vielleicht unbequem ist oder nicht dem Selbstbild entspricht. Aber ist es nicht auch ein enormes Geschenk, wenn wir die Chance bekommen, unser Bild von uns selbst und das anderer einmal zu vergleichen? Bleibt noch die Frage, wie denn Rückmeldung gegeben werden könnte.

Lob

Wie sage ich nur, dass eine Arbeit gut gemacht wurde? Die Frage hat sich wohl kaum mal einer von uns gestellt, denn wenn eine Arbeit oder Prüfung mit „sehr gut" oder „gut" absolviert wurde, dann war es sicher eine einfache Übung, die gute Note zu vergeben und die gute Note zu akzeptieren, war ebenso einfach. Halt der berechtigte Lohn für die erbrachte Mühe. Gelobt zu werden, finden die meisten von uns schön, finden es auch schön, wenn das explizit geschieht. In der Grundschule dienten dazu Fleißkärtchen, Stempel im Heft, Lachgesichter oder nette Kommentare.

Später wurde es dann mit dem Lob weniger. Kein Gymnasiast bekommt von seinem Lehrer ein Lachgesicht unter die Arbeit gestempelt und auch das Abitur enthält keine malerischen Meisterwerke. Ebenso wären wir verwundert, wenn wir an der Universität bunte Bildchen in unsere Hefte geklebt bekämen. Dennoch sollte bitte nicht das Grundprinzip „nicht geschimpft ist stark gelobt" gelten.

Wenn etwas schön und gut gemacht wurde – warum es dann nicht sagen? Wieso fällt es so schwer, einen schön gedeckten Tisch zu loben, ein Essen, das wirklich schmeckt. Was macht einen schönen Abend so schön? Tut es denn weh, zu loben, zu danken, einfach nett zu sein? Ja, gerade Ingenieure und Naturwissenschaftler tun sich schwer damit. Schönheit, Wohlbefinden sind ja emotionale Begriffe und nicht einfach messbar. Versuchen wir das dennoch, werden wir schnell merken, dass das Leben einfacher wird. Denn es geht den anderen ja wie uns – wir freuen uns ja auch, wenn uns jemand sagt, dass wir etwas gut und richtig gemacht haben oder dass es ein netter Abend war und sich jemand darauf freut, uns wieder zu sehen.

Fast allgemein auf der Welt werden sportliche Menschen bewundert, man sucht ihre Nähe und schmückt sich gerne mit Titeln. Daher ist es für totalitäre Systeme auch immer wichtig, sich über Medaillen bei Olympischen Spielen oder Weltmeistertitel zu schmücken. „Nix zu fressen, aber Blech auf der Schulter" war dann die Antwort des Volksmunds, die die Situation hinreichend gut beschrieb. Brot und Spiele kannten schon die alten Römer als die Mittel, wie man Ruhe ins Volk bekommt. Geistige Höchstleistungen sehen meistens anders aus und werden nicht unbedingt in wissenschaftlichen Artikeln oder Patenten manifestiert, ganz im Gegenteil. Viele Mittelständler wachen geradezu eifersüchtig darüber, ihre mühsam erworbenen Kompetenzen nicht weiterzugeben oder publik zu machen. Dennoch gibt es bei ihnen eine Menge Menschen, die stolz auf das geistig Erreichte sind, unsere Gesellschaft lebt von diesen Menschen, findet sie aber nicht wirklich interessant, sondern jubelt lieber den Fußballspielern der Kreisliga zu als den intellektuellen Champions, deren Steuergelder für den Bau des Stadions verwendet wurden. Es lohnt, die Mechanismen zu kennen, um selbst weniger anfällig zu sein, Leistungen klein zu reden.

Wenn sich nun daraus der Schluss ergäbe, jede noch so mittelmäßige Leistung sei mit stehenden Ovationen zu begrüßen, so ist das sicher falsch. Was normales Mittelmaß ist, sollte auch so behandelt werden. Damit aber kein falsches Verständnis aufkommt: eine mittelmäßige Leistung ist nichts Schlechtes. Die Glockenkurve lehrt uns, wie viel Mittelmaß sein muss, damit es mittelmäßig zugeht. Da die Glockenkurve auf fast alles im Leben zutrifft und auch wir in fast allen Bereichen des Lebens mittelmäßig sind, ist es ja nichts Schlechtes, mittelmäßig zu sein. Allerdings sollte man sich davor hüten, Mittelmäßigkeit zur Spitzenleistung zu stilisieren. Es gibt zwar Nationen und Kulturen, in denen auch die zu erwartende Mindestleistung euphorisch gefeiert wird, das entspricht aber wirklich nicht unseren Vorstellungen.

Tadel

Schwierig wird es allerdings dann, wenn es um nicht mehr mittelmäßige, sondern eindeutig schlechte Leistungen geht. Da haben es die Lehrer in der Schule noch relativ leicht, wenn sie schlechte Zensuren verteilen, denn die nächste Schülergeneration kommt ebenso sicher, wie auch ein

Lehr- und Ausbildungsauftrag besteht, der eben auch Mechanismen für Rückmeldungen bietet, wenn Leistungen einmal nicht mindestens mittelmäßig sind. Gerade im deutschen Sprachraum tun wir uns schwer mit Spitzenleistungen, die nicht aus dem Sport kommen. Wenn jemand in Mathematik, einer Naturwissenschaft oder Sprachen echt spitze ist, ist er schnell ein Streber und wird gemieden. Interessanter Weise ist das in unseren Nachbarländern oft anders – der Spitzenschüler ist das Vorbild.

Wer schlechte Leistungen erbringt und vielleicht auch noch aufsässig ist, wird gerne als das Antibild des Strebers geschätzt und in der Gruppe geachtet. Dabei muss festgehalten werden, wie wenig wahrscheinlich es doch ist, dass unterdurchschnittliche Leistungen die Menschheit weiter voranbringen werden, egal ob kulturell oder technologisch, beispielsweise im Umweltschutz. In der Schule können also solche Minderleitungen klar benannt und sanktioniert werden, aber schon da gibt es wohlmeinende Kultuspolitiker, die der Meinung sind, dass man einem Schüler nicht zumuten darf, eine klare Rückmeldung zu bekommen, wenn sein Verhalten oder seine Leistung nicht akzeptabel ist.

Spätestens in der Beziehung die auf mehr als eine Nacht angelegt ist oder im Beruf, der ja auch etwas länger dauern soll, gibt es dann eine andere Verbindlichkeit: Die Benotung findet anders statt, muss aber auch geschehen. Dabei fällt es uns meistens noch leicht, in der Mensa, der Kantine oder wo auch immer darüber zu sprechen, wer ein Minderleister ist. Diese Gespräche sind oftmals nicht nett und haben mit unserem humanistisch geprägten Menschenbild oft nichts mehr gemeinsam. Dabei mag es eigentlich nicht darum gehen, durch Klatsch und Tratsch einen Menschen zu beschädigen oder gar zu vernichten, sondern darum, Rückmeldung zu geben und so eine Veränderung herbeizuführen. Besonders unerfreulich ist das Cybermobbing, bei dem aus einer scheinbar geschützten Umgebung Angriffe auf einzelne Menschen gestartet werden, die sich in einer Art Schneeballsystem verstärken können, bis hin zu Mordaufrufen. Es einem betroffenen Menschen aber hinreichend deutlich und dennoch nicht vernichtend zu sagen, dass etwas nicht so gelungen war, ist schon schwer, es muss nicht auch noch anonym erfolgen, auch wenn es scheinbar einfacher ist. Es ist auch deshalb so schwer, weil wir selbst mit solchen Rückmeldungen nicht unbedingt gut umgehen können, uns also vorstellen können, wie hart es für den Betroffenen sein mag. Wem gefällt es schon, wenn ihm gesagt wird, dass er sich ändern soll? Dabei geht es nicht nur darum, was als Rückmeldung gegeben wird, sondern auch wann und von wem. Wir wissen von uns selbst, dass wir nicht immer in der Lage sind, offen mit Erkenntnis umzugehen. Warum sollte es also anderen da besser gehen?

Schmerz, Trauer, Mitgefühl

„Ein Indianer kennt keinen Schmerz." Kaum zu glauben, denn die neuronale Grundausstattung eines Indianers ist nicht wirklich anders als die von anderen Menschen. Trotzdem leben wir in einer Welt, in der Rückmeldungen, die uns oder andere betreffen, eher selten sind. Das ist Teil unserer Natur, auch, dass wir nicht alle Helden sind:

In Versuchen wurde gezeigt, dass Rhesusaffen schreien, hin- und weggucken, wenn Artgenossen von Artgenossen geprügelt werden. Wenn dann die Schlägerei vorbei ist, eilt man zu dem Verprügelten, nimmt ihn schützend in den Arm und zeigt alle Gesten des Trostes bei Schmerz und Trauer. Ein Eingreifen in den Kampf gibt es aber nicht, ganz so, wie in vielen U- und S-Bahnen in allen Ländern, wenn wieder eine Horde ihr Mütchen an Einzelnen stillt. So, wie wir dort nicht unbedingt zu Helden geboren sind, so haben wir auch nicht unbedingt die Veranlagung zu Märtyrern zu werden. Das sollten wir nicht vergessen, wenn wir uns fragen, wie Diktaturen entstehen können und uns echauffieren, dass uns das sicher nicht passieren könnte. Doch, es könnte und vielleicht sogar schneller, als uns lieb ist. Persönlicher Mut ist leicht gesagt und schwer gelebt.

Wir haben aber auch die Fähigkeit, den Schmerz anderer zu fühlen, mit jemandem zu leiden. Wir können im Kino weinen, obwohl nun wirklich klar ist, dass da eine Geschichte gespielt wird, wir sind neben den Augen über unsere Ohren erreichbar und haben gelernt, dass wir unsere Emotionen dosieren können. Der Indianer kennt ja keinen Schmerz, und wir sind auch absolut cool, wenn wir eine Beziehung in die Brüche ging. Natürlich haben wir uns getrennt, natürlich sind wir emotional nicht betroffen, denn das wäre nicht cool. Der Satz

„Du hast mir wehgetan."

geht uns nur sehr schwer über die Lippen, weil es ganz dicht an uns und unserer Person ist, wir unsere Verletzlichkeit zeigen. Dabei kann genau darin die Chance stecken, wenn wir nicht mehr cool sind, es nicht mehr sein wollen, wenn wir auch unsere Emotion zulassen und sie leben.

Wenn wir zwischen der Sach- und der Beziehungsebene nicht mehr unterscheiden, so werden sie dennoch da sein. Nur weil wir etwas nicht wahrhaben wollen, ist es dennoch da. Wenn wir also konsequent die Beziehungsebene verleugnen, wenn wir so tun, als ob es das nicht gäbe, wenn wir meinen, wir können unser Leben nur auf der Sachebene leben, weil wir das ja auch zu unserer Ausbildung gemacht haben und als die Funktionsinhaber, die wir im Beruf sind, dann haben wir uns heftig getäuscht. Wir werden, wie wir jetzt gelesen haben, immer auch Mensch sein, emotional bis zum Anschlag und eigentlich gerne auf der Beziehungsebene lebend, nur trauen wir uns vielleicht nicht, um nicht den Schmerz der Zurückweisung, der Kränkung zu erfahren. Wenn wir uns aber nicht trauen, emotional zu sein, werden wir irgendwann die Sach- und Beziehungsebene verschmelzen, wir werden also nicht mehr unterscheiden können, ob eine erhaltene Rückmeldung die Sach- oder die Beziehungsebene betrifft. In anderen Worten: Eine fachliche Kritik wird uns als Menschen in Frage stellen, nicht mehr die Chance sein, uns zu verbessern, sondern als die Bedrohung unserer Person verstanden werden. Und so werden wir auch reagieren: Nicht mehr als an einer Verbesserung interessierte, sondern als persönlich angegriffene Menschen.

Abweichungen von der Norm

Natürlich wissen Übergewichtige, dass sie Übergewicht haben. Und wenn sie nicht doof sind, wissen sie auch, dass es nicht gesund ist. Raucher wissen, dass es ungesund ist, zu rauchen. Menschen, die sich betrinken haben meistens eine Vorstellung davon, wie sich der nächste Tag anfühlt und dass es nicht cool ist, blau zu sein. Freeclimber wissen auch, wenn sie ungesichert klettern, ist ein Griff daneben vielleicht der letzte ihres Lebens. Es geschieht dennoch, weil wir Menschen so herrlich irrational sind, was uns ja auch so liebenswert machen kann. Wir Menschen wissen auch meistens, ob wir eine gute oder schlechte Arbeit abgeliefert haben. Dennoch ist es auch Teil einer Führungsaufgabe, dann Rückmeldung zu geben, wenn es gerade einmal nicht so schön und angenehm ist. Das dann vorsichtig, aber auch in aller Deutlichkeit zu machen, ist schwer und erfordert Vorbereitung. Das so zu machen, dass dann die Tür in die Zukunft offen ist und nicht verriegelt, ist eine Kunst, die sich lernen lässt.

Wer diese Kunst beherrscht, wird auch in einer Beziehung eher zufriedener leben, da die gleichen Techniken, die eine Beziehung stabilisieren und nach der ersten Phase des Verliebtseins dann doch erkennen lassen, dass die gebrauchten Socken, die unter dem Sofa liegen nicht nach Rosen riechen und nicht schön anzusehen sind, nun einmal nicht unbedingt Teil einer zu akzeptierenden Gesamtpersönlichkeit sind, die man entweder so lieb hat, oder sich trennt, sondern dass ein Zusammenleben eben auch bedeutet, sich gegenseitig auf einander einzustellen, wozu auch gehören kann, eben diese Objekte unterschiedlicher Betrachtung dann doch nach dem Entkleiden in die Schmutzwäsche zu befördern. Weil es einfach netter ist. Weil es geht. Und weil ein solches Verhalten eben geeignet ist, eine harmonische Beziehung zu fördern. Schnelle, frühe und dennoch freundliche und respektvolle Rückmeldung, manchmal gepaart mit Vereinbarungen über das weitere Vorgehen können helfen, Situationen nachhaltig zu verändern. Wer seinen Partner, seine Mitarbeiter und seine Umwelt freundlich, aber bestimmt behandelt und über die Motive seines Handelns Rückmeldung gibt, wer dabei fair ist und nicht nach Gutsherrenart herrscht, wer aber auch in der Lage ist, selbst eine unbequeme Rückmeldung anzunehmen und zu verarbeiten, eigene Unzulänglichkeiten und Fehler zuzugeben, der hat über seine Akzeptanz im Normalfall nicht zu klagen.

Auch besonders erfolgreiche oder intelligente Menschen haben das Problem, dass sie von der Norm abweichen. Ebenso Menschen, die besonders kreativ sind, nie zufrieden mit Erreichtem sind, oder was auch immer. Die Chance, dass wir alle nicht Teil der Norm sind, ist hoch und ganz normal. Vielleicht haben Sie in Ihrem Studium die Normalverteilung nach Gauß gesehen und berechnet. Danach gibt es viele, die die Norm darstellen und wenige, die unnormal sind. Als Gesellschaft haben wir es gelernt, mit denen umzugehen, die die Norm nach unten verlassen. Wir kümmern uns um Behinderte und lassen sie – anders als lange

Jahrhunderte zuvor – nicht einfach fallen. Wir haben nicht mehr den Dorfdeppen, der von Almosen lebt und früh stirbt, wir sperren Menschen nicht mehr ins Irrenhaus, damit sie aus dem Weg und aus dem Sinn sind. Wir geben uns sehr viel Mühe, diese Menschen in das tägliche Leben zu integrieren und dafür zu sorgen, dass diese Menschen einen so sinnvollen Beitrag wie möglich zur Gesellschaft leisten können.

Wir gehen auch mit Ausnahmebegabungen als Nationen im Sport ziemlich gut um. Wir fördern sie und wollen den Erfolg sehen. Bei unserer zukünftigen Führungsmannschaft sieht das etwas anders aus: Sie muss sich in der Regel durchbeißen, vielleicht bekommt sie ein Stipendium, mehr aber in der Regel nicht. Das ist nicht verkehrt, denn wer führen will, muss ja auch führen können, mit Widerständen umzugehen lernen und die beseitigen. Damit ist der Weg aber schwerer, denn er hat nicht nur damit zu tun, dass es härter ist, Verantwortung zu übernehmen, als es bleiben zu lassen. Wir leben auch in einer Neidgesellschaft, die dem Erfolgreichen den Erfolg nicht gönnt, Ausnahme Sport. Platt formuliert unterscheiden wir uns da von dem Bauern im mittleren Osten, dessen Nachbar eine Ziege hat und der nun überlegt, was er auch machen muss, um selbst zu einer Ziege zu kommen. Unsere Gesellschaft fragt eher, was sie machen muss, damit der Nachbar auch keine Ziege mehr hat. Nicht die ideale Voraussetzung für eine Gesellschaft, die die Intelligenz und Kreativität des Einzelnen braucht, um zu überleben. Wir sollten trotzdem nicht den Kopf in den Sand stecken und verzagen, sondern uns eher die Frage stellen, wie wir denn alle PS unserer Kompetenzen auf die Straße bringen, um Erfolg zu haben. Es ist dabei ganz normal, dass wir nicht alles schon gesehen haben. Die Welt ist voll von dreißigjährigen Greisen, die schon alles gesehen und erlebt haben. Seien Sie diesen gegenüber misstrauisch und vermeiden Sie, ein solcher Greis zu werden. Der, der noch nicht alles gesehen hat, der nicht auf alle Fragen eine Antwort hat, der wird letztlich aufmerksam durchs Leben gehen. Der, der alles kennt, sieht vielleicht die erste neue Falle nicht.

Dabei können uns Mentoren helfen, oder aber Coaches, meistens erfahrene Menschen, die sich die Zeit nehmen, Fragen zu stellen, zuzuhören und Rede und Antwort zu stehen. Sich solche Menschen zu suchen, ist nicht nur hilfreich, sondern auch klug. Nutzen Sie die Erfahrung anderer, andere Sichtweisen und andere Einsichten. Sie werden nicht dümmer dabei.

Fremd- und Selbstbild

Damit landen wir in der Betrachtung nicht mehr bei den anderen, sondern letztlich auch bei uns und unserer Wirkung auf andere. Klar, wie alle hätten gerne einen Vorgesetzten, den wir verdienen: Offen und ehrlich soll er sein, solange es nicht weh tut. Unsere guten Ideen soll er aufnehmen und umsetzen, dabei aber auch immer mitteilen, wer diese grandiosen Ideen produziert hat. Natürlich verdienen wir es mehr, als unsere Kollegen, gefördert zu werden, denn schließlich sind wir ja gut. Großzügig soll er sein, nicht nur in Bezug auf unsere Anwesenheitszeiten im Unternehmen. Natürlich verdienen wir es, mehr Gehalt zu bekommen, auch mehr als unsere Kollegen, denn wir haben ja einen Spitzenarbeit geleistet. Wir waren es schließlich, die das Projekt gerettet haben, die Firma, die Welt. Da ist es wohl ganz normal, wenn wir mit dem uns gehörenden bescheidenen Selbstbewusstsein auftreten und von der Welt auch erwarten, uns so zu nehmen wie wir sind – einfach gut. Das nennt man dann Selbstbild. Es mag aber auch unser Selbstbild sein, nicht so zufrieden mit uns und unserer Leistung zu sein. Vielleicht sind wir nicht der Meinung, die Welt gerettet zu haben, sondern nur einen kleinen Beitrag geleistet zu haben und den auch nur, weil wir halt so langsam sind, dass wir gesehen haben, an welcher Stelle das Projekt gerade aus den Fugen geriet und dem, dessen Aufgabe es war, das Projekt voranzubringen, an der richtigen Stelle den kleinen Hinweis gegeben haben, der dann die große Wirkung hatte. Vielleicht folgen wir dem alten Sprichwort

„Gehe nicht zu deinem Fürscht,
  wenn Du nicht gerufen würscht"

in der Hoffnung, nicht wirklich sichtbar zu werden, weil wir uns ganz wohl dabei fühlen, einfach nur still und leise vor uns hin zu arbeiten. Vielleicht haben wir eine ziemlich gute Vorstellung davon, was wir wirklich können und was nicht. Vielleicht haben wir aber auch ein Bild von uns selbst, welches größer oder kleiner ist als das, wie uns andere sehen. Dann haben wir eine Abweichung zwischen Fremd- und Selbstbild. Diese Abweichungen an sich sind nichts Schlimmes. Es ist mehr als natürlich, dass wir uns anders sehen, als uns andere wahrnehmen – denn wir haben ja auch immer unsere Gedanken, die andere nicht hören und sehen können. Wir kennen den ganzen Blödsinn unserer Ideen und Gedankenspiele, die zum Glück den anderen verborgen bleiben. Je nach unserer persönlichen Grundausstattung neigen wir mehr dazu, uns für die Peinlichkeit der Gedanken zu entschuldigen oder aber, sie zu genießen und uns für wichtig zu halten. Deshalb sind für unsere Gesellschaft Zeugnisse und Beurteilungen so wichtig, weil sie uns die Chance geben, Rückmeldungen zu bekommen. Deshalb haben auch manche Unternehmen neben der Mitarbeiterbeurteilung auch die Beurteilung von Kollegen und Vorgesetzten eingeführt, damit man Rückmeldung bekommt, nicht nur von oben, wie die Wahrnehmung des Vorgesetzten ist, sondern auch die Wahrnehmung der Kollegen und Mitarbeiter. Gute Instrumente, die aber immer die Frage offenlassen, ob es hier mit rechten Dingen zugeht.

Wer sensibel ist, wird auch ohne diese standardisierte Form der Rückmeldung eine Rückmeldung bekommen. Wer Vertrauen genießt, wird auch so erfahren, was gut und was schlecht war und ist. Wer aber nach der Aufforderung, doch eine Rückmeldung zu bekommen den Boten kritischer Punkte hinrichtet, wird als absolutistischer Herrscher Anerkennung finden, aber sicher nicht mehr unbequeme Wahrheiten erfahren. So liegt es an uns und unserem eigenen Verhalten, wie der Rest der Welt auch mit uns umgehen wird. Wichtig ist es allemal, diese Mechanismen zu kennen und auch im Umgang mit anderen zu berücksichtigen. Wichtig wird es aber auch sein, sich selbst Rechenschaft abzulegen, in welcher Umgebung man sich wohl fühlt und wie man auf unterschiedliche Führungsumgebungen selbst reagiert: Wer Freiraum braucht, wird auch gewillt sein, Freiraum zu geben. Wer vertraut, wird auch Vertrauen entgegenbringen. Wer ein starkes Bedürfnis nach Kontrolle hat, wird auch besondere Kontrollmechanismen aufbauen. Wer zuhören kann, wird auch Rückmeldungen bekommen, wer drückend dominiert, wird vielleicht weniger erfahren, als er sollte. Wer prinzipiell keine Fehler macht, wird eher auch keine Fehler anderer berichtet bekommen, wenn doch, dann vielleicht aus Niedertracht.

Damit nimmt sich aber auch der, der keine Fehler macht und nicht in der Lage ist, zuzuhören und Gehörtes zu überdenken langfristig der Chance, erfolgreich zu sein. Gerade im Berufsleben sind wir darauf angewiesen, mit anderen zusammen zu arbeiten und können damit sogar nicht nur erfolgreich sein, sondern auch Spaß haben. Das wird uns aber nur so lange gelingen, wie wir auch bereit sind, andere Meinungen zuzulassen, um die beste Lösung bekommen. Natürlich wird dabei nicht immer alles einfach sein und ohne Probleme gelingen, denn unsere Vielfältigkeit birgt auch immer Konflikte in sich. Wenn dann so ein Konflikt da ist, haben wir die Möglichkeit, mit Fanfaren in den Krieg zu ziehen. Ein solches Verhalten kann man oft in großen Organisationen finden, bei denen die einzelnen Teilorganisationen im Streit um die größte Wichtigkeit und Aufmerksamkeit versuchen, Teilerfolge im Wettstreit um die größte Bedeutung zu erzielen. Dann bekommen Ideen weniger ihre Bedeutung danach, wie gut sie abstrakt sind, sondern leiten ihre Relevanz eher danach ab, woher die Idee kommt. „Not Invented Here" (NIH-Effekt) ist leider noch immer ein Symptom unserer Tage, statt dass Freude darüber herrscht, eine gute Idee im Unternehmen zu haben oder gar von außen angeboten zu bekommen. Die Bereitschaft und der Wille, sich zu produzieren, mag größer sein, als der Wunsch, die objektiv beste Lösung zu finden. Daher ist es ein wesentlicher Teil der Führungsaufgabe, die zu führenden Menschen zu kennen, zu verstehen, welche Motive jeden einzelnen von ihnen bewegen, was motivierend und was demotivierend wirkt und wie jeder Einzelne so viel wie möglich zum Erfolg beitragen kann.

Das führt dazu, wie wir unsererseits in der Lage sind, Menschen einzuschätzen. Ist es nicht verwunderlich, dass wir nur Sekunden brauchen, um in den meisten Fällen zu entscheiden, ob wir einem Menschen sympathisch oder unsympathisch finden? Denken wir mal an unser erstes Semester zurück – alles ist neu: Die Uni, vielleicht das Land oder die Stadt, in jedem Fall die Menschen, die uns in den kommenden Semestern begleiten werden. In Sekunden wissen wir, ob wir den Menschen, der gerade neben uns im Hörsaal sitzt, mögen. Das können wir, weil wir mit vollen Sinnen auf den anderen Menschen reagieren: Wir sehen, hören, fühlen, riechen und schmecken unseren Gesprächspartner, wir nehmen ihn ganzheitlich wahr. Diese Fähigkeit, in Sekunden ganzheitlich einen anderen Menschen wahrzunehmen, können wir ruhig auf unsere Habenseite geben, denn die Fähigkeit erlaubt es uns, Entscheidungen schnell und meisten richtig zu treffen.

Es ist bekannt, dass ein Vorstellungsgespräch nur acht Sekunden braucht. Dann wissen beide Seiten, ob sie miteinander arbeiten möchten, oder nicht. Der Rest der Zeit dient dazu, die getroffene Entscheidung zu untermauern. Auch wenn es bemerkenswerte Beispiele gibt von Orchestern, die das Vorspiel potenziell neuer Orchestermitglieder hinter Vorhängen erfolgen lassen, bedeutet es nicht, dass dann der Alltag einfacher wird, wenn man nicht die Bereitschaft mitbringt, sich zu relativieren, wenn jemand eingestellt wird, den man nicht zwingend als erste Wahl genommen hätte.

Menschen führen

Diese Fähigkeit erlaubt es uns auch, gut und erfolgreich Menschen zu führen. Ob wir das nun im Verein, an der Uni, im Beruf oder auch in der eigenen Familie machen – wir brauchen die Kompetenzen, zuzuhören, Rückmeldung zu geben, Rückmeldungen zu nehmen und auch mal keine Antwort zu wissen, anderes gelten zu lassen.

Gerade letzteres fällt uns eher schwer, wenn wir ein Studium gewählt haben und frisch von der Uni eine Führungsaufgabe übernehmen. Wir meinen oft, dass wir als Führungskräfte die Weisheit mit Löffeln gefressen haben sollten und in der Lage sein sollten, auf alles und jedes eine Antwort haben zu müssen, wissen aber gleichzeitig, dass dem so nicht ist. Die Tendenz, zu allem eine Meinung oder Antwort zu haben wird oft auf der Hochschule verstärkt, da wir ja eine fachliche Ausbildung genossen haben, die sich eben nicht um die anderen Inhalte zu kümmern hat. Unsere Dozenten sind unsere akademischen Lehrer, weil sie wissen, was unser Fach auf seiner aktuellen Höhe leisten kann und uns das auch beibringen. Sie wissen ebenfalls, welche Themen gerade interessant sind im Bereich der Wissenschaft und welche Aufgabenstellungen in den kommenden Jahren aktuell werden können.

Fachwissen ist aber nicht unbedingt das Geheimnis erfolgreicher Führung. Wie sollen wir auch als Hochschulabsolventen in der Lage sein, andere Menschen, die uns dank ihrer Erfahrung im Beruf himmelweit überlegen sind, anzuleiten, wie sie arbeiten sollten? Das kann auch nicht gelingen. Es kann uns aber sehr wohl gelingen, die Kompetenzen und

2 Das Rüstzeug oder: Die Kompetenzen, die ich habe – und ...

Fähigkeiten der Menschen, die mit uns zusammenarbeiten, zu heben, wenn wir sie ganz einfach normal behandeln. Natürlich wird uns jeder, der seinem Beruf schon viele Jahre nachgeht, deutlich überlegen sein. Es ist aber im Regelfall auch nicht unsere Aufgabe, die Dinge besser als unsere Mitarbeiter zu machen, sonst wären wir auf deren Stelle eingestellt worden. Wohl ist es aber unsere Aufgabe, Arbeit zu portionieren, zu denken, große Themen in kleine Scheiben zu schneiden und die dann leichter verdaulich zu machen. Es ist unsere Aufgabe, Menschen dazu zu bekommen, dass sie gerne arbeiten und das Beste aus sich herausholen. Wir müssen uns nur die Frage stellen, wie wir selbst gerne geführt würden, dann haben wir im Regelfall eine ganz gute Vorstellung davon, wie wir führen sollten: Wir möchten vielleicht respektvoll geführt werden, in offener und klarer Kommunikation, mit Verständnis bei Fehlern und Lob bei Erfolgen. Wir möchten vielleicht gefordert und gefördert werden, in unserer Tagesform ernstgenommen und respektiert werden, Ziele bekommen, die anspruchsvoll sind, aber nicht überfordernd. Wenn wir wissen, wie wir geführt werden wollen, wissen wir meist auch, was unsere Mitarbeiter gerne hätten.

Auch ist es so, dass wir im Regelfall nicht der erste Vorgesetzte unserer Mitarbeiter sein werden. Das bedeutet, diese Menschen haben vor uns schon Chefs gehabt und werden vermutlich auch nach uns noch welche haben. Sie werden hoffentlich schon erlebt haben, wie es sich anfühlt, wenn man von einem guten Chef geführt wird und wissen aber sicher auch, wie es sich anfühlt, wenn man sich auf den Tag freut, an dem der aktuelle Chef andere Aufgaben bekommt. Schlechte Chefs bleiben genauso lang im Gedächtnis haften, wie ein guter. Die normalen Chefs, also die, die einen grundsoliden Job machen, die wird man später kaum erinnern. Wenn wir also ehrgeizig genug sind, im Gedächtnis bleiben zu wollen, dann bietet sich an, daran zu arbeiten, dass wir als einer der besonders guten Vorgesetzten in die Annalen eingehen.

Gute Vorgesetzte sind authentisch. Das bedeutet, dass sie auch mit Freude und Leid umgehen, gerecht sind (was immer gerecht sein mag), Richtung geben, aber auch durchaus Widerstand leisten. Es geht dem Menschen meistens nicht darum, nur in Watte gepackt zu werden, es kann auch darum geben, unbequeme Wahrheiten auszusprechen. Unsere Mitarbeiter werden schnell merken, ob wir verlässlich sind oder nicht.

Ob wir hinter ihnen stehen, um die Messer im Rücken abzuwehren, oder um sie als Kugelfang bei Feuer von vorne zu nutzen. Ob unser Wort gilt, oder ob man besser einen vielseitigen Vertrag mit uns schließt, danach die Finger zählt und die persönliche Dokumentation besonders sorgsam vornimmt. Wer versucht, authentisch zu sein, wer auch einmal zugeben kann, dass er etwas nicht kennt oder weiß, der wird als der bessere Chef wahrgenommen. Gute Chefs haben oftmals die besten Fragen, nicht die besten Antworten. Gute Chefs werden auch oftmals keine Angst davor haben, den Rat von Mitarbeitern anzunehmen, denn jeder Mensch wird Dinge besonders gut können, die der eigene Vorgesetzte nicht so gut kann. So kommt neben der fachlichen Verantwortung auch eine gesellschaftliche, eine emotionale Aufgabe auf uns zu. Menschen dazu zu bekommen, dass sie Dinge machen, die dazu führen, dass etwas entsteht, was sonst nicht da wäre, ist eine der Kernaufgaben guter Führung. Dazu mag auch eine gewisse Sachkompetenz gehören, sie ist aber nicht alles.

Ein Vorgesetzter ist nicht der beste Sachbearbeiter. Er kann und soll es auch nicht sein, sonst wäre er das ja auch geworden. Er wird, je nach Aufgabe mehr oder weniger in der Lage sein, die Dinge zu machen, die seine Mitarbeiter machen. Er sollte aber wissen, wie er es schafft, aus vielen einzelnen Menschen ein Team zu formen, das besondere Leistungen erreicht. In unserem Kulturkreis wird ein guter Vorgesetzter Mitarbeiter haben, keine Untergebenen. Wenn wir uns die beiden Wörter anhören, dann werden wir merken, dass sie nicht das gleiche meinen. In unserem Verständnis ist ein Mitarbeiter jemand, der in einem kollegialen Umfeld seine Leistung erbringt und dafür auch respektiert und geschätzt wird. Er wird mitarbeiten, und Mitarbeit setzt eine besondere Form des Umgangs voraus, die geprägt ist von Information, denn wie sollen wir sonst wissen, worum es geht, Freiheit, denn wir machen Dinge gemeinsam ohne große Autorität und Respekt, den wir geben und nehmen. Ein Untergebener wird in uns Assoziationen von grauen Gesichtern, Peitschen, Galeeren hervorrufen. Untergeben hat etwas von unterwerfen und weckt damit Assoziationen von Krieg und Frieden. Die Frage, was wir gerne sein möchten, erübrigt sich meistens schnell, wir möchten lieber Mitarbeiter als Untergebener sein. Das sollten wir als Vorgesetzte immer in Erinnerung behalten. Das bedeutet aber nicht, dass wir damit beliebig werden sollten, ganz im Gegenteil. Verbindlichkeit ist ebenfalls ein wesentliches

Merkmal einer Führungskraft. Die wird aber umso verbindlicher wahrgenommen, je authentischer sie ist und je transparenter und nachvollziehbarer in ihren Entscheidungen. Untergebene werden leichter schlecht behandelt als Mitarbeiter. Untergebene werden leichter dumm gehalten als Mitarbeiter. Untergebene sind beliebiger als Mitarbeiter, leichter austauschbar.

Zwei Wörter und doch himmelweite Unterschiede. Sprache ist einfach verräterisch, hören wir also genau hin, wenn wir führen, genauso, wie wenn wir geführt werden.

Das Vorstellungsgespräch

Aber vor das Führen ist ja erst mal die Suche nach einer Stelle gesetzt, dann die Bewerbung und dann das Vorstellungsgespräch. Das ist auch dann nötig, auch wenn die Papierform besticht. Nur aufgrund einer guten Bewerbung stellen wir keinen Menschen ein, wir wollen ihn ja noch kennen lernen, auch wenn es zunächst ganz schnell geht. Deshalb ist es wichtig, dass sich Menschen immer wieder sehen, deshalb besuchen wir Freunde und telefonieren nicht nur. Deshalb reisen Mitarbeiter im Vertrieb auch, um Kunden zu besuchen, man könnte ja auch einfach Briefe schreiben, mailen, twittern, skypen. Man könnte telefonieren, das würde ja alles reichen, um zu kommunizieren. Es wäre zwar billiger, reicht aber nicht. Nichts auf dieser Welt kann ein persönliches Gespräch ersetzen, in dem wir mit unserem Gesprächspartner im gleichen Raum sitzen und uns austauschen. Weil ein persönliches Gespräch ganz anders ist, als ein Brief, weil eine Vorlesung anders ist, als das Lehrbuch, weil wir als Menschen eben mit allen Sinnen wahrnehmen, wenn wir im gleichen Raum sind und uns im gleichen Moment unterhalten und so viel mehr erfahren, als wenn wir nicht persönlich im Raum sind. Weil das Gespräch in der Regel eine völlig andere Wendung nehmen wird, als wenn wir nicht im gleichen Raum sind.

Wenn wir nun einmal den Strich unter das bisher Geschriebene machen und versuchen, einfach einmal zusammenzuziehen, was sich als Quintessenz ergibt, dann können wir unglaublich viel über Erfolg und Misserfolg lernen: Wir können lernen, dass es oftmals nicht darum geht, abstrakt Recht zu behalten, aber nicht erfolgreich zu sein, so, wie es in dem Witz des bei einem Unfall getöteten Autofahrers heißt „Er starb, weil er Vorfahrt hatte". Das nutzt dem guten Autofahrer nun nicht wirklich, es sei denn, es gibt einen Himmel der Rechthaber, dem er täglich davon erzählen kann, wie hart das Leben ihn doch gestraft hatte, dass er genau dann sterben musste, als jemand anderes nicht einsehen wollte, dass er doch der mit der Vorfahrt war.

Entsprechend wird es uns auch nichts nützen, wenn wir in einem Vorstellungsgespräch darauf beharren, dass was auch immer unser Interviewpartner von uns will richtig, falsch oder was auch immer ist, auch wenn es objektiv scheinbar so sein mag. Wenn unser Interviewpartner noch in der Überzeugung lebt, die Welt sei eine Scheibe, dann werden wir ihn in der Situation des Vorstellungsgesprächs davon sicher nicht abbringen wollen oder können. Vielleicht einmal später, vielleicht aber auch nie. Dann müssen wir uns aber sehr wohl die Frage stellen, ob wir denn mit ihm zusammenarbeiten möchten, wenn er doch so ganz danebenliegt.

Wir werden aber die Frage, ob wir zusammenarbeiten wollen, im Zweifel gar nicht an der Frage abmachen, ob nun die Erde eine Scheibe ist, oder nicht. Untersuchungen haben ergeben, dass eine Einstellung in den ersten acht Sekunden eines Gesprächs erfolgt – der Rest ist Höflichkeit, denn man wäre als Kandidat ja auch etwas verwundert, wenn nach acht Sekunden der Interviewpartner das Gespräch beendet und einen entweder nach Hause schickt oder den Vertrag zückt. Wir werden aber auch als Kandidaten unsererseits binnen acht Sekunden ein untrügliches Gefühl entwickelt haben, ob wir mit einem Menschen zusammenarbeiten wollen, oder lieber nicht. Ganze acht Sekunden. Die Zeit, diesen Absatz zu schreiben, war länger als die Zeit, die wir benötigen, um festzustellen, ob wir mit jemandem gerne zusammenarbeiten möchten. In der Zeit haben wir auch wieder mit allen Sinnen gearbeitet: Wir haben gehört, gesehen, gerochen: Klangfarbe der Stimme, Aussehen der Person, Geruch der Person. Die Ausgestaltung des Büros, das Aussehen des Firmengeländes sind ebenfalls für uns wichtige Informationen, die wir intensiver verarbeiten, als es den Anschein haben mag. Wir sollten, müssen uns darüber ehrlich Rechenschaft geben, wie wichtig die drei Sinne für uns sind und dass wir letztlich emotional entscheiden. Erst dann kommen die anderen Wahrnehmungen. Wir sind zunächst zu hundert Prozent auf der Beziehungsebene und nehmen unser Gegenüber zu hundert Prozent emotional war.

Dann darf aber doch auch die Sachebene noch ein wenig mitspielen. Dann werden wir uns eben doch noch darüber unterhalten, ob die Erde eine Scheibe ist, oder nicht. Wir werden uns darüber unterhalten, was wir gemacht haben, was die Aufgabe ist, was das Ergebnis einer möglichen Mitarbeit sein sollte. Dabei werden die Aufgaben sich von Stelle zu Stelle unterscheiden, selbst wenn sie scheinbar ähnliche Stellen sind. Wir werden uns vielleicht auch über den Umgangston im Unternehmen unterhalten und – da wir ja sprachlich gut geschult sind – die feinen Unterschiede hören, ob jemand von seinen Mitarbeitern oder seinen Untergebenen spricht. Wir werden uns selbst bei dem einen oder anderen Wort wohler fühlen, wobei jedes Wort etwas über Führungskultur aussagt. Wir werden auch unsere Fragen auf allen Ebenen stellen: Wir werden die fachlichen Fragen haben, weil sie uns liegen und weil wir ja auch wegen unserer fachlichen Kompetenz zu dem Gespräch eingeladen wurden – sonst hätte man ja auch einen Sozialtherapeuten einladen können, der würde vielleicht manches nicht nur anders, sondern sogar besser machen.

Wir werden aber auch die Beziehungsebene betreten. Nicht nur die ersten acht Sekunden lang, sondern die ganze Zeit. Wie fühlen wir uns in dem Büro. Schon vorher: Wie haben wir uns bei der Anreise gefühlt? Natürlich waren wir nervös. Wieso eigentlich? Heute haben wir keinen Vertrag mit dem potenziellen Arbeitgeber, morgen vielleicht auch nicht. Was haben wir also zu verlieren? Nichts! Trotzdem sind wir nervös. Denn vielleicht haben wir ja etwas zu gewinnen: Die attraktive Aufgabe, den Job unseres Lebens, Erfüllung, Ruhm, Ehre, Reichtum, eine sinnvolle Beschäftigung. Das sind alles keine Begriffe mehr, die wir auf der Sachebene finden werden, wir sind hier hoch emotional. Gut, dass wir es wissen und uns Rechenschaft darüber geben: Denn nun werden wir uns selbst besser beobachten können und prüfen können, wie wir uns fühlen. Fühlen wir uns wohl? Fühlen wir uns richtig aufgehoben? Mögen wir das Gebäude, in das wir gegangen sind? Gefällt uns unser Gegenüber? Können wir uns vorstellen, mit diesem Menschen auch einmal eine Dienstreise zusammen zu unternehmen und abends in einem Lokal ein Bier zu trinken? Wie wird dieser Mensch wohl reagieren, wenn etwas gnadenlos in die Hose gegangen ist? Können wir uns vorstellen, mit diesem Menschen zu lachen, oder noch besser – lachen wir auch einmal während des Gesprächs? Haben wir den gleichen Humor? Reden wir auf einmal über

Kunst, Literatur, Musik, Filme, was auch immer? Unsere Hobbys? Haben wir die gleichen Plätze schon besucht und teilen vielleicht gleiche Erinnerungen? Haben wir an der gleichen Universität studiert?

Das sind eigentlich ja völlig unwichtige Informationen für eine zukünftige Aufgabe, doch für uns Menschen sind die nicht unwichtig. So, wie wir uns vielleicht als Rucksacktouristen in den Anden gefreut haben, als uns plötzlich andere Deutsche begegneten und auf einmal ein heimisches Gefühl entstand, so finden wir jemanden, der auch an unserer Hochschule studiert hat immer besser, als wenn er an einer anderen Hochschule seinen Abschluss machte. Einfach, weil es für uns etwas Bekanntes darstellt. Ganz schlimm wird es, wenn Hochschulen sich im Wettbewerb befinden und unser Gegenüber von der anderen Hochschule stammt. Wenn wir einen Komponisten einfach nicht leiden können und unser Gegenüber schwärmt von dem – schlecht für unsere Beziehung oder gut für unsere Toleranz. Wir mögen Expressionismus und unser Gegenüber nicht, schlecht für dieses Themenfeld. Dabei geht es für uns nicht nur darum, ob wir ein Thema inhaltlich gleich bewerten, sondern auch darum, wie: Es mag für uns ja völlig in Ordnung sein, wenn ein fünfzigjähriger Mensch nicht unseren Geschmack und unsere Vorliege für irgendeine moderne Musik teilt. Wenn dieser Mensch dann aber auch noch über die „Chaotenmusik" herzieht oder sich über das „Gestammel" der Rapper lustig macht, wird aus einer auf der Sachebene getroffenen Beurteilung eine emotionale, und wir fühlen uns vielleicht angegriffen.

Das alles werden wir bei einem Vorstellungsgespräch herausbekommen, genauso, wie unser Gegenüber auch sehr viel mehr über uns herausbekommen wird, als wir uns in dem Moment selbst an Rechenschaft ablegen können. Dabei geht es jetzt nicht darum, uns zu verstellen oder nicht – nach wenigen Tagen kämen manche Vorlieben ja doch ans Licht, sondern es geht eher darum so authentisch wie möglich zu sein, denn wir wollen ja als Mensch und nicht als Maschine wahrgenommen werden. Natürlich wollen wir als Mensch eingestellt werden. Natürlich wegen unserer fachlichen Qualifikation, aber auch und vor allem wegen unserer Qualitäten als Mensch. Denn unser Fachwissen ist schon veraltet, wenn wir die Universität verlassen haben, spätestens nach wenigen Jahren. Wir als Mensch sind es aber noch lange nicht. Wir werden aufgrund unseres Lebensalters immer schlechter lernen und haben mit Mitte 20 die absolute Leistungsfähigkeit unseres Lebens, zu lernen, bereits überschritten – aber wir wollen ja nicht, dass es ab jetzt nur noch bergab geht, nein, als Mensch werden wir weiter reifen, bis ins hohe Alter und bis uns die Demenz einen Streich spielt. Davor werden wir aber immer breiter in unseren menschlichen Kompetenzen werden und möchten die ja auch nutzen. Zu unserem Nutzen, zum Nutzen unserer Familie, zum Nutzen unseres Arbeitgebers und – je nach Neigung – zum Nutzen unserer Mitarbeiter oder Untergebenen.

Kleine Zusammenfassung

Das bedeutet aber auch, das soll nun als kleine Zusammenfassung dienen, wir haben in der Tat mehr zu tun, als die Welt zu messen, zu wiegen und zu beschreiben. Viele unserer Tätigkeiten gehen darüber hinaus und sind nicht in der Form einfach mess- und skalierbar, in der wir gerne denken würden. Ob das leider so ist, oder zum Glück, hängt ganz davon ab, wo wir stehen und ob wir Freude an unseren Mitmenschen haben, oder eher nicht. Wenn wir versuchen, Freude an uns, unserer Umgebung und den Menschen allgemein zu bekommen, so kann uns mit hoher Wahrscheinlichkeit keiner mehr vom Erfolg retten – denn wissenschaftlich gut ausgebildet wurden wir nun wirklich an unserer Hochschule. Mit den anderen Kompetenzen, die wir auch schon haben, sind wir wirklich für die Zukunft mehr als gut gerüstet. Wir brauchen nur den Mut, neben der Sach- auch die Beziehungsebene zuzulassen und zu leben, auch wenn es uns anfangs vielleicht schwerfallen wird, denn wir haben ja nicht ohne Grund einen Beruf studiert, der eher auf die Sachebene strebt. Ohne Beziehungsebene werden wir aber auf der Sachebene verloren gehen, weshalb wir trainieren müssen, die Beziehungsebene zuzulassen und ganz normal zu finden. Der Rest kommt dann von ganz allein.

Was uns antreibt

Was würden wir machen, wenn nun die berühmte Fee käme, die lustige Schultüte mit dem rosa Schleier verkehrt herum auf dem Kopf, ihren Zauberstab ein bisschen hin und her wedelte und uns sagte, dass wir nun die ebenfalls üblichen drei Wünsche frei hätten. Klar, etwas kitschig, aber nicht ganz doof. Wir haben und ja nun schon an den Gedanken gewöhnt, dass wir Menschen heillos emotional sind und unsere Entscheidungen eher emotional treffen, um sie dann rational zu begründen und dass wir Menschen diese emotionalen Entscheidungen mit unglaublich viel Aufwand rational begründen. Eines der besten Beispiele dafür ist der Autokauf:

Treiber von Entscheidungen

Untersuchungen haben ergeben, dass Autos bei heterosexuellen Paaren in einer Beziehung in der Regel von Frauen gekauft werden. Wenn dann die Frauen den Auftrag, welches Auto in welcher Farbe zu kaufen sei, ihren Männern hinreichend präzise gegeben haben, dann verwenden diese viele Broschüren und Kennziffern darauf, genau zu bestimmen, welche Newtonmeter nun die hübscheren sind, welche Emissionswerte nun die netteren sind, wieso nun wirklich ein Getränkedosenhalter an der Stelle angebracht werden muss, an der er angebracht gehört, wieso die Armaturenbrettbeleuchtung nun gerade blau oder grün oder rot oder gelb oder orange leuchten muss, um nachts besonders effizient, sicher, sichtbar oder was auch immer zu sein, wieso die Reifen nun Nieder- oder Hochquerschnitt haben müssen, wieso der Wagen nun die gleiche Farbe braucht wie alle anderen (damit es gute Ersatzteile vom Schrottplatz geben wird) oder gerade nicht (damit wir ihn leichter wieder finden), wieso was auch immer sonst noch nötig sein mag, sonst auch noch nötig ist. Weil es die wenigsten aushalten, einfach zu sagen „weil ich den Wagen mag". Denn so eine rein emotionale Antwort, nee, das kann es ja nicht sein. Ist es aber lustiger Weise. Ausnahmen von der Regel stellen dann höchsten die völlig unsinnigen sauteuren Autos dar, bei denen dann 1001 PS auf die Straße kommen, oder die, die reine Spaßfahrzeuge sind ohne jeden darüber hinausgehenden Nutzwert.

Diese Form der emotionalen Antwort ist aber ganz normal und kann tatsächlich so auch zu großen Entscheidungen führen. Denken wir nur an die Geschichte. Der Geschichte nach gab es Kriege um Frauen – Troja

2 Das Rüstzeug oder: Die Kompetenzen, die ich habe – und ...

versank in Schutt und Asche – wegen einer Frau. Caesar zog nach Ägypten – wegen einer Frau. Holofernes wurde geköpft – wegen einer und durch eine Frau. Kriege wurden wegen Emotionen geführt, man möchte fast sagen wegen hormoneller Entgleisungen, meist aber nicht wegen abstrakt für objektiv richtig gehaltener Wahrheiten, sei es der fehlende Lebensraum, den man anderen „Untermenschen" streitig macht, sei es zum Schutz der Freiheit, der Verteidigung des Abendlandes, oder welche intellektuelle Ausrede man immer verwenden möchte.

Daraus können wir eine Menge über uns selbst lernen, aber auch uns und unseren Entscheidungen gegenüber kritischer gegenüberstehen. Dabei hatten alle diese Kulturen durchaus gemeinsam, dass sie hochgebildet waren, aber anderen Werten unterlagen, als wir es heute sind. Für Römer war es ganz normal, im Falle einer als individuell aussichtslos erfunden Situation Selbstmord zu begehen, der rituelle Selbstmord gehörte durchaus zum guten Ton, man lud dazu auch gerne mal Freunde und Verwandte ein, um sich stilvoll zu verabschieden. Die persönliche Freiheit war vielleicht nur temporär, es war durchaus möglich, im Wechselbad von kriegerischen Erfolgen ein Sklave zu werden, Sklaven konnten freigelassen werden, die Gesellschaft funktionierte ganz anders. Das ist nicht sehr lange her, bei einer Generationenfolge von 25 Jahren sind zweitausend Jahre gerade mal fünfzig Generationen. Eine solche Generationenfolge schaffen Eintagsfliegen locker in einer Saison. Sklaverei ist heute noch ein Phänomen, die Debatte um den Freitod zeigt, dass gerade gesellschaftliche Normen eine Veränderung suchen.

Wir Menschen haben zum Glück neben unserem Sexualtrieb, der in der Geschichte ja durchaus immer wieder ein dominierender Entscheidungsfinder war, auch weitere Kriterien, die uns entscheiden lassen, was wir abstrakt als richtig oder falsch erkennen. Sonst wäre das ja alles ein wenig zu einfach, wobei wir nicht verkennen sollten, dass unser Sexualtrieb da ist und unsere Entscheidungen auch beeinflusst. Das gilt für Mann und Frau gleichermaßen. Dabei machen Werte, die uns zusätzlich prägen und entscheiden lassen, durchaus viel von unserem Wesen aus. Auch Werte sind keine objektivierbaren Begriffe, denn auch Werte unterliegen einem Wandel, nicht nur in der Zeit, sondern auch durchaus in den Regionen dieser Welt.

Grundsätze

Nehmen wir einfach mal unseren deutschsprachigen Raum in Europa: Deutschland, Österreich, die Schweiz, die so genannten DACH-Länder (Deutschland, Austria und Confoederatio Helvetica,): Alle diese Länder bauen ihre doch sehr unterschiedlichen Verfassungen und Gesellschaften selbstverständlich auf der schon als Begriff geprägten abendländischen Kultur auf, die christlich geprägt ist. Wir leben in der Bundesrepublik Deutschland auch in einer Gesellschaft, die von einem Glauben an Gott gekennzeichnet ist. Dieser Bezug ist so stark, dass wir uns in unserem Grundgesetz in der Präambel einen Bezug auf Gott gegeben haben. Dort heißt es:[18]

> Im Bewußtsein seiner Verantwortung vor Gott und den Menschen, von dem Willen beseelt, als gleichberechtigtes Glied in einem vereinten Europa dem Frieden der Welt zu dienen, hat sich das Deutsche Volk kraft seiner verfassungsgebenden Gewalt dieses Grundgesetz gegeben.
> Die Deutschen in den Ländern Baden-Württemberg, Bayern, Berlin, Brandenburg, Bremen, Hamburg, Hessen, Mecklenburg-Vorpommern, Niedersachsen, Nordrhein-Westfalen, Rheinland-Pfalz, Saarland, Sachsen, Sachsen-Anhalt, Schleswig-Holstein und Thüringen haben in freier Selbstbestimmung die Einheit und Freiheit Deutschlands vollendet. Damit gilt dieses Grundgesetz für das gesamte Deutsche Volk.

Zwar ist dieser Gottesbezug immer wieder Teil heftiger Debatten, wie weit er in der Verfassung Bestand haben darf, wenn doch nicht alle Bürger an Gott glauben. Die gleiche Frage könnte man auch stellen, wenn man eine amerikanische Dollarnote in der Hand hält, auf der zu lesen ist „in god we trust". Auch die Vereinigten Staaten von Amerika haben eine Menge Atheisten in der Bevölkerung. Deshalb käme aber noch lange keiner auf die Idee, die Banknoten zu wechseln oder das Rechtssystem in Frage zu stellen. Unabhängig von der Debatte kann und muss festgehalten werden, dass dieser sogar christliche Glaubenshintergrund für uns ganz selbstverständlich unser tägliches Leben prägt.

---

[18] Zum Beispiel unter https://www.bundestag.de/parlament/aufgaben/rechtsgrundlagen/grundgesetz/gg_00-245200.

Annahmen

Wir gehen in der Mehrheit selbstverständlich davon aus, dass wir nur ein Leben haben. YOLO halt. Danach kommt in den meisten christlichen Religionen etwas, was wir als Phase der Läuterung beschreiben, gefolgt von einer hoffentlich himmlischen Phase. Damit grenzen wir uns zum Beispiel von den Hindus gewaltig ab, die ganz andere Vorstellungen von unserem irdischen Dasein haben und am Ende vieler Leben dann endlich ins Nirwana eingehen dürfen. Diese christliche Tradition hat – egal, ob wir nun selbst gläubige Christen sind, ob Orthodoxe, Katholiken oder Protestanten und wenn Protestanten, zu welcher der verschiedenen Landeskirchen wir uns zählen – weitergehende Auswirkungen auf unseren Umgang mit einander, als wir uns allgemein verdeutlichen: Es gibt Dinge, „die macht man nicht", die wir in der Regel noch von den zehn Geboten ableiten können. Dazu gehören Dinge wie Morden, Plündern, Vergewaltigen. Aber auch unser Arbeitstempo ist tatsächlich biblisch beschrieben, wie uns ein Blick in die Bibel, in das Buch Exodus,[19] im Alten Testament, lehrt:

> Ich bin Jahwe, dein Gott, der dich aus Ägypten geführt hat, aus dem Sklavenhaus.
> Du sollst neben mir keine anderen Götter haben.
> Du sollst dir kein Gottesbild machen und keine Darstellung von irgendetwas am Himmel droben, auf der Erde unten oder im Wasser unter der Erde.
> Du sollst dich nicht vor anderen Göttern niederwerfen und dich nicht verpflichten, ihnen zu dienen. Denn ich, der Herr, dein Gott, bin ein eifersüchtiger Gott: Bei denen, die mir Feind sind, verfolge ich die Schuld der Väter an den Söhnen, an der dritten und vierten Generation;
> bei denen, die mich lieben und auf meine Gebote achten, erweise ich Tausenden meine Huld.

---

[19] Es gibt sehr viele verschiedene Übersetzungen der zehn Gebote, die sich in der Bibel im alten Testament, im zweiten Buch Mose, Exodus 20, 2–17 und im fünften Buch Mose, Deuteronomium 5, 6–21 befinden. Die Übersetzungen sind über die Zeit unterschiedlich erfolgt und unterliegen durchaus auch einem Zeitgeist. Es kann interessant sein, sich mit den Übersetzungen in Abhängigkeit von der Zeit zu beschäftigen.

Du sollst den Namen des Herrn, deines Gottes, nicht missbrauchen; denn der Herr lässt den nicht ungestraft, der seinen Namen missbraucht.
Gedenke des Sabbats: Halte ihn heilig!
Sechs Tage darfst du schaffen und jede Arbeit tun.
Der siebte Tag ist ein Ruhetag, dem Herrn, deinem Gott, geweiht. An ihm darfst du keine Arbeit tun: du, dein Sohn und deine Tochter, dein Sklave und deine Sklavin, dein Vieh und der Fremde, der in deinen Stadtbereichen Wohnrecht hat.
Denn in sechs Tagen hat der Herr Himmel, Erde und Meer gemacht und alles, was dazugehört; am siebten Tag ruhte er. Darum hat der Herr den Sabbattag gesegnet und ihn für heilig erklärt.
Ehre deinen Vater und deine Mutter, damit du lange lebst in dem Land, das der Herr, dein Gott, dir gibt.
Du sollst nicht morden.
Du sollst nicht die Ehe brechen.
Du sollst nicht stehlen.
Du sollst nicht falsch gegen deinen Nächsten aussagen.
Du sollst nicht nach dem Haus deines Nächsten verlangen. Du sollst nicht nach der Frau deines Nächsten verlangen, nach seinem Sklaven oder seiner Sklavin, seinem Rind oder seinem Esel oder nach irgendetwas, das deinem Nächsten gehört.

Es ist doch bemerkenswert, wie eine Bibelstelle (hier in der Einheitsübersetzung) das Miteinander von Menschen nachhaltig beeinflusst: Unsere Woche mit den sieben Tagen, von denen wir sechs arbeiten sollen, aber einen ruhen, ist nicht das Ergebnis arbeitsmedizinischer Untersuchungen, sondern leitet sich letztlich von der Bibel ab. Sonst wäre es ja auch denkbar, dass wir uns eine Woche mit acht Tagen gönnten, oder aber eine mit nur sechs. Wir haben im Gegensatz zu den Juden den Sonntag als den Tag, an dem wir ruhen, dabei ist der Sonntag der erste Tag der Woche, nicht der letzte, auch wenn uns Kalender heute etwas anderes erzählen wollen. Wenn wir die Wochentage zählen, ist dann auch der Mittwoch wieder die Mitte der Woche, sonst nicht.

Auch andere uns eher nicht zu diskutierende Tatsachen stammen aus den noch immer christlichen Wurzeln. So leben wir normaler Weise nur mit einem Sexualpartner zusammen und nicht im Rudel, Gruppensex ist uns doch eher noch fremd. Diebstahl lehnen die meisten Mitbürger von uns auch ab. Man könnte ja durchaus auch die Frage stellen, was denn nun bitte an Ehebruch so schlimm sei. Oder daran, sich das Eigentum anderer anzueignen, denn wir sind schließlich jung und brauchen das Geld. Andere Kulturen haben auch tatsächlich andere Maßstäbe. Sind sie deshalb besser oder schlechter?

Regeln

Die zehn Gebote enthalten Aussagen über andere Götter, an anderer Stelle schreibt ja die Bibel vom Tanz um das goldene Kalb, geißelt die Aufgabe von Werten und beschreibt, wie das Volk, das die eigenen Werte aufgegeben hat, um Götzen zu dienen, dem Untergang geweiht ist. Neben den religiösen Ansprüchen werden eben auch Neid, Missgunst, Habgier, Mord, Ehebruch, Falschaussage, üble Nachrede und andere menschliche Untugenden angeprangert und nicht zu Nachahmung empfohlen. Das mögen wir völlig normal finden, wir finden es aber auch deshalb normal, weil es Teil unseres Wertesystems ist und wir uns in unserem Wertesystem ganz normal und selbstverständlich bewegen.

Es gibt aber durchaus Kulturen, in denen mancher Mord einfach als notwendig angesehen wird, um die eigene Ehre zu bewahren, was immer Ehre sein oder kennzeichnen mag. In diesen Kulturen ist die Tötung dann kein Mord, denn es fehlen die niederen Beweggründe. Die Ehre herzustellen ist kein niederer Beweggrund. Es gibt auch Kulturen, in denen noch heute die Ehefrau beim Tod des Mannes mit ihm verbrannt wird. Wenn die Verwandtschaft sie lieb hat, tötet sie sie vor der Verbrennung. Es gibt Kulturen, die es für nicht ehrenrührig oder falsch halten, jemand anderen nach allen Regeln unserer Kunst zu betrügen, solang er beispielsweise einer anderen Religion angehört, und keinerlei Unrechtsbewusstsein dabeihaben, wenn sie dabei nur zu ihrem Nutzen handeln. Umgekehrt gibt es auch Kulturen, die unsere Form des Zusammenlebens in wilder Ehe, also einer Beziehung in nicht rechtlicher Legitimation, nicht ertragen, weil es so freizügig ist. Kulturen, die die Art und Weise, wie wir kochen, nicht nachvollziehbar finden und sich vor unseren Speisen ekeln.

Auch haben sich unsere Werte in der Vergangenheit verändert, denken wir nur an die Frage der Sexualität: Es gab einmal eine Zeit, da waren Mätressen ganz normale Begleiterscheinungen des wirtschaftlichen Erfolgs oder einer gesellschaftlichen Stellung – wer keine hatte, war nicht erfolgreich. Man(n) schmückte sich damit, brüstete sich und auch aus der Perspektive der Damen war es ein Zeichen der Attraktivität, wenn Männer um einen buhlten. Da war schon lange die Zeit der schmachtenden und eher aus der Ferne rufenden und unerfüllten Wünsche der Minne verklungen und die wieder strengeren Zeiten der viktorianischen Zeit noch nicht gekommen. War früher die Keuschheit bis zum Stand der Ehe wenn nicht Standard, dann doch zumindest gesellschaftlicher Konsens für gutes Verhalten, so leben wir heute in einer Zeit sexuellen Dauerdrucks und haben eine Freizügigkeit erreicht, die durch Medikamente noch zusätzlich gestützt wird, während gleichzeitig Mediziner operativ die Jungfräulichkeit wieder herstellen können. Sexuelle Aktivität ist ein Dauerthema in den Medien, die Befriedigung des Sexualtriebs damit ein vermeintlicher wesentlicher Treiber unserer Aktivitäten. Witziger Weise hat es dabei kaum eine Zeit in der Geschichte der Menschheit gegeben, in der der Einzelne weniger Sex hatte als heute, wenn man soziologischen Studien glauben darf.

Daneben ist Geld ganz abstrakt ebenfalls ein wesentliches Thema, ein Wert an sich. War Geld früher in unserer Kultur noch verpönt als Thema (man hat es, oder man hat es nicht – in jedem Fall spricht man nicht darüber, zeigt den eigenen Wohlstand aber mehr oder weniger dezent), ist es aktuell ebenfalls als Wert ganz oben angekommen. Ob es sich um Boni von Bankern handelt (pfui), über Gagen von Fußballspielern oder Formel 1 Fahrern (hui), Tantiemen von Vorständen (pfui) oder variablen Gehaltsbestandteilen aller Mitarbeiter (hui), wir alle haben gute Vorstellungen, was wir machen könnten, wenn wir doch nun viele Millionen auf unserem Konto hätten, und wir haben auch immer wieder gute Gründe, warum wir mehr Geld verdienen sollten, als zum Beispiel unser Nachbar oder unser Kommilitone. Manchmal nimmt es schon groteske Züge an, was Menschen alles machen, um reich zu werden und sich über Geld zu definieren.

Unerwünschte Nebenwirkungen

Aber auch Werte, die vielleicht weniger offensichtlich zur Polarisierung geeignet sind, können uns in Dilemmata stürzen: Nehmen wir an, wir haben als obersten Wert für uns, dass wir gerne Arbeitsplätze schaffen wollen. Oder, noch besser, dass wir Arbeitsplätze erhalten wollen. Wie weit sind wir dann bereit, dafür zu gehen? Werden wir Menschen unter Tarif beschäftigen, nur damit Arbeit erhalten bleibt und Produktion nicht abwandert? Wir hatten einmal in Deutschland eine florierende Lederindustrie, noch heute gibt es in Offenbach ein Ledermuseum, eine echte Lederwarenproduktion findet kaum noch statt, der Kürschner als Beruf ist fast ausgestorben, denn ein handgefertigtes Portemonnaie aus Deutschland kostet einfach seien Preis und wird kaum unter hundert Euro zu erhalten sein. Wir haben uns alle daran gewöhnt, für ein Portemonnaie nicht mehr als 5 Euro auf dem Flohmarkt zu bezahlen oder bestenfalls so um die dreißig Euro im Geschäft. Dabei nehmen wir selbstverständlich in Kauf, dass ein solches Portemonnaie nicht mehr in Deutschland hergestellt werden kann und die Arbeitsplätze, die wir eben noch gerne erhalten hätten, nicht mehr rettbar sind – unsere Werte sind also offensichtlich im Konflikt mit anderen Vorstellungen.

Nehmen wir an, wir finden Kinderarbeit so abstoßend, dass wir sie nicht unterstützen wollen. Uns stört der Gedanke, dass wir ein Produkt erwerben, das von Kindern in mühsamer Arbeit unter schlechten Bedingungen hergestellt wurde, die von anderen Menschen dabei nach unseren Wertvorstellungen ausgebeutet wurden. Nehmen wir auch an, wir sind mit diesem Ansatz erfolgreich und nicht nur wir, keiner kauft mehr Produkte, die die Kinder hergestellt haben. Was wird dann geschehen? In der Folge werden die Kinder keine Verdienstmöglichkeiten mehr haben, denn die Produkte, die sie herstellen, wird ja keiner mehr kaufen. Als logische Konsequenz werden diese Kinder keinen Lebensunterhalt mehr haben und sich anders ernähren müssen. Damit wird es wahrscheinlich, dass sie sich andere Erwerbsquellen erschließen müssen. Die letzte Form von Einkünften kann dann sein, dass sie sich prostituieren müssen. Unser von unseren Werten getriebenes Verhalten führt damit nicht zu einer Lösung des Problems, sondern kann es tendenziell verschlimmern. Ein Dilemma, das für wertorientierte Menschen durchaus normal ist. Es trat erstmals richtig festgestellt auf, als die Robbenjägerei geächtet wurde. Da reiche Menschen kein Robbenfell mehr als Mantel tragen wollten, wurden die Inuit, ein Volk der Eskimo, ihrer natürlichen Erwerbsgrundlage beraubt mit schweren Auswirkungen auf die Population, die tatsächlich teilweise verhungerte, weil keiner mehr die von ihnen erbeuteten Felle kaufen wollte. Der Zusammenbruch eines Marktes aufgrund von geänderten Wertvorstellungen kann entsprechend Folgen haben, die auch unerwünscht sind. Entsprechend lohnt es sich, vor großen Eingriffen oder Veränderungen, nachzudenken und die Folgen zu bedenken. Auch das ist nichts Neues, die spätmittelalterliche Exempelsammlung Gesta Romanorum wusste schon „quidquid agis, prudenter agas et respice finem"[20] oder auf Deutsch: „Was auch immer du tust, tue es klug und bedenke das Ende". Das möchte man Entscheidern öfters zurufen, wenn sie nicht genug denken, aber entschieden handeln und sehenden Auges Schaden herbeiführen.

Motive

Werte können, wie wir gesehen haben, ganz unterschiedlich sein, auch die Motive, die uns antreiben. Ob wir eine Weltreise machen möchten, gerne einen kleinen Monet daheim an die Wand hängen möchten, ob wir gerne Trüffel und Kaviar essen oder lieber Champagner trinken, ob uns unsere Kinder umtreiben oder aber der Fußballverein, wir haben unterschiedliche Gründe zu leben und zu arbeiten. Manche von uns möchten gerne Karriere machen, andere machen sie eher zufällig. Manche von uns möchten gerne führen, andere werden lieber angeleitet. Ob wir möchten, dass die Nachwelt einst über uns spricht, ob wir Arbeitsplätze schaffen möchten, ob wie die ultimative Entdeckung vorhaben oder ob eine Straße nach uns benannt werden soll, auch unser Ehrgeiz wird auf unseren persönlichen Werten beruhen. Ob wir Kinder haben möchten, oder lieber

---

[20] Übersetzt bedeutet es: „Was auch immer du tust, tue es klug und bedenke das Ende", also die Konsequenzen des Handelns. Mehr unter https://ars-philosophandi.de/quidquid-agis/.

nicht, ob wir ein Leben lang mit einem Partner leben möchten oder lieber doch mit weniger Verbindlichkeit zusammenleben möchten, ist ebenfalls Ausdruck unserer Werte. Unsere Werte sind Teil unserer Erziehung und damit nicht wirklich disponibel – sie können sich im Laufe eines Lebens moderat verändern, die Grundlagen dessen, was wir richtig oder falsch finden, werden schon früh in unserem Leben gelegt, durch unser Elternhaus und durch die, die uns betreuen, in Kindergarten, Schule und Hochschule. Diese Werte werden uns auch ein Leben lang begleiten, uns und unsere Nachkommen prägen. Sie werden uns Verhalten im Beruf prägen, unsere Neigungen mit definieren. Das sollten wir uns durchaus immer wieder vor Augen führen, denn wir können machen, was wir wollen, wie das Sprichwort sagt, wir kommen nicht aus unserer Haut heraus. Und meistens wollen wir das ja auch gar nicht.

Deshalb ist es für uns wichtig, uns mit uns selbst und unseren Motivatoren zu beschäftigen. Wir sollten schon wissen, was uns umtreibt, was wir erreichen wollen und wann wir uns am wohlsten fühlen. Solche Rechenschaft lohnt sich, immer mal wieder vor sich abzulegen, sei es, auf einem Spaziergang im Wald, sei es am Schreibtisch, auf ein Blatt Papier zeichnend. Nur wenn wir uns kennen, wissen, was uns bewegt, wissen, was wir gut und richtig finden und was wir für falsch halten, werden wir eine Position finden, die unser Leben lang hält. Ganz gemäß dem netten Spontispruch:

„Wer nach überall offen ist,
der ist nicht ganz dicht."

Wir aber wollen ganz dicht sein und aufgrund unserer Ausbildung Verantwortung in dieser Gesellschaft übernehmen – was auch immer unsere Gründe dafür sind. Nicht jeder Mensch ist für jeden Grund gleich zugänglich, was ja auch ganz gut ist, denn aus der Vielfalt schöpfen wir ja. Wir sollten aber unsere ganz persönlichen Gründe kennen, wir sollten uns aber auch die Mühe machen, nicht nur zu verstehen, welche Wirkung unsere Werte auf unser Handeln haben (und auf die Grenzen dessen, was wir machen), sondern auch Dinge weiterzudenken als bis zur ersten Lösung. Die Zeit sollten wir uns nehmen.

Sie müssen die Sprache der Wirtschaft erlernen

Die vermeintlich schlechte Nachricht zuerst: wenn Sie sich nach Ihrem Studium für einen Karrierepfad in der Industrie entscheiden, werden Sie sich wohl zwangsläufig wirtschaftliche Kenntnisse zulegen dürfen. Umgekehrt werden Sie sich als ausgebildete Kaufleute Kenntnisse anderer Disziplinen erarbeiten müssen, um Ihren Arbeitgeber und Ihre Kollegen zu verstehen. Dabei spielt es keine Rolle, ob Ihr Berufsweg Sie zu einem global tätigen Großkonzern, einem Startup oder einem mittelständischen Unternehmen führt. Häufig werden Sie in den ersten Jahren zunächst sogar noch auf Stellen oder an Projekten arbeiten, die Ihrer bisherigen Tätigkeit an der Universität vielleicht gar nicht so unähnlich sind, dort Gelerntes in die Praxis übertragen. Hier helfen Ihnen Ihre im Studium erworbenen Kenntnisse und Fähigkeiten. Durch deren Nutzung stellen Sie sicher, dass Sie sich auf einem für Sie gewohntem Terrain bewegen und sich Ihr Eintritt und Übergang ins Berufsleben einfacher gestaltet. Auch aus Sicht des Arbeitgebers ist diese Konstellation gewinnbringend, da er nicht erst noch viel Zeit in Ihre zusätzliche Ausbildung und Einführung investieren muss – und sich mit Ihnen zudem das aktuell verfügbare Fachwissen von den Universitäten in sein Unternehmen holt.

Nach einer gewissen Zeit im Unternehmen, in der Regel meist so etwa nach zwei bis drei Jahren, werden sie dann ein neues Aufgabenfeld übernehmen, nicht selten verbunden mit einer Zunahme an Führungsverantwortung. Sie werden sich dann zunehmend mit Leadership und Management beschäftigen. Sie werden weniger selbst die chemischen Reaktionen durchführen, die technischen Zeichnungen anfertigen oder die Vertragstexte aufsetzen, sondern zunehmend Mitarbeiter anleiten, diese Aufgaben zu tun. Das sollte Sie jetzt nicht überraschen und schon gar nicht abschrecken. Diese Entwicklung ist vollkommen normal – und bei weitem nicht unattraktiv, nicht zuletzt da auch die monetäre Attraktivität Ihrer Tätigkeit entsprechend zunehmen wird. Und auch wenn die Übernahme von Führungsverantwortung neusten Studien zufolge als Karriereweg immer weniger attraktiv wird, können Sie ja immer noch selber entscheiden: möchten Sie durch Führungsverantwortung aktiv gestalten?

Wenn ja, dann nehmen Sie auch die temporären Unannehmlichkeiten längerer Arbeitstage in Kauf.

Die für Sie wesentliche Herausforderung bei dieser Entwicklung ist vor allem, dass sich die Inhalte Ihrer Arbeit und auch Kommunikationsmuster entsprechend ändern werden. Wo Sie sich als Berufseinsteiger schwerpunktmäßig (aber auch hier schon nicht ausschließlich!) mit häufig fachlichen Details des von Ihnen zuvor belegten Studienfachs beschäftigen, werden Sie mit der Zeit immer stärker mit wirtschaftlichen Fragestellungen konfrontiert werden. So will Ihr Abteilungsleiter aus der Forschung beispielsweise irgendwann wissen, welchen Ergebnisbeitrag ein von Ihnen betreutes Projekt hat, oder der Konstruktionsleiter möchte mit Ihnen darüber diskutieren, wie hoch die Kosteneinsparung bei Verwendung der von Ihnen vorgeschlagenen Lösung ausfallen wird.

Geld verdienen

Ergebnisbeitrag?? Diese und andere Fragestellungen sind für Sie im ersten Moment vielleicht zunächst noch neu und ungewohnt, vielleicht verwirrend – für das Unternehmen, bei dem Sie dann beschäftigt sein werden gehören diese Fragen aber zum Alltag und sind von entscheidender Bedeutung. Das wird daraus deutlich, dass ein Unternehmen sicherstellen muss, dass am Ende des Jahres gemäß der Gleichung

$$\text{Gewinn} = \text{Einnahmen} - \text{Ausgaben}$$

die Einnahmen mindestens ebenso hoch wie die Kosten waren, das Unternehmen also seine Kosten bedienen kann. Idealerweise sind die Einnahmen sogar größer als die Kosten, das Unternehmen erwirtschaftet Gewinn. Ist dies nicht der Fall, wird das Unternehmen auf lange Sicht hin seine Gläubiger nicht bedienen können und muss Insolvenz anmelden. Ein Unternehmen kann eben auch nur das Geld ausgeben, das es verdient. Das ist wie bei uns: Wer mehr ausgibt, als er einnimmt, wird über kurz oder lang Probleme bekommen. Wer solide haushalten kann, wird Ersparnisse haben, die größere Anschaffungen erst möglich machen.

Klingt einfach. Ist es im Prinzip auch. Was Ihnen an dieser Stelle vielleicht nicht so klar ist: warum wird es *Sie* einmal betreffen? Ist es nicht ausreichend, wenn sich ein paar BWL-Experten in der Finanzabteilung des Unternehmens sich mit diesen Fragestellungen auseinandersetzen und sich darüber den Kopf zerbrechen?

Ist es leider nicht. Aus Ihrer heutigen Perspektive mag das Thema Wirtschaft vielleicht mit dem Studienfach BWL abgedeckt sein. Aber Wirtschaft ist vielfältiger und breiter als Sie es im Moment noch für möglich halten – und viel zu wichtig, um es „nur den BWLern" zu überlassen. Warum?

Vereinfacht können Sie es sich vorstellen wie die Bedeutung von Sauerstoff für uns Menschen: nur wenn wir ausreichend Sauerstoff („Gewinn") haben, können wir atmen und damit unser Überleben sichern („nicht insolvent werden"). Bei uns Menschen sorgt nun ein hochkomplexes Steuerungssystem aus biochemischen und biophysikalischen Prozessen (unter anderem) für die permanente Überwachung des Körperzustandes – und dafür, dass wir bei Sauerstoffmangel rechtzeitig und adäquat reagieren („atmen"). In einem Unternehmen gibt es entsprechend dieser Analogie ebenfalls sehr komplexe Steuerungs-, Überwachungs- und Planungssysteme, die jedoch nicht auf Knopfdruck autark funktionieren, sondern einer permanenten Kontrolle durch Menschen bedürfen. Daher gibt es in einem Unternehmen Stellen die sich um finanzielle Soll-Ist-Vergleiche kümmert (z. B. Controlling) und durch entsprechende (Re-)Allokation von Ressourcen zu einer Optimierung desselben führt (z. B. Forschungs- & Entwicklungs-Management).

Auf allen Ebenen eines Unternehmens muss in diesem Zusammenhang stets sichergestellt sein, dass man eine einheitliche und genaue Vorstellung von den Finanzen hat, um nicht von unliebsamen Entwicklungen überrascht zu werden („Sauerstoffmangel"). Dies hilft einem Unternehmen dabei, den Erfolg oder Misserfolg seiner Aktivitäten zu messen und auch in einer der Außenwelt vertrauten und verständlichen Art und Weise nach außen hin zu kommunizieren. Aber sie sind auch ein wichtiges Element für ein Unternehmen, um zu bestimmen, ob man „an den richtigen Themen" arbeitet. Wie identifiziert man diese? Die richtigen Themen sind solche, bei denen ein Unternehmen ein besseres Ergebnis (heißt nach der klassischen Wirtschaftslehre: mehr Gewinn) erzielt als bei alternativ verfolgten Themen. Diese Themen können sowohl bestehende Produkte oder Dienstleistungen sein, aber auch Forschungsprojekte, die sich mit noch nicht am Markt befindlichen Produkten beschäftigen. Es können aber auch unterschiedliche Herstellprozesse für die Produkte eines Unternehmens sein.

In jedem Fall möchte ein Unternehmen, welches wirtschaftlich agiert, vermeiden, dass es an Themen arbeitet, bei denen Unsummen an Finanzmitteln investiert werden (sprich: Geld in Projekte hineinsteckt) und bei denen man dann am Ende des Tages nichts mehr hinaus bekommt (sprich: keinen zusätzlichen Umsatz generiert). Das wäre ungefähr so, als wenn ein Student Jahr für Jahr Studiengebühren zahlen würde, um die Berechtigung zum Studium an Ihrer Hochschule zu erhalten – und dann am Ende des Semesters ohne bestandene Prüfungen dasteht. In diesem Falle hätte der Student investiert, ohne ein entsprechendes Ergebnis zu erhalten. Und wenn Sie dann sehen, dass Ihre Kommilitonen mit mehr Credit Points nach Hause gehen (bei gleichem Kapitaleinsatz, da Sie ja die gleichen Studiengebühren, die gleiche Semestergebühr usw. bezahlt haben): dann haben Sie offenbar weniger gut gewirtschaftet und haben einen Wettbewerbsnachteil gegenüber Ihren Kommilitonen.

Kennzahlen und ihre Bedeutung

Aber zurück zu unserem Unternehmen und der Frage nach der Identifizierung der „richtigen Themen". Es bedarf wohl keiner ausführlichen Erklärung, dass ein Unternehmen in der Wirtschaft viel komplexer ist als ein klar und eindeutig strukturiertes Studium. Und entsprechend braucht man eine wohlgeordnete Struktur, die sicherstellt, dass man die korrekten Themen nicht verfehlt. Hier braucht man natürlich zum einen die Finanzexperten, die z. B. im Laufe eines BWL-Studiums alles gelernt haben über Kennzahlen wie EBIT (Earnings Before Interest and Taxes), ROI (Return On Investment), ROCE (Return On Capital Employed), usw. Aber nur nackte Zahlen helfen einem Unternehmen nicht beim Überleben. Denn wenn man eines Tages feststellt, dass die Kennzahlen sich in die falsche Richtung bewegen (man also Verluste statt Gewinne macht, die Kosten also größer werden als der Umsatz) dann hilft nicht nur diese

Beobachtung, sondern man muss auf der anderen Seite auch inhaltliche Themen identifizieren, welche es zu adressieren gilt, um die Entwicklung der Zahlen wieder in eine andere Richtung zu bringen. Man braucht also auch die fachlichen Experten, die beurteilen können, wie realistisch die technische Umsetzbarkeit eines Projektes im Rahmen der veranschlagten Laufzeit ist oder auf welchem Niveau sich ein wettbewerbsfähiger Preis für das Produkt etablieren könnte. Und an dieser Stelle ist ein Unternehmen auch auf Ihre Expertise angewiesen, die Sie im Laufe Ihres Studiums erworben haben – und die Sie nunmehr in einem privatwirtschaftlich organisierten Umfeld zum Einsatz bringen.

Daher seien Sie nicht überrascht, wenn Ihre Vorgesetzte Sie irgendwann einmal nach dem „Ergebnisbeitrag eines Projektes" fragt. Und mehr noch: bereiten Sie sich auch darauf vor, im Laufe Ihrer Karriere diese Frage einmal *Ihren* Mitarbeitern zu stellen ...

Wir kommen im Folgenden noch einmal auf diese Betrachtung zurück. An dieser Stelle ist es für uns nur wichtig, dass wir uns die Bedeutung der finanzwirtschaftlichen Sichtweise eines Unternehmens klar vor Augen geführt haben. Noch einmal: das hat nichts mit einer nackten und inhaltsfreien Zahlensichtweise des Unternehmens zu tun. Es ist vielmehr ein überlebensnotwendiger Kontrollmechanismus für das Unternehmen, der auch für Sie wichtig ist, da das Unternehmen Sie ja auf gewisse Weise „ernähren" soll (Sie ja jeden Monat Ihr Gehalt haben möchten). Und wenn das Unternehmen immer ausreichend Sauerstoff zum Atmen hat, dann kann es auch Sie versorgen. Wenn der Sauerstoff ausbleibt, dann kann es auch Ihnen irgendwann einmal bildlich gesprochen „die Luft abschnüren" und Ihr Arbeitsplatz steht auf dem Spiel (keine Panik falls das einmal passiert – wir werden am Ende des Buches noch einmal auf diese Fragestellungen zurückkommen). Für Sie bedeutet das im Rahmen Ihrer Beschäftigung beim Unternehmen – wie eingangs erwähnt – dass Sie die Sprache der Wirtschaft irgendwann im Laufe Ihrer Karriere sprechen lernen dürfen. Und das besser früher als später.

Die Herausforderung wird hierbei zunächst die scheinbar hohe Komplexität der Wirtschaftsmaterie sein. So mag die Zahlenwelt dem Außenstehenden zunächst als undurchschaubar, unübersichtlich und verwirrend vorkommen. Und in der Tat ist es leider häufig so, dass es keine global einheitliche Definition von bestimmten Größen gibt (wie z. B. dem

EBIT – „Earnings Before Interest and Taxes", also dem Gewinn vor Steuern und Zinsen) und man sich im Einzelfall genau anschauen muss, wie diese Größen im Spezialfall definiert sind. Umso wichtiger ist es daher, sich nicht im Dschungel der Kennzahlen zu verlieren – sondern erst einmal den Überblick zu gewinnen.

Bevor Sie sich jedoch jetzt gleich in ein BWL-Studium einschreiben oder Kurse bei der VHS oder IHK dazu belegen, lassen Sie uns erst einmal einen Blick auf Ihre bereits vorhandenen Fähigkeiten in diesem Gebiet werfen. Interessanterweise haben Sie nämlich schon einen viel tieferen Einblick in wirtschaftliche Themen als Ihnen vielleicht momentan selbst bewusst ist.

Die Basis ist bereits vorhanden

Betrachten Sie einmal Ihre ganz individuelle wirtschaftliche Situation. Haben Sie Ihr Studium beispielsweise ohne Schulden gemanagt und abgeschlossen? Wenn ja: Herzlichen Glückwunsch – dann werden Sie auch in der Lage sein, ein Unternehmen zu führen!

Auf den ersten Blick mag Ihnen diese These vielleicht etwas provokant, übertrieben und vermutlich nicht unmittelbar nachvollziehbar sein. Immerhin gibt es wie weiter oben schon angerissen signifikante Unterschiede zwischen einem Studentenleben und einem global tätigen Multi-Milliarden-Euro-Konzern: Menge des umgesetzten Geldes, Anzahl der involvierten Personen, Breite der regionalen Abdeckung, usw. Erst auf den zweiten Blick und mit einer veränderten Perspektive werden die Gemeinsamkeiten sichtbar, und diese sind trotz all der Unterschiede im Kern die wesentlichen Dimensionen der Vergleichbarkeit beider Systeme. Die Gemeinsamkeiten zeigen sich am deutlichsten entlang von drei unterschiedlichen Achsen: Umsatz, Kosten und Organisation.

Umsatz
Sowohl ein Unternehmen als auch Sie als Student haben ein gewisses Maß an finanziellen Einnahmen, den wir wie für Unternehmen in der Wirtschaft üblich als Umsatz bezeichnen wollen. Die Herkunft der Einnahmen bezeichnet man als Umsatzquellen. Für ein Unternehmen sind

dies Einnahmen aus dem Verkauf unterschiedlicher Produkte (z. B. Flugzeuge, Motoren, Medikamente, Farben und Lacke, usw.) beziehungsweise Dienstleistungen (z. B. chemische Analytik, Ausführung einer technischen Zeichnung, Online-Handel, usw.). Die Umsätze können aber auch nach verschiedenen Regionen (z. B. Europa, Nordamerika, Asien, usw.) oder etwa nach unterschiedlichen Kundengruppen (z. B. Automobilindustrie, Bauindustrie, Elektronikindustrie, Endkonsumenten usw.) gegliedert sein.

In einem Studentenhaushalt gibt es ebenso unterschiedliche Umsatzquellen, wie z. B. Bafög, Stipendien, Unterstützung durch die Eltern etc. Natürlich sind zwischen einem Studenten und einem Unternehmen sowohl die Dimensionen als auch die Quellen des Umsatzes unterschiedlich, aber unter dem Strich wird in beiden Fällen das gleiche Resultat erzielt: das jeweilige System (Unternehmen beziehungsweise Student) wird mit finanziellen Mitteln (Geld) ausgestattet, mit denen es dann wirtschaften kann.

Man kann an dieser Stelle noch eine weitere interessante Analogie hinzuziehen: Die Erschließung neuer Umsatzquellen. Als Student waren Sie vielleicht einmal irgendwann mit der Situation konfrontiert, dass die bestehenden Einnahmen nicht zur Deckung Ihrer Kosten (das „zuviel Monat am Ende des Geldes" von oben) ausreichten. In diesem Falle haben Sie sich vielleicht mit einem Studentenjob zusätzliches Geld dazuverdient (z. B. als Tutor an der Universität, als Kellner in einer Kneipe, als Taxifahrer, usw.). Unabhängig davon welcher Tätigkeit Sie hierbei im Einzelnen nachgegangen sind: was Sie hier gemacht haben, war nichts anderes als die Erschließung neuer Umsatzquellen. Nichts anderes macht ein Unternehmen, wenn es beispielsweise neue Produkte auf den Markt bringt, in anderen Ländern Zweigstellen aufbaut oder sich neue Kundengruppen erschließt.

Kosten

Die Einnahmen werden Sie als Student zur Finanzierung Ihres Lebensunterhalts verwenden. Mit anderen Worten: Sie müssen Ihre laufenden Kosten bedienen. Und wenn Sie sich einmal genau umsehen, dann werden Sie sehr viele unterschiedliche Kostenarten in Ihrem Umfeld identifizieren, die Sie tagtäglich zu managen haben: Miete, Smartphone, Essen, Studiengebühren, Schreibmaterial, usw.

Kosten strukturieren

Um sich einen strukturierten Überblick über die verschiedenen Kosten zu verschaffen, ordnen Unternehmen diese Kostenarten unterschiedlichen Kostenstellen zu. Das könnte bei Ihnen beispielsweise folgendermaßen aussehen (Kostenstellen fett gedruckt, Kostenarten sind dahinter gelistet):

- **Universität:** Studiengebühren, Schreibmaterial
- **Wohnung:** Miete, GEZ
- **Lebenshaltung:** Lebensmittel, Haushaltsartikel (z. B. Küchenpapier), Hygieneartikel (Toilettenpapier, Duschgel, Shampoo, etc.)
- **Kommunikation:** Smartphone
- **Luxusgüter:** Kino, Bücher, Genussmittel

Vielleicht würden Sie diese sogenannte Kostenstruktur ein wenig anders aufbauen. Sind möglicherweise überrascht, dass Kostenarten wie „Kino" oder „Bücher" unter der Kategorie „Luxusartikel" auftauchen. Warum? Wenn Sie sich die drei übrigen Kostenstellen anschauen, dann werden Sie feststellen, dass sämtliche dort erwähnten Kostenarten unbedingt erforderlich sind zum Bestreiten Ihres Studiums sowie zur Absicherung Ihrer Grundbedürfnisse (Essen, Trinken, Schlafen). Aber ob Sie nun ins Kino gehen oder sich neuen literarischen Genuss gönnen, das ist zum Erreichen Ihres momentanen Ziels – dem erfolgreichen Absolvieren Ihres Studiums – nicht notwendigerweise erforderlich. Vielleicht sehen Sie das anders. Für Sie gehören Kino- oder Kneipenbesuche mit Ihren Kommilitonen einfach zum Studium dazu. Die Festigung des sozialen Umfelds ist für Sie ein elementarer Bestandteil Ihres Studiums. Und daher unverzichtbar! Und interessanterweise haben Sie damit vielleicht noch nicht einmal Unrecht ... Man kann über diesen Punkt vermutlich ausgiebig diskutieren. Genauso wie über die Zuordnung anderer Kostenarten zu den verschiedenen Kostenstellen. Und selbst über die Kostenstellen selbst kann man diskutieren. Vielleicht gibt es aus Ihrer Sicht ja noch ganz andere Kategorien, die in der obigen Übersicht gar nicht enthalten sind. Oder andere, die Sie ganz streichen würden. Dabei sehen Sie bereits eine zentrale Problematik, vor der auch viele Unternehmen stehen: die sinnvolle Einteilung der angefallenen Kosten in verschiedene Kategorien. Um daraus ein strukturiertes Gesamtbild ableiten zu können. Nehmen wir zum Beispiel einen global tätigen Automobilkonzern. Er könnte seine Kosten beispielsweise nach einzelnen Automobilmarken sortieren. Oder nach Baugruppen (Motor, Karosserie, Innenraum, etc.). Oder nach Ländern. In der Praxis werden meist sämtliche der genannten Kosten erfasst, um sie dann im Nachhinein aus unterschiedlichen Perspektiven zu betrachten.

Das gleiche könnten Sie als Student machen. Also beispielsweise eine Liste Ihrer monatlichen Ausgaben anlegen, und diese nach den unterschiedlichen Kostenstellen sortieren. Wenn Sie also in einem Discounter Butter für 1,05 Euro einkaufen, dann tragen Sie diese in einer Liste ein unter der Kostenart „Lebensmittel" innerhalb der Kostenstelle „Lebenshaltung". Das gleiche gilt für das 750 g-Brot, das Sie sich in der Bäckerei morgens für 2,88 Euro gekauft haben. Und der Packen Taschentücher (30 × 10 Packen) für 1,75 Euro gehören dann vielleicht zu den Hygieneartikeln unter der Kostenstelle „Lebenshaltung". Und möglicherweise haben Sie sich eine Tafel Schokolade für 0,99 Euro gegönnt. Verbuchen diese aber nicht unter den Lebensmitteln, sondern unter „Genussmitteln" bei den Luxusgütern. Der neue College-Block für 1,99 Euro hingegen wandert in die Kostenart „Schreibmaterial" in der Kostenstelle „Universität". Man könnte die Beispiele beliebig fortsetzen. Wichtig dabei ist, dass Sie die Einordnung sinnvoll vornehmen, um am Ende einen systematischen Überblick über Ihre wirtschaftliche Situation zu erhalten. Dabei machen Sie im Prinzip nichts anderes, als ein sogenanntes „Haushaltsbuch" zu führen, wie es vielleicht Ihre Eltern oder Großeltern noch gekannt haben. Fragen Sie sie einmal danach.

Aber zurück zu unserer Betrachtung der Kostenstellen und Kostenarten. Jede Kostenstelle benötigt für sich ein gewisses monatliches Budget, d. h. eine gewisse Menge an Geld, um seine Kosten decken zu können. Den erforderlichen Betrag rechnet man meist aus den historischen Kosten aus, d. h. man schaut sich an, welche Kosten innerhalb einer be-

2 Das Rüstzeug oder: Die Kompetenzen, die ich habe – und ...

stimmten Kostenstelle in der Vergangenheit (z. B. im vergangenen Monat) angefallen sind. Und stellt dann den entsprechenden Betrag für den Folgemonat für diese Kostenstelle zur Verfügung. Wenn ich im September 60 Euro für Haushaltsartikel hatte, dann rechne ich damit, auch im Oktober ungefähr einen Betrag von 60 Euro für Haushaltsartikelvorhalten zu müssen, auch wenn ich heute noch nicht weiß, welche Artikel ich dann konkret benötigen werde.

Vielleicht stellen Sie hierbei irgendwann einmal fest, dass die Summe Ihrer Kosten höher als die Summe Ihrer monatlichen Einnahmen ist. In diesem Falle müssen Sie (soweit Sie nicht wie eben beschrieben neue Umsatzquellen erschließen) Ihre Kosten senken, d. h. an irgendeiner Kostenart die Höhe der anfallenden Kosten reduzieren. Dabei werden Sie implizit zwischen den so genannten Fixkosten und den variablen Kosten unterscheiden. Fixkosten sind Kosten die mengenunabhängig sind, variable Kosten sind abhängig von der Menge. Folgende Beispiele mögen das verdeutlichen: die Miete gehört zu den Fixkosten, da sie jeden Monat entrichtet werden muss, unabhängig von der Zeit, die Sie tatsächlich in Ihrer Wohnung verbracht haben. Die Ausgaben für Lebensmittel hingegen sind (zu einem gewissen Grad) variabel, da sie abhängig von Art und Menge der konsumierten Lebensmittel sind. Wenn Sie Brot vom Bäcker und Marmelade aus dem Discounter sowie Nudeln mit Tomatensauce konsumieren, dann sehen Sie sich mit vollkommen anderen Kosten konfrontiert als wenn Sie beispielsweise jeden Tag mit einem Sektfrühstück und Kaviar beginnen würden ... Indem Sie alle Kostenarten nach dieser Logik strukturieren, arbeiten Sie – auch bisher schon – implizit innerhalb der folgenden Struktur Ihrer Kosten:

Kostenstelle	Fixkosten	Variable Kosten
Universität	Studiengebühren	Schreibmaterial
Wohnung	Miete, Telefon (Grundgebühr), GEZ	Telefon (Verbindungskosten)
Lebenshaltung	Lebensmittel, Haushaltsartikel, Hygieneartikel	Lebensmittel, Haushaltsartikel, Hygieneartikel
Kommunikation	Smartphone (Grundgebühr)	Smartphone (verbrauchsabhängige Abrechnung von Datenvolumen)
Luxusgüter	–	Kino, Bücher, Genussmittel

Dabei fällt Ihnen dann auch mit Sicherheit auf, dass Sie bestimmte Kostenarten gar nicht so eindeutig in Fixkosten und variable Kosten trennen können. Beispielsweise bei den Lebensmitteln oder Haushaltsartikeln. Essen müssen Sie nun einmal, sonst werden Sie sich in sehr absehbarer Zeit gar nicht mehr mit Kostenstrukturen auseinandersetzen können. Aber auf der anderen Seite sagt Ihnen Ihr Gefühl mit Sicherheit, dass es auch einen gewissen variablen Anteil dabei gibt. Hier reicht es dann offensichtlich nicht mehr aus, nur auf der obersten Ebene der Kostenarten zu bleiben, sondern Sie müssen etwas tiefer in die Kostenstruktur einsteigen. Und Lebensmittel weiter sinnvoll untergliedern, beispielsweise nach Grundlebensmitteln (Brot, Butter, Marmelade, Obst, Gemüse) und vielleicht anderen (wie z. B. Fleisch, Schokolade, etc.). Bei Ersteren werden Sie kaum sparen können. Letztere können Sie vielleicht besser einschränken. Dabei kann es natürlich erneut beliebig kompliziert werden. Vor allem da Sie irgendwann die Grenze zu den Luxusgütern (Genussmittel) überschreiten. Wo sollten Sie diese ziehen? Was ist noch erforderlich zum Überleben? Was ist schon Luxus, den Sie sich gönnen? Wir möchten an dieser Stelle keine finale Antwort geben, da es diese Eindeutigkeit in der Welt da draußen auch nicht gibt. Und weil bereits das Nachdenken um die „richtige" Struktur Ihrer Kosten ein wichtiger Bestandteil Ihrer ganz individuellen Lösung ist. Versuchen Sie es ruhig einmal!

Zurück zu unserer Ausgangsfrage: Sie wollten sparen. Beim Sparen werden Sie nun zunächst einmal die variablen Kosten angehen, also beispielsweise eher zu Fuß gehen als mit dem Bus zu fahren (wenn wir einmal annehmen, dass Ihr Semesterbeitrag nicht ohnehin ein kostenloses Busticket enthält) oder etwa weniger telefonieren (um damit die variablen Kosten Ihres Smartphones zu reduzieren). Nur falls Sie feststellen, dass die Einsparungen bei den variablen Kosten nicht ausreichen um kostendeckend zu arbeiten, werden Sie die Fixkosten angehen, da deren Änderung meist mit größerem Aufwand verbunden ist: eine neue Wohnung suchen (Miete verringern), Smartphone abmelden (Kommunikationskosten senken), ja selbst hin bis zur Exmatrikulation (in diesem Falle würden Sie sich die Studiengebühren sparen).

Ein Unternehmen macht im Grunde genommen an dieser Stelle auch nichts anderes als Sie in Ihrem Studentenleben: es muss seine unterschiedlichen Kostenstellen mit einem gewissen Budget ausstatten und sicherstellen, dass die Einnahmen zur Deckung sämtlicher Ausgaben ausreichen. Die Kostenstellen in einem Unternehmen sind nur andere, beispielsweise Marketing, Controlling, Personalabteilung, Forschung, Entwicklung, usw. Und auch in einem Unternehmen gibt es Fixkosten (z. B. Personal, Miete) und variable Kosten (z. B. Materialkosten, Energiekosten). Und auch ein Unternehmen ist im Rahmen seiner wirtschaftlichen Aktivitäten immer wieder einmal gezwungen, seine Kostenstruktur den externen Gegebenheiten anzupassen, also beispielsweise Materialkosten zu senken, um Produkte günstiger zu machen – was zum Beispiel durch Verringerung des Verschnitts bei der Herstellung von Metallbauteilen erreicht werden kann. Oder aber durch günstigere Einkaufskonditionen, weil mir ein Lieferant das gleiche Bauteil für meinen Motor 30 % günstiger anbietet als mein derzeitiger Lieferant.

Sie sehen: auch beim Thema Kosten haben Sie bereits mehr Wissen erlangt – oder besser gesagt: Erfahrung gesammelt – als Sie vielleicht bislang geahnt haben. Vielleicht haben Sie es bislang nur noch nicht so explizit betrachtet. Aber Sie sind nur einen Schritt entfernt davon.

Organisation
Auch das Argument der unterschiedlichen Größe eines Unternehmens im Vergleich zu einem Studentenhaushalt relativiert sich bei näherer Betrachtung für unsere Zwecke. Selbstverständlich muss ein Unternehmen über eine entsprechende Organisation sicherstellen, dass die vorhandenen Ressourcen (Personal, Maschinen, Geld) effektiv und effizient eingesetzt werden, um mit den vorhandenen Mitteln das bestmögliche Ergebnis zu einem wettbewerbsfähigen Preis zu erzielen. Dazu ist ein Unternehmen unter anderem hierarchisch klar strukturiert, um eine optimale Steuerung des Einsatzes des Personals auf allen Ebenen zu gewährleisten.

Ein Studentenhaushalt scheint da einfacher aufgebaut. Aber auch Sie mussten in der Vergangenheit und müssen (auch jetzt, da Sie dieses Buch in Händen halten) permanent überlegen, wie Sie Ihre Ressourcen (und das ist bei Ihnen vor allem Ihre Zeit) optimal einsetzen, um Ihre Ziele zu erreichen. Wie viel Zeit verbringen Sie mit Vorlesungen? Mit Praktika? Mit Nachbereitung der Vorlesungen? Mit Ihrem Studentenjob? Mit Freizeit? Mit Schlafen? Das mag sich trivial anhören, aber auch hier haben Sie, wenn Sie bisher erfolgreich studiert haben, bereits gezeigt, dass Sie über ein gutes Zeitmanagement verfügen und dass Sie Ihre Arbeit entsprechend gut strukturieren und organisieren können. Und dieses Gefühl für das Management von Ressourcen werden Sie in Ihrem weiteren Berufsleben dazu nutzen können, über das Management Ihrer eigenen Arbeit hinaus auch noch weitere Mitarbeiter innerhalb der Organisation eines Unternehmens (an)leiten zu können.

Sie haben also – wie anhand dieser drei Beispiele verdeutlicht – entlang von ganz unterschiedlichen Dimensionen (Umsatz, Kosten, Organisation) bereits eine implizit vorhandene und solide Basis an wirtschaftlichen Grundkenntnissen – oder sagen wir einmal: Fähigkeiten – erworben, auf der Sie im Rahmen Ihres weiteren Berufsweges aufbauen können und werden. Wahrscheinlich haben Sie viele dieser Kenntnisse bislang eher implizit genutzt als dass sie Ihnen in vollem Umfang explizit bewusst gewesen wären. Aber das Fundament für Ihre wirtschaftliche Weiterbildung ist durch Ihr Studium bereits gelegt. Lassen Sie uns nun schauen, wie Sie auf dieses Fundament weiter aufbauen können.

Wirtschaft können Sie auf vielen Wegen lernen

Wie eignen Sie sich das Wissen nun am schnellsten und besten an? Ganz vorab: es gibt keinen Königsweg. Abhängig von der Breite und Tiefe Ihres vorhandenen Fundaments an Wirtschaftswissen, von Ihren Interessen, von der Position die Sie anstreben, usw. gibt es ganz unterschiedliche Mittel und Wege, die Sie zum Erwerb weiterführender Kenntnisse im Bereich Wirtschaft einsetzen können und werden. Diese kann man beispielhaft entlang der Dimensionen Lernumfeld („Wo lerne ich?") und Informationsgrundlage („Durch wen lerne ich?") einteilen:

		Eigene Erfahrung	Wissen anderer
Lernumfeld	*Off the job*	Zeitungslektüre Internet	Fachseminare BWL-Studium
	On the job	Learning by doing	Mitarbeiter Mentoren

Informationsgrundlage

Was das Lernumfeld anbelangt, so können Sie entweder im Rahmen Ihrer Beschäftigung (auf Neudeutsch auch häufig: „on the job") oder außerhalb und damit unabhängig von Ihrer Beschäftigung Kenntnisse erwerben. Bezüglich der Bewertung und Verarbeitung des Gelernten („Informationsgrundlage") können Sie sich auf Ihre eigene bereits vorhandene Erfahrung stützen oder aber das Wissen anderer bemühen – also eigenständig und unabhängig studieren oder aber den Dialog mit anderen suchen. Alle aufgeführten Methoden haben dabei Ihre Vor- und Nachteile. In der obigen Darstellung haben wir exemplarisch einige der relevantesten dargestellt.

Learning by doing

In Ihrem künftigen Berufsumfeld werden Sie mit einer Vielzahl an Fragestellungen konfrontiert werden. Nicht auf alle Fragen werden Sie ad hoc die richtige Antwort parat halten. Auch intensive Forschung (sofern Sie dann noch überhaupt genügend Zeit dazu haben) wird Ihnen bei der Suche nach der einen und richtigen Antwort nicht immer behilflich sein. Meist gibt es auch die eine richtige Antwort nicht, weil es ganz verschiedene Wege und Möglichkeiten gibt, ein Ziel zu erreichen. Sie werden also permanent Entscheidungen treffen müssen, deren Konsequenzen Sie aufgrund einer unvollständigen Informationsbasis nicht vollumfänglich absehen können. Aber *beobachten* werden Sie diese Konsequenzen – und das *können* Sie aufgrund Ihrer Erfahrungen aus dem Studium sicher sehr gut. Ihr Gespür für kausale Wirkungsbeziehungen wird Ihnen hierbei immer wieder eine Rückmeldung darüber geben, ob Ihr jeweiliges Tun „richtig" oder „falsch" war. Auf diese Weise werden Sie durch Ihre eigenen Handlungen kontinuierlich lernen. Das hört sich zunächst einmal einfach an. Aber unterschätzen Sie nicht die Herausforderung, im „Hintergrundrauschen" der alltäglichen Handlungshektik mit einer Vielzahl von zu treffenden Entscheidungen und daraus sich ergebenden Konsequenzen die richtigen „Signale" herauszufiltern. Denn nur, wenn Sie die richtigen Ursachen und Wirkungen miteinander verknüpfen und in Verbindung bringen, können Sie sinnvolle Lehren aus Ihrem Tun ziehen.

Mitarbeiter

Vergessen sollten Sie unabhängig von der Position, in der Sie sich einmal befinden vor allem eines nicht: Sie sind nicht allein! In Ihrem Arbeitsumfeld gibt es viele Kollegen, auf deren Wissen Sie zurückgreifen können – und auch sollten. Da wären zum einen Ihre unmittelbaren Kollegen, seien es Vorgesetzte oder Mitarbeiter, die an Sie berichten, d. h. innerhalb der Firmenhierarchie „unter Ihnen" stehen (der Begriff „Untergebene" wäre an dieser Stelle wie bereits diskutiert nicht angebracht, da er in unserem Kulturkreis nicht korrekt ist – ganz anders als in Asien, insbesondere China und Indien, sowie dem mittleren Osten). Viele davon werden bereits länger im Unternehmen und in der jeweiligen fachlichen Position sein als Sie. Von diesen Personen können Sie eine Unmenge an Wissen über Ihr neues Berufsumfeld erlangen. Diskutieren Sie mit Ihren Vorgesetzten, auf welche Dinge Sie beispielsweise in bei Ihrer Kommunikation besonders achten müssen, auf was innerhalb des Unternehmens besonders Wert gelegt wird. Gibt es gewisse Kennzahlen, auf die besonders hoher Wert gelegt wird, wie sind Ihre Kollegen in einer ähnlichen Situation wie Sie früher vorgegangen, wie haben sie gelernt? Zeigen Sie hier früh Interesse an diesen Themen – ein „zu früh" gibt es nicht! Es wird Ihnen hilfreich sein. Auch Ihre Mitarbeiter werden Sie effektiver und effizienter führen können, je besser Sie Ihre Position im Unternehmen auch von einer wirtschaftlichen Perspektive aus betrachten. Denn ein Unternehmen erwartet von Ihnen letztendlich, dass Sie „Wert schaffen" (mehr Umsatz als Kosten). Also überlegen Sie – auch gemeinsam mit Ihren Mitarbeitern – wie Sie diesem Anspruch in Ihrem Arbeitsumfeld gerecht werden und in die Tat umsetzen können.

Mentoren
Vielleicht haben Sie auch schon einmal den Begriff des „Mentors" gehört. Ein Mentor bezeichnet einen erfahrenen Kollegen, der in der Regel schon seit vielen Jahren im Unternehmen tätig ist, und dementsprechend auch oft über eine Vielzahl an internen Kontakten verfügt. In vielen Unternehmen ist es üblich, einem neuen Mitarbeiter einen solchen Mentor zur Seite zu stellen. Dieser kann ihnen hier in vielfacher Weise behilflich sein: sowohl bei der Vermittlung spezieller übergreifender Kenntnisse über das Unternehmen als auch bei der Vermittlung von internen Kontakten. Gerade letzteres ist meist besonders wichtig, denn oftmals ist es gerade wichtig, dass man die richtigen Personen findet, die einem bei einem speziellen Problem weiterhelfen können. Und es ist nicht unüblich, dass sich der heutige Marketingleiter vor zehn Jahren einmal mit einem ähnlichen Problem im Rahmen eines F&E-Projektes beschäftigt hat wie Sie es heute vielleicht als Berufseinsteiger tun. Irgendwo in Ihrem Unternehmen schlummert dieses Wissen. Unmengen davon. Sie müssen es nur finden – fragen Sie Ihren Mentor. Denn wer nicht fragt, bleibt dumm – oder macht eben viele Überstunden.

Ist Ihnen kein offizieller Mentor zugeteilt worden? Kein Problem – suchen Sie sich auf eigene Faust jemanden. Jeder in Ihrem Arbeitsumfeld kann ein Mentor sein, von jedem können Sie eine Vielzahl an Wissenswertem über das Unternehmen lernen. Von dem Kollegen, den Sie morgens im Fahrstuhl treffen, der mittags in der Kantine in der Schlange vor Ihnen steht, den Sie auf der Toilette treffen, usw. Vergessen Sie nicht: auch die Kollegen mit der meisten Erfahrung waren einmal in Ihrer Situation und haben einmal klein angefangen. Und auch sie haben nur durch Fragen gelernt. Also fragen Sie ruhig.

Zeitungslektüre
Sie können noch heute mit Ihrer BWL-Weiterbildung beginnen. Gehen Sie in die nächste Buchhandlung oder den Bahnhofskiosk. Kaufen Sie eine der großen Tageszeitungen oder Wirtschaftsmagazine. Oder laden Sie sich die entsprechende App auf Ihrem Smartphone herunter. Und lesen Sie. Sehr wahrscheinlich werden Sie nicht auf Anhieb alles verstehen, geschweige denn basierend auf den Informationen Schlussfolgerungen ableiten können. Und vielleicht mag die Vielzahl an Ihnen jetzt noch unbekannten Wirtschafts-Vokabeln sogar Ihren Verdacht erhärten, dass BWL doch ein „Fach für sich" ist und Sie als Außenstehender zum Zuschauen verdammt sind.

Aber wenn Sie mal ehrlich überlegen fällt Ihnen vielleicht auf: nicht anders ist es Ihnen doch ergangen, als Sie auf der Schule eine Fremdsprache erlernt haben. Was haben Sie damals gemacht? Mit Hilfe eines Wörterbuches die Bedeutung eines jeden einzelnen Wortes herausgesucht. Das können Sie auch hier machen. Zwar wird Sie jede Erklärung wahrscheinlich zunächst zu neuen unbekannten Wörtern führen, aber Sie werden Schritt für Schritt einen Weg durch den BWL-Dschungel finden. Und das sogar ziemlich schnell. Komplexität zu durchdringen und begreifbar zu machen – das haben Sie schließlich in Ihrem Studium gelernt. Und irgendwo verbirgt sich schließlich alles immer wieder unter dem Deckmantel Gewinn = Umsatz−Kosten. Sie werden erstaunt sein, wie bald Sie schon im Wirtschaftsteil der Zeitungen lesen und die Inhalte in Ihre eigene Sprache übersetzen können. Und das wird eine wichtige Grundlage für Ihre Gespräche mit fachfremden Kollegen im Unternehmen – immerhin sind die täglichen Wirtschaftsnachrichten hervorragende Anknüpfungspunkte für Gespräche – beispielsweise mit Mitarbeitern oder aber Mentoren.

Internet
Nutzen Sie vor allem auch das Internet als eine schnelle und effiziente Möglichkeit, sich einen Überblick über Fachbegriffe und Themenfelder zu verschaffen. Bevor Sie in ein teures Fachbuch über BWL investieren,

lohnt es sich meist, über die einschlägigen Suchmaschinen Definitionen und Beispiele zu suchen. Auch diese Übung können Sie zügig und vor allem unabhängig von einer Beschäftigung in einem Unternehmen angehen. Seien Sie dabei aber auch immer wieder kritisch gegenüber dem Medium Internet. Denn vieles was Sie dort finden, kann stimmen, muss es aber nicht. Aber vieles anderes ist leider vorher nicht durch eine umfangreiche Qualitätsprüfung gegangen. Und kann daher falsch sein. Nutzen Sie bewusst verschiedene Quellen, um gewisse Informationen und Daten zu überprüfen. Aber da sagen wir Ihnen als Hochschulabsolvent ja nichts Neues ...

Fachseminare
Wenn Sie tiefer in die BWL-Materie eintauchen wollen, empfehlen sich beispielsweise Fachseminare, die oftmals ein spezielles umrissenes Gebiet der BWL thematisieren (z. B. Investitionsrechnung, Marketing, Projektmanagement). Diese speziellen Seminare machen häufig dann Sinn, wenn abzusehen ist, dass Sie sich im Rahmen Ihrer Beschäftigung innerhalb eines Unternehmens mit diesen Themen einmal mit hoher Wahrscheinlichkeit auseinandersetzen müssen.

Vielleicht bietet sich Ihnen aber auch im Vorfeld bereits direkt an der Universität die Gelegenheit, einen BWL-Kurs in Ihr Programm mit einzubinden. Das kostet Sie natürlich Zeit, aber Sie zeigen damit nicht nur, dass Sie im Studium über den Tellerrand geschaut haben (das ist hilfreich für Ihre Bewerbung), sondern eignen sich vor allen Dingen auch ein wenig BWL-Wissen an (das ist hilfreich für den Berufsalltag). Es wird Ihnen also eines Tages nutzen.

BWL-Studium
Vielleicht macht aber auch ein komplettes BWL-Studium für Sie noch Sinn? Entweder parallel zu Ihrem derzeitigen Studium oder aber vielleicht berufsbegleitend? Auch mit ein paar Jahren Berufserfahrung kann solch ein Schritt durchaus sinnvoll sein, um den in der Zwischenzeit erworbenen Kenntnissen gewissermaßen einen Rahmen zu geben und sich einen strukturierten Überblick über die gesamte BWL-Landschaft zu verschaffen. Gleichsam einer Landkarte für den früher erwähnten BWL-Dschungel.

Diese illustrativen Beispiele mögen einen kleinen – wenn auch mit Sicherheit nicht vollständigen – Blick auf die Möglichkeiten werfen, die Ihnen zur Verfügung stehen, um Ihr Wirtschaftswissen zu erweitern. Es gibt aber wie bereits erwähnt *a priori* keinen Königsweg zur Erlangung eines „perfekten" Wirtschaftswissens. Der Weg kann sehr unterschiedlich sein – basierend auf Ihren Vorkenntnissen und abhängig von Ihrer angestrebten oder derzeitigen Position in Ihrem Unternehmen. Sie selbst müssen entscheiden, welche Kombination an Methoden für Sie selbst die beste ist. Probieren Sie es aus. Probieren geht über Studieren. Aber das wissen – und können – Sie ja selbst am besten.

Welches Wissen für Sie dann wichtig wird – GuV und Bilanz

Werfen wir bevor wir zum Ende dieses Kapitels kommen noch einen kurzen Blick auf die Inhalte des Wissens, das Sie auf den oben beschriebenen Wegen nach und nach erwerben werden. Selbstverständlich würde eine vollständige Abhandlung der BWL den Rahmen und die Intention dieses Buches bei weitem sprengen. Und eine Übersicht über die wichtigsten Finanzkennzahlen könnte an dieser Stelle zwar etwas Licht ins Dunkel bringen – aber ohne den entsprechenden Kontext wird es für Sie schwierig sein, diese Kennzahlen bei Ihrer künftigen Tätigkeit in den richtigen Kontext zu rücken.

Lassen Sie uns daher stattdessen einmal versuchen, das *terra incognita* zwischen den Wirtschaftswissenschaften und allen anderen Disziplinen an ausgewählten Stellen zu beschreiben, beziehungsweise zu durchqueren. Um eine erste Brücke zu schlagen zwischen dem, was Sie heute bereits wissen (und können) und dem, was Sie irgendwann einmal in Ihrer künftigen Position können sollten. Die Darstellung ist dabei wie häufig bei interdisziplinären Betrachtungen vereinfacht und mag dadurch vielleicht nicht in jedem Detail den strengen wissenschaftlichen Prüfungen beider Seiten standhalten. Aber die Vereinfachungen werden Ihnen eine Perspektive auf die Wirtschaft erlauben, die Sie mit Ihrer heutigen Sprache vielleicht beschreiben und verstehen können.

Die Herangehensweise, die Sie innerhalb Ihrer Fachdisziplin erlernt und immer wieder (explizit oder implizit) genutzt haben, hat sich immer wieder mit einem konkreten Gegenstand der Betrachtung, nennen wir es *System*, auseinandergesetzt. Egal ob dieses System nun ein reaktives Gasgemisch, ein Ökosystem, ein Viertaktmotor oder ein Rahmenvertrag zwischen zwei Unternehmen war. Diesen Systemen sind bei allen Unterschieden entlang der verschiedenen Disziplinen in der Regel zwei Dinge gemeinsam: man kann sie über *Zustände* und *Veränderungen* dieser Zustände charakterisieren. Der Zustand eines Systems ist quasi die Momentaufnahme des Wertes aller relevanten Parameter des Systems, die es charakterisieren. Das können für unser reaktives Gasgemisch beispielsweise Art und Konzentration der darin enthaltenen Gase sein, sowie Druck und Temperatur des Gemischs. In einem Ökosystem wären es vielleicht die Populationsgröße der beteiligten Arten sowie die verfügbaren Nahrungsressourcen (z. B. Gras, Wasser). Im Viertaktmotor würden Sie den Zustand des Systems dann wiederum über die Position der Kolben und Ventile beschreiben können. Jedes dieser Systeme kann nun verschiedene Zustände einnehmen, die durch einen jeweils unterschiedlichen Satz an Werten der relevanten Parameter charakterisiert werden.

Sie haben daher bisher bei der Beschreibung der Systeme innerhalb Ihres Fachgebietes immer sowohl statische (Zustand) als auch dynamische (Veränderung) Perspektiven eingenommen. Die gleiche Logik können Sie nun auch auf die Wirtschaft übertragen. Das System kann hier beispielsweise ein Unternehmen sein, unabhängig davon ob es sich dabei um einen Konzern mit vielen Milliarden Euro Umsatz oder um die Imbissbude um die Ecke handelt. Die Beschreibung der wirtschaftlichen Systeme nehmen Sie anhand von Finanzparametern vor, Sie messen also in Euro oder Dollar statt in Kilogramm, Meter oder Kelvin. Den Zustand eines Unternehmens (statische Eigenschaften) beschreibt man in der Regel in der so genannten *Bilanz*. Diese beinhaltet kurz gesagt einen Überblick über Herkunft und Verwendung der Mittel, mit denen das Unternehmen wirtschaftet. Die Dynamik des Systems wird meist in der Gewinn- und Verlustrechnung (GuV) beschrieben, die Zahlungsströme in das Unternehmen hinein und aus dem Unternehmen heraus betrachtet.

Schauen wir uns das am exemplarischen Beispiel eines einfachen Restaurantbetriebes an, der sich sagen wir auf den Verkauf von Hamburgern spezialisiert hat. Das Unternehmen kauft die „Rohstoffe" ein (Brötchen, Hackfleisch, Ketchup, Gurken), das von entsprechendem Personal zum Endprodukt (Hamburger) verarbeitet und verkauft wird. Zur Startfinanzierung hat das Unternehmen einen Kredit in Höhe von 50.000 Euro aufgenommen. Darüber wurde ein Kühlraum zur Lagerung des Rohmaterials sowie die Küchen- und Restaurantausstattung finanziert. Ferner wurde noch in Marketingmaßnahmen (repräsentatives Unternehmenslogo auf dem Dach des Gebäudes sowie Werbung in lokalen Medien wie Tageszeitungen) investiert.

Die erste Frage, die sich bei einem Unternehmen häufig als erstes stellt, ist die Frage nach der Profitabilität, also ob das Unternehmen gemäß unserer Gleichung „Gewinn = Umsatz−Kosten" in einem bestimmten Zeitraum einen Gewinn erzielt. Dazu bedient man sich in der Wirtschaft der eben beschriebenen dynamischen Betrachtungsweise und stellt die GuV des Unternehmens auf. Für den Restaurantbetrieb aus unserem Beispiel mag diese GuV für ein Jahr beispielsweise folgendermaßen aussehen:

(1)	Umsatz	€ 219.000
(2)	Rohstoffkosten	€ 60.000
(3)	Personalkosten	€ 100.000
(4)	Sonstige variable Kosten (z. B. Energie)	€ 10.000
(5)	**Bruttoergebnis**	**€ 49.000**
(6)	Marketing- und Verwaltungskosten	€ 10.000
(7)	Gebäudemiete	€ 10.000
(8)	Abschreibungen	€ 5000
(9)	**Betriebsergebnis (EBIT)**	**€ 24.000**
(10)	Zinsaufwendungen	€ 3000
(11)	**Ergebnis vor Steuern (EBT)**	**€ 21.000**
(12)	Steuern	€ 10.000
(13)	**Jahresüberschuss**	**€ 11.000**

Diese generelle Struktur werden Sie im Prinzip bei allen Unternehmen finden, lassen Sie uns daher einen genaueren Blick auf die einzelnen Komponenten werfen. Zunächst wird der gesamte Umsatz aufgeführt (Zeile 1), der sich aus dem Verkauf der Produkte des Unternehmens ergibt. Falls Hamburger die einzige Umsatzquelle waren und es keine Preisschwankungen innerhalb des Jahres gab, so entspricht der Umsatz der Anzahl der verkauften Hamburger multipliziert mit dem Preis eines einzelnen Hamburgers. Nehmen wir einmal an, das Unternehmen in unserem Beispiel hat an 365 Tagen im Jahr jeweils 10 Stunden am Tag geöffnet und verkauft Hamburger zu je 1 Euro pro Stück. Dann entspräche der Umsatz von 219.000 Euro dem Verkauf eines Hamburgers pro Minute (365 Tage × 10 Std./Tag × 60 Hamburger/Std. × 1 Euro/Hamburger)

Die nächsten Zeilen (2–4 und 6–8) beschreiben die Kosten, die beim Betrieb des Unternehmens angefallen sind. Die Zeilen 2–4 entsprechen dabei im Wesentlichen den variablen Kosten (die abhängig sind von der Menge der verkauften Hamburger) und die Zeilen 6–8 den Fixkosten (da die Gebäudemiete gezahlt werden muss unabhängig davon wie viele Hamburger verkauft wurden). Die in Zeile 8 aufgeführten Abschreibungen beziehen sich auf die Kosten des eingesetzten Kapitals, also der für den Betrieb des Unternehmens erforderlichen Faktoren: dies kann zum Beispiel ein großer Herd sein, ohne den die Hamburger nicht hergestellt werden können, oder aber auch ein Kühlraum, ohne den die Rohstoffe zu schnell verderben würden. Dieses Kapital kann entweder gemietet sein oder das Unternehmen besitzt es selbst. In letzterem Fall (den wir hier einmal annehmen) muss die Tatsache beachtet werden, dass ein Herd (den wir hier exemplarisch betrachten wollen) nicht unendlich lange betrieben werden kann, sondern eine typische Lebensdauer hat, sagen wir in unserem Beispiel zehn Jahre. Nach den zehn Jahren ist der Wert des Herdes gleich Null. Tatsächlich nimmt der Wert durch permanenten Einsatz des Herdes im Produktionsprozess kontinuierlich im Laufe der Jahre ab, jedes Jahr einen gewissen Teil. Der Anteil der Wertabnahme wird in der GuV als so genannte Abschreibung aufgeführt, um dieser Tatsache Rechnung zu tragen (Zeile 8). Zur Berechnung dieser Abschreibung gibt es verschiedene Möglichkeiten. In unserem Beispiel sind wir von einer linearen Abschreibung des Kapitals über zehn Jahre ausgegangen. Das heißt dass in jedem Jahr 10 % der eingesetzten 50.000 Euro, also 5000 Euro als Abschreibungen in der GuV berücksichtigt werden müssen.

Schließlich muss noch berücksichtigt werden, dass unser Unternehmen für seinen Betrieb zunächst einen Kredit aufgenommen hat, dessen Zinsen jedes Jahr bedient werden müssen. Dies ist in Zeile 10 abgebildet.

Falls das Ergebnis vor Steuern (EBT, Earnings Before Taxes, Zeile 11) größer als Null ist, das Unternehmen also Gewinn erwirtschaftet, so müssen auf diesen Steuern entrichtet werden (Zeile 12). Nach Abzug der Steuern bleibt dem Unternehmen dann der Jahresüberschuss als Gewinn übrig (Zeile 13). Das Unternehmen in unserem Beispiel also erwirtschaftet mit 11.000 Euro einen Gewinn, wirtschaftet also profitabel.

So viel an dieser Stelle zur dynamischen Betrachtungsweise mit der GuV. Werfen wir nun noch einen kurzen Blick auf die Beschreibung des Zustands des Unternehmens, auf die Bilanz. Die Bilanz kann als Indikator für den Wert eines Unternehmens herangezogen werden. Für unseren Restaurantbetrieb könnte die Bilanz zum Beispiel folgendermaßen aussehen:

Aktiva/Euro		Passiva/Euro	
Anlagevermögen	200.000	Eigenkapital	300.000
Umlaufvermögen	350.000	Fremdkapital	250.000
Summe Aktiva	550.000	Summe Passiva	550.000

Die Bilanz gibt einerseits Auskunft über die Herkunft der im Unternehmen gebundenen finanziellen Mittel (Passiva). Diese Mittel stammen entweder aus dem Eigenkapital des Unternehmens (z. B. Grundkapital der Unternehmer, Kapitalrücklagen, Jahresüberschuss) oder aus Fremdkapital (z. B. Finanzverbindlichkeiten aus aufgenommenen Krediten, Verbindlichkeiten aus Lieferungen und Leistungen). Auf der anderen Seite gibt eine Bilanz einen Überblick über die Verwendung der finanziellen Mittel (Aktiva). Diese werden in der Regel in Anlagevermögen und Umlaufvermögen unterteilt. Das Anlagevermögen beinhaltet in unserem Restaurantbetrieb zum Beispiel die Ausstattung im Wert von 50.000 Euro (in das unter anderem der zu Beginn aufgenommene Kredit investiert wurde). Im Umlaufvermögen sind beispielsweise flüssige Finanzmittel (z. B. Barkasse) oder Vorräte enthalten. Letztere sind bereits erworbene Rohmaterialien zur Herstellung der Hamburger, die sich noch im Kühlraum befinden. Auch diese haben aber entsprechend eines Wertes (Kaufwert), der den Gesamtwert des Unternehmens erhöht. Die Summe der Aktiva muss dabei immer identisch sein mit der Summe der Passiva, da alle Finanzmittel unabhängig von Ihrer Herkunft in der einen oder anderen Form im Unternehmen gebunden sein werden.

In der Praxis werden Sie sehr wahrscheinlich häufiger mit der GuV als mit der Bilanz in Berührung kommen. Das ist dem Umstand geschuldet, da Sie mit Ihren Entscheidungen im laufenden Geschäftsprozess (hier wieder die dynamische Betrachtung) unmittelbaren Einfluss auf Umsatz- und Kostenposition Ihres Unternehmens nehmen können und werden. Und das häufig schon sehr früh. So wird sich beispielsweise der promovierte Chemiker auf einer Laborleiterstelle bereits mit Fragen der Budgetallokation und damit des Themas Kostenmanagement beschäftigen müssen. Hierbei muss er stets sicherstellen, dass er im Rahmen seines Entscheidungsspielraums die bestmöglichen Optionen wählt, um die Kosten zu minimieren und die Leistung seines Labors (z. B. die Anzahl der neu synthetisierten Produkte) zu maximieren.

Gewinn ist noch nicht alles – von der Rentabilität und den Opportunitätskosten

Mit diesen Entscheidungen ist aber noch eine weitere Dimension verbunden, die wir am Ende dieses Kapitels noch kurz beleuchten wollen: die der so genannten *Opportunitätskosten*. Im Rahmen des wirtschaftlichen Handelns ist jede Entscheidung für einen bestimmten Weg gleichzeitig die Entscheidung dafür, gewisse andere Wege *nicht* zu beschreiten. Dies ist nachvollziehbar, da die zur Verfügung stehenden Ressourcen (Arbeitszeit, Budget) limitiert sind, es also nicht erlauben, alle Optionen gleichzeitig zu adressieren (also beispielsweise alle möglichen Herangehensweisen zur Lösung eines Problems erst einmal zu testen, um dadurch die bestmögliche zu identifizieren). Es mag nun sein, dass der gewählte Weg nicht der aus finanzieller Sicht optimale ist. So hat der Eigentümer unseres Hamburger-Restaurants in unserem Beispiel am Jahresende einen Überschuss von 11.000 Euro erwirtschaftet. Vielleicht stellen wir aber bei näherer Betrachtung fest, dass er alternativ dazu als Angestellter in einem anderen Unternehmen 50.000 Euro verdienen würde, also erheblich mehr. Diese 50.000 Euro stellen nun die so genannten Opportunitätskosten dar, also den Wert der ihm entgangenen Option, die nicht gewählt wurde. Aus rein finanztheoretischer Sicht hat der Besitzer unseres Hamburger-Restaurants damit also interessanterweise einen Verlust von 39.000 Euro erlitten (Erwirtschafteter Gewinn − Opportunitätskosten = 11.000 Euro−50.000 Euro = −39.000 Euro), da er mit der Wahl der alternativen Option finanziell am Jahresende deutlich besser dastehen würde. Wie Sie sehen, können Sie also ohne weiteres profitabel arbeiten und trotzdem einen Verlust einfahren. Klingt logisch, oder?

An dieser Stelle und mit diesem Beispiel erkennen Sie bereits die Grenzen der rein finanziellen Betrachtungsweise von Wirtschaft. Denn wenn wir noch einmal einen Schritt zurückgehen, dann sehen wir, dass wir bislang die Beschreibung der wirtschaftlichen Systeme rein auf finanziellen Parametern aufgebaut haben und nur in Euro gerechnet haben. Neben den finanziellen Parametern gibt es aber noch andere Beweggründe, die einen Unternehmer dazu bewegt haben mögen, einer Option den Vorrang vor einer anderen zu geben. Vielleicht kann er in seinem eigenen Unternehmen eine bessere Einteilung seiner Zeit vornehmen als er es als Angestellter in einem anderen Unternehmen könnte? Vielleicht ist es ihm aber auch wichtig, Arbeitsplätze geschaffen zu haben? Vielleicht hat er aber auch einfach nur Spaß bei seiner Arbeit im Hamburger-Restaurant? Sei es nun die finanzielle Sicht, die Work-Life Balance, die soziale Verantwortung, der Spaß an der Arbeit oder aber etwas ganz anderes oder aber eine Kombination dieser Parameter: Sie sehen bereits, dass die vollständige Bewertung der Attraktivität eines wirtschaftlichen Unternehmens zwar einer akkuraten Zahlenwelt bedarf, dass diese aber nicht erschöpfend alles erklären kann. Halten Sie sich auch das vor Augen, wenn Sie im BWL-Zahlendschungel irgendwann einmal den Wald vor lauter Bäumen nicht mehr zu sehen drohen. Wir werden auf diesen Aspekt an verschiedenen Stellen dieses Buches noch einmal näher eingehen.

Interessanterweise ist Ihnen das Konzept der Opportunitätskosten auch schon häufig über den Weg gelaufen. Sie wenden es selbst implizit immer an, wenn Sie sich z. B. für Prüfungen vorbereiten. Ihre Zeit ist dann ein sehr wertvoller − weil limitierter − Faktor. Und Sie werden vor einer Prüfung wohl eher weniger häufig ins Kino gehen, seltener mit Freunden eine Grillparty feiern oder aber nicht so oft ein Buch lesen. Vielmehr werden Sie Ihre Zeit schwerpunktmäßig mit der Vorbereitung auf Ihre Prüfung verbringen. Davon erhoffen Sie sich ein möglichst gutes Abschneiden bei Ihrer Prüfung. Ein netter Kinoabend brächte Ihnen

2 Das Rüstzeug oder: Die Kompetenzen, die ich habe – und ...

zwar auch einen Wert ein – aber sie werden ihn wohl an den Opportunitätskosten eines optimalen Prüfungsergebnisses messen. Und konsequenterweise das cineastische Vergnügen auf die Zeit nach der Prüfung verlegen.

Eine letzte Größe die wir hier noch erwähnen wollen ist die so genannte *Eigenkapitalrendite*. Sie kennen diese vielleicht vereinfacht gesprochen als Zins, den Sie in jedem Jahr auf Ihr Sparbuch bekommen. In der Wirtschaft ist die Eigenkapitalrendite vereinfacht definiert als Quotient aus dem Jahresüberschuss und dem im Unternehmen eingebrachten Eigenkapital

$$\text{Eigenkapitalrendite} = \text{Jahresüberschuss}$$

Diese Rendite gibt Ihnen Aufschluss darüber, wie das Eigenkapital des Unternehmens verzinst wurde. In unserem Beispiel mit dem Hamburger-Restaurant hätten wir beispielsweise eine Eigenkapitalrendite von etwa 3,7 % (11.000 Euro/300.000 Euro). Diese Rendite können Sie nun ebenso auf den Prüfstein der Opportunitätskosten stellen und sich beispielsweise fragen, wie viel Verzinsung Ihnen eine alternative Geldanlage (z. B. durch Anlage auf einer Bank) gebracht hätte. Bei rein finanzieller Betrachtung hätten Sie damit eine Grundlage für künftige Investitionsentscheidungen.

Sie könnten sich an dieser Stelle aber auch etwas anderes fragen: was ist eigentlich die Rentabilität Ihres Studiums? Wie viel Geld kostet Sie Ihr Studium? Wie viel davon haben Sie aus Eigenkapital finanziert (z. B. über einen Nebenjob, Sparrücklagen, über Ihre Eltern)? Welche Opportunitätskosten sind Ihnen dabei entgangen (z. B. weil Sie das Geld nicht auf einer Bank angelegt haben)? Oder vielmehr: welchen Wert erwarten Sie denn für sich nach dem Studium? Wie viel mehr sollte, wie viel mehr müsste Ihnen eine Anstellung, eine Beschäftigung denn bringen, die Sie ohne die zusätzlichen Jahre des Studiums niemals bekommen hätten? Anders ausgedrückt: wie profitabel wollen Sie selbst einmal wirtschaften (wenn Sie *sich selbst* jetzt einmal als wirtschaftliches System betrachten wollen)? Und welche Parameter wollen Sie zur Beschreibung Ihres eigenen Wirtschaftssystems heranziehen? Nur die finanziellen? Auch andere? Welche? Was ist Ihnen in Summe wichtig? Denken Sie einmal drüber nach. Es lohnt sich.

Die finanzwirtschaftliche Betrachtung eines Unternehmens ist unerlässlich zum Verständnis von wirtschaftlichen Systemen und Zusammenhängen. Und auch Sie müssen und werden sich dieses Wissen im Laufe der Zeit aneignen, wenn Sie den Schritt in die Wirtschaft gehen. Im gleichen Maße sehen Sie aber auch, dass eine rein finanzielle Betrachtungsweise in der Regel zwar notwendig, aber nicht hinreichend sein wird und sein kann, um solche Systeme vollumfänglich zu beschreiben. Und Sie werden vielmehr immer wieder die Kombination aus Ihrem erworbenen Wissen und Ihrem gesunden Menschenverstand brauchen, um sich immer wieder aufs Neue ein vollständiges Bild zusammenzusetzen. Viel Spaß also auf der eigenen Entdeckungs- und Interpretationsreise in der Welt der Wirtschaft!

3

Landkarte der Möglichkeiten – was man mit den Kompetenzen so alles anstellen kann (im studierten Fach und anderswo)

Zusammenfassung In diesem Kapitel geben wir Ihnen einen Kompass an die Hand, mit dem Sie entlang von drei Dimensionen durch den Dschungel an Vielfalt an Unternehmen in der Welt „da draußen" navigieren können.

Im ersten Teil (Dimension Fach) geht es darum, wie nah an Ihrem Studienfach Sie in die Praxis einsteigen möchten. Wir stellen verschiedene Wege vor und diskutieren Vor- und Nachteile.

Im zweiten Teil (Dimension Größenordnung) geht es um die Größenordnung des Unternehmens, in welches Sie einsteigen möchten. Großkonzern? Mittelstand? Start-up? Öffentlicher Dienst? Wir schauen uns die Unternehmen aus den Blickwinkeln Persönlicher Gestaltungsspielraum, Strukturen und Prozesse, Karrieremöglichkeiten, Risiko und Unternehmenskultur an.

Im dritten Teil (Dimension Geographie) beschäftigen wir uns mit interkulturellen Kompetenzen. Nach einer Klärung des Begriffs Kultur und dem Blick auf Tradition und die eigene Kultur lernen Sie mit dem Hofstede-Modell ein hilfreiches Instrument zur quantitativen Einordnung von Kulturen kennen.

Warum man sich über verschiedene Optionen Gedanken machen darf …

Vielleicht haben Sie bis hierhin gemerkt, dass Ihnen Ihr Studium mehr gebracht hat als „nur" reines Fachwissen und die damit verbundenen Fähigkeiten und Kompetenzen. Und dass Sie damit vielleicht mehr machen können als Ihnen bislang bewusst gewesen ist. Vielleicht wissen Sie deshalb auf einmal gar nicht mehr, wohin Sie eigentlich wollen?

Vielleicht sind Sie aber auch verunsichert angesichts der Vielzahl offensichtlicher Lücken an Wissen, Fähigkeiten und Erfahrungen (zum Beispiel aus dem Bereich der sogenannten „soft skills"), die Ihnen jetzt auf einmal vielleicht als notwendiger Schlüssel zu einem erfolgreichen Berufseinstieg erscheinen, über die Sie aber einfach (noch) nicht verfügen? Und wissen deshalb auch auf einmal gar nicht mehr wohin?

Vielleicht sind Sie aber auch gerade im Übergang vom Studium ins Berufsleben und haben erst einmal ein paar Bewerbungen „ins Blaue" hineingeschrieben, einfach um zu probieren „wie das so ist im Bewerbungsgespräch", und auf einmal werden Sie tatsächlich zu einem solchen eingeladen. Und auf einmal ertappen Sie sich dabei, dass Sie sich ernsthaft die Frage stellen, ob denn das vielleicht nicht doch etwa das richtige Unternehmen für Sie wäre, oder ob Sie nicht doch besser woanders hin sollten und … wissen deshalb auch hier auf einmal gar nicht mehr wohin.

Dann geht es ihnen wie sehr wahrscheinlich vielen Absolventen und Berufseinsteigern, die sich plötzlich mit Ihrem fachlich so wohldefinierten Abschluss mit seinen klaren Wissensgrenzen und Kompetenzen einem dann nicht mehr ganz so wohlstrukturiertem Arbeitsmarkt gegenüberstehen.

Oder wissen Sie sofort, was Sie als „Area Manager Inventory Control" eigentlich den ganzen Tag machen sollen? Und was machen Sie eigentlich als „IT Quality Assurance Manager"?

Oftmals ist Ihnen vielleicht nicht immer sofort und genau klar, was eigentlich hinter diesen oder anderen Stellenbeschreibungen steht. Und ob das unter Umständen vielleicht etwas für Sie wäre, Sie sich vielleicht in genau dieser Position wohlfühlen könnten. Das sollten Sie dann vielleicht einmal durchleuchten.

Klar ist nur eines: in der Wirtschaftswelt „da draußen" gibt es offenbar ein viel breiteres Verwendungsfeld für Sie, als Ihnen bislang vielleicht selbst bewusst geworden ist. Sie dürfen also nicht nur „hoffen", etwas zu finden, dass Ihren Fähigkeiten und Kompetenzen, sondern auch Ihren Neigungen und Interessen entspricht.

Aber dann sollten Sie vielleicht zunächst einmal die Frage adressieren, was zu tun ist, wenn Sie wie oben geschildert plötzlich gar nicht mehr wissen wohin. Offenbar sieht man sich mit einer Situation konfrontiert, in der man sich also mit verschiedensten Optionen für den Berufseinstieg auseinandersetzen muss. Das wirkt auf den ersten Blick komplex und unüberschaubar. Aber auf den zweiten Blick ist es vielleicht gar nicht so schlecht, wenn man den Blick öffnen muss/kann/darf für Möglichkeiten jenseits des ursprünglichen Erwartungshorizonts. Wenn der Ingenieur nach seinem Abschluss überlegen muss, ob eine ihm angebotene Beschäftigung in der Unternehmensberatung für ihn wohl ähnlich attraktiv sein könnte wie eine Entwicklertätigkeit in der Flugzeugindustrie. Oder sich der Chemiker auf einmal mit der Frage auseinandersetzt, ob der Einstieg als Technischer Vertriebsassistent bei einem Unternehmen, das auf die Herstellung von Automobillacken spezialisiert ist, seinem ursprünglichen Ziel des Laborleiters in einem der großen Chemiekonzerne ebenbürtig (oder sogar besser?) ist.

Warum sollte es sinnvoll und zielführend statt verwirrungsstiftend und erschwerend für die Berufswahl sein, sich mit verschiedenen Optionen auseinander zu setzen? Das kann mehrere Gründe haben.

Zum einen erlaubt Ihnen ein weit definiertes Suchfeld in der Berufsfindungsphase, dass Sie nichts Wesentliches übersehen. Und somit Ihr Verkaufstalent beispielsweise nicht mit der Feinjustierung sprachlicher Ausdrücke in einem Vertrag verspielen. Oder Ihre Beratungskompetenz nicht bei der Optimierung von CAD-Software unterdrücken. Das soll jetzt nicht bedeuten, dass Tätigkeiten am Schreibtisch, an der Laborbank oder die Optimierung von CAD-Software per se keine attraktiven Beschäftigungen sein können. Aber es kommt letztlich immer darauf an, was Sie individuell als attraktiv erachten, was Sie machen möchten, was auf Sie passt. Kurz gesagt: durch ein breites Suchfeld können Sie die Chance signifikant erhöhen, etwas zu finden, was Ihrer gesamten Persönlichkeit mehr zusagt als nur eine möglichst hohe Überlappung zwischen Fachwissen und Berufsanforderung.

Zweitens zeigen Sie damit ein gesundes Maß an Flexibilität, das in der heutigen Berufsrealität an vielen – wenn nicht nahezu allen – Stellen verlangt wird. Starres Festhalten an vorhandenen Strukturen, wie der Existenz von Berufsbildern die *exakt* einem Studiengang entsprechen, wird in der dynamischen Wirtschaftswelt von heute eher selten mit langfristigem Erfolg gewürdigt. Das sehen Sie allein an den oben exemplarisch aufgeführten Stellenbeschreibungen, die sich kaum intuitiv erschließen. Und darüber hinaus wird in der Praxis die individuelle Bereitschaft zu Veränderung und damit verbunden die Anforderung an lebenslanges Lernen vorausgesetzt – und mit ihr auch eine gewisse Flexibilität in der Berufsausrichtung.

In engem Zusammenhang kann damit drittens auch die Mobilität stehen. Denn immerhin kann eine Berufsentscheidung auch geografische Konsequenzen mit sich bringen. Will im Klartext heißen, dass man nicht unbedingt vor der eigenen Haustür eingesetzt wird, sondern gegebenenfalls eine längere Wegstrecke zur Arbeit zurücklegen muss. Oder vielleicht unter der Woche getrennt ist von seinem üblichen sozialen Umfeld (Freunde, Familie). Oder gar ganz in ein anderes Land, vielleicht sogar in einen komplett anderen Kulturkreis übersiedeln muss. Und das vielleicht nicht nur temporär.

Viertens und letztens erlauben Ihnen viele Optionen auch eine möglichst realistische Einschätzung Ihres eigenen „Marktwertes". Was heißt das? Sie werden systematisch Ihre Interessen und Fähigkeiten an den Anforderungen des jeweiligen Berufsumfeldes messen, um entscheiden zu können, ob eine bestimmte konkrete berufliche Richtung für Sie mehr Sinn macht als eine andere. Denn letzten Endes lässt es sich nicht pauschal sagen, ob die Fähigkeit zur strukturierten tabellarischen Aufbereitung und quantitativen Auswertung von Messdaten die Grundlage dafür sein sollte, ob sich ein Ingenieur als Controller bei einer global agierenden Bank bewerben sollte oder nicht. Es könnte aber sein – und deshalb lohnt es sich vielleicht, ein paar Gedanken in der Richtung zu denken.

Beim Blick über den Tellerrand kann man in viele sehr unterschiedliche Richtungen blicken

Um es gleich vorweg zu schicken: wir werden Ihnen im Rahmen dieses Kapitels nicht die Antwort darauf liefern können, welches Berufsfeld für Sie das richtige wäre. Dafür sind Ihre individuellen Interessen, Fähigkeiten und Kenntnisse einfach viel zu unterschiedlich. Und das ist auch gut so. Denn was für den einen der absolute Traumjob ist, mag den anderen schlichtweg nur langweilig sein. Die Antwort auf die Frage nach dem richtigen Berufsfeld dürfen Sie also glücklicherweise immer noch selbst finden.

Aber wir können immerhin versuchen, Ihnen ein paar Gedanken und Überlegungen an die Hand geben, die Ihnen vielleicht helfen, bei der Suche nach der Antwort ein paar Fragen zu stellen, die Sie ansonsten nicht oder vielleicht nicht auf diese Weise oder in diesem Umfeld gestellt hätten.

Warum sollten Ihnen Fragen an dieser Stelle weiterhelfen? Nun, oft hat man ein zwar irgendwie diffuses, aber irgendwie doch ungefähr gefühlt präzises Bild von dem, was man später gerne einmal machen möchte. Es ist aber immer hilfreich, sich im Vorfeld von Bewerbungen und Bewerbungsgesprächen einmal mit unterschiedlichen Aspekten seiner Berufswahl auseinander zu setzen, um für sich überprüfen, möglicherweise sogar entscheiden zu können, ob die gewählte Richtung wirklich mit dem was Sie wollen und können übereinstimmt. Und mit den richtigen Fragen schaffen Sie es vielleicht, ein wenig mehr Licht in das Dunkel und undurchdringlich erscheinende Dickicht der Berufsoptionen zu bringen.

Diese Fragen können sich entlang verschiedener Kategorien orientieren, von denen wir nachfolgend die aus unserer Sicht drei relevantesten vorstellen möchten. Innerhalb jeder Kategorie gibt es verschiedene Ausprägungen, von denen Sie sich fragen können, welche für Sie die jeweils zutreffende(n) Option(en) ist/sind. Dadurch werden Sie zwar immer noch nicht Ihr konkretes Berufsfeld identifizieren können – aber vielleicht oder zumindest weniger attraktive Optionen in einer frühen Phase des Entscheidungsprozesses herausfiltern. Um dann mehr Zeit zur Prüfung der wirklich interessanten und aus Ihrer Sicht relevanten Optionen zu haben.

Lassen Sie uns also einen Blick auf die drei angesprochenen Kategorien werfen, nach denen Sie die Natur Ihrer zukünftigen Tätigkeit hin durchleuchten können. Diese sind hier zunächst mit einigen exemplarischen Kernfragen kurz angerissen und werden im Folgenden detailliert diskutiert:

1. Tätigkeitsfeld
„Wie nahe möchte ich inhaltlich an meinem tatsächlichen Studiengang eingesetzt werden?"
„Was sind mögliche fachfremde Felder, die mich reizen würden?"
„Welche außerfachlichen Kompetenzen bringe ich noch mit?"
2. Unternehmensumfeld
„Wo fühle ich mich wohler: in Großkonzernen, mittelständischen Unternehmen, oder vielleicht als selbständiger Unternehmer in einem Startup?"
„Wie konkret sollte meine berufliche Aufgabe definiert sein – wie viel freien Gestaltungsspielraum möchte ich selbst haben?"
„Wie sollte die Unternehmenskultur aussehen?"
3. Geographischer Fokus
„Welchen Anteil sollten internationale Einsätze in meinem beruflichen Werdegang einnehmen?"
„Was muss ich beachten, wenn ich mit Menschen aus anderen Kulturkreisen zusammenarbeite?"
„Wie relevant sind diese sogenannten interkulturellen Kompetenzen wirklich?"

Diese drei dargestellten Kategorien mögen auf den ersten Blick nicht völlig unabhängig voneinander sein. So können Sie eine fachlich nahe Tätigkeit vielleicht am ehesten in einem Großkonzern vermuten. Auch könnte man vermuten, dass bei der Tätigkeit in einem mittelständischen Unternehmen eher lokale oder regionale Einsätze an der Tagesordnung sind. Aber hier offenbart der zweite Blick mehr, und wir hoffen, Ihnen auf den nächsten Seiten ein wenig mehr davon zeigen zu können, wie vielschichtig die Möglichkeiten sind, die sich Ihnen bieten. Und dass es sich durchaus lohnt, diese drei Kategorien zunächst einmal unabhängig voneinander unter die Lupe zu nehmen.

Vorab sei aber gleich erwähnt, dass sich die Wirklichkeit, der Sie dort draußen jenseits der Hochschule begegnen werden, auf keinen Fall mit diesen drei einfachen Kategorien erschöpfend darstellen lassen wird. Aber wir haben sie im Rahmen dieses Buches gewählt, um die aus unserer Sicht relevantesten zu diskutieren und hoffentlich anschaulich genug darzustellen. Mit Sicherheit mögen Sie weitere Dimensionen hinzufügen wollen, die Ihnen auf Ihrem persönlichen Weg mehr Klarheit und Struktur verschaffen. Sollten Sie auch! Denn was Sie hier finden ist schließlich nicht mehr als der Strukturvorschlag von Menschen, die selbst keine letztgültigen Experten des Themas sind – aber ihre Erfahrungen mit Ihnen teilen. Sie selbst müssen für sich entscheiden, nach welchen Dimensionen Sie Ihre Berufswahl gestalten wollen. Vielleicht denken Sie ja in Dimensionen von physischer Tätigkeit vor Ort in einem Unternehmen versus Tätigkeit aus dem Homeoffice, Vollzeit versus Teilzeit, Risiko versus Sicherheit oder etwa beratender Tätigkeit (Sie dürfen dem anderen nur sagen, dass seine Schnürsenkel offen stehen und ihm raten, sie zur Verringerung des Unfallrisikos zu binden) versus entscheidender/anleitender/ausführender Tätigkeit (hier dürfen Sie darüber hinaus auch noch selbst die Schnürsenkel binden). Oder Sie finden noch gänzlich andere Dimensionen. Was auch immer Sie entdecken, wie auch immer Sie es strukturieren: es sollte Ihnen helfen, bei Ihrem Entscheidungsprozess in der Berufswahl nach vorne zu kommen. Aber davon dann mehr im letzten Teil dieses Buches.

Lassen Sie uns also jetzt erst einmal die drei aus unserer Sicht relevantesten Dimensionen aus der Vielfalt an Möglichkeiten zur Charakterisierung Ihrer Tätigkeit etwas näher in Augenschein nehmen.

Tätigkeitsfeld – oder: Wie nah an meinem Fach möchte ich eingesetzt werden?

Als erste Kategorie werfen wir zunächst einen Blick auf das Tätigkeitsfeld, oder anders ausgedrückt die Frage, welches Gewicht Sie der fachlichen Komponente Ihrer Ausbildung geben wollen – und welchen Anteil die nicht-fachlichen Komponenten bei Ihrer Beschäftigung idealerweise einnehmen sollen. Bei der Betrachtung des Tätigkeitsfeldes möchten wir an dieser Stelle über drei prinzipielle Optionen nachdenken.

Zunächst einmal können Sie sich dafür entscheiden, einen fachnahen Berufseinstieg zu wählen. Welcher das dann sein kann, wird von Ihren Interessen und vielleicht auch von Ihrer Abschlussarbeit definiert. Möglicherweise ist Ihnen aber ein fachnaher Einsatz aber auch zu eng definiert. Und Sie haben im Studium auch immer schon „über den Tellerrand" geblickt. Dann könnten Sie Ihr Fachwissen vielleicht sinnvoll in einem „angrenzenden Berufsgebiet" einbringen.

Eventuell möchten Sie aber noch viel weiter springen. Möchten etwas ganz anderes als das bisherige Fachgebiet bearbeiten. Und sich ganz auf das Methodenwissen verlassen, das Sie *en passant* erworben haben. Auch hier stehen Ihnen einige (wenngleich auch teilweise exotische) Möglichkeiten offen. So können Sie beispielsweise als Informatiker in die Unternehmensberatung eintreten und gemeinsam mit Unternehmen (nicht nur der IT-nahen Industrie) Projekte bearbeiten. Oder Sie bringen Ihre Affinität für Zahlen aus dem Physikstudium in einer Analystenfunktion bei einer Bank ein, oder Sie arbeiten als diplomierter Theologe im Personalbereich.

Es sei an dieser Stelle gleich vorweggeschickt, dass diese Optionen nur drei mögliche Idealformen sind und sich die Wirklichkeit (wie so häufig) deutlich komplexer darstellen wird als wir sie hier vereinfacht darstellen. Aber möglicherweise hilft Ihnen die hier getroffene Vereinfachung ja in der einen oder anderen Weise, Ihre Entscheidung für eine gewisse Richtung beim Berufseinstieg ebenfalls zu vereinfachen oder in einer bestimmten Art und Weise sinnvoll zu strukturieren. Wenn nicht dann zögern Sie nicht den hier vorgestellten Ansatz zu ergänzen – oder entwickeln Sie einen besseren. Prinzipiell gilt: alles was Ihnen hilft, Ihre Entscheidung zu finden, ist wichtig und in Ihrem Sinne richtig.

Fachnaher Einsatz ermöglicht eine maximale Kontinuität der inhaltlichen Arbeit

Ein Einsatz im fachnahen Feld mag nicht nur das zunächst naheliegendes für Sie sein, sondern auch vielleicht das offensichtlich sinnvollste. Immerhin greifen Sie dabei auf den Kern dessen zurück, wofür Sie jahrelang ausgebildet worden sind. Machen etwas, was Ihnen schon immer Spaß gemacht hat: als Ingenieur an Motoren rumbasteln, als Biologe die Geheimnisse des Lebens erkunden, als Chemiker neuartige Stoffe erschaffen und deren Eigenschaften nutzbringend einsetzen, als Jurist in einer Anwaltskanzlei Verträge zu bearbeiten usw. Und setzen Ihre fachlichen Kompetenzen möglichst effektiv und effizient ein.

Auf jeden Fall mögen Sie mit Ihren fachlichen Kompetenzen zu Beginn Ihrer beruflichen Laufbahn die besten Chancen auf eine Erstanstellung haben. Vielleicht sucht ein Unternehmen ja auch gerade das spezielle Fachgebiet, auf dem Sie Ihre Bachelor- oder Masterarbeit geschrieben haben. Oder auf dem Sie nach jahrelanger Forschung promoviert haben.

Werfen Sie doch mal einen Blick in die Stellenanzeigen Ihrer jeweiligen Branche. Sie werden überrascht sein, wie breit das Feld ist, das Sie für Ihre Berufswahl in Betracht ziehen können (oder müssen?), selbst wenn Sie sich zunächst möglichst nah an Ihrem Fach orientieren möchten. Vielleicht sind es gerade hier die nicht ganz ausgetretenen Pfade, auf denen Sie Ihre ersten Gehversuche in der Welt jenseits der Universität machen werden? Es eröffnet sich Ihnen auf jeden Fall ein breites Spektrum an Möglichkeiten, die Sie ernsthaft prüfen sollten, wenn Sie sich dazu entscheiden wollen, in diese Richtung vorzustoßen (oder sich zumindest nicht gegen diese Richtung entscheiden …).

Ein fachlich naher Einstieg hat zudem den klaren Vorteil, dass Sie sich im Rahmen eines Bewerbungsgesprächs auf meist nicht ganz unbekanntem Terrain bewegen können und sich nicht erst in vollkommen fachfremde Gebiete einarbeiten müssen. Zugegeben, die Wahrscheinlichkeit, dass Ihr Promotionsthema in naher Zukunft unmittelbar in eine direkte Anstellung mündet, ist vermutlich eher gering. Die Wahrscheinlichkeit eines zum Titel Ihrer Abschlussarbeit passenden Jobprofils auf dem Arbeitsmarkt würden wir in den meisten Fällen als eher gering einschätzen. Aber wir haben schließlich im ersten Teil des Buches festgestellt, dass Sie sich ohne große Schwierigkeiten in andere fachliche Themen einarbeiten können und hoffen, Sie auch mit unseren Gedanken überzeugt zu haben. Sie können viel und können sich in kurzer Zeit in viele Gebiete einarbeiten. Weil Sie eben genau das im Studium gelernt haben.

Der Vorteil einer ersten Stelle in großer Nähe zu Ihren bisherigen Arbeiten besteht im Wesentlichen darin, dass Sie ein Ihnen bekanntes Feld bearbeiten, und sich um die fachliche Qualifikation keine Bauchschmerzen machen müssen. Damit Sie sich in den ersten Wochen und Monaten nach dem Berufseinstieg auch erst einmal um die vielen kleinen und großen anderen Themen kümmern können, die ein solcher Schritt mit sich bringt (wie zum Beispiel dem Aufbau eines Netzwerkes im Unternehmen, aber dazu an anderer Stelle mehr).

Was sind die langfristigen Perspektiven eines solchen Eintritts? Zum einen können Sie im Idealfall unter Weiterverfolgung der rein fachlichen Karriere eine Expertenstellung im Unternehmen oder gar in Ihrer Branche entwickeln. Und ausgeprägtes Fachwissen ist nach wie vor in unserer wissensbasierten Industrie ein knappes Gut und kann in gewissen Branchen hoch vergütet sein, wie das Beispiel der Extrusion von Bauteilen aus Kunststoff verdeutlichen mag. Die verantwortlichen Fachkräfte verfügen hier über das sprichwörtliche „goldene Händchen", wenn es darum geht, die optimalen Parameter zu finden, um eine entsprechende Maschine (den Extruder) zum Laufen zu bringen (und vor allen Dingen dann am Laufen zu halten …). Golden deshalb, da es bei diesen Prozessen nicht selten um wesentliche Werthebel eines Unternehmens geht (einfach gesprochen: je weniger Zeit ich mit dem Anfahren der Maschine verliere, desto mehr Gewinn kann ich am Ende des Tages erwirtschaften), wodurch es nicht verwunderlich ist, dass entsprechende Fachkräfte in den jeweiligen Branchen nicht nur händeringend gesucht sind sondern auch nicht selten attraktiv vergütet werden.

Vielleicht schwebt Ihnen ja auch ein fachlicher Einstieg vor, aber Sie sind sich auch noch ein wenig unsicher, ob Sie auch wirklich langfristig in einer solchen Position bleiben möchten. Und haben Angst, sich mit einem solchen Schritt nach einigen Jahren in einer Art „beruflichen Sackgasse" zu befinden. Aber seien Sie diesbezüglich nicht allzu besorgt: Sie verbauen sich keineswegs irgendwelche Optionen und auch zum „Schnuppern" ist ein fachnaher Einstieg alles andere als die schlechteste Alternative.

Wie an anderer Stelle dieses Buches bereits beschrieben wechseln Sie typischerweise in großen Unternehmen ohnehin alle paar Jahre die Position. Und da zum Beispiel in der F&E-Abteilung eines großen Konzerns die Anzahl der Stellen mit zunehmender Hierarchiestufe ohnehin immer geringer wird (und nicht nur dort), ist nachvollziehbar, dass nicht jeder die vertikale Karriereleiter innerhalb einer Fachkarriere hinaufklettern werden kann, will – oder muss. Denn es kann ja sein, dass es Ihnen nach einiger Zeit in Ihrer Fachposition, die für den Einstieg optimal war, vielleicht doch etwas zu eintönig wird. Und dass Sie spätestens dann beginnen, sich in andere Bereiche des Unternehmens zu entwickeln.

Seien Sie daher nicht allzu sehr überrascht, wenn Sie früher oder später damit beginnen, in immer höherem Maße ursprünglich fachfremdes Wissen und Fertigkeiten in Ihr Repertoire zu integrieren. Als Wissenschaftler haben Sie sich beispielsweise dann drei Jahre lang in der Entwicklungsabteilung eines Pharmaunternehmens mit Schwerpunkt Galenik überlegt, in welcher Form die optimale biologische Verfügbarkeit eines Wirkstoffs erfolgen sollte. Und setzen danach Ihr Wissen im Bereich Produktmanagement ein, um sich Gedanken darüber zu machen, in welcher Form die optimale Vermarktung des Produktes erfolgen sollte. Nur eben nicht wie zuvor aus der reinen Sicht der „technischen Machbarkeit" („Wie setze ich das am besten um?") sondern aus Sicht der wirtschaftlichen Darstellbarkeit („Wie setze ich das am wirtschaftlichsten um?"), oder aus Sicht der Kundenanforderungen („Was ist am verträglichsten für die Patienten?"). Das in den Jahren zuvor erworbene Fachwissen ist dabei eine solide Basis, auf der Sie dann mit zunehmender Einbeziehung wirtschaftlicher Aspekte aufbauen können.

Was sind mögliche Nachteile eines solchen fachnahen Einstiegs? Es besteht natürlich immer das Risiko einer „Spezialisierungsfalle", d. h. der Gefahr, dass man irgendwann als „Fachidiot" abgestempelt wird. Wie das? Oben haben wir das noch als einen möglichen Vorteil gewertet (Expertenkarriere) und das soll nun plötzlich schlecht sein?

Das bedarf der Erläuterung: Eine Expertenkarriere sollten Sie nicht mit einer vollkommenen Spezialisierung verwechseln. Sie sollten prinzipiell immer den Blick für die Themen und Gebiete offenhalten, die um Ihr Fachgebiet herum existieren. Wenn Sie immer nur mit einem Thema arbeiten und nichts anderes zulassen, dann entgeht Ihnen vielleicht, dass in Ihrem Unternehmen irgendwann einmal neuartige Aufgabenstellungen im Vordergrund des Interesses stehen. Wenn Pflüge nicht mehr von Pferden, sondern von Traktoren gezogen werden, dann werden Hufschmiede für die Pferde immer weniger gebraucht. Wenn Sie immer noch mit handschriftlichen Laborbüchern arbeiten, dann fehlt Ihnen die digitale Datenbasis, um die Methoden der künstlichen Intelligenz effektiv und effizient einsetzen zu können. Und wenn künstliche Algorithmen auf der Basis neuronaler Netze Musik komponieren können, dann braucht es in Zukunft vielleicht sogar weniger Musiker? Hier gilt, vielleicht in noch höherem Maße als in anderen Gebieten, die Maxime des lebenslangen

Lernens. Denn Sie müssen sich fachlich permanent messen lassen mit den Absolventen der Universitäten und Fachhochschulen, die ihrerseits häufig mit dem aktuellen Wissen um Methoden und Materialien in Ihr berufliches Umfeld treten. Und wenn Sie das nicht oder in nicht ausreichendem Maße tun, dann kann es tatsächlich passieren, dass Sie zwar fachlich exzellent sind, Ihr Wissen aber nicht mehr in ausreichendem Maße gewinnbringend im Unternehmen werden einbringen können. So, wie es den Hufschmieden der Vergangenheit erging. Das sollte keine Angst machen, sondern die Freude an der Neugier bewahren. Dann sind Sie gut aufgestellt.

Und wenn Sie irgendwann doch einmal beschließen, sich beruflich in eine ganz andere Richtung zu orientieren? Wenn der Spezialist nach ein paar Jahren fachspezifischen Tätigkeit plötzlich beschließt, sich dem Journalismus zu widmen? Dann mag bei einer Fachkarriere häufig die ein oder andere Komponente im Lebenslauf fehlen, die es einem dann zwar nicht unmöglich macht, aber möglicherweise erschwert, den Einstieg in eine völlig andere Richtung zu finden. Dann helfen eine besondere Motivation und überzeugende Argumente, vielleicht auch ein unüblicher Weg, eine Bewerbung zu platzieren.

Wichtig erscheint es für viele in diesem Zusammenhang häufig, die Chancen auf eine nachhaltige und dauerhafte Beschäftigung in dem jeweiligen Umfeld sicherzustellen. Das mag mitunter recht schwierig sein, da wir in der heutigen Zeit mehr denn je zuvor weder von einer bestimmten Position, noch von einem Unternehmen oder gar einer ganzen Branche mit Sicherheit sagen können, ob Sie in dieser Form auch in fünf oder zehn Jahren noch existieren wird. Das mag auf den ersten Blick zunächst einmal abschrecken und hier mag man denken: dann orientiere ich mich vielleicht lieber ein wenig in Richtung auf das Thema Management weiter. Dann kann ich Methodik, Wissen und Kompetenzen erwerben, die ich unabhängig von Industrie oder Funktion einsetzen kann. Das stimmt und stimmt auch nicht. Jeder Sektor in der Wirtschaft hat seine Spezifika und seinen Umgang mit Branchenfremden: Ein Gespräch mit einer Bank darüber, wie sich eine Bank ändern würde, wenn Sie sich als produzierendes Unternehmen verstehen würde, haben wir einmal mit einem Vorstand geführt. Die inhärente Logik war klar: Wenn eine Bank Liquidität produziert, ändern sich Abläufe. Die Risikoscheu einer Bank war aber das höhere Gut, als die Freude an einem Experiment, das nicht scheitern darf, ohne die Organisation zu bedrohen.

Aber man sollte die Situation auch nicht schwarzmalen und zu negativ sehen. Ganz im Gegenteil ist es für viele gut ausgebildete Fachkräfte erfahrungsgemäß nicht wirklich schwer, auch in schwierigen Zeiten ein neues Betätigungsfeld zu finden. Hier helfen wieder die Kap. 2 dieses Buches diskutierten Qualifikationen, die man auch und gerade als Fachkraft en passant neben seinen eigentlichen fachlichen Qualifikationen erwirbt. So finden sich Beispiele, dass gelernte Werkzeugmacher (ein Berufsfeld, das heute in der traditionellen Form beispielsweise überhaupt nicht mehr ausgebildet wird) zunächst in Ihrem angestammten Beruf eingesetzt wurden, um vielleicht nach einigen Jahren bis zum Betriebsleiter in Unternehmen der Automobilzuliefererindustrie aufzusteigen. Was Ihnen hier geholfen hat, war das anschaulich-pragmatische Wissen um Prozesse (Fertigungsabläufe) und Materialien, die Sie sich während Ihrer Fachausbildung angeeignet haben. Zeiten des Umbruchs sind immer geeignet für die, die geistig fit geblieben sind und ihre Kompetenzen kontinuierlich erweitern.

Ähnlich mag es heute jedem gehen, der zunächst seine Erfahrungen auf seinem „fachlichen Heimatplaneten" macht. Durch die spezifische Denkschule, die er dabei in Studium und den ersten Berufsjahren durchläuft, wird er sich eine Basis schaffen, auf der er nachhaltig wird aufbauen können – und das nicht notwendigerweise auf der gleichen Position, im gleichen Unternehmen oder in der gleichen Branche.

Wenn Sie also für sich das Gefühl haben, dass Sie gerne schwerpunktmäßig in Ihrem angestammten Feld arbeiten möchten, dann tun Sie das. Auch Ihre berufliche Reise beginnt mit dem ersten Schritt. Und warum sollte Sie dieser nicht in das Feld führen, das Ihnen ohnehin am meisten Spaß bereitet?

Wie mag der Einsatz in einer fachnahen Tätigkeit nun konkret aussehen: Wenn Sie bislang noch keine Industrieluft geschnuppert haben, dann sollten Sie vielleicht erwägen, genau dies einmal zu tun. Denn Sie sollten auf keinen Fall von einer lieb gewonnenen und wohlbekannten Tätigkeit in einem universitären Forschungsbetrieb auf die Berufsrealität in einem wirtschaftlichen Umfeld schließen. Eine solche Realität können Sie beispielsweise im Rahmen eines Praktikums in einem Betrieb kennenlernen. Wohl wissend, dass ein solches Praktikum sich teilweise nur sehr schwer in das universitäre Curriculum einbauen lässt, kann es nichtsdestotrotz ein in vielen Fällen unverzichtbarer Baustein für eine berufliche Karriere sein. Und nicht selten ist der Eindruck, den man in einem Praktikum hinterlässt, die Kontakte, die man in diesem Zusammenhang knüpft, ein möglicher erster Schritt zu einer späteren Erstanstellung. Denken Sie mal drüber nach. Kurzfristig müssen natürlich die Anforderungen des Studiums erfüllt werden. Und die nächste Klausur will selbstverständlich auch noch vorbereitet sein. Und langfristig wollen Sie vielleicht irgendwann und irgendwo einmal nicht irgendeinen Arbeitsvertrag unterschreiben. Oder aber überhaupt erst einmal einen angeboten bekommen. Da ist ein gutes Zeugnis nicht unbedingt hinderlich. Reicht aber halt nicht immer notwendigerweise aus. Gewürzt mit Praxiserfahrung schmeckt das auch einem Personalverantwortlichen, der Ihre Bewerbung liest, mit Sicherheit deutlich besser …

Wo hört denn das „Fach-nahe" eigentlich auf? Reden wir von nah am Fach, wenn Sie 50 % Ihrer täglichen Arbeitszeit mit inhaltlichen Themen verbringen, für die Sie eine um 80 % kürzere Einarbeitungszeit benötigen als Kollegen, die Ihren fachlichen Hintergrund nicht mitbringen? Und Sie deshalb zum Beispiel nicht selten Ingenieure in den Patentabteilungen großer Automobilkonzerne finden (neben den eigentlich dort vermuteten Juristen)? Ganz schwer zu sagen. Eine klare Grenzlinie kann man hier mit Sicherheit nicht wirklich ziehen. Und quantifizieren wie oben angedeutet mit Sicherheit noch viel weniger. An dieser Stelle müssen Sie selbst für sich definieren, wo Ihr „Fach" aufhört und wo „das Andere" beginnt. Diese undefinierte Grauzone gefällt Ihnen nicht? Ist Ihnen nicht klar genug definiert? Gewöhnen Sie sich ruhig schon einmal daran. Genau in dieser spannenden Grauzone, die häufig nicht nur grau, sondern sehr bunt und vielfältig ist, werden Sie vermutlich irgendwann in Ihrem Leben einmal die interessantesten, vielseitigsten und spannendsten Tätigkeiten finden. Von deren Existenz Sie heute noch nicht einmal träumen. Auch und gerade im Bereich „fach-nah".

Denn bereits ein fachnahes Einsatzgebiet sieht in der industriellen Praxis häufig ganz anders aus als in der Forschungswelt der Hochschulen. In den Forschungs- und Entwicklungsabteilungen (F&E) geht es sehr häufig mehr um das „E" als um das „F". also eher die Frage nach der Anpassung bereits vorhandener Lösungen an spezifische Kundenbedürfnisse als um das Entwickeln von revolutionären Durchbrüchen und innovativen Neuerungen.

Das mag auf den ersten Blick vielleicht für Sie weniger spannend klingen. Aber für die unternehmerische Praxis sind diese Entwicklungsfragen meist existenziell. Auch wenn die Problemstellung, wenn die Frage zunächst einfach erscheinen mag, so ist es die Antwort darauf meist keineswegs. In Anlehnung an ein Zitat des großen preußischen Strategen Carl von Clausewitz könnte man hier sagen: „In der Entwicklung von Kundenlösungen ist alles einfach. Aber dadurch ist es nicht automatisch auch alles leicht". Probieren Sie es gerne mal aus. Sie werden überrascht sein. Wir waren es auch.

Wenn Sie aber für sich sagen, dass Ihnen eine rein fachliche Orientierung nicht weit genug greift, dann sollten Sie vielleicht überlegen, ob Sie nicht einen Weg beschreiten wollen, auf dem Sie Ihr Fachwissen nicht ganz aufgeben müssen, sich aber in nicht unerheblichem Maße bereits mit anderen Themen auseinandersetzen dürfen.

Eine Kombination aus Fachwissen und fachfremden Elementen sollten Sie einsetzen, wenn Sie schon immer gerne über den Tellerrand hinausgeschaut haben
Wodurch wird eine Position charakterisiert, bei der Sie Ihre Beschäftigung durch eine Kombination aus erworbenem Fachwissen und darüber hinaus außerfachlichen Gestaltungselementen zusammensetzen? Zum einen nutzen Sie als Basis Ihr Fachwissen, Ihr eigentliches Tätigkeitsfeld aber hat weniger die eigentlichen Fachkompetenzen zum wesentlichen Gegenstand, sondern vielmehr andere Funktionen eines Betriebes. Darunter fallen beispielsweise Bereiche wie Marketing, Vertrieb, Produktion oder etwa Qualitätssicherung.

Als Maschinenbauingenieur könnten Sie sich beispielsweise dafür entscheiden, im Bereich Marketing für technikaffine Anwendergruppen zu arbeiten. Als Beispiel sei hier die Landmaschinenindustrie genannt. Die Kunden in dieser Branche, vornehmlich Landwirte und landwirtschaftliche Lohnunternehmer, warten und reparieren ihre Maschinen aus den unterschiedlichsten Gründen (Kosten, Technikbegeisterung, etc.) häufig selbst. Daher möchten Sie in einem Verkaufsprospekt für entsprechende Maschinen nicht nur „bunte Bilder" sehen und die allgemeinen Leistungsmerkmale dargestellt haben. Sondern auch und vor allem eine Vielzahl an technischen Details als Information bekommen. In diesem Zusammenhang mag es vorteilhaft sein, wenn ein technikaffiner Marketingverantwortlicher und ein Ingenieur mit dem Talent zur grafischen Darstellung seiner technischen Kenntnisse zusammenkommen. Um aus dieser Kombination einen aussagekräftigen Prospekt zu gestalten, das eben nicht nur das Auge des Kunden anspricht, sondern auch und vor allem seine technischen Fragen in ausreichendem Umfang beantwortet. Auch mag es interessant sein, kontinuierlich zu verfolgen, wie sich die Wirtschaft verändert: Wenn große Agrarfirmen satellitengestützt den Einsatz von Ressourcen der Witterung anpassen, verändern sich Berufsbilder und Lösungen auf aktuelle Fragen.

Sie könnten beispielsweise im technischen Vertrieb eines Unternehmens im sogenannten „B2B"-Bereich eingesetzt sein. Das „B2B" steht für „Business to Business", also dem Vertrieb der Waren nicht zu den Konsumenten (Endkunden) sondern zu einem weiteren Unternehmen, das dann seinerseits die Endprodukte herstellt oder selbst im B2B-Bereich tätig ist. Als Beispiel sei hier der Vertrieb von Materialien zur Beschichtung von Oberflächen in die Papiermaschinenindustrie genannt. Als Mitarbeiter im technischen Vertrieb wären Sie dabei verantwortlich dafür, die Fertigungsabläufe Ihres jeweiligen Kunden derart zu optimieren (d. h. möglichst kosteneffizient zu gestalten), damit ein Mehrwert durch das von Ihnen verkaufte Produkt unter dem Strich immer noch zu einer Kosteneinsparung auf Seiten Ihres direkten Kunden führen wird (der dann beispielsweise auf zwei andere Produkte Ihres Konkurrenten verzichten kann). Das bedingt selbstverständlich eine äußerst detaillierte Kenntnis der jeweiligen Prozesse bei den Kunden und setzt wiederum voraus, dass Sie in der Lage sind, komplexe Abläufe und Systeme zu verstehen und zu optimieren. Eben eine der Eigenschaften, die Sie im Rahmen des Studiums auch mitbekommen haben.

Auch in der Produktion ist Detailwissen unverzichtbar. Hier bringt der Verfahrenstechniker zweifellos den wesentlichen Anteil an Fachwissen mit, was zum Beispiel Fragen der Anlagenauslegung anbelangt, aber auch andere Disziplinen können den Personaleinsatz im Schichtbetrieb solide planen. Das Detailwissen um die darin hergestellten Produkte, die oftmals einen entscheidenden und von einem Verfahrenstechniker möglicherweise nicht immer im Detail vorherzusehenden Einfluss auf die konkrete Auslegung einer entsprechenden Anlage hat, das bringt in nicht seltenen Fällen vielleicht dann eine andere Disziplin mit einem vertieften Hintergrund im Bereich der entsprechenden Produkte mit. Wobei dieses Produktwissen für ihn an dieser Stelle nicht im absoluten Fokus stehen wird, sondern er sich viel mehr Gedanken machen muss um die Steuerungsparameter.

Und der analytische Chemiker mag vielleicht an der Schnittstelle von Entwicklung, Marketing und Vertrieb im Bereich des Produktmanagements arbeiten. Wo er sicherstellt, dass die aus dem Markt aufgenommenen Kundenbedürfnisse in maßgeschneiderte Produkte umgesetzt und diese dann entsprechend beworben werden. In diesem Umfeld werden Sie dann zahlreiche Schnittstellen zu den unterschiedlichen Funktionen haben, beispielsweise den Laborleiter der Entwicklungsabteilung, den Vertriebsverantwortlichen für Südeuropa oder die Marketingassistentin für Hochleistungspolymere. Was an Ihre Kommunikationskompetenzen in diesem Beschäftigungsfeld ganz erheblich andere Anforderungen stellt als in einer vergleichbaren Laborposition, wo die rein fachliche Kompetenz noch stärker im Vordergrund steht. Immerhin müssen Sie hier teilweise ganz anders denkenden und handelnden Personenkreisen ein für Sie zunächst klar umrissenes Thema darstellen: dem Laborleiter („Wie mache ich das?"), dem Marketingassistent („Auf was sollte in der Werbebroschüre Wert gelegt werden?") und dem Vertriebsverantwortlichen („An wen und mit welchen Argumenten verkaufe ich das Produkt?"), wobei Controller („was kostet die Party wirklich?") und weitere Funktionen ebenfalls zusammenarbeiten müssen, um Erfolg zu haben.

Die Vorteile einer so gearteten Einstiegsposition können vielfältig sein. Zum einen kann man nach wie vor die fachlichen Stärken als solide Basis sowohl im Bewerbungsprozess (Bewerbungsschreiben, Einstellungsgespräch) hervorheben. Zum anderen kann man anderen Bereichen seiner Persönlichkeit einen größeren Entfaltungsrahmen im beruflichen Umfeld bieten. So muss z. B. ein Vertriebsmitarbeiter ein sehr starker und schlagkräftiger Kommunikator sein und muss gerne mit Menschen zu tun haben. Der marketing-orientierte Charakter hingegen muss dann vielleicht mehr Interesse und Begabung im Bereich der visuellen Darstellung mitbringen (vielleicht frönen Sie ja außerhalb Ihres Studiums oder Ihrer gegenwärtigen Beschäftigung der darstellenden Kunst in Form von Malerei oder ähnlichem? Dann wäre die Beschäftigung mit einer beruflichen Orientierung im Bereich Marketing durchaus mehr als nur einen flüchtigen Gedanken wert).

Eine weitere nicht zu vernachlässigende Komponente kommt in diesem Tätigkeitsumfeld mit Sicherheit dem beschleunigten Erlernen weiterer interdisziplinärer Kompetenzen zu. So werden sie in diesen Schnittstellenfunktionen immer wieder mit Menschen zusammenarbeiten, die nicht aus Ihrem ursprünglichen Fachgebiet stammen. Einen ganz anderen Werdegang in Ausbildung, Studium und Beschäftigung haben. Und damit auch eine ganz andere „Sprache" gelernt heben. Die Sie jetzt auch lernen müssen, wenn Sie sich mit Ihren neuen Kollegen unterhalten wollen. Sie verstehen wollen. Und vielmehr auch selbst verstanden werden möchten. Denn mit Ihrem „Fachjargon" oder Ihrer fachspezifischen Sprach- und Ausdrucksweise wird man Sie nicht notwendigerweise überall verstehen. Das gilt nicht nur für Techniker, sondern genauso für Juristen, Kreative, oder Betriebswirte. Weder innerhalb Ihres Unternehmens (das wäre vielleicht noch zu verkraften), noch an der Schnittstelle zu Ihren Kunden (das kann für Ihr Unternehmen mitunter unangenehme Folgen haben bis hin zu Imageverlust gemäß der Aussage „Die verstehen unsere Probleme ja sowieso nicht."). Und unabhängig von Ihrer beruflichen Position wird es immer wieder wichtig sein, dass Sie Ihre Ideen anderen Menschen verkaufen, die eben einen ganz anderen fachlichen und beruflichen Werdegang hinter sich haben als Sie selbst. Auch als zunächst nah des eigenen Studiums eingesetzter Anfänger werden Sie vielleicht an irgendeiner Stelle jemandem berichten, den vielleicht mehr die Zahlen interessieren („Was kostet mich das Projekt?" „Wie viel bringt es unserem Unternehmen ein?" „Wie lange dauert es bis es fertig ist?" „Wie hoch schätzen Sie das finanzielle Risiko ein?") als die technischen Details. Und die Kommunikation an genau dieser Schnittstelle lernen Sie vielleicht in keinem Umfeld so schnell wie dort, wo Ihnen einerseits Ihre fachlichen Wurzeln eine Basis bilden, auf der Sie sich entwickeln können. Gleichzeitig können Sie in diese beschriebenen, oder andere neue Gebiete hineinwachsen.

Selbstverständlich bieten sich auch in jedem Tätigkeitsfeld sehr attraktive langfristige Perspektiven an. Zum einen haben Sie von Anfang an in vielen Fällen eine hohe Sichtbarkeit innerhalb des Unternehmens, da Sie in der Regel an Schnittstellenpositionen mit verschiedenen Abteilungen zusammenarbeiten. Dadurch steigt nicht selten die Chance, dass irgendjemand innerhalb dieser Abteilungen auf Sie aufmerksam wird und Ihnen möglicherweise unternehmensintern eine andere Stelle anbietet, die Sie dann vielleicht zur beruflichen Weiterentwicklung nutzen. So kann zum Beispiel eine erfolgreiche Tätigkeit im Vertrieb dazu führen, dass Sie sich irgendwann von der Marktseite her in den Bereich Produktmanagement bewegen, um dort gemeinsam mit der F&E-Abteilung die Frage zu klären, welche Produkte der Markt denn nun wirklich will. Um diese Produkte dann genau zu spezifizieren (wozu Sie aufgrund Ihrer in der Vergangenheit erworbenen umfangreichen Kenntnisse der Kundenanforderungen befähigt sind) und die Realisierbarkeit der technischen Umsetzung gemeinsam mit der Entwicklungsabteilung zu evaluieren (wozu Sie natürlich aufgrund Ihres fachlichen Hintergrundes prädestiniert sind). Und dann einen Produktentwicklungsplan zu definieren („An welchen Kriterien wollen wir die Machbarkeit messen?" „Bis wann soll der Prototyp stehen?" „Wann soll die Markteinführung stattfinden?").

Auch außerhalb des Unternehmens werden sich durch den Ausbau Ihrer über das rein fachliche hinaus gehenden Kompetenzen Ihre Chancen auf eine langfristige Beschäftigung mit Sicherheit nicht unbedingt verschlechtern. So werden Sie je nach Umfeld beispielsweise Ihre rhetorischen Fähigkeiten stark in den Vordergrund rücken und in zunehmendem Maße lernen, mit Menschen unterschiedlicher Funktionen und vielleicht auch Industrien spezifisch und adaptiert zu kommunizieren, was Ihrem Gegenüber das Gefühl geben wird, dass Sie ihn verstehen und seine Probleme ernst nehmen. Was dann eine stabile Basis für eine gemeinsame Zusammenarbeit schafft und Ihre Reputation allgemein steigert. Unterschätzen Sie in diesem Zusammenhang auch niemals das „Bauchgefühl", also die Tatsache, dass „die Chemie" zwischen Ihnen und Ihren Kollegen, Kunden, etc. stimmen muss. Denn was bedeutet das denn im Klartext? Oftmals doch nur, dass man einfach die bereits oben aufgeführte gleiche oder zumindest ähnliche „Sprache" spricht, vielleicht auch gemeinsame Erfahrungshintergründe hat (beispielsweise aus einem gemeinsam erfolgreich absolvierten Projekt). Das alles erleichtern Sie dadurch, indem Sie möglichst frühzeitig lernen, mit unterschiedlichen Denkweisen zu interagieren und zu vermitteln, zu sehen, wie andere Menschen im wirtschaftlichen Umfeld denken, handeln und fühlen. Und auf dieser Basis ein Gefühl dafür entwickeln, wie Sie sich selbst am besten in die Strukturen einfinden können, welche Sie dort vorfinden.

Vielleicht merken Sie an der vorangegangenen Diskussion, dass die Argumente weniger logisch und „hart" sind als im vorangegangenen Abschnitt über den fachnahen Einstieg. Das überrascht Sie? Sollte es nicht. Denn je mehr Sie sich aus Ihrem angestammten und oftmals so klar definierten Fachgebiet herauswagen, umso mehr werden Sie mit Menschen interagieren müssen oder dürfen. Und die Interaktion an dieser „biologischen" Schnittstelle ist auch in unserer Zeit nicht durch Naturgesetze vorherzusagen. Sie werden daher in einem solchen Umfeld nicht umhinkommen, Ihrem Bauchgefühl einen nicht unwesentlichen Stellenwert einzuräumen, um erfolgreich in Ihrem beruflichen Terrain interagieren zu können. Aber zu diesem Bauchgefühl weiter unten noch mehr.

So weit zu den Vorteilen. Was spräche gegen einen solchen Einstieg an der Schnittstelle von Fachwissen und außerfachlichen Anforderungen? Ein möglicher Nachteil wäre unter Umständen die Gefahr, dass Ihnen trotz eines bestehenden Interesses an fachfremden Themen der fachliche Anteil in Ihrer Arbeit nach einiger Zeit vielleicht doch zu gering wird. Dass Ihnen „diese soft skills" vielleicht doch nicht so sehr liegen, wie Sie ursprünglich gedacht haben. Dann besteht die Gefahr einer Art „Ausgrenzung", wenn Sie zum Beispiel nicht kommunikationsstark genug sind, um in einer Gruppe von Marketingexperten mit umfangreichem BWL-Hintergrund nachhaltig bestehen zu können. Reines Fachwissen überzeugt hier wie oben bereits dargestellt nicht notwendigerweise und vielleicht auch nur in den seltensten Fällen in einem solchen Umfeld. Hier werden Sie dann vielleicht frustriert sein, wenn Sie feststellen, dass eine rhetorisch geschickt vorgebrachte aber vielleicht nicht mit ausreichend Fakten hinterlegte Meinung mehr Gehör findet als eine weniger gut präsentierte aber dafür akribisch recherchierte und inhaltlich absolut korrekte fachliche Tatsache. Dieses Problem können Sie vielleicht am besten dadurch umgehen, dass Sie sich anfangs mehr auf das Zuhören konzentrieren: „wie ist der Umgangston in meinem neuen Umfeld?"

„Wie sind die Kommunikationswege?" „Wer reagiert in welcher Weise auf welche Fragen?" – wieder die W-Fragen, denen wir bereits weiter oben begegnet sind! Und dann nach und nach den Weg in die Gruppe finden, ohne anfangs zu forsch aufzutreten. Aber andererseits auch ohne das eigene Fachwissen unter den Teppich zu kehren – denn wegen diesem sind Sie ja nicht zuletzt in das Team geholt worden!

Die große Herausforderung besteht dabei mit Sicherheit darin, dass Sie einschätzen lernen müssen, wann Sie mit Ihrem Fachwissen bzw. den bestehenden oder zu erlernenden Fähigkeiten punkten können – und wann Sie besser schweigen und mit Ihrer Antwort vielleicht einen passenden Moment abwarten sollten.

Aber da Sie bei der Wahl eines solchen entsprechenden Berufseinstiegs ohnehin bereits bekräftigen, dass Ihnen ein solcher Spagat möglicherweise bereits immer schon Spaß gemacht hat (vielleicht haben sie sich ja auf der politischen Bühne Ihrer Universität engagiert? Beispielsweise in der Fachschaft? Im AStA?). Dann sollten die im beruflichen Umfeld auf Sie lauernden Hindernisse und möglichen Fettnäpfchen weder wirklich neu noch grundsätzlich unüberwindlich sein.

Klar sollte aber sein, dass ein Einsatz in diesem Feld häufig noch weiter weg liegt von Ihrem eigentlichen Studienfach. Umso wichtiger erscheint es für Sie im Vorfeld, dass Sie sich ein möglichst konkretes Bild von der jeweiligen Berufsrealität machen sollten. Sei es in Form eines Praktikums, sei es in Form von Interviews, die Sie mit Verwandten, Freunden oder Bekannten führen, die in diesem beruflichen Umfeld tätig sind. Auch hier gilt wieder: unterschätzen Sie die Macht Ihres Netzwerkes hier nicht – gerade die Informationen, die Sie aus persönlichen Gesprächen bekommen, haben ein ganz besonderes Gewicht, da Sie objektiver als bunte Broschüren von einer Jobmesse, bei denen Sie vor der ganzen „Tollheit" der sich vorstellenden Unternehmen am Ende des Tages vielleicht gar nicht mehr wissen, wohin Sie eigentlich überhaupt wollen. Aber zu diesem Aspekt im Rahmen der Diskussion „Wie gehe ich denn nun als nächstes vor?" am Ende des Buches mehr.

Wo im vorangegangenen Abschnitt die Abgrenzung des fachnahen Einsatzes schon schwierig war, erscheint eine Grenzziehung in dieser zweiten Subkategorie des Tätigkeitsfeldes nahezu aussichtslos. Aber eine Gemeinsamkeit haben alle Beschäftigungen in diesem Umfeld dennoch:

bei allen haben Sie in der ein oder anderen Form noch Berührungspunkte mit Ihrem eigentlichen ursprünglichen Studienfeld. Und diese fachlichen Kompetenzen sind wesentliche Bestandteile Ihrer Arbeit und ein Grund für Ihre Einstellung im jeweiligen Beschäftigungsfeld. Und bieten Ihnen eine bekannte, solide und robuste Basis für Ihre berufliche Entwicklung.

Ganz anders als bei der dritten und letzten Subkategorie in der Dimension Tätigkeitsfeld. Wo Sie sich komplett von Ihrem eigentlichen und ursprünglichen Fachgebiet lösen und sich vollkommen auf die fachfremden Kompetenzen stützen, um Ihren beruflichen Weg zu gestalten. Auch wenn dieser Beschäftigungstyp möglicherweise nur eine exotische Nische im Vergleich zu den beiden bisher vorgestellten Varianten darstellt, so darf er nicht nur der Vollständigkeit halber hier fehlen. Vielmehr rundet er das Bild aus dem ersten Teil des Buches ab, indem er Ihnen Richtungen aufzeigt, wie Sie die im Studium erworbene „fachfremde" Methodenkompetenz, die über Ihr reines Fachwissen hinaus gehenden Fähigkeiten nutzen können, um völlig neue berufliche Wege zu beschreiten.

Völlig fachfremde Positionen bieten Ihnen Entwicklungsmöglichkeiten jenseits der traditionellen Pfade
Zunächst mögen Sie sich fragen: „Warum sollte ich fachfremde Positionen überhaupt berücksichtigen? Warum sollte irgendjemand bereit, mich für etwas zu bezahlen, was ich überhaupt nicht gelernt oder studiert habe? Mit dem ich vorher noch nie wirkliche Berührungspunkte hatte?"

Hier kommen wir wieder auf die im ersten Teil des Buches angesprochenen Soft Skills zurück. Diese kommen nun ins Spiel, wenn wir Berufsfelder in den Fokus nehmen, die in erheblichem Maße, wenn nicht gar teilweise ausschließlich auf die jenseits der rein fachlichen liegenden Fähigkeiten und Methodenkompetenzen Wert legen. Und innerhalb derer eine Einstellung in nicht unerheblichem Maße davon abhängig gemacht wird, wie gut Sie auf der Klaviatur dieser bereits zu spielen gelernt haben. Und für die rein fachliche Kriterien bei der Einstellung nur eine untergeordnete oder möglicherweise sogar gar keine Rolle mehr spielen.

Sie merken vielleicht, dass es hier von der Beschreibung des Umfelds in Ihren Augen in zunehmendem Maße immer „schwammiger" zugehen mag. Und dass man sich immer weniger konkret vorstellen kann, was sich eigentlich hinter den Einstiegsfeldern verbirgt. Lassen Sie sich dadurch nicht verwirren. Das ist nur einmal mehr ein klares Indiz dafür, dass Sie sich in einem Umfeld bewegen, in dem Sie eben nicht alles hart quantifizieren können. Und vielmehr qualitativen und „soften" Aspekten Raum einräumen müssen. Ein solches Vorgehen werden Sie aus Ihrer bisherigen Arbeit nicht unbedingt gewohnt sein. Aber gewöhnen Sie sich ruhig schon einmal daran. Denn noch einmal: irgendwo „da draußen jenseits der Universität" lauern nun einmal Menschen auf Sie. Und die verhalten sich nun einmal nicht (immer) so rational wie die Moleküle in ihrem Reaktionsgefäß oder wie der elektrische Schaltkreis einer elektronischen Motorsteuerung (wobei manchmal Schaltkreise ein nicht vorhersagbares Eigenleben zu haben scheinen, wenn man sich Fehlfunktionen ansieht).

Wie sehen nun mögliche konkrete Einsatzfelder in diesem Umfeld aus? Es kann Ihnen durchaus passieren, dass Sie als Theologe, Philosoph oder Ingenieur in einer Unternehmensberatung beschäftigt sind. Und dort im Bereich der Strategieberatung das Management ganz unterschiedlichster Unternehmen in Fragen strategischer Grundsatzentscheidungen beraten. Sollen wir lieber Produkt A oder Produkt B weiterverfolgen? Welcher Markt ist dann jeweils der für uns interessantere – China? Russland? Oder beide? Oder keiner von beiden? Und welchen Gewinn machen wir bei Verfolgung welcher Option? Wie hoch schätzen Sie das Risiko ein?

Klingt überraschend für Sie? Weil Sie sich im Rahmen Ihres Studiums in keinerlei Weise mit Marktanalysen oder Unternehmensbewertungen, geschweige denn mit Gewinn- und Verlustrechnungen beschäftigt haben? Dann überrascht Sie mit Sicherheit auch die Tatsache, dass Sie eine vertiefte Kenntnis dieser als Kernkompetenzen empfundenen fachlichen Fähigkeiten nicht notwendigerweise vollumfänglich zur Bearbeitung der oben dargestellten Themen benötigen. Vielmehr kommt es den entsprechenden Unternehmen und den in der Berufspraxis bearbeiteten Projekten darauf an, dass Sie sich eine Methodik angeeignet haben, mit der Sie die offensichtlich teilweise sehr komplexen Fragestellungen mit denen Sie es hier zu tun haben, in „handliche Einzelportionen" zerlegen, diese dann strukturiert abarbeiten und das Endergebnis dann in einer anschaulichen

Art und Weise so zu präsentieren, dass es auch für weniger im Detail befindliche Personenkreise einfach verständlich ist.

So kann eine typische Aufgabenstellung eines Kunden lauten, die Attraktivität des Zukaufs eines anderen Unternehmens zu überprüfen und zu bewerten. Also konkret die Frage: „Ist es für uns als Unternehmen X attraktiv, das Unternehmen Y zu kaufen?". Eine zunächst komplexe Frage, da Sie sich wie bereits erwähnt wahrscheinlich noch nie im Detail mit Unternehmensbewertung auseinandergesetzt haben. Aber auf den zweiten Blick werden Sie vielleicht merken, dass eine „Standardlösung" für eine solche Fragestellung nur in den seltensten Fällen existiert – und sich noch viel seltener auf den konkreten Fall anwenden lässt. Und dann versuchen Sie vielleicht das zu tun, was Sie als Ingenieur oder Naturwissenschaftler instinktiv schon immer in einem solchen Fall gemacht haben – nämlich gemäß dem Prinzip „divide et impera" (teile und herrsche) das Problem zu zerlegen und die Einzelteile zu bearbeiten. Und fragen sich vielleicht zunächst nach den Kriterien für die „Attraktivität" eines Unternehmenskaufs. Finden vielleicht Kategorien wie

1) finanzielle Attraktivität („Wie viel Gewinn bringt es mir zusätzlich ein?")
2) Produktüberlappung („Wie gut passt das Produktportfolio von Y zu unserem?") oder etwa
3) kulturelle Überlappung („Wie gut passen unsere Firmenphilosophien zusammen"?).

Und unterteilen dann die einzelnen Kategorien weiter, zum Beispiel die finanzielle Attraktivität in

1.1. Zusätzliche Umsatzquellen („Neue Kunden", „Neue Regionen") und
1.2. Einsparmaßnahmen („Kostensenkungen").

Oder die Produktüberlappung in

2.1. Überlappung existierender Produkte und
2.2. Überlappung bei Projekten bezüglich neuer Produkte oder Anwendungen.

Dieses Spiel treiben Sie dann weiter, bis Sie eine konkrete Fragestellung haben, die Sie mit analytischen Methoden angehen können, zum Beispiel den Vergleich des Kundenstamms der beiden Unternehmen zur Identifizierung möglicher Synergien. Und am Ende bauen Sie aus den einzelnen Analysen eine Gesamtbeurteilung zusammen, die es Ihnen ermöglicht, dem Unternehmen X eine Antwort auf seine ursprüngliche Frage zu geben. Ganz ohne detailliertes Vorwissen in diesem Bereich. Aber eben mit dem ureigenen methodischen Wissen, welches Sie aus dem Studium mitbringen. Nennen wir es einmal den angewandten gesunden Menschenverstand.

Denn die zur Bearbeitung dieser Fragestellung erforderlichen Kompetenzen erwerben Sie nicht explizit im Rahmen Ihres Studiums. Aber Sie erlernen sie wie bereits zuvor beschreiben „nebenbei" – und können sie dann interessanterweise in einigen Feldern sogar hauptberuflich einsetzen.

Die Vorteile einer solchen Beschäftigung sind zum einen die Erarbeitung einer sehr hohen Methodenkompetenz sowie das umfangreiche Training von abstraktem und analytischem Denken jenseits fachlicher Grenzen. Nicht selten münden diese Karrierewege nach einer verhältnismäßig kurzen Zeit in die Übernahme von Managementpositionen. Und in dieser Funktion werden Sie dann spätestens in erhöhtem Maße auf die nichtfachlichen Kompetenzen zurückgreifen müssen (die Sie sich in diesem Tätigkeitsfeld in umfangreichem Maße aneignen müssen, um erfolgreich agieren zu können). Unter Betriebswirten werden Unternehmensberatungen daher oft auch scherzhaft aber auch eben nicht ganz unpassend als „Karrieredurchlauferhitzer" bezeichnet.

Konkret werden Sie also in einem solchen Umfeld – ähnlich wie in dem im vorherigen Abschnitt vorgestellten Tätigkeitsspektrum, nur noch in viel umfangreicherem Maße – Ihre aus dem Studium gewohnten Denkmuster mit denen ganz anderer Disziplinen verknüpfen, um aus der Kombination unterschiedlichster Denkschulen die (hoffentlich) bestmöglichste Lösung für ein konkretes Problem entwickeln zu können. Dabei werden Sie bei der (im positiven Sinne!) Konfrontation der Denkschulen zu Beginn nicht selten gefordert sein, Ihre bisherige Denkweise um neue Elemente zu ergänzen oder teilweise sogar umzubauen – ohne jedoch deren Kern anzurühren. Denn die Breite des Lösungsraumes wird letztlich dadurch definiert, wie umfangreich die fachlichen Hintergründe und damit die Denkschulen des Mitarbeiterpools des entsprechenden Unternehmens sind.

So werden Sie beispielsweise in der Unternehmensberatung als Hochschulabsolvent sehr schnell mit der Herausforderung konfrontiert, dass Sie nicht wie gewohnt jedes Problem erst einmal detailliert und in allen Facetten beforschen können, sondern schnell und pragmatisch richtungsweisende Handlungsempfehlungen entwickeln müssen. Das Gespür für die Relevanz von Themen zu entwickeln ist eine der wesentlichen Lerneinheiten für alle Wissenschaften in diesem Umfeld. Wie so häufig geht es hier im wirtschaftlichen Umfeld mehr um die Frage, das richtige zu tun, als um die Frage, dieses dann abstrakt richtig zu tun. Letzteres können beispielsweise Naturwissenschaftler und Ingenieure in der Regel recht gut, dazu werden Sie aufgrund Ihrer analytischen Herangehensweise an Problemstellungen im Rahmen des Studiums umfangreich trainiert. Wenn man Sie an ein bestimmtes Problem ansetzt, dann kann man sicher sein, dass wir es im Rahmen unserer Möglichkeiten bestmöglich bearbeiten und zu einem Ergebnis kommen. Geht nicht gibt es eben hier nicht. Gleiches gilt aber auch für andere Disziplinen, die sich den Aufgaben vielleicht von einer anderen Seite her nähern, vielleicht andere Lösungen erarbeiten, was zunächst egal ist. Denn die Frage nach dem „Das Richtige tun" gibt es nicht. Es gibt keine absolute Wahrheit und keine absolute Richtigkeit. Es gibt aber ein „es funktioniert" oder „es funktioniert nicht". Zu lernen, was funktionieren kann und was erkennbar nicht gehen wird, ist aufgrund von beim Berufseinstieg meist nicht in ausreichendem Maße vorhandenem Pragmatismus und vielleicht auch mangelnder Erfahrung in diesem Bereich häufig nur erschwert möglich. Und verlangt und daher in einem solchen Tätigkeitsumfeld den größten Anteil des Lernschweißes ab. Aber Sie haben auch in Ihrem Studium schon gezeigt, dass Sie ein dickes Fell besitzen, wenn es darum geht, sich in ein neues Fachgebiet einzuarbeiten. Sodass Sie auch vor einer solchen Herausforderung nicht in die Knie sinken sollten.

Was sind die Nachteile eines solchen völlig fachfremden Einstiegs in das Berufsleben? Es sollte Ihnen schon bewusst sein, dass Sie dadurch den späteren Einstieg in eine Fachkarriere nahezu ausschließen. Da Ihr spezifisches Fachwissen, das Sie nach dem Studium oder nach der Promotion aus der akademischen Welt mitbringen, nach einer gewissen Zeit nicht mehr aktuell genug ist, um einen Mehrwert bei einer Anstellung im Bereich F&E zu rechtfertigen. Daher sollte man sich genau überlegen, ob ein solcher Einstieg für einen wirklich in Frage kommt.

Auf der anderen Seite gibt es dann aber auch Stimmen, die behaupten, dass man in einem Unternehmen entweder eine Fachkarriere einschlägt – oder eben Manager wird. Und wenn Sie sich gegen eine reine Fachkarriere entscheiden, dann lernen Sie die erforderlichen Kompetenzen des Managers möglicherweise nirgendwo so schnell wie in einer Position, in der Sie ausschließlich oder nahezu vollständig auf Ihre nicht-fachlichen Kompetenzen zurückgreifen müssen. Also beispielsweise in einem Umfeld wie der Unternehmensberatung, wo Sie einfach häufig mit Entscheidungsträgern zu tun haben und dort ausreichend Gelegenheit haben, deren Verhalten zu studieren – um es dann später selbst anzuwenden.

Selbstverständlich hat dieses Umfeld auch seine Grenzen. Vielleicht lassen Sie sich sogar einfacher als zuvor ziehen. Denn Sie werden fachfremd wohl nicht in einem Feld eingesetzt werden, das seinerseits auf Fachwissen basiert. Was heißt das konkret? Der Einsatz eines Theologen als Stadtarchitekt ist in diesem Umfeld ähnlich unwahrscheinlich wie die Beschäftigung eines Ingenieurs in der operativen Behandlung von Herz-Erkrankungen. In diesem Zusammenhang ist das dargestellte Feld des völlig fachfremden Einsatzes im Bereich der Unternehmensberatung mit Sicherheit ein illustratives Beispiel. Andererseits stellt dieses Umfeld mit Sicherheit wie bereits erwähnt eine Art Nische dar, in deren Richtung sich nicht jeder Hochschulabsolvent von Haus aus orientieren wird. Aber es rundet wie eingangs erwähnt das Bild der unterschiedlichen Tätigkeitsfelder ab, innerhalb derer Sie Ihr zukünftiges Berufsbild „denken" dürfen.

Unternehmensumfeld – oder: Wie sollte die Struktur beschaffen sein, in der ich arbeite?

Wenn Sie nach der Lektüre des letzten Abschnitts noch einmal einen Blick in die Stellenanzeigen Ihrer jeweiligen Branche (oder jenseits dieser, je nachdem welcher der zuvor vorgestellten Optionen sie zuneigen mögen) studiert haben, dann ist Ihnen mit Sicherheit neben der Vielfalt an Tätigkeitsfeldern auch die Mannigfaltigkeit an Unternehmen aufgefallen, die Ihnen ein solches passendes Berufsumfeld bieten.

Vielleicht hat Sie das ja überrascht. Das wäre nicht allzu verwunderlich. Solange Sie studieren und man Sie fragt, bei welchem Unternehmen Sie später einmal arbeiten möchten, werden Sie vermutlich als Antwort eines der Unternehmen nennen, die zu den größten und damit meist auch bekanntesten Arbeitgebern der jeweiligen für Sie relevanten Branche gehören. Schließlich besitzen diese Unternehmen auch den größten Bekanntheitsgrad. Was nicht allzu verwunderlich ist. Immerhin investieren diese Unternehmen massiv in Eigenwerbung, speziell im Personalbereich, um sicherzustellen, dass kontinuierlich neues geistiges Kapital in Form frischer Köpfe und Ideen in die Unternehmen herein sprudelt. Und auf dieses sind gerade die großen Unternehmen bei Verfolgung eines Wachstumskurses in einem sich globalisierenden Wettbewerbsumfeld in immer umfangreicherem Maße angewiesen.

Heute bieten Onlineportale (wie z. B. kununu)[1] oder Auszeichnungen wie „Great Place to Work"[2] interessante Möglichkeiten für Berufseinsteiger, sich über Unternehmen unabhängig von deren Eigensicht zu informieren. Dort bewerten Mitarbeiter ihre jeweiligen Unternehmen und empfehlen diese weiter – oder eben auch nicht. Aber was hilft Ihnen das konkret? Würden Sie beim Verfassen von Bewerbungsschreiben die Liste von oben nach unten durch deklinieren? Oder vielleicht noch ganz andere Kriterien bei der Auswahl eines potenziellen Arbeitgebers anlegen? Und wenn ja, welche wären das? Und was ist eigentlich mit den Unternehmen, die nicht in diesen Rankings auftauchen? Sind die per se nicht zu empfehlen? Und könnten diese unter Umständen sogar interessant für Sie sein? Und was ist, wenn Sie gar kein passendes Unternehmen finden? Was, wenn Sie vielleicht eine eigene großartige Idee haben und diese verwirklichen wollen? Unter welchen Voraussetzungen machen Sie sich dann selbstständig?

Wie können Sie nun versuchen, die Vielfalt der Unternehmen ein wenig zu sortieren? Und welche Kriterien können Sie anlegen, um für sich

---

[1] Webseite: https://www.kununu.com/. Zugegriffen am 26.04.2020.
[2] Webseite: https://www.greatplacetowork.de/. Zugegriffen am 26.04.2020.

3 Landkarte der Möglichkeiten – was man mit den ...

zu entscheiden, welcher Typ Unternehmen vielleicht zu Ihnen passen könnte? Dazu möchten wir auf den folgenden Seiten einige Gedanken vorstellen. Falls Sie das Gefühl haben, dass nicht alle Aspekte vollständig abgehandelt worden sind – da mögen Sie Recht haben. Denn das hier behandelte Feld ist derart vielschichtig, dass man ohne Mühe damit ganze Reihen von Büchern füllen könnte. Aber Sie werden weder die Zeit noch das Interesse haben, eine ganze Bibliothek dazu zu studieren. Um dann am Ende vielleicht noch verwirrter aus der Lektüre heraus zu kommen als Sie hinein gegangen sind. Daher werden wir an dieser Stelle notwendigerweise und in Ihrem Interesse einige Vereinfachungen treffen und nicht alle Aspekte in erschöpfender Tiefe behandeln. Wir hoffen aber, dass Sie von dieser Vereinfachung dahingehend profitieren, dass Sie sich eine präzisere Vorstellung und darauf basierend eine eigene Struktur von der behandelten Materie machen können. Dann können Sie die Lücken im Nachhinein selbst identifizieren und für sich füllen.

Unabhängig davon, was Sie studiert haben: Sie werden auf eine Vielfalt für Sie potenziell interessanter Arbeitgeber treffen. Unabhängig von ihrem Hintergrund und der speziellen Branche, innerhalb der sich diese Unternehmen bewegen, können Sie diese grob vereinfacht in vier mögliche Kategorien einteilen:

Bezeichnen wir die ersten als Großkonzerne, die in der Regel mehrere tausend Mitarbeiter haben, aus einer Vielzahl an verschiedenen Geschäftseinheiten zusammengesetzt sind und ein entsprechend filigranes Netz an internen Strukturen besitzen, die ihnen das Funktionieren dieses komplexen Netzwerks an Menschen ermöglichen. Häufig sind diese Großkonzerne in den unterschiedlichsten geografischen Regionen tätig, was dem Aspekt der interkulturellen Kommunikation ein besonderes Gewicht zukommen lässt. Aber dazu mehr im letzten Abschnitt dieses Kapitels.

Die zweite Gruppe bilden dann die hier als mittelständischen Unternehmen bezeichneten Firmen. Diese sind in der Regel kleiner, haben einen eher nationalen bis regionalen Fokus (auch wenn sich viele dieser Unternehmen Internationalität auf die Fahnen geschrieben haben, so machen sie einen Großteil ihres Umsatzes nach wie vor im Inland oder im benachbarten Ausland) und ein oft höheres Ausmaß an fachlicher Spezialisierung. Die unterschiedlichen Geschäftssegmente, die Sie auch hier oft finden, haben daher dennoch immer noch gemeinsame „organische" Wurzeln, sind also oft durch Entwicklung innerhalb des Unternehmens entstanden und weniger durch Zukauf von Fremdfirmen.

Die dritte Gruppe sind Kleinunternehmen, also zum Beispiel selbstständige Einzelunternehmer, Partnerschaften, Kleingewerbetreibende oder Startups. Letztere stehen repräsentativ für diese Gruppe von Unternehmen, die oft nur von einer einzelnen Person oder von einer kleinen Gruppe an Personen geführt werden. Der fachliche Fokus ist in der Regel fokussiert auf ein ganz bestimmtes Thema beziehungsweise einen eng umgrenzten Themenkomplex. Geographisch sind sie nicht selten auf eine bestimmte Region fokussiert, z. B. indem sie sich an einen ganz bestimmten Kunden binden, für den sie beispielsweise exklusiv ein Nischenprodukt herstellen oder einen regional begrenzten Service anbieten.

Als vierte Gruppe würden wir Berufsumfelder ansehen, die sich im Bereich der öffentlichen Hand bewegen. Also beispielsweise Bildungsinstitutionen (Hochschulen, Gymnasien, berufsbildende Schulen etc.), Prüfinstitutionen (z. B. Bundesinstitute oder technische Überwachungseinrichtungen) oder sonstige Bereiche, in denen ein von Spezialisten angebotenes detailliertes Fachwissen erforderlich ist (beispielsweise als Forensiker bei der Polizei oder beim Zoll). Diese Unternehmen funktionieren meist etwas anders als jene, die sich in der freien Wirtschaft tummeln. Sie sind in der Regel weniger einem wirklichen Wettbewerbsdruck ausgesetzt, haben aber dementsprechend aber auch andere Aufgabenfelder zu bedienen (z. B. Sicherstellung der öffentlichen Ordnung, Straßensicherheit).

Selbstverständlich ist diese Einteilung nur eine von vielen Möglichkeiten, Unternehmen zu strukturieren. Vielleicht haben Sie ja eine andere. Eine bessere. Dann zögern Sie nicht, diese für sich zu benutzen.

Die vier Unternehmenstypen unterscheiden sich entlang vieler verschiedener Dimensionen

Wenn wir uns die vier vorgestellten Typen von Unternehmen im Detail anschauen, dann stellen wir schnell fest, dass sie sich in vielen unterschiedlichen Dimensionen unterscheiden. Das kann ihr persönlicher Gestaltungsspielraum sein (eng definiertes Aufgabengebiet versus hoher Freiheitsgrad in der Planung und Gestaltung der eigenen Arbeit), die unternehmensinternen Strukturen und Prozesse (klar definiert und strukturiert versus ungeformt und quasi „amorph") oder etwa die persönlichen Entwicklungsmöglichkeiten (klar vorgegebene Karrierewege versus „Alles ist möglich").

Um es auch hier gleich vorweg zu nehmen: eine Idealform gibt es nicht. Deswegen können und wollen wir an dieser Stelle keineswegs eine Wertung der einzelnen Unternehmen vornehmen. Sie selbst wissen am besten, welche Form am Ende am besten zu Ihnen passt. Dazu möchten wir Ihnen im Folgenden die einzelnen Unternehmenstypen entlang unterschiedlicher Dimensionen vorstellen und vergleichen.

Je nach Unternehmenstyp haben Sie einen ganz anderen Gestaltungsspielraum bzw. ein unterschiedlich eng definiertes Aufgabengebiet

Wie sollte Ihr Aufgabengebiet im Berufsumfeld aussehen? Zur Erläuterung: damit ist weniger die konkrete Nähe zum eigenen Fach gemeint, die wir im letzten Abschnitt diskutiert haben. Vielmehr beschäftigt sich der Begriff hier mit der Frage, welche Freiheitsgrade Sie bei der Gestaltung ihres Berufsalltags haben. Und ob Ihre Position eher eine des Spezialisten ist, oder ob Sie vielleicht eine generalistische „all-in-one"-Position bekleiden, innerhalb derer Sie sich zwischen verschiedenen Aufgabenfeldern gleichzeitig bewegen.

Im Großunternehmen werden Sie wahrscheinlich eher als Spezialist tätig sein
Großunternehmen sind komplexe Systeme mit in der Regel sehr ausdifferenzierten Strukturen und Prozessen (dazu mehr im nächsten Punkt). Die Beschäftigten in einem solchen Unternehmen sind in dieses filigrane und komplexe Netzwerk derart eingebunden, sodass die gesamte Struktur als Gesamtsystem funktioniert. Daraus resultieren eine maximale

Arbeitsteilung und damit ein hoher Grad an Spezialisierung. Ähnlich wie Sie es in der Natur in einem Ameisenstaat oder einem Bienenvolk finden. Daher werden Sie in einem solchen Unternehmen mit hoher Wahrscheinlichkeit die Position eines Spezialisten bekleiden. Um als „Rädchen im Getriebe" das Funktionieren des Gesamtsystems zu gewährleisten.

Damit wir uns nicht falsch verstehen: Spezialistentum bedeutet hier nicht, dass Sie einer standardisierten Tätigkeit nachgehen und Ihrer Kreativität kein Spielraum mehr gelassen wird. Ganz im Gegenteil. Nur der Gegenstand Ihrer geistig-kreativen Schöpfungskraft wird klar und eng umrissen, fokussiert. Sei es die Entwicklung optimierter Darreichungsformen eines Analgetikums für Kleinkinder im F&E-Bereich in der Pharmazeutischen Industrie, sei es die Adaption von chemischen Produktionsanlagen an die klimatischen Bedingungen am Persischen Golf zur Erhöhung des Marktanteils eines mitteleuropäischen Anlagenbauers im Mittleren Osten oder etwa die Vereinheitlichung der IT-Infrastruktur von Großbanken nach deren Fusion bei gleichzeitiger Gewährleistung der Betreuungskontinuität an der Kundenschnittstelle, oder die Harmonisierung von Vertragsentwürfen weltweit in einer Rechtsabteilung.

In all den vorgestellten Beispielen werden Ihre fachlichen und/oder methodenbasierten Kenntnisse und Fertigkeiten in sehr hohem Maße gefordert sein. Sie werden sich keine Gedanken über Langeweile oder Unterforderung machen müssen. Seien Sie sich nur bewusst, dass Sie – anders als noch an der Universität – weniger frei in der Wahl Ihrer Interessengebiete sein werden, die Sie verfolgen. Dazu sind Sie in einem solchen Unternehmen einfach zu eng in die existierenden Organigramme und Ablaufprozesse eingebunden. Sie haben einen eher geringen Spielraum, Ihr eigenes Aufgabengebiet selbst zu definieren, wohl aber einen signifikanten Freiraum über dessen Inhalte und Lösungswege.

Wobei sich dies auch mit der Zeit ändern kann und wird. Denn schließlich werden Sie nach einer gewissen Verweildauer in einem Unternehmen in der Hierarchie „nach oben klettern" können. Und können dort in zunehmendem Maße auch selbst mitgestalten. Darüber nachdenken, in welchen Gebieten das Unternehmen in Zukunft tätig sein soll (Andere Produkte? Andere Länder? Andere Preissegmente? – um nur drei der unzähligen möglichen Richtungen aufzuzeigen). Aber zur Bearbeitung und Beantwortung dieser und ähnlicher Fragen brauchen Sie – gerade bei Großunternehmen – zunächst einmal eine gehörige Portion Erfahrung und Kenntnis sowohl der internen Strukturen als auch der Schnittstellen zu den Kundengruppen. Und diese erfahren Sie am besten, wenn Sie „on the job" (also berufsbegleitend) die einzelnen Teile des Unternehmens in den ersten Jahren kennen lernen. Um dann vielleicht irgendwann innerhalb des Unternehmens (oder Ihrer Branche?) die Nische zu finden, innerhalb derer Sie Ihre erworbenen Kenntnisse und Fertigkeiten am nutzbringendsten einbringen können.

Im Mittelstand werden Sie eine höhere Flexibilität benötigen
Nun werden Sie vielleicht sagen: auch in mittelständischen Unternehmen werde ich doch in einem definierten Aufgabengebiet eingesetzt sein. Und ein fachlich eng umrissenes Themenfeld bearbeiten. Zum Beispiel die Verantwortung für die Lackierstraße bei einem Truckhersteller haben. Oder das Labor in einem Institut für Bodenanalytik leiten, als Einkäufer tätig sein.

Das ist auch absolut richtig. Nur auch weniger vollständig als es bei einem Großunternehmen der Fall wäre. Denn in mittelständischen Unternehmen werden Sie eher häufiger als selten erleben, dass viele Herausforderungen auf dem „kurzen Dienstweg" gelöst werden. Und Sie oftmals ein breiteres Aufgabenfeld vorfinden als Sie es basierend auf Ihrem Arbeitsvertrag vielleicht vermuten würden. Und werden daher nicht selten auch für quasi „fachfremde" Themen eingesetzt werden, weil es für die Themen keinen eigenen Spezialisten gibt, die Größe des Unternehmens auch keinen Spezialisten für jeden denkbaren Fall haben kann.

Sie sind zum Beispiel wegen Ihrer spezifischen Fremdsprachenkenntnisse bei einem Hersteller von irgendwelchen Produkten als Vertriebsmitarbeiter in Italien tätig. Und Ihr Unternehmen beschließt, aufgrund der vorteilhaften Geschäftsentwicklung den Vertrieb künftig über eine eigene Niederlassung zu steuern. Dann finden Sie sich schnell in einer Rolle wieder, innerhalb derer Sie eben eine solche Niederlassung aufbauen dürfen. Was nichts mit Ihrer eigentlichen Vertriebsaufgabe zu tun hat und vermutlich auch nicht mit Ihrem früheren Studium. Und was Sie auch noch nie vorher in Ihrem Leben gemacht haben. Aber immerhin kennen Sie den jeweiligen Markt innerhalb des Unternehmens besser als alle anderen Kollegen. Und die neuen Felder Ihres Aufgabengebietes (Suche nach einer passenden Immobilie, Personalplanung und -Rekrutierung, Aufstellen eines Geschäftsplans, usw.) lernen Sie schon nebenbei.

Warum nutzt das Unternehmen aber nicht einfach andere internen Ressourcen, die sich damit besser auskennen? Schlicht und ergreifend, weil es über diese einfach nicht verfügt! Hochqualifizierte Spezialisten für ein sehr eng definiertes Aufgabenfeld kann sich ein mittelständisches Unternehmen häufig nicht leisten. Weil es diese Mitarbeiter in ihrem spezifischen Fachgebiet nicht ausreichend wird auslasten können. Daher wird Ihnen hier mit hoher Sicherheit in höherem Maße Flexibilität abverlangt als in einem Großunternehmen.

Das gilt auch in dem Falle, wenn der Geschäftsführer des Mittelständlers vielleicht irgendwann einmal mit den Verkaufszahlen nicht ganz zufrieden ist. Da kann es durchaus einmal passieren, dass die gesamte Mannschaft zusammengetrommelt und „an die Front geworfen" wird. Zu den Kunden fahren darf, um dort die Produkte zu verkaufen. Auch Mitarbeiter, die vielleicht ansonsten eher einer internen Aufgabe nachgehen (z. B. Verkaufsplanung oder Marketing) werden auf diese Weise sehr schnell (wenn auch meist nur kurzfristig) in ein völlig anderes Umfeld geworfen.

Man mag darüber streiten, ob dieses Ressourcenmanagement effektiv und/oder effizient ist. Bitte bedenken Sie dann aber auch, dass das Leben vielfältig ist und nicht jede Aufgabe einen Spezialisten benötigt. Wenn Freunde zum Essen kommen, muss niemand vorher eine Ausbildung in der Gastronomie durchlaufen haben, um den Tisch hübsch zu decken und etwas zu kochen, was allen gut schmeckt. Eines ist aber sicher: aus Ihrer Sicht, der Sicht des individuellen Beschäftigten, wird Ihnen ein sehr breiter Spielraum geboten. Und vielleicht suchen Sie ja gerade diesen. Dann sollten Sie bei der Suche nach einer passenden Stelle durchaus auch den Mittelstand einmal unter die Lupe nehmen.

Als Selbstständiger werden Sie den maximalen Gestaltungsspielraum haben

Wie wird es Ihnen in einem kleinen Unternehmen, in einem Start-up, als Selbstständiger gehen? Hier wird Ihnen in der logischen Konsequenz noch mehr Gestaltungsspielraum gegeben sein. Ihr Aufgabengebiet ist hier in der Regel überhaupt nicht abgegrenzt. Das können Sie sich häufig auch nicht leisten. Denn Sie können bei einer häufig auf Einzelprojekten und -aufträgen basierten Einkommenssituation nicht sofort eine Vollzeitkraft als Sekretärin oder in der Buchhaltung anstellen können. Was tun sie dann, wenn Ihnen ein Großauftrag wegbricht? Sie diese Kräfte nicht mehr bezahlen können. Und die Bank anklopft und Sie an die Fälligkeit der nächsten Kreditrate für die Großmaschine in der von Ihnen angemieteten Produktionshalle zu erinnern (Ach ja: die Miete für die von Ihnen angemieteten Räume ist übrigens auch noch fällig, und der Strom fließt auch erst dann, wenn die Rechnung an den Stromanbieter bezahlt ist). Nicht selten stünden Sie dann als Verantwortlicher vor dem unangenehmen Schritt, Ihre Mitarbeiter zu entlassen.

Daher sind Sie in einem solchen Unternehmensumfeld eben dann häufig das „Mädchen für alles" und in einer Person F&E-Leiter, Produktionsverantwortlicher, Sekretärin, Werkschutz, Buchhalter, Marketingleiter, Vertriebschef, Geschäftsführung ... Müßig zu erwähnen, dass Sie sich um mangelnde Arbeit oder Langeweile nach Feierabend (Feierabend? Kommt das Wort „Selbständig" nicht von „selbst" und „ständig"?) hier keinerlei Sorgen mehr machen müssen. Also sollte das Thema lohnen und die Belastung wert sein. In keinem anderen Umfeld werden Sie Ihre eigenen Ideen unmittelbarer und stärker einbringen können. Und zu deren Realisierung die unterschiedlichen Aspekte Ihrer Persönlichkeit direkt einbringen. In all den unterschiedlichen oben dargestellten Funktionen. Und das „learning by doing" kriegen Sie schon irgendwie hin.

Wenn Sie also eine Kombination aus fachlichem und außerfachlichem Einsatz favorisieren – und gleichzeitig das unternehmerische Risiko nicht scheuen – dann wäre Selbstständigkeit oder die Arbeit in einem kleinen Unternehmen mit Sicherheit eine Überlegung wert. Solche Unternehmen können sich ja auch gewaltig weiterentwickeln, wie es die Firmen Apple, Google oder SAP zeigen, die alle einmal (zum Teil sogar buchstäblich) als reine Garagenfirmen angefangen haben, um sich zu Weltkonzernen zu mausern. Alle diese Firmen gingen durch Krisen und haben bewiesen, dass diese bewältigt werden können, auch ohne einen Master in Krisenmanagement. Gesunder Menschenverstand ist schon eine enorme Ressource.

Bei „öffentlichen" Unternehmen sind Sie meist auch als Spezialist tätig
Im Bereich der öffentlichen Hand werden Sie meist – ähnlich wie bei Großunternehmen – in erster Linie in einer fachlich eng umgrenzten Position eingesetzt werden. Auch in diesem Umfeld sind es klar definierte fachliche Kompetenzen, die Ihr Aufgabenfeld definieren werden. Da können Sie zum Beispiel als Lehrer unterrichten oder als Hochschuldozent Vorlesungen halten und auf diese Weise Ihr im Studium erworbenes Wissen unmittelbar an die nächste Generation weitergeben. Oder als Maschinenbauingenieur im Auftrag des TÜV Untersuchungen zur Anlagensicherheit im Bereich der produzierenden Industrie machen. Oder als Chemiker beim BKA im Bereich der Forensik eingesetzt sein, als Psychologe sich mit menschlichen Denkmustern und Verhaltensweisen einbringen, um Kriminelle zu überführen. Die Aufgabenfelder sind auch hier sehr vielfältig, aber das Einsatzspektrum wird voraussichtlich eng eingegrenzt sein (ohne die Vielfalt an Unternehmen innerhalb dieser Kategorie alle über einen Kamm scheren zu wollen, denn im Einzelfall sollten Sie immer wieder selbst genau schauen, ob und inwiefern diese Aussage zutrifft).

Die Strukturen und Prozesse, die Sie in den Unternehmen vorfinden, werden sehr unterschiedlich sein

Eng verwandt mit der Frage Ihres eigenen Aufgabenfeldes ist der Aufbau Ihrer Umgebung innerhalb des Unternehmens. Wie sehen die Sie umgebenden Strukturen aus? In welche Prozesse sind Sie eingebunden? Auch hier gibt es fundamentale Unterschiede zwischen den einzelnen Unternehmenstypen.

In Großunternehmen haben Sie klarer definierte Strukturen und eindeutiger vorgegebene Prozesse
Am ersten Arbeitstag in einem Großunternehmen werden Sie in der Regel zunächst mit der internen Organisation desselben vertraut gemacht.

Sie lernen dann das Organigramm des Unternehmens kennen, die grafische Darstellung der unternehmensinternen Struktur, die Firmenhierarchie. Wissen dann wer Ihr Vorgesetzter ist und wie er über dessen Vorgesetzte in die Gesamtstruktur des Unternehmens eingebunden ist.

Auch die Prozesse des Unternehmens werden Sie in der Folgezeit detailliert kennen lernen. Über welchen Weg kommunizieren Sie mit Ihrem Vorgesetzten? Wöchentlicher schriftlicher Bericht? Tägliche kurze Update-Mail? Beides? Oder geben Sie Ihre gewonnenen Ergebnisse in eine vorgegebene Datenbank ein? Oder keines von allem?

Für ein Großunternehmen ist es vital, dass es seine Strukturen fest definiert und die Prozesse so definiert, dass Sie nach Möglichkeit unabhängig von den beteiligten Personen werden. Das hat nichts damit zu tun, dass ein Großunternehmen keinen Wert auf die individuellen Stärken und Kompetenzen seiner Mitarbeiter legen würde. Ganz im Gegenteil. Aber es ist auch gelebte Praxis in Großunternehmen, dass Beschäftigte häufig ihre Positionen innerhalb des Unternehmens wechseln. Der Trainee von heute ist vielleicht der Patentexperte von morgen, der Vertriebler wird zum Marketingmitarbeiter, der Produktionsleiter wechselt in die interne Beratung, usw. In jedem Falle hinterlässt der unternehmensinterne Wanderer eine personelle Lücke, in die ein anderer (mitunter neuer?) Mitarbeiter (Sie?) stoßen wird. Und dieser muss sich möglichst schnell auf sein neues Umfeld einstellen: schließlich wollen Mitarbeiter angeleitet werden, Kundenanfragen möglichst schnell bearbeitet, oder der Durchsatz in der Produktion erhöht werden.

Häufig werden Sie dann nicht unbedingt den Luxus haben, dass Ihnen Ihr Vorgänger noch zur Seite steht und Sie in die tiefsten Geheimnisse der jeweiligen Stelle einführen kann. Nicht zuletzt hier werden Ihnen die vordefinierten Prozesse innerhalb des Unternehmens helfen: Festgeschriebene Abläufe, eine Datenbank mit laufenden Einträgen und ein Qualitätsmanagementhandbuch erlauben Ihnen, eine schnelle Übersicht über Status und Priorisierung der Tätigkeiten zu bekommen – und Sie können Ihren Mitarbeiten schnell eine sinnvolle Beschäftigung geben, selbst schnell sinnvoll arbeiten.

Gleichzeitig bieten Ihnen die definierten Strukturen den sicheren Rahmen, um Ihrer spezialisierten Tätigkeit nachzugehen. Und den entsprechenden Ansprechpartner im Falle von Fragen oder Problemen. Diese im

Großunternehmen klar vorgegebenen Strukturen und Prozesse bringen demnach ein gewisses Maß an Sicherheit und Ruhe in den „Ameisenhaufen". Man muss also das Rad nicht permanent neu erfinden, sondern kann als Rädchen im Getriebe den Motor des gesamten Systems, des Unternehmens, am Laufen halten.

Mittelständische Unternehmen sind häufig geprägt von historisch gewachsenen Strukturen
Ein Mittelständler besitzt auf dem Papier auch ein Organigramm. Und auch Prozesse sind sehr häufig im Unternehmensalltag sichtbar integriert. In der Praxis werden Sie aber sehr häufig feststellen, dass jenseits dieser wohl definierten Bestandteile noch sehr viel über die persönliche Schiene läuft. Informelle Netzwerke sind deutlicher ausgeprägt, als in größeren Organisationen („Der Meier aus der Produktion wohnt neben mir, der hat früher einmal im Vertrieb Ihren Kunden betreut, vielleicht kann der Ihnen ein paar Hinweise geben. Vielleicht kennt der sogar noch den Schmidt, der jetzt bei unserem Kunden aus der Produktion ins Marketing gewechselt ist.").

Das mag auf den ersten Blick irgendwie etwas chaotisch und unübersichtlich wirken. Ist es mit Sicherheit auch irgendwie. Aber aus diesem weniger strukturierten Umfeld können Sie auf der Basis einer häufig sehr starken persönlichen Vernetzung von Mitarbeitern innerhalb Ihres Unternehmens (manchmal sogar innerhalb Ihrer Branche oder sogar Ihren Kunden) einen enormen Vorteil ziehen. Sie lernen viel schneller, wer die handelnden Personen sind, wie sie denken, handeln, fühlen. Was sie antreibt, auf was sie beim Umgang mit ihnen achten sollten. Alles unnütz? Überflüssiges Zeugs? Dann freuen Sie sich und seien Sie gespannt auf Ihr erstes Vertriebsgespräch bei einem für Sie neuen Kunden, den Sie von Ihrem Vorgänger übernommen haben. Und bei dem Sie in charmant deutscher Manier am ersten Tag einfallen, um ihn mit der Vorstellung der außerordentlichen Leistungsfähigkeit Ihrer Produkte zu beglücken – selbstverständlich ohne sich zuvor nach seiner Gesundheit zu erkundigen, nachdem er als früherer Produktionschef bei einer Explosion vor einem halben Jahr fast seine rechte Hand verloren hat und erst danach und aufgrund dessen in seine jetzige Position gewechselt ist und darüber eigentlich nicht so wirklich glücklich ist (was Ihnen Ihr Vorgänger, der diesen Kunden betreut hat, am Vorabend eigentlich noch ausführlich berichten wollte – Sie das Gespräch mit ihm aber verschoben haben weil Sie sich erst noch mit den zu verkaufenden Produkten vertraut machen mussten). Sie werden überrascht sein, wie viel Sie aus einem solchen Gespräch lernen können. Vielleicht nicht unbedingt zum unmittelbar Besten Ihres Unternehmens (Sie können sich auch nicht erklären, warum Sie auf einmal weniger Umsätze mit diesem sonst so treuen Kunden machen …), aber Sie werden mit Sicherheit einige für Ihr (Berufs-)Leben wichtige Dinge lernen.

Die offiziellen Organigramme werden also im Mittelstand oftmals weniger ausgiebig gelebt als in vergleichbaren Großunternehmen, wobei auch Großunternehmen durchaus auch davon getrieben werden, dass sich Menschen kennen und helfen. Ein mittelständisches Unternehmen kann sich das auch häufig deswegen erlauben, weil die handelnden Personen ihre Positionen häufig länger bekleiden als dies in Großkonzernen der Fall ist. Und selbst wenn Sie wechseln bleiben Sie dem Unternehmen oft treu und sind auch danach immer noch mittelbar Ansprechpartner für Ihren ehemaligen Bereich. Und das nicht selten im Büro auf der anderen Seite des Ganges.

Was die Prozesse anbelangt, so sind diese häufig eher nach dem „trial and error"-Prinzip entwickelt worden. Man hat hier nicht immer die Zeit, sich in zeit- und ressourcenraubenden Projekten im Vorfeld Gedanken zu machen, was alles warum und wieso an welcher Stelle mit wem und wem nicht unter Verwendung welcher Produkte und Verfahren klappen könnte oder nicht – sondern „macht einfach". Und findet auf diese Weise über einen eher pragmatischen als streng strategischen Weg zu Prozessen.

In kleinen Unternehmen sind häufig weder Prozesse noch Strukturen detailliert vorgegeben
Kleine und junge Unternehmen zeichnen sich nicht zuletzt dadurch aus, dass Sie in gewisser Weise als „chaotisch" und amorph beschrieben werden können. Das ist keinesfalls als negativ zu bewerten. Im Gegenteil. Gerade solche noch ungeordneten Strukturen zeichnen sich dadurch aus, dass Sie sich noch sehr flexibel in viele unterschiedliche Richtungen entwickeln können, eben noch nicht determiniert sind. Und sich in erheblichem Maße an die Bedürfnisse ihrer Kunden anpassen können. Und sind damit sehr oft innovative, dynamische Unternehmen, die nicht selten fernab vorhandener Strukturen und Prozesse der Großkonzerne und Mittelständler an

der Peripherie der Unternehmenswelt ganz neue Pfade beschreiten, aus denen dann vielleicht auch einmal Weltkonzerne entstehen können. Hier sei an das Beispiel der heute wohlbekannten Technologiekonzerne erinnert, die irgendwann einmal als Garagenbetrieb begonnen haben.

Das Reizvolle für Sie mag hier gerade die Abwesenheit vorgegebener Strukturen und definierter Prozesse sein. In diesem Umfeld können Sie selbst noch in umfangreichem Maße selbst mitgestalten, selbst definieren, in welche Richtung sich das Unternehmen entwickeln soll. Wie es später einmal aussehen wird. Und werden dies maßgeblich durch Ihre eigene unmittelbare Tätigkeit, durch Ihr eigenes Tun, gestalten.

„Öffentliche Unternehmen" haben eine klare Struktur
Bei der öffentlichen Hand wird es Sie nicht überraschen, dass die Strukturen und Prozesse eindeutig vorgegeben sind. Teilweise sogar direkt vom Gesetzgeber. Das ist insofern erforderlich, als man dadurch Ergebnisqualität durch Standardisierung sicherstellt. Sollten Sie solche klaren Strukturen bevorzugen, wo Ihnen wenige Überraschungen in Ihrem Alltag über den Weg laufen, dann wäre diese Branche tendenziell etwas für Sie, wobei Sie es dann aushalten müssen, dass politisch sich verändernde Mehrheiten Einfluss auf die Art und Weise haben werden, wie Sie arbeiten. Das gilt nicht nur für veränderte Lehrpläne, sondern auch für veränderte Gesetzeslagen. Aufmerksame Beobachter politischer Entwicklungen können nicht zwingend verwundert sein, wenn Mitarbeiter von Behörden Vorgaben umzusetzen haben. Wenn Sie besonders kreativ sind und Vorgaben wenig schätzen, langfristig Abwechslung und Vielfalt bevorzugen, sollten Sie über eine Beschäftigung in diesem Bereich noch einmal nachdenken.

Auch Ihre Entwicklungsmöglichkeiten und Aufstiegschancen sind abhängig vom Unternehmenstyp

Neben den Unterschieden im eigentlichen Tätigkeitsfeld und dessen Umgebung stellt sich selbstverständlich auch die Frage der Weiterentwicklung innerhalb der unterschiedlichen Unternehmen. Wo können Sie auf welche Art und Weise Karriere machen? Wie viel Einfluss können Sie selbst auf Ihren Entwicklungspfad nehmen? Auch hier gibt es einige Unterschiede.

In Großunternehmen gibt es meist vorgezeichnete Karrierepfade
Im Einklang mit den zuvor vorgestellten Charakteristika von Großunternehmen mag es Sie an dieser Stelle wenig überraschen, dass auch Ihre Entwicklungsmöglichkeiten und Aufstiegspfade meist klar vorgegeben und definiert sind. Dies ändert sich im Rahmen der digitalen Transformation derzeit zwar ein wenig, aber die ausdifferenzierten Strukturen eines solchen Unternehmens lassen neue und unkonventionelle Pfade nach wie vor nur in den wenigsten Fällen zu. Beispielsweise dann, wenn aus einem erfolgreichen Forschungsprojekt ein neues Produkt entsteht und basierend auf diesem ein ganz neuer Unternehmenszweig aufgebaut wird.

In der Regel werden Sie aber auf klar definierte Pfade treffen. Das hat nichts mit mangelnder Kreativität der Unternehmen zu tun. Vielmehr treffen Sie auf eine Situation, bei der innerhalb der bestehenden Strukturen relativ viele Anwärter um relativ wenige Positionen in höheren Hierarchiestufen konkurrieren. Man kann sich leicht ausrechnen, dass daher nicht jeder der bei einem Unternehmen anfängt, einmal die Position des Geschäftsführers oder Vorstands bekleiden wird. Und nicht jeder Außendienstmitarbeiter wird irgendwann einmal Vertriebsleiter werden …

Andererseits ergeben sich aber im Gegensatz zu kleineren Unternehmen aufgrund der häufig internationalen Aufstellung solcher Großunternehmen sehr breite und gerade für junge Berufsanfänger vielleicht attraktive Entwicklungsmöglichkeiten. So sind Auslandseinsätze innerhalb eines solchen Unternehmens eher die Regel als die Ausnahme. Nicht selten verlegen Sie dabei sogar Ihren Wohnsitz temporär (oder gar permanent) ins Ausland. Was es hier alles zu entdecken und zu beachten gibt, werden wir an anderer Stelle vertiefen („do you speak intercultural?"), daher sei dieser Weg hier nur kurz erwähnt.

Wenn Sie also ein verhältnismäßig hohes Maß an Planbarkeit mit gleichzeitiger Option auf Auslandserfahrung kombinieren möchten – dann sollten Sie breit aufgestellte Großunternehmen mehr als einen ersten flüchtigen Blick gönnen.

Im Mittelstand können Sie Ihren Karriereweg meistens stärker selbst mitgestalten

Nicht wenige hübsche PowerPoint-Präsentationen von mittelständischen Unternehmen zeigen Ihnen auch klar vorgezeichnete und wohlstrukturierte Karrierewege auf. Diese sind also auch bei diesen Unternehmen in gewisser Weise vorgegeben. Aber stärker noch als in Großunternehmen können Sie diese Pfade in manchmal nicht unerheblichem Maße selbst mitgestalten.

Man hat beispielsweise viel Spielraum, wenn man die Produkte des Unternehmens in einen neuen Markt einführt, sei es durch Eroberung eines neuen Kundensegments in bereits bedienten Regionen – oder durch Expansion in neue Geografien. So kann ein Unternehmen mit Fokus auf Spezialglas für Hochhausfassaden beispielsweise die in zunehmendem Maße architektonisch anspruchsvollen Bauprojekte in aufstrebenden Märkten wie Ostasien (z. B. China) oder Lateinamerika (z. B. Brasilien) als neuen Fokusmarkt entdecken. Und erfolgreiche Ingenieure mit entsprechenden Sprachkenntnissen definieren sich über einen solchen Weg vielleicht Ihre spätere Funktion als Leiter der Ostasien- oder Lateinamerika-Sparte des jeweiligen Unternehmens.

Auf diesem Weg sind die Chancen möglicherweise noch vielfältiger, durch persönliche Mitgestaltung eines wirtschaftlichen Quantensprungs in der Entwicklung des Unternehmens die eigene Karriere in erheblichem Maße nach vorne zu katapultieren.

In Kleinunternehmen ist alles möglich ...

Es sollte verständlich sein, dass die Karriereentwicklung bei kleinen Unternehmen, bei Selbstständigen, in keiner Weise vorhergesagt werden kann. Und mehr noch als in den vorangegangenen Fällen abhängig von der Entwicklung des Unternehmens ist. Durch die Kombination aus Attraktivität des bedienten Marktes und der eigenen Gestaltungskraft als Grundlage der Wettbewerbsfähigkeit innerhalb dieses Marktes wird Ihr Pfad hier festgelegt – der vom Scheitern des Unternehmens und der Insolvenz bis hin zum Multimillionärs-Status mit der Entwicklung eines Weltkonzerns reicht.

Auch hier werden Sie das unternehmerische Risiko eingehen müssen und sich dieser hochgradig unsicheren Situation zu stellen. Aber Sie haben die einmalige Gelegenheit, Ihren eigenen Weg definieren zu können, ohne sich an in irgendeiner Weise vorgegebenen Entwicklungspfaden ankoppeln zu müssen.

Und unabhängig vom Ausgang werden Sie in jedem Falle etwas gelernt haben und um wichtige Erfahrungen reicher sein. Und sei es, die Vielfalt der Funktionen innerhalb eines Unternehmens an der eigenen Haut selbst erfahren zu haben – und sich dadurch aufgrund Ihrer gestiegenen Methodenkompetenz für weiterführende Aufgaben in mittelständischen oder Großunternehmen zu empfehlen.

Entwicklungsmöglichkeiten im „öffentlichen" Bereich sind klar vorgegeben
Bei öffentlichen Unternehmen haben Sie in der Regel eine klar vorgegebene Entwicklung, die sich zum Teil an der Dauer der Zugehörigkeit orientiert, beispielsweise im Bereich der Besoldung von Lehrkräften an öffentlichen Schulen durchaus erweitert um Eingruppierungen in höhere Entgeltgruppen als sogenannte Regelbeförderungen – ein übrigens interessantes Wort im Kontext von Leistungsorientierung. Zudem sind durch die klare Vorgabe von Strukturen die Entwicklungsmöglichkeiten nach oben hin in der Art und Weise begrenzt, dass es eben nur eine bestimmte Anzahl an Stellen auf den höheren Hierarchiestufen gibt, die es zu besetzen gilt. Es kann eben nur einen Dekan eines Fachbereichs an einer Hochschule geben und nicht mehrere. Insofern ist die Entwicklung in diesem Bereich möglicherweise besser planbar, aber dafür auch etwas eingeschränkter.

Die Dynamik, mit der das Unternehmen auf dem Markt agiert, unterscheidet sich ebenfalls

Genauso wie Sie Ihre persönliche Entwicklung innerhalb der Unternehmen betrachten können, mögen Sie auch die Entwicklung des Unternehmens innerhalb dessen Marktumfelds in Ihre Erwägungen mit einbeziehen. Sie betrachten damit die Dynamik eines Unternehmens im Wettbewerbsumfeld, Sie vergleichen dann die Dynamik des Unternehmens mit Ihrer eigenen persönlichen Dynamik, die Sie vielleicht in einem passenden Unternehmensumfeld einbringen möchten.

Großunternehmen sind oft geprägt von langsamen Veränderungsprozessen
Großunternehmen sind aufgrund ihrer vielgliedrigen Strukturen und der Vielzahl an Interaktionen bei den Prozessen wie zuvor beschrieben sehr komplexe Systeme. Revolutionäre Änderungen an Teilen dieses Systems könnten wie bei vielen anderen komplexen Systemen fatale Folgen haben, im schlimmsten Falle sogar das gesamte System zum Kollabieren bringen. Das mag etwas übertrieben klingen, ist aber mitunter eine der möglichen Erklärungsansätze für die Tatsache, dass Veränderungsprozesse in großen Unternehmen meist nur langsam vonstattengehen. Ausnahmen stellen dann Übernahmen oder Umorganisationen dar, die dazu führen, dass sich auch große Unternehmen schnellen Veränderungsprozessen unterworfen sein können und nicht zwingend stabile Arbeitgeber sein müssen. Strategien und wirtschaftliche Umfelder können sich ändern.

Nach außen hin werden diese Unternehmen nicht selten als träge wahrgenommen. Das spiegelt aber meist nur wider, dass intern oft eben häufig und lange diskutiert wird, bevor eine Entscheidung für die Entwicklung in eine bestimmte Richtung getroffen wird. Bevor ein solches Unternehmen beispielsweise den Schritt in einen neuen Markt (z. B. Expansion nach Indien) wagt, werden erst die zahlreichen Pros und Contras gegeneinander aufgetragen und erst auf dieser Basis nach gründlicher Analyse entschieden. Das ist nicht zuletzt auch deswegen notwendig, weil die jeweiligen Entscheidungen nicht selten sehr kapitalintensiv sind und eine Fehlentscheidung mitunter auch fatale Folgen haben könnte. Weniger unmittelbar, aber durch eine im Nachhinein gewissermaßen „festgefahrene Struktur" – bei der Sie dann vielleicht feststellen, dass Sie doch besser nach China oder Brasilien gegangen wären.

In jedem Falle werden Sie in Großunternehmen eher mit evolutionären Veränderungen als mit revolutionären Umbrüchen konfrontiert sein. Das gilt selbst im Falle von Akquisitionen, also Zukäufen anderer Firmen. Denn häufig sind diese so angelegt, dass die zugekaufte Firma in das bereits existierende Gesamtkonzept des Unternehmens passt und keine grundsätzlich andersartige Ausrichtung bedeutet.

Der Mittelstand ist besser beweglich durch weniger fixierte Strukturen
Wie bereits zuvor beschrieben sind mittelständische Unternehmen von in der gelebten Praxis weniger starren Strukturen und Prozessen geprägt, meist aber auch durch einen geringeren Kapitalbedarf. Das bedeutet im Bedarfsfall, dass Entscheidungen gegebenenfalls schneller getroffen werden. Da kann es schon mal vorkommen, dass der Geschäftsführer (nicht selten der Eigentümer) des Unternehmens auch bei Nichtkenntnis der gesamten Datenlage Entscheidungen ad hoc trifft, die dann auch schnell und unmittelbarer umgesetzt werden. Weil der Firmenchef sich nicht selten persönlich bei der Umsetzung einschaltet, um die Umsetzung in seinem Sinne auch zu überwachen.

Auf der anderen Seite ist es aber auch möglich, dass die existierenden Strukturen in Nicht-Krisenzeiten Änderungsprozesse behindern. Wenn es zum Beispiel um die Neuverteilung von finanziellen Ressourcen geht. Beispielsweise für Forschungs- und Entwicklungsprojekte, wo sich dann alles um die allseits spannende und beliebte Frage dreht, welche Projekte welches Geschäftsbereichs denn nun die förderungswürdigsten sind und welche nicht. Das ist ganz natürlich und eine Situation, die Sie auch bei Großunternehmen so auch finden werden. Anders als bei Großunternehmen aber können mittelständische Unternehmen aber im Bedarfsfall, wenn es kritisch wird, wenn das Unternehmen urplötzlich auf äußere Bedingungen reagieren muss, gegebenenfalls schneller und unmittelbarer auf diese externen Faktoren reagieren. Hier gilt noch eher das sinngemäß abgewandelte Zitat von Winston Churchill:[3] „the parrots shall stop to jabber when the eagles are rising" – oder sinngemäß ins Deutsche überführt: „Wenn der Kuchen spricht, haben die Krümel Pause". Und wenn eine gestandene Unternehmerpersönlichkeit in einem mittelständischen Unternehmen sein Management auf Kurs einschwört, dann kommt es durchaus einmal vor, dass Sie im wahrsten Sinne des Wortes nur noch den Adler schreien hören, während die Papageien den Schnabel zu halten haben. Um dann gemäß den Anweisungen des Geschäftsführers zu reagieren („Wenn der Alte mal eine Entscheidung getroffen hat, dann ging

---

[3] Im Originalzitat von Winston Churchill heißt es: „When eagles are silent, parrots begin to chatter", siehe z. B. bei Quotespedia, URL: https://www.quotespedia.org/authors/w/winston-churchill/when-eagles-are-silent-parrots-begin-to-chatter-winston-churchill/. Zugegriffen am 26.04.2020.

das wie ein Blitz bis zum letzten Vertriebsmitarbeiter durch. Und wehe dem, der dann nicht gespurt hat!").[4]

Mitunter mag es eine Herausforderung sein, mit dieser doch teilweise direkten Art eines Vorgesetzten umzugehen, der ruckartig eine Kehrtwendung von einem verlangt (sinngemäß kann dann durchaus folgende beispielhafte Aussage kommen: „Wir ziehen uns jetzt aus dem polnischen Markt zurück – stattdessen fliegen sie übermorgen nach Norwegen und stellen da etwas auf die Beine"). Aber wenn Sie ein höheres Maß an Dynamik in Ihrem beruflichen Umfeld bevorzugen, dann sind Sie hier genau richtig.

Kleinunternehmen haben die höchste Flexibilität
Nicht überraschend haben Sie bei Kleinunternehmen, bei Selbstständigen die höchste Flexibilität auch bezüglich der Reaktion auf externe Bedingungen, aber auch oftmals bei der benötigten Finanzierung die größten Limitierungen. Das kann sich dann ändern, wenn Wagniskapital in das Unternehmen von außen eingebracht wurde. Geldgeber verzichten selten gerne auf Verzinsung und noch weniger lieb schreiben sie Investments ab. Entsprechend werden solchen Unternehmen Begleiter der Geldgeber zur Seite gestellt, die darauf aufpassen, dass in ihrem Sinne sinnvoll gearbeitet wird. Auch wenn teilweise von einem auf den Tag Entscheidungen getroffen werden müssen, die mitunter für die Existenz des ganzen Unternehmens entscheidend sein können, der Geldgeber wird immer mitreden wollen: wie lange kann ich in der gegenwärtigen Situation noch alle meine Mitarbeiter beschäftigen? Bis wann muss ich spätestens einen neuen Auftrag an Land gezogen haben? Wie kann ich mit den vorhandenen Ressourcen die bestehenden Projekte besser und schneller abarbeiten? Welche Projekte soll ich priorisieren – die kleinen Projekte meiner treuen Kunden oder lieber das neue Großprojekt, das aber mit höheren Risiken behaftet ist?

Hier muss mit einem Höchstmaß an Flexibilität agiert werden, da die Überlebensfähigkeit des Unternehmens anderweitig häufig überhaupt nicht gewährleistet werden kann.

---

[4] Persönliche Mitteilung eines Vertriebsmitarbeiters eines mittelständischen Unternehmen einem der Autoren gegenüber.

"Öffentliche Unternehmen" sind relativ starr – müssen es aber auch meist sein

Bei öffentlichen Unternehmen werden Sie feststellen, dass diese häufig im Vergleich zu Unternehmen in der freien Wirtschaft relativ starr und unbeweglich sind. Was heißt das? Das heißt nicht, dass sie mit mittelalterlichen Methoden arbeiten, sondern vielmehr, dass das eng eingegrenzte Marktumfeld, innerhalb dessen sie sich bewegen, meist einer geringeren Dynamik unterworfen ist. So ändern sich im Bereich des Bildungswesens zumeist die Prozesse, mit denen Schüler, Auszubildende oder Studierende Wissen beigebracht bekommen (lapidar ausgedrückt: „vom Präsenzunterricht mit Frontalbeschallung hin zum E-Learning von zu Hause aus"), aber die Inhalte sind nach wie vor im Wesentlichen die gleichen. Wer heute Chemie studiert, wird die gleichen fachlichen Grundlagen lernen müssen wie die Studierenden vor fünfzig Jahren. Weil es eben erforderlich ist, ein stabiles Fundament zu haben, auf dem man sein fachliches Haus anschließend bauen kann.

Und durch die engen gesetzlichen Vorgaben im Bereich der Arbeitssicherheit kann auch nicht jede Prüfstelle ihre eigenen Kriterien aufstellen, nach denen geprüft werden soll. Das wäre in jedem Falle mehr als kontraproduktiv. Daher sollte man innerhalb dieser Kategorie die „Starrheit" nicht mit einem Mangel an fachlicher Flexibilität gleichsetzen. Im Gegenteil. Sehr häufig haben sie auch und gerade innerhalb dieser Branche großartige Fachexperten, die dann auch über die Grenzen ihrer eigentlichen Beschäftigung hinaus Impulse für Verbesserungen setzen können. Also beispielsweise Zollprüfer, die Importe überwachen und aus ihrer Erfahrung berichten, Auditoren, die andere Unternehmen sehen und von anderen Lösungswegen erzählen, Prüfer, die bei einer Sicherheitsprüfung in einem Betrieb zwar gemäß ihrer eigentlichen Arbeit nichts zu bemängeln haben, aber beim Mittagessen mit dem zuständigen Betriebsleiter über mögliche Verbesserungen für den Produktionsprozess sprechen, die dem Unternehmen am Ende signifikante Kosten einsparen können. In diesem Beispiel vermischen sich zwar die Grenzen ein wenig, da die angesprochenen Personen quasi als Berater tätig waren, aber das Leben kann bunt sein und Erfahrung, die lohnt, gehört zu werden, gibt es wirklich überall. Aber wie bereits eingangs erwähnt, ist es ohnehin schwierig, an dieser Stelle eindeutige Grenzen zu ziehen.

Das wirtschaftliche Risiko ist für die drei Typen von Unternehmen unterschiedlich zu bewerten

Eng verwandt mit der Frage nach der Dynamik ist auch die Frage nach der Sicherheit eines Arbeitsplatzes, der Ihnen im jeweiligen Tätigkeitsumfeld geboten wird. Damit stellen Sie implizit die Frage nach dem wirtschaftlichen Risiko der jeweiligen Unternehmenstypen. Und auch wenn die Frage nach dem Risiko sicherlich abhängig ist von vielen Faktoren (wie beispielsweise der Branche, der konjunkturellen Gesamtlage, dem jeweiligen Wertschöpfungsschritt.), so ist auch der Unternehmenstyp eine nicht zu vernachlässigende Komponente in diesem Zusammenhang. Vorab: Sie werden in keinem Unternehmen in keiner Branche in einer Zeit der Globalisierung von Wertschöpfungsketten und Wettbewerbsfeldern eine hundertprozentig garantierte lebenslange Sicherheit Ihrer Beschäftigung haben. Aber bei näherer Betrachtung der unterschiedlichen Unternehmen gibt es dennoch einige strukturelle Unterschiede, die sich lohnen, weiter betrachtet zu werden.

Großunternehmen sind recht robust – aber in Umbruchsituationen vielleicht nicht beweglich genug
Das wirtschaftliche Risiko für Großunternehmen (beispielsweise im Sinne von Insolvenzgefahr) sollte eigentlich verhältnismäßig gering sein. Denn durch die in der Regel breite Aufstellung dieser Unternehmen entlang unterschiedlicher Geschäftsfelder können mögliche Verluste in einem Teil des Unternehmens von den jeweils anderen Geschäftsfeldern abgefangen werden. Andererseits sollte man sich vor Augen halten, dass diese Unternehmen als häufig börsennotierte Unternehmen ihren Aktionären auch eine attraktive Verzinsung des eingesetzten Kapitals bieten möchten. Weniger profitable Unternehmensbereiche können in diesem Zusammenhang nicht selten Gegenstand von Kostensenkungsprogrammen werden. Was in der Praxis oft bedeutet, dass Personal abgebaut wird. Oder gar eine Veräußerung des jeweiligen Unternehmensteils angestrebt werden könnte. Mit anschließendem Kostensenkungsprogramm des neuen Besitzers.

Ungeachtet dieser Möglichkeiten bietet Ihnen ein Großunternehmen aber immer noch eine in der Regel vergleichbare Beschäftigungssicherheit. Schließlich wird ein Unternehmen Sie nicht heute einstellen, und Ihrer bereits übermorgen überdrüssig sein. Dabei bedeutet das nicht, dass andere Unternehmen nicht auch behutsam mit ihrem Personal umgehen, denn jede Personalbeschaffung ist kostenintensiv und kostet viel Zeit, aber andere Situationen können schnelleres Handeln notwendig machen, was durch die Kapitalausstattung bedingt sein kann.

Andererseits aber stehen gerade Großunternehmen im Marktumfeld einer ganz anderen möglichen Bedrohung gegenüber. Aufgrund ihrer Größe und den relativ starren Strukturen besteht die Gefahr, dass sie auf radikale Änderungen ihres Marktumfeldes nicht ausreichend schnell reagieren können. Und in diesem Zusammenhang auch existenziellen Bedrohungen gegenüberstehen können. Hier haben es große und „schwer bewegliche" Systeme in der Regel immer schwerer als kleinere und flexiblere Systeme. Als Analogie zur Veranschaulichung sei hier an das Schicksal der Dinosaurier erinnert. Diese erfuhren am Ende der Kreidezeit vor etwa 65 Millionen Jahren nach über 150 Millionen Jahren Herrschaft über die Biosphäre der Erde ein jähes Ende. Bis dahin war ihre Geschichte eine echte Erfolgsstory: in den Weltmeeren, in nahezu allen Nischen auf dem Land und sogar in der Luft hatten sich zahlreiche unterschiedliche Arten gebildet, und nichts deutete darauf hin, dass sich dieser Zustand in den darauffolgenden Zeitaltern verändern würde. Was bei einer langsamen evolutionären Änderung der äußeren Parameter auch wahrscheinlich so geblieben wäre. Aber dann änderten sich die Umweltbedingungen schlagartig und radikal und die Dinosaurier waren nicht in der Lage, sich dieser radikalen Änderung schnell genug anzupassen. Und starben aus. Was war geschehen? Auch wenn eine eindeutige Ursache bis heute nicht gefunden wurde (was bei einem so lange zurück liegenden und so komplexen Ereignis nicht überrascht), deuten viele der durch die moderne Wissenschaft zusammengetragenen Indizien darauf hin, dass ein gewaltiger Meteoriteneinschlag vor der Küste der heutigen Halbinsel Yucatan (Mexiko) maßgeblich bei dem Massensterben beteiligt war. Zum einen durch die unmittelbare Wirkung des Einschlags (Tausende Kilometer weit reichende Feuersbrünste, gewaltige Erdbeben, mehrere hundert Meter hohe Tsunamis, dazu ein „Feuerregen" aus dem Himmel durch kleinere Fragmente des Meteoriten, die in der Atmosphäre verglühten und als glühende Fackeln zu Boden gingen). Noch schwerer aber wogen die langfristigen Folgen: durch den Einschlag gelangten Unmengen von Staub und Asche in die Atmosphäre und verdunkelten diese. Infolgedessen kam es zu einer globalen Abkühlung und zu einem daraus resultierenden deutlichen Rückgang der Fotosynthetischen Aktivität. Und damit zu einer Verringerung des Angebots pflanzlicher Nahrung. Dadurch wurde vor allen den großen Lebewesen, den Dinosauriern, die Lebensgrundlage entzogen. Ihre Körper waren auf teilweise mehrere hundert Kilogramm Pflanzenmasse pro Tag angewiesen (und diese Pflanzenfresser waren ihrerseits wiederum die Nahrungsgrundlage für die fleischfressenden Dinosaurier). Durch die globale Abkühlung wurden auf diese Weise die für die Dinosaurier relevanten Nahrungsketten weitgehend zerstört. Und diese veränderte Wettbewerbssituation verbunden mit einer nicht ausreichend schnellen Anpassungsfähigkeit führte zu deren Aussterben. Zum Glück für uns Menschen. Denn die bis dahin ein Schattendasein in der Evolution des Lebens führenden Säugetiere konnten aufgrund ihrer kleinen Größe durch Rückzug in kleine Erdhöhlen nicht nur den unmittelbaren Folgen des Einschlags viel besser entgehen. Sie waren auch aufgrund eines effizienteren Energiehaushalts in der Lage, sich den veränderten Nahrungsbedingungen besser anzupassen. Und schlüpften damit in eine der Hauptrollen auf der Bühne des Lebens, was langfristig auch der Evolution des Menschen den Weg ebnete.

Auch im wirtschaftlichen Umfeld beobachtet man nicht selten, dass die etablierten Unternehmen und Branchen an nahezu ewige Kontinuität zu glauben pflegen, auch wenn sie in ihrer Unternehmensstrategie immer wieder den „Geist der Veränderung" predigen. Und laufen daher immer Gefahr, von radikalen Entwicklungen überrollt zu werden. Als Beispiel eines solchen wirtschaftlichen Meteoriteneinschlags sei hier an die Entwicklung der elektrischen Glühbirne erinnert, von welcher der französische Industrielle Hippolyte Fontaine noch 1880 schrieb: „… dies wird eine so seltene Ausnahme sein, dass es unnötig erscheint, sie zu berücksichtigen. […] Das elektrische Licht kann niemals dem Gas, den Öllampen oder Kerzen schaden."[5] Müßig zu erwähnen, dass diese offensichtliche Fehleinschätzung nicht nur die Industrie der Kerzenmacher

---

[5] Hippolyte Fontaine, Die Electrische Beleuchtung, Einleitung, Verlag Lehmann & Wenzel, Wien, 1880.

völlig überraschend (obwohl in diesem Falle sogar vorhersehbar) traf. Beispiele wie diese gibt es bei Betrachtung der Wirtschaftsgeschichte in Hülle und Fülle: der Siegeszug motorisierter Antriebssysteme für Personenbeförderungsmittel, die zur Ablösung der über Jahrhunderte etablierten Kutschen durch Automobile führten. Oder die Revolution der Kommunikationssysteme durch elektronische Systeme in einem globalen Netzwerk – heute kommunizieren wir in Echtzeit mit unseren Smartphones über das Internet, statt wie lange Zeit üblich unsere Gedanken in handgeschriebener Form in Briefen auszutauschen. Und diese Entwicklung wird in Zukunft weitergehen. Vielleicht stellen wir irgendwann einmal fest, dass ein nachhaltiges Wirtschaften aus stofflicher, ökonomischer und sozial-gesundheitlicher Sicht langfristig gewinnbringender ist für unsere globalen Systeme als die gegenwärtige Basierung auf Prozessen, die auf meist irreversiblen Zustandsänderungen unseres Planeten beruhen. Und revolutionieren darauf basierend unsere Wirtschaftssysteme. Undenkbar? War ein Mensch auf dem Mond auch einmal.

Aber zurück zu unserem eigentlichen Thema. Aus der zuvor diskutierten Dynamik und des hohen Grades an vorgegebenen Strukturen sind die Großunternehmen also in Zeiten unwesentlicher und langsamer Veränderung also in der Regel sehr stabile und robuste Beschäftigungszentren, innerhalb deren Grenzen sie ihre eigene Entwicklung relativ unbesorgt vorantreiben können. Gefährlich wird es für diese Unternehmen wie dargestellt halt eben nur dann, wenn es plötzliche, unvorhersehbare und radikale Änderungen des äußeren Umfelds gibt, die pathologische Folgen für das Unternehmen aufgrund einer nicht ausreichend schnellen Reaktion auf diese Veränderungen haben können. Oder wenn man lange und friedlich veränderte Bedingungen am Markt ignoriert hat.

Das Risiko in einem mittelständischen Unternehmen ist moderat
Im Unterschied zu den Großunternehmen sollte ein kleineres Unternehmen wie ein Mittelständler doch eigentlich aufgrund seiner geringeren Größe ein höheres Risiko am Markt besitzen. Oder? Das finanzielle Risiko ist in der Tat nicht von der Hand zu weisen, und auch zahlreiche Insolvenzen gerade im Bereich mittelständischer Betriebe mögen zunächst Anlass zur Sorge geben.

Und auch das brancheninhärente Risiko einzelner Unternehmen ist doch auch nicht allzu gering. Nehmen wir als Beispiel einen Betrieb aus der Automobilzulieferindustrie, der sich auf einen bestimmten Hersteller von Fahrzeugen spezialisiert haben möge. Seine Existenz hängt damit wesentlich von der wirtschaftlichen Entwicklung seines direkten Kunden ab. Und wenn aus irgendeinem Grund (wieder einmal ein solcher Meteoriteneinschlag, vielleicht eine Finanz- und Wirtschaftskrise infolge des Zusammenbruchs diverser Banken) dann keiner mehr die Autos der Kundenmarke kaufen möchte, dann besteht auch für unseren Automobilzulieferer die Gefahr, dass er nicht schnell genug eine Alternative findet und von der Bildfläche verschwinden könnte. Solche Klumpenrisiken sollten bekannt und beherrscht sein, oder man sollte, solange es noch gut geht, an Lösungen arbeiten.

Andererseits kann man dagegenhalten, dass mittelständische Unternehmen wie in diesem letzten Fall nicht selten hoch spezialisierte Experten sind, die in manchen Industrien sogar Exklusivlieferanten sind (weil das von ihnen hergestellte Material oder bereitgestellte Know-how einzigartig und auf die jeweilige Kundenproblematik adaptiert ist). In diesem Falle hat der jeweilige Kunde ein lebhaftes Interesse daran, die wirtschaftliche Existenz seines Zulieferers zu sichern, um seine eigenen Wertschöpfungsketten in Gang zu halten. Wir würden ja schließlich auch nicht vor lauter Lust auf Cheeseburger alle Rinder dieser Welt schlachten, nur um uns danach darüber zu beschweren, dass es keinen Käse mehr gibt, mit dem wir unseren Burger dann belegen zu können.

Ein oft entscheidender Faktor bei mittelständischen Unternehmen ist die Tatsache, dass diese nicht selten noch in privatem Familienbesitz des Firmengründers sind. Das macht sich nicht selten in einer finanziellen Langatmigkeit zu spüren. In dem Sinne, dass hier eher in Jahren, manchmal sogar in Jahrzehnten oder gar Generationen gedacht wird, statt in den für börsennotierten Unternehmen wichtigen Quartalen. Und der Horizont der Entscheidungen liegt oftmals entsprechend weiter in der Zukunft als bei den doch eher kurzfristig agierenden Großunternehmen. Da wird auch ein Jahr mit Verlusten einmal durchaus in Kauf genommen, wenn man ein bestimmtes Ziel erreichen will („Ich glaube an dieses Produkt, und auch wenn wir da momentan noch Verluste machen, bin ich davon überzeugt, dass wir irgendwann den Durchbruch schaffen werden!"). Das bedeutet nicht unbedingt, dass sie sich in einem solchen Umfeld gemütlich zurücklegen können und eine „Das wird schon werden"-Haltung einnehmen können. Ganz im Gegenteil. Aber sie haben im Vergleich zu Großunternehmen vielleicht ein klein wenig mehr Zeit, sich der erfolgreichen Umsetzung ihrer Unternehmensziele zu widmen. Vielleicht.

Und falls es dann partout trotzdem nicht mit dem gewünschten Erfolg eines Produkts klappen will, dann kann aufgrund der meist durch einen starken Geschäftsführer geprägten Unternehmenskultur im Mittelstand eine Neuorientierung der Strategie nicht selten quasi über Nacht erfolgen („… habe ich mir das gestern noch einmal alles durch den Kopf gehen lassen. Wir stellen die Vermarktung des Produktes X ein und fokussieren lieber auf Y"). Dadurch sind Mittelständler nicht unbedingt selten flexibler als ihre „großen Brüder" und können sich auch auf radikale Marktänderungen mitunter ein wenig eher einstellen.

In einem Kleinunternehmen ist das Risiko am größten
Nicht überraschend mag die Tatsache sein, dass in einem kleinen Unternehmen, als Selbstständiger, das Risiko am größten ist. Bereits das Scheitern eines einzigen Projektes, der Verlust eines einzigen Großauftrags kann mitunter das Aus für das ganze Unternehmen bedeuten. Das Risiko eines kleinen Unternehmens zeigt am besten der Fall eines soliden Malerbetriebs, der einen Großauftrag erhielt: Das örtliche Finanzamt zu renovieren. Eigentlich ein wunderbarer Auftrag. Gemacht, Rechnung geschrieben. Aber das Amt zahlte nicht, schickte dafür aber die notwendigen Kostennoten über fällige Steuerzahlungen. Die Banken konnten oder wollten nicht überbrücken – und so führte ein Großauftrag dank problematischer Zahlungsmoral für ein bilanziell sauberes Unternehmen dank leerer Kassen in die Insolvenz.

Nehmen wir als anderes Beispiel ein Start-up, das sich auf Medikamentenentwicklung in der Pharma-Forschung fokussiert hat. In diesem Bereich haben sich einige Unternehmen auf die Grundlagenforschung spezialisiert und verkaufen die chemische Struktur potenzieller Kandidaten für pharmazeutisch aktive Wirkstoffe dann größeren Pharma-Herstellern. Wenn diese kleinen Unternehmen aber innerhalb einer bestimmten Zeit keine vielversprechenden Kandidaten finden oder keine geeigneten Lizenzverträge schließen können, um so ihre mitunter teure Forschung zu finanzieren, dann werden sie auch nicht langfristig überlebensfähig sein, denn die Geldgeber werden den Stecker ziehen. Prinzipiell werden sieben von zehn Start-ups verschwinden, zwei werden gerade mal Geld tauschen und eines wird rentabel, dann aber auch richtig. Leider weiß man vorher nicht, welches der zehn das sein wird. Neben der Idee ist es aber auch das Management, das darüber entscheidet, wer Erfolg haben wird und wer eher nicht.

Man braucht im Umfeld der Kleinunternehmen und Selbstständigen also in der Regel ein „dickes Fell" und darf nicht gleich nervös werden, wenn am Monatsende mal ein Minus auf dem Konto erscheint, sollte aber auch nicht entspannt sein, sondern fokussiert arbeiten und versuchen, so früh wie möglich zu erkennen, wann es Zeit sein könnte, aufzuhören.

Andererseits erlaubt die in noch höherem Maße vorhandene Flexibilität und Beweglichkeit bei den kleinen Unternehmen eine immens schnelle Adaption an sich verändernde Marktbedingungen, sodass temporäre Verluste auch verhältnismäßig schnell ausgeglichen werden können.

„Öffentliche Unternehmen" haben meist nur ein geringes Risiko
Unternehmen der öffentlichen Hand sind naturgemäß nur mit einem vergleichsweise geringen Risiko behaftet, den Arbeitsplatz zu verlieren. Ihre Existenz, ihr Aufgabengebiet und nicht selten die sich daraus ergebende Größe ist sehr häufig aufgrund regulatorischer Vorgaben seitens des Gesetzgebers vorgeschrieben. Und Veränderungen sind meist frühzeitig absehbar. Nehmen Sie den Bildungssektor als Beispiel. Wenn in einer Stadt mit 40.000 Einwohnern die drei städtischen Gymnasien aufgrund der demografischen Entwicklung langfristig um Nachwuchs bei den „Kunden" (sprich: Schülern) bangen, dann ist absehbar, dass es irgendwann nur noch zwei statt drei Gymnasien geben wird. Eine signifikante Verschiebung des „Wettbewerbsumfelds" (sofern der Begriff hier überhaupt Sinn macht) ist dadurch allerdings nicht zu erwarten. Ähnliche Überlegungen könnte man für Branchen wie den TÜV oder die Polizei, Zoll, etc. anstellen.

Zudem haben diese Unternehmen meist für Sie als Arbeitnehmer den Charme, dass Sie häufig mit einer Verbeamtung auf Lebenszeit rechnen können. Und das kann – gerade in wirtschaftlich turbulenten Zeiten – ein interessanter Aspekt bei der Berufswahl sein. Oder Sie überlegen sich, wie Sie Familie und Karriere am besten unter einen Hut bekommen können. Auch dann kann eine Verbeamtung sinnvoll sein, da der Gesetzgeber oftmals großzügigere Angebote macht, als sie ein Unternehmen anbieten kann. Ein Aspekt, den man vielleicht hinsichtlich der langfristigen Lebensplanung nicht unbedingt vernachlässigen möchte.

Die Kultur in den drei Unternehmenstypen weist fundamentale Unterschiede auf

Als letzten vergleichenden Punkt in unserer Liste wenden wir uns noch einer weiteren zentralen Komponente zu: der Kultur innerhalb der Unternehmen. „Wie bitte? Das soll wichtig sein?", mögen Sie denken. Ja, ist es. Weil Sie einen fachlich noch so attraktiven Job nur solange mitmachen werden, wie Ihr Bauch Ihnen sagt, dass es auch ihm gefällt. Als wissenschaftlich gebildeter Mensch mögen Sie den Einfluss des Bauchgefühls vielleicht gerne wegdiskutieren oder als geringfügig erachten. Verständlich. Kann man ja auch nicht messen und quantifizieren. Ging uns nicht anders. Aber unsere menschliche Physiologie ist bereits vor dem Aufkommen der ersten Unternehmensformen durch mehrere Millionen Jahre Evolution marschiert. Und unser Körper denkt sich etwas dabei, wenn er nonverbal mit uns kommuniziert. Und dann sollten wir vielleicht nicht unbedingt weghören, wenn sich unser Bauch zu Wort meldet in einem Berufsumfeld, in dem doch vom Kopf her alles perfekt passt, es aber vielleicht ein paar Querelen mit dem Chef oder den Mitarbeitern gibt. Denn diese „Kleinigkeiten" können sich irgendwann einmal zu veritablen Hürden für eine nachhaltige Gestaltung des Arbeitsalltages auswachsen. Daher lohnt es sich, mehr als nur einen flüchtigen Gedanken an die unterschiedlichen Unternehmenskulturen zu verschwenden. Nicht zuletzt deshalb, weil vielleicht genau das der wichtigste Faktor sein könnte, der für Ihre langfristige Berufswahl entscheidend sein wird.

In Großunternehmen sollten Sie sich auf einer politischen Bühne bewegen können

Großunternehmen können auf eine meist lange und erfolgreiche Geschichte zurückblicken. Im Schatten dieser Geschichte fühlen sie sich natürlich verpflichtet, an die großartigen historischen Erfolge anzuknüpfen und diese in der Zukunft fortzuschreiben. Dabei haben sie aber immer explizit oder implizit im Hinterkopf, dass sie im Falle eines Scheiterns (falsches Produkt in den Markt eingeführt, falsches Land für geografisches Wachstum ausgesucht, nicht auf die richtigen Kunden fokussiert – um nur einige mögliche Beispiele zu nennen) diese historischen Erfolge „beschmutzen" könnten. Sie haben also das Gefühl, etwas verlieren zu können. Und laufen damit Gefahr, dass ihre Art und Weise zu reagieren teilweise von Verlustangst und Zaudern geprägt („bloß nichts falsch machen!").

Zudem sind die agierenden Manager in den Großunternehmen oft dem Unternehmen entfremdet (fachlich nicht innerhalb des Unternehmens groß geworden) und fokussieren entsprechend ihrer Position eher auf Zahlen als auf Produkte und Kunden. Da kann es einem durchaus passieren, dass man in einem Einstellungsgespräch schon gar nicht mehr über die Produkte des Unternehmens diskutiert, sondern vielmehr genervt zu hören bekommt: „Jetzt vergessen Sie mal die Produkte und die Kunden. Denken Sie vielmehr einmal darüber nach, wo der wirkliche Wert für uns liegt! Wo wir noch mehr Profit machen können! Wo der Cash liegt!" Überraschend? So einfach kann Unternehmenskultur in der Praxis aussehen.

Noch einmal: das bedeutet selbstverständlich nicht, dass es in allen Großunternehmen genauso zugeht. Nur, weil es uns passiert ist, bedeutet es noch lange nicht, dass wir über alle sprechen können. Aber die Wahrscheinlichkeit, dass Sie im Spagat zwischen Kundenbedürfnissen und Anforderungen der Aktionäre den Fokus stärker auf die reinen Zahlen legen werden statt auf Produkte und Kunden, ist nicht ungewöhnlich klein. Und eben in den börsennotierten Großkonzernen tendenziell häufiger anzutreffen als beispielsweise im Mittelstand. Dabei hat kein Unternehmen Geld zu verschenken, auch kein mittelständisch geprägtes. Allerdings scheint sich ein Umdenken anzubahnen, nachdem aus den USA von einer Bewegung der CEOs großer Unternehmen berichtet wird, die sich fragen, ob der Shareholder Value wirklich das einzige Maß aller Dinge sein kann.

Innerhalb der Großunternehmen werden Sie aufgrund der Aufteilung in mehrere Geschäftsbereiche nicht selten auch eine sogenannte Bunker- oder Silomentalität beobachten können. Wo die einzelnen Geschäftsbereiche quasi als „Unternehmen im Unternehmen" geführt werden. Dann kann es irgendwann einmal mehr um Verteilungskämpfe der existierenden Ressourcen zwischen diesen „Bunkern" gehen als um die Frage, wie das Wohl des Kunden am besten bedient werden kann. Ein vielleicht etwas negativ gemaltes Bild von Großunternehmen, aber ein mögliches Extrem einer Kultur, die Sie gegebenenfalls vorfinden. Es liegt an Ihnen zu entscheiden, ob Sie sich in einem solchen Umfeld wohlfühlen!

Andererseits kann Ihnen ein Großunternehmen auch ganz fantastische Bedingungen bieten, innerhalb derer Sie extrem viel lernen und erreichen können. Als eine der wichtigsten sei hier die häufig interkulturelle Aufstellung von Großunternehmen zu nennen. Da kann es dann schon einmal vorkommen, dass Sie als Vertriebsmitarbeiter in ständigem Kontakt sind mit Ihren Kollegen aus Amerika und Asien und auf diese Weise nicht nur sprachlich Ihre vorhandenen Kenntnisse einsetzen und verbessern, sondern auch und vor allem Ihre Arbeit um interkulturelle Aspekte erweitern. Und auch eine „internationale Luft" in Ihrem Berufsalltag schnuppern. Was sehr reizvoll sein kann, wenn Ihnen Ihr momentanes Umfeld an der Universität oder in Ihrem momentanen Berufsumfeld zu eng ist. Es liegt an Ihnen zu entscheiden, ob Sie sich in einem solchen Umfeld wohlfühlen!

In mittelständischen Unternehmen herrscht oftmals ein „familiärer Charakter"
Ganz im Gegenteil dazu stellen sich die meisten mittelständischen Unternehmen dar. Hier herrscht oftmals noch ein fast „familiärer Charakter". Basierend auf der oft noch überschaubaren Unternehmensgröße und der Verbundenheit der Inhaber mit buchstäblich ihrem Unternehmen. Man kennt sich noch untereinander, ist teilweise vielleicht sogar noch gemeinsam zur Schule gegangen. Das schafft meist eine sehr ernste Identifikation mit dem Unternehmen und einen Zusammenhalt, der eine „Packen wir's an"-Mentalität schafft. Selbstverständlich werden Sie

diese Idealform auch nicht bei jedem Mittelständler vorfinden und es mag diese Fälle vielleicht auch in der einen oder anderen Form bei dem einen oder anderen Großunternehmen geben. Aber die Wahrscheinlichkeit, auf solche Fälle zu treffen, wird bei mittelständischen Unternehmen tendenziell als höher eingeschätzt.

Die Verbundenheit mit dem Unternehmen ist im Mittelstand häufig unmittelbarer und stärker. Wenn der längst pensionierte aber immer noch allseits bekannte, respektierte und beliebte Seniorchef spät abends noch seine obligatorische Runde auf „seinem" Firmengelände dreht und den Mitarbeitern der Nachtschicht in der Produktion noch einmal persönlich sein Lob für die geleistete Arbeit ausspricht – das kann eine Motivation und einen Zusammenhalt schaffen, den Sie durch rein finanzielle Anreize nur ganz schwer, wahrscheinlich aber eher überhaupt nicht, erreichen können. Es kann aber auch nerven, wenn der alte Herr noch immer mit seinen über achtzig Jahren noch immer meint, alles kontrollieren zu müssen.

Wenn Sie einmal im Geschichtsbuch solcher Unternehmen blättern, dann werden Sie beispielsweise überrascht sein, dass nicht wenige der in Deutschland ansässigen Unternehmen der Maschinenbauindustrie vor nicht einmal hundert Jahren aus einer einfachen Schmiede oder Apotheke hervorgingen. Und der Seniorchef die Entwicklung von der Schmiede oder Apotheke zum weltweit tätigen Unternehmen häufig selbst vorangebracht hat. Das ist eine gänzlich andere Basis des Vertrauens und der Verbundenheit der Geschäftsführung mit dem eigenen Unternehmen und seiner Belegschaft und umgekehrt. Schauen Sie also während Ihrer Jobsuche ruhig auch einmal auf die Historie des Unternehmens. Manchmal finden sich hier äußerst interessante und nützliche Informationen, bei denen Sie vielleicht mehr über Ihr potenzielles künftiges Tätigkeitsfeld lernen, als wenn Sie Umsatz- und Gewinnzahlen des letzten Jahres im Vorstellungsgespräch auswendig herunterbeten können.

Auf der anderen Seite sollte hier allerdings nicht unerwähnt bleiben, dass gerade den mittelständischen Unternehmen vielfach eine umfangreiche interkulturelle Kompetenz fehlt. Ihr großer Vorteil einer „Jederkennt-jeden"-Atmosphäre, die zweifellos einen intensiven Teamgeist schafft und eine enge Verbundenheit der Mitarbeiter mit dem Unternehmen, ist zugleich Quelle möglicher Nachteile. Denn häufig fehlt den

Mitarbeitern eines solchen Unternehmens dann die internationale Erfahrung und interkulturelle Expertise, um sich in anderen Ländern und Kulturkreisen sicher bewegen zu können – und dann auch die Produkte des Unternehmens in den jeweiligen Regionen platzieren zu können. Eine bittere Erfahrung, die viele deutsche Mittelständler bereits machen durften, manche bis hin zur Insolvenz, wenn man meinte, andere Kulturen verstanden zu haben, um bitter lernen zu müssen, dass dem nicht zwingend so ist. Wenn Sie also ein existierendes firmeninternes interkulturelles Netzwerk als Vorbedingung für eine Beschäftigung machen, dann sollten Sie bei mittelständischen Unternehmen ganz genau hinsehen. Denn der internationale Fußabdruck mag vielleicht deutlich kleiner sein als es beim Studium der Firmenhomepage zunächst den Eindruck erweckte.

Die Kultur in einem kleinen Unternehmen ist von einer sehr hohen Dynamik gekennzeichnet
Werfen wir abschließend noch einen Blick auf die Kultur der Kleinunternehmen. Diese sind aufgrund ihrer Aufstellung von einer hohen Dynamik gekennzeichnet. Der zuvor geschilderte unmittelbare Einfluss der eigenen Person auf das Unternehmen wird auch dessen Kultur maßgeblich mitgestalten. Und da Sie als Selbstständiger oder in einem kleinen Unternehmen mit hoher Wahrscheinlichkeit in einem Umfeld arbeiten werden, das Ihrem Naturell entspricht, dann werden Sie sich wahrscheinlich hier in der Regel sehr wohlfühlen, aber auch nicht über besondere Belastungen beklagen können.

Die Kultur als Ganzes lässt sich vielleicht am ehesten durch „Abenteuermentalität" oder die Suche nach Freiheit kennzeichnen. Schließlich müssen Sie hier noch mehr als in allen anderen Gebieten bereit sein, Risiken einzugehen, Neuland zu betreten und angriffslustig zu sein. Und um sich herum eine Gruppe von Menschen haben, die in ähnlicher Art und Weise ihr eigenes Berufsleben selbstbestimmt definieren und gestalten wollen.

In „öffentlichen Unternehmen" ticken die Uhren anders ...
In Unternehmen der öffentlichen Hand werden Sie sich meist mit einer vollkommen anderen Dynamik konfrontiert sehen als in Unternehmen,

die am freien Markt agieren. Der Begriff „Wettbewerb" hat meist nur eine geringe Bedeutung, da das Umfeld, innerhalb dessen das Unternehmen agiert, durch klare Grenzen seitens des Staates abgegrenzt ist. Sinnbildhaft gesprochen: jedem Schäfer ist hier ein Stück Land zugewiesen worden, auf dem er seine Schafherde weiden kann. Und es ist in der Regel nicht möglich, diese Wiese signifikant zu vergrößern oder plötzlich Kühe statt Schafen zu halten, um sich den Markt für Milchprodukte zu erschließen (weil man feststellt, dass der Wollmarkt nichts hergibt). Wundern Sie sich also nicht, wenn Sie mit allzu kreativen Ideen in diesem Umfeld nicht immer so weit kommen, wie Sie es sich vorgestellt haben. Das soll jetzt nicht bedeuten, dass es überhaupt keine Dynamik in diesem Feld gibt. Aber dass es eben hin und wieder etwas länger dauert, bis man in diesem Bereich etwas geändert hat.

Was Sie jetzt mit all dem Wissen anfangen könnten …

Diese Übersicht vermittelt Ihnen bis hierher hoffentlich ein kleines Gefühl dafür, wie unterschiedlich die (wohlweislich standardisierten Typen von) Unternehmen sind, die sich auf dem Markt da draußen tummeln und auf Ihre Bewerbung warten. Und wie wichtig es für Sie vielleicht ist, sich im Vorfeld Ihres Bewerbungsprozesses sich den ein oder anderen Kandidaten etwas näher anzuschauen. Schließlich entscheidet sich ein Unternehmen nicht nur für Sie, sondern Sie sich auch für ein Unternehmen.

Ist die vorgestellte Liste vollständig? Nein, ist sie mit Sicherheit nicht. Wie bereits erwähnt könnten wir allein über das Thema Unternehmen ganze Bibliotheken füllen. Wollen wir an dieser Stelle aber nicht machen. Aber das sollte Sie nicht davon abhalten, selbst weitere Dimensionen zu suchen, nach denen Sie verschiedene Unternehmen einteilen und unterscheiden können.

Abschließend auch zu den Unternehmenstypen noch einmal ein Wort der Warnung: das hier vorgestellte Bild ist an vielen Stellen zwecks anschaulicher Darstellung bewusst vereinfacht und im Detail bei der Betrachtung eines bestimmten Unternehmens oder gar eines Branchenumfelds mit Sicherheit in den Einzelheiten falsch. Das lässt sich bei einer vereinfachenden und vergleichenden Kategorisierung nicht vermeiden. Daher werden Sie nicht umhinkommen, sich stets selbst einen Eindruck von den Sie interessierenden Unternehmen zu machen, um individuell für sich entscheiden zu können, ob zwischen Ihnen und Ihrem potenziellen Arbeitgeber „die Chemie stimmt".

Halten Sie sich dabei immer wieder vor Augen, dass es verschiedene Typen von Unternehmen gibt. Auf den vorherigen Seiten haben wir einige der aus unserer Sicht relevantesten vorgestellt. Daneben mögen Sie noch ganz andere entdeckt haben. Gut. Dann ergänzen Sie die von uns getroffene Einteilung mit Ihren Funden. Das alles wird Ihnen dabei weiterhelfen, sich ein Bild von der zunächst so hoffnungslos unübersichtlichen und scheinbar strukturlosen Vielfalt an Unternehmen zu machen. Und schließlich wissen nur Sie selbst, was wirklich am besten zu Ihnen passt. Und jeder potenzielle Arbeitgeber sollte am Ende des Tages individuell von Ihnen bewertet werden – und kann keineswegs aufgrund pauschaler Aussagen in eine gewisse pauschalisierte und vereinfachte Kategorie eingeteilt werden. Dann laufen Sie möglicherweise Gefahr, dass Sie vielleicht doch nicht den richtigen Arbeitgeber erwischen und sich dann wundern, dass trotz perfekter fachlicher Übereinstimmung irgendetwas nicht so läuft wie Sie es sich vorgestellt oder gewünscht haben. Und Sie sich irgendwie unbehaglich fühlen. Und Sie das überrascht. Weil Sie nicht wissen, ob dieses Gefühl noch normal ist oder ein Warnsignal, dass Ihnen sagen möchte, dass der gewählte Weg trotz all seiner objektiven Attraktivität möglicherweise doch nicht so ganz zu Ihrer Persönlichkeit passt. Im Kap. 4 dieses Buches möchten wir Ihnen gerne noch ein wenig mehr darüber erzählen, welche Werkzeuge Sie verwenden können, um das für Sie passende Umfeld zu identifizieren. Doch zuvor werfen wir noch einen Blick auf die letzte große Kategorie, nach der Sie sich bei Ihrer Berufswahl prinzipiell orientieren können.

Halten Sie sich auch bitte vor Augen, dass Unternehmen letztlich neben Investitionsgütern vor allem durch Menschen und ihr Verhalten getrieben sind. Die Summe des menschlichen Verhaltens prägt dabei die Unternehmenskultur, zu der Sie auch selbst beitragen. Ob sich diese Kultur entwickelt, stagniert, oder zurückgeht – daran haben alle einen Anteil, auch Sie selbst.

Do you speak intercultural?

Interkulturelle Kompetenzen werden heute als immer wichtiger bezeichnet. Lebensläufe werden, wenn man den Auguren lauscht, zukünftig international verlaufen. Auch wenn bisher keine fünf Prozent aller Führungskräfte mehr als ein Jahr in Ausland gelebt haben, so soll doch die Zukunft dem gehören, der sich sicher zwischen den Kulturen bewegt und ohne in den Fettnäpfchen zu landen, der sicher seine Geschäfte strategisch versiert nach vorne bringt. In einer Welt, in der wir in der einen Sekunde einen Server in den USA besuchen, in der nächsten einen in Shanghai, um danach in Südafrika und dem Jemen zu landen, ist es in der Tat nicht unerheblich zu verstehen, wie welche Kultur funktioniert und wie wir einen Besuch dort sicher überleben. Interkulturelles Management beschäftigt sich also mit der Fähigkeit, sich zwischen Kulturen nicht nur sicher zu bewegen, sondern auch Menschen einer anderen Kultur dazu zu bewegen, etwas zu machen und das im Idealfall auch noch richtig. Dabei ist dann unerheblich, ob wir in einem fremden Kulturraum leben oder uns jemand aus dem fremden Kulturraum besucht. Entsprechend darf man interkulturelles Management nicht auf das Leben in einem fremden Land verkürzen. Das Risiko zu patzen ist in jedem Fall sehr hoch, auch bei einem Besuch eines Ausländers bei uns.

Wir alle sollen uns also durch interkulturelle Kompetenzen auszeichnen und verstehen doch häufig noch nicht einmal das gesprochene Wort. Lassen Sie uns daher erst einmal nachspüren, was das denn sein könnte: Interkulturell. Im Wort steckt zunächst der Begriff Kultur, zu dem wir sicher alle eine Meinung haben. Wenn wir uns einmal den Spaß machen und zehn Kollegen oder Freunde fragen, was denn unsere Kultur prägt oder ist – die Antworten werden spannend und vielfältig sein. Interkulturelle Kompetenzen setzen aber auch schon zuerst einmal kulturelle Kompetenzen voraus, denn ohne die eigene Kultur zu kennen, kann man ja schlecht die Unterschiede zwischen Kulturen erkennen. Deshalb lohnt es zunächst, dem Begriff Kultur doch wirklich einmal genauer nachzugehen. Wir alle haben unsere Kultur, wir leben in einer Kultur, wir haben eine Gesellschaft, die sich mit Wörtern wie Multikulti schmückt. Wissen wir, was wir da sagen?

Eine Begriffsklärung und ihre Auswirkungen

Gehen wir zurück zum Anfang. Kultur kommt von dem lateinischen Wort cultura, das für Ackerbau, Pflege und Bearbeitung steht. Das zugehörige Verb lautet colere, wohnen, pflegen und den Acker bestellen. Damit ist eigentlich alles Notwendige gesagt: Wir haben es also mit den Themen zu tun, die uns und unsere Umgebung in ihrem täglichen Leben gestalten. Damit sind wir äußeren Einflüssen unterworfen, die auf uns einwirken. Die hängen, ganz banal, davon ab, wo wir geboren wurden. Haben wir beispielsweise in Finnland das Licht der Welt erblickt, dann wissen wir, dass Winter lang und hart sein können und wir gut daran tun, wenn wir die Ernte einfahren, solange dazu noch Zeit ist. Nach dem ersten Schnee haben wir keine weitere Chance mehr und haben wir nicht genug geerntet, werden wir hungern müssen, haben wir nicht genug Holz für den Kamin, werden wir erfrieren. So einfach kann Leben sein. Sind wir aber in Indien geboren, werden wir in den meisten Teilen des Landes unser ganzes Leben auf der Straße leben können, ohne wirklich Sorge haben zu müssen, zu erfrieren. Natürlich ist eine Decke schön, aber wir werden sie kaum benötigen, höchstens im Norden des Landes. Der natürliche Reichtum des Landes führt auch dazu, dass in Indien kaum jemand verhungern muss, auch wenn wir bettelarm sind und weder lesen noch schreiben können. Also haben wir hier schon durch unsere Umgebung ganz anders gesetzte Einflüsse, die unser tägliches Handeln beeinflussen. Uns wird auch nicht verwundern, dass wir nur durch das Klima, in dem wir leben auch den Umgang mit einander verändern, allein geschuldet der Tatsache, dass wir mehr oder weniger vorausschauend denken müssen, um zu überleben.

Eng verwandt mit dem Begriff der Kultur ist zumindest in unserem Sprachraum der Begriff der Zivilisation, diesmal in der Abgrenzung zur Barbarei. Dabei kommt diesmal das Wort aus dem Griechischen und Bárbaros steht für die Völker, die kein Griechisch sprechen, also Barbaren sind. Im Gegensatz dazu kommt das Wort Zivilisation wiederum aus dem Lateinischen und leitet sich von civis ab, was Bürger bedeutet. Um ein Bürger zu sein, wird auch ein Gebilde benötigt, von dem man

Bürger sein kann, also ein Staat oder ein größerer Ort. Bürger von Rom mag man sich ja noch als Identifikationsobjekt vorstellen, Bürger von einer Ansammlung von drei Hütten irgendwo in einem Wald eher nicht. Um Bürger zu werden, müssen sich Menschen zusammengefunden haben, sesshaft geworden sein und dann in einer Lebensform gemeinsam zusammenleben. Nomaden können zwar Bürger eines Landes sein, sind aber keine Bürger einer Stadt, obwohl sie Mitglieder eines Stammes sind. Ein Stamm hat aber keine Bürger, sondern Mitglieder. Man könnte einen Stamm auch in die Nähe der wohl größeren Rasse setzen, wobei es dort zwei Deutungen gibt, woher das Wort wohl komme – aus dem römischen radix – der Wurzel – oder dem arabischen razza, das für Ursprung und auch Wurzel steht. Es wäre nicht verwunderlich, wenn beide Wörter ihrerseits den gleichen Ursprung hätten. In der zeitlichen Abfolge wird es zuerst Stämme gegeben haben, die sich dann häuslich niederließen, wie uns der Geschichtsunterricht versuchte, zu vermitteln. Aus Jägern und Sammlern wurden auf einmal Bauern und Hirten, Nomaden wurden ansässig. Vielleicht schreibt deshalb auch die Bibel im Alten Testament so oft von den Stämmen, zu denen ein Mensch gehört („er war vom Stamme Davids") und zunächst weniger davon, woher ein Mensch geografisch kommt. Das ändert sich erst mit dem neuen Testament („von Nazareth"). Es war also zunächst wichtiger, die Herkunft durch die Sippschaft zu definieren, als durch den eher zufälligen Geburtsort. Mit einer zunehmenden Urbanisierung der Menschen hat sich das dann offensichtlich geändert, denn wir sind heute Münchner, Leipziger, Berliner …

Noch heute sind wir sind oft geprägt von den zwei Einflüssen: Natürlich interessiert uns unsere Familie und woher wir kommen, also fragen wir nach unserem Stamm, aber nicht im Sinne der Frage, ob wir Germanen, Teutonen oder was auch immer sind, sondern mehr in einem Mikrokosmos, um den Stammbaum zu klären. Wir sind aber auch ganz klar davon geprägt, wo wir geboren wurden, zu welcher Bürgerschaft wir gehören und wo wir gewohnt haben. Es wird verwirrend.

Lebensformen

Noch verwirrender wird es, wenn man danach schaut, was die Lebensform, in der wir leben, für Auswirkungen auf das Zusammenleben hat. In Europa haben wir in der Regel Lebensformen, die von Sesshaftigkeit geprägt sind. Die eher nomadenhafte Lebensweise der Sinti und Roma wollen wir für einen Augenblick ausblenden – die Vorurteile gegen sie auch. Unsere Lebensweise ist zusätzlich noch geprägt von einer Sozialisierung, deren Wurzeln auf das Christentum zurückgehen, auch wenn wir selbst vielleicht schon nicht mehr Mitglied einer Kirche sind. Die uns umgebenden Spielregeln sind es, wie ja der Blick in das Grundgesetz und schon gelehrt hat. Dennoch können wir auch heute noch an vielen unserer Verhaltensmuster Spielregeln erkennen, die bereits vor vielen hundert Jahren gesetzt wurden und bis heute ihre Wirkung beibehalten und das Funktionieren unserer Gesellschaft beschreiben.

So gibt es Staaten, die sich heute noch sehr zentralistisch zu einem Machtzentrum ausrichten: Rom als Weltmacht kannte ein Zentrum, eben Rom. Das war das Zentrum der Macht und alle damals unterworfenen Länder hatten sich ebenfalls nach Rom zu orientieren. Auch wenn die Römer klug genug waren, andere Religionen zuzulassen und Handel nicht zu unterbinden, so waren sie dennoch hinreichend hart in der Durchsetzung ihrer Interessen, die letztlich die Interessen des Machtzentrums waren. Beute wurde nach Rom gebracht, unterworfene Herrscher hatten sich in Rom zu unterwerfen, nicht dort, wo sie besiegt wurden. Eine dezentrale Organisation gab es nicht wirklich, auch wenn die jeweiligen Provinzen natürlich eine lokale Administration hatten, die sich aber wiederum nach Rom orientierte, römischen Interessen diente. Das Weltreich nannte man nicht umsonst Römisches Reich. Der ausgeprägte Zentralismus existiert auch heute noch, und auch in Frankreich findet man einen starken Hang zur Zentralisierung, in dem sich alles auf Paris, dem heutigen Zentrum der Macht ausrichtet. Reste der einst römischen Besatzung und des sich dadurch ergebenden Denkens? Franzosen würden es sicher weit von sich weisen, aber es scheint zumindest nicht unwahrscheinlich. Um es für Deutsche etwas näher zu gestalten: Bayern, das auch lange genug erst von Rom, dann von Frankreich beherrscht wurde, hat heute noch stark ausgeprägte zentralistische Neigungen mit dem Machtzentrum München, die man in dieser Ausprägung in den Teilen Deutschlands, die nicht römisches Reich waren, nicht vorfindet. Dafür findet man in Bayern auch einen Tempel für ägyptische Gottheiten, was zeigt, wie weit damals schon Handelswege gediehen waren und welche Freiheit die Religion genoss. Das nicht zuletzt sicher auch deshalb, weil die Römer in der festen Vorstellung lebten, es könne auch noch unbekannte Götter geben, weshalb es alleine schon deshalb ein Akt der Klugheit war, die Götter der unterworfenen Reiche weiter existieren zu lassen, die gegebenenfalls einfach zu adoptieren und sie und die unbekannten Götter zur Sicherheit in den neuen Gottheiten, den Novensiles zusammenzufassen und so zu ehren.

Bevor jetzt Historiker protestieren: Natürlich ist es nicht bewiesen, dass die Prägungen tatsächlich alle so lange Zeit anhalten. Aber natürlich sind wir in Ländern, die eine starke Sesshaftigkeit haben schon davon geprägt, dass sich gesellschaftliche Spielregeln etablieren und das, was funktioniert, auch als für alle verbindlich angesehen wird. Ob es sich dabei um die einzig denkbare Wahrheit handeln kann, darf getrost gezweifelt werden, wenn wir uns ansehen, wie unterschiedlich auf dieser Welt mathematischen Themen angegangen wurden, wobei doch die Mathematik für sich beansprucht, eine Universalwissenschaft zu sein. Sehen wir mal nach, wie unterschiedlich sich diese universelle Wissenschaft in den einzelnen Kulturen entwickelte:

Kleine Blicke in die Geschichte der Mathematik

Die Aufgaben der Mathematik in Ägypten waren vielfältig: Zum einen war das Land vom Nil und seinen jährlichen Überschwemmungen abhängig, ohne die es keine Ernte geben konnte. Wettervorhersagen kam also große Bedeutung zu. Neben der Wettervorhersage ist es aber auch mühsam, nach einer Überschwemmung mit den entsprechenden Ablagerungen von Schlamm die Grundstücke und Äcker wieder sicher zuzuordnen, wenn Feldsteine versetzt oder bedeckt sind und Grenzen im wahrsten

Sinne des Wortes zerfließen. Also musste eine gute und vernünftige Form der Vermessung geometrischer Figuren sichergestellt werden. Zum anderen wollten und brauchten Pyramiden eine nun wirklich ausgeklügelte Möglichkeit zur Berechnung von Neigungswinkeln, sonst wäre vieles in der Katastrophe geendet, was heute noch als Weltwunder steht und die Jahrtausende überdauert hat. Ägypter kannten zwar die Grundrechenarten, multiplizierten aber durch Verdoppeln und teilten durch Halbieren. Dazu halbierten die Ägypter alles, was sich nicht wehren konnte, also jede natürliche Zahl. Die Zahl Null als solche kannten sie nicht, wohl die Zahl zehn, die für sie aber nicht wie für uns aus einer Eins und einer Null besteht. Die Zahl pi wurde entweder durch Näherung bestimmt oder einfach dadurch, dass Räder und Walzen zum Maßnehmen verwendet wurden, die ja inhärent über den Kreisumfang die Zahl π beinhalten.

Die Babylonier hatten ein sexagesimales Zahlensystem, das sich deutlich von unserem System der Zehner unterscheidet. Unsere Einteilung von Kreisen in 360°, also 6 × 60 ist aber wohl ein Überbleibsel der damaligen Betrachtungsweise, womit vielleicht die Frage geklärt ist, wieso wir nicht einfach nur 100° für einen Kreis benötigen. Wie die Ägypter kannten auch die Babylonier nicht die Zahl Null, die einfach als Abwesenheit einer Zahl gesehen wurde. Eine Ziege mit null Kitzen ist ja auch dadurch gekennzeichnet, dass keine Kitze anwesend sind. Wir lernen also, dass die Basis zehn nicht notwendig ist, um erfolgreich die Natur zu beschreiben.

Die Maya hatten ein Zahlensystem auf der Basis 20. Man vermutet, weil die zum Zählen Hände und Füße benutzten, was zumindest eine nette Interpretation ist. Sie kannten auch die Zahl Null als Zahl, nicht als Ergebnis der Abwesenheit einer Zahl, teilten aber nicht. Sie verwendeten Punkte, Striche und Kreise, die für die Zahlen 1, 5 und 0 standen. Mit einem solchen Zahlensystem waren sie in der Lage, erfolgreich Kalendarien zu gestalten und astronomische Berechnungen durchzuführen. Auch sie haben, ohne dass wir bis heute im Detail wissen, wie sie gebaut wurden, riesige Gebäude hinterlassen, die uns auch heute noch staunen lassen.

Letztlich waren es die Inder, die das heute noch gültige System mit zehn Zahlen benutzten, die Zahl Null kannten und sogar schon mit negativen Zahlen rechneten. So nannten die Araber die Zahlen indische Zahlen, der Rest der Welt übernahm sie aber von Arabien und nannte sie entsprechend konsequent arabische Zahlen.

Selbst ein auf den Zahlen 1–10 basierendes Zahlensystem muss nicht kongruent sein, wie und römische und arabische Ziffern lehren: Die arabischen Ziffern 0–9 gefolgt von der Kombination von 1 und 0 für 10 beschreiben letztlich einen anderen Ansatz als die römischen Zahlen, die nach der I die II kennen, vier IV aber als fünf V minus eins I darstellen, ebenso, wie neun IX als zehn X minus eins I geschrieben wird und kein eigenes Symbol hat. Auch römische Zahlen kennen keine Null.

Einen völlig anderen Ansatz wählte letztlich George Boole, als er ein Zahlensystem aufbaute, das sich nur mit einer Null und einer Eins zufriedengab. Ohne seine Algebra würden unsere Rechner vielleicht ganz anders funktionieren, wenn es sie denn überhaupt gäbe. Auch wenn wir mit Uhren, die nach dem Boole'schen Prinzipien funktionieren nicht wirklich im Alltag zurechtkommen, haben wir doch eine Situation, dass wir mit anderen Sehgewohnheiten sicher die Welt auch so verstehen könnten.

Wir können und müssen also zunächst einmal festhalten, dass die Welt, die wir bewohnen, sich durch unterschiedliche Ansätze beschreiben lässt, die ihren Ursprung in unterschiedlichen Beschreibungen der Welt haben und sich aus unterschiedlichen Bedürfnissen, die Welt, in der wir leben zu beschreiben, speisen. Mit der Erkenntnis sind wir interkulturell schon ganz schön weit gekommen, auch wenn es dem technischen oder naturwissenschaftlichen Selbstverständnis vielleicht noch nicht wirklich gefällt. Wir können also ableiten, dass verschiedene Formen der Mathematik dennoch zu gleichen Ergebnissen kommen können. Wenn es für die Mathematik gilt, dann kann es natürlich auch für die uns umgebende Welt und die Regeln des Zusammenlebens ebenso gelten. Es gibt viele Möglichkeiten, die Welt, in der wir leben, zu beschreiben. Es gibt viele Formen des Zusammenlebens, nicht nur eine. Sind wir heute vielleicht in der Rolle des Stammes, der nächtelang trommelte, um die Sonne wieder hervorzulocken? Mit hoher Wahrscheinlichkeit ja. Wenn wir uns dessen bewusst sind, leben wir vielleicht etwas gelassener …

Umgang mit uns selbst

… und gehen lockerer und neugieriger mit einander um, weil wir verstanden haben, dass das, was uns ausmacht und prägt nicht die einzig mögliche Art zu leben darstellt. Wir werden dann akzeptieren, dass zwar für uns die Form der Demokratie als Lebensform momentan erstrebenswert ist, wir werden uns aber davor hüten, unsere Konzepte allen überstülpen zu wollen, weil man nur nach den Regeln der Demokratie leben kann, wenn man ein Mensch ist. Die Demokratie ist in Deutschland und Österreich ja nun wirklich noch nicht sehr alt, unsere Vorfahren haben aber auch ein lebenswertes Leben gehabt. Und wenn man sich die Journale an den Bahnhofskiosken anschaut, die Klatsch und Tratsch berichten, dann scheinen die Grundbedürfnisse doch noch immer nach Königshäusern zu rufen, über die dann bitte auch berichtet werden sollte.

Es bleibt dennoch viel an Fragen übrig, denn wir haben in den letzten Seiten bemerkt, dass die so wohl geordnete Welt, in der wir uns wähnten, nun nicht so wohl geordnet ist und selbst die Vermessung der Welt nicht eindeutig erfolgen kann, wie wir vielleicht im Studium gelernt haben. Um nun gibt es auch noch Widersprüchliches bei Kultur und Zivilisation? Lassen wir Immanuel Kant zu Wort kommen, von dem wir sicher viel gehört und wenig gelesen haben. In seiner „Idee zu einer allgemeinen Geschichte in weltbürgerlicher Absicht" beschreibt er den Gegensatz mit den Worten:[6]

„Wir sind im hohen Grade durch Kunst und Wissenschaft cultivirt.
Wir sind civilisirt bis zum Überlästigen, zu allerlei gesellschaftlicher Artigkeit und Anständigkeit.
Aber uns schon für moralisirt zu halten, daran fehlt noch sehr viel.
Denn die Idee der Moralität gehört noch zur Cultur,
der Gebrauch dieser Idee aber, welcher nur auf das Sittenähnliche in der Ehrliebe
und der äußeren Anständigkeit hinausläuft,
macht blos die Civilisirung aus."

---

[6] Als Beispiel für eine bereits in das moderne Deutsch übertragene: Immanuel Kant, Idee zu einer allgemeinen Geschichte in weltbürgerlicher Absicht. (1784), Akademie-Ausgabe, Bd. 8, S. 26.

Zunächst stellen wir fest, dass es seit Kant offensichtlich die eine oder andere Rechtschreibreform geben haben muss, denn er schreibt so ganz anders als wir. Er benennt Kunst und Wissenschaft als Träger der Kultur. Dem wird vermutlich jeder gerne zustimmen, wenn die Kunst auch die Musik und das Theater umfasst. Zivilisation als Verständnis einer Dressur, die Verhaltensregeln vorgibt und sich in Artigkeiten ergibt. In der Tat, das mag ihm lästig erschienen sein, wenngleich es heute vielleicht erstrebenswert sein könnte, nicht davon ausgehen zu müssen, prinzipiell auf zerschnittenen Sitzen in der U-Bahn sitzen zu müssen, auch ein Ausdruck einer Zivilisation, der wir nicht durch Erziehung begegnen, sondern durch Anschaffung von nicht mehr gepolsterten Schalensitzen, die dann verschmiert und angezündet werden. Interessante zivilisatorische Entwicklungen, die sich darin ergötzen, das Gut anderer zu zerstören.

Die Brücke von der Zivilisation mit ihren teils affigen Spielregeln zur Kultur, sieht Kant in der Moral und Ehrliebe, die ein Verständnis davon setzt, „was man macht" oder eben „was man nicht macht". Damit wird dann durch die Moral ein Teil der Kultur beschrieben, aber eben nicht durch eine als eher als lästig empfundenes Verhalten, das einer zivilisatorischen Dressur zugeschrieben wird. Als Beispiel für das zivilisatorische Verhalten mögen die weitreichenden Begrüßungsrituale dienen, die wir so nett in historischen Filmen sehen können, wenn Kratzfuß und gestelztes Benehmen vorgeführt werden, die in der Tat ermüden können, einen ennuieren möchten (vom französischem „ennuyer" für „langweilen"). Heute gibt es auch solche Rituale, wenn meistens junge Männer mit merkwürdiger Bekleidung langwierige Begrüßungsrituale mit ihren Händen vollziehen, die es an Lächerlichkeit nicht missen lassen, aber unglaublich cool sind und ernst zelebriert werden. Vielleicht waren Kratzfüße zur Zeit Kants auch einmal cool, auch wenn er sich eher angewidert abwandte. Eine echte kulturelle Leistung dürften beide Verhaltensmuster nicht darstellen, sind aber durchaus Ausdruck von Zeitgeist und dem Wunsch, sich zu differenzieren.

Aber damit kommt zu Kunst und Wissenschaft als Träger der Kultur auch die Moral und wir sind wieder voll in den Themen drin, die uns so gar nicht liegen. Wir könnten jetzt versuchen, uns durch einen Abriss der philosophischen Arbeiten der Welt zu fräsen, versuchen, die Gedanken des aufkeimenden Humanismus zu arbeiten, es würde die Möglichkeiten dieses Buches sprengen und mehr Schaden anrichten als helfen. Wenn wir aber für uns zunächst einmal mitnehmen, dass nichts so einfach ist, wie es scheint, wie ja schon an dem Beispiel der Mathematik klargemacht werden konnte und wenn die Erkenntnis gereift sein sollte, dass es eine Kultur gibt, in der wir uns bewegen und dass diese Kultur erhebliche Auswirkungen auf unser Verhalten hat, ist schon viel gewonnen. Wenn wir uns auch noch darüber Rechenschaft ablegen, dass neben der Kultur die Zivilisation und ihre Ausprägungen unser Handeln bestimmen, z. B. ob wir in gepuderten Perücken oder mit in den Kniekehlen hängenden Hosen herumlaufen und uns per Handkuss oder Faustschlag begrüßen – dann haben wir den Unterschied zwischen einer Mode, die sich schnellen Änderungen unterworfen findet und der eigentlichen Grundlage unserer Kultur gefunden. Die Moden mögen sich verändern, auch schnell, die Grundlagen unserer Kultur verändern sich nicht so schnell, weil sie viel fundamentaler in uns und unserer Gesellschaft angelegt sind. Um die zu verändern, braucht es schon einen Krieg oder die komplette Umerziehung eines Volkes. Das hat es gegeben, sowohl in Deutschland nach dem verlorenen Weltkrieg, als auch in China nach der Kulturrevolution. In beiden Fällen sollte und wurde die Kultur eines Volkes revolutioniert.

Traditionen

Traditionen sind überliefertes und gelebtes Wissen. Ein Sprichwort sagt:

„Tradition ist das Weitergeben des Feuers, nicht das Bewahren der Asche."

Fast möchte man nichts mehr hinzufügen, denn es scheint damit alles gesagt, was zu sagen ist. Fast.
Das Wort kommt, es wird langsam langweilig, mal wieder aus dem Lateinischen, von „traducere", was „hinüberführen" bedeutet. Eine Tradition führt also Wissen und Können von einer Generation in die nächste. Halt das Feuer, nicht die Asche. Das ist im Falle des Menschen auch bitter nötig. Wenn wir geboren werden, sind wir nicht nur ziemlich nackt, wir haben auch keine Ahnung vom Dreisatz. Dass wir als unbe-

schriebene Blätter zur Welt kämen, werden zwar nur die behaupten, die keine Kinder haben, aber wir sind noch weit davon entfernt, überlebensfähige Menschen zu sein, auch wenn schon sehr viel in uns angelegt ist. Wir müssen viel lernen und im Lernen kommt es schon darauf an, in welche Gesellschaft wir geboren werden. Am Beispiel der Mathematik wurde klar, dass wir viel rechnen können, aber auch auf unterschiedlichem Wege, je nachdem, in welcher Kultur wir das Rechnen lernen. Wir können schon schlicht und einfach Traditionen daran erkennen, wenn jemand zählt, welche Finger welcher Hand dazu zur Hilfe genommen werden. Einige Europäer neigen dazu, mit den Fingern der linken Hand zu zählen und mit dem Daumen zu beginnen. Andere Kulturen bevorzugen ebenfalls die linke Hand, weil es mehr Rechtshänder gibt, starten aber mit dem kleinen Finger. Nicht, weil das Ergebnis anders wäre, sondern einfach, weil es die Tradition so will, wir es so gelernt haben.

Traditionen leben aber auch davon, dass sie immer und immer wieder wiederholt werden, damit sie sitzen und tatsächlich auch Teil des Lebens werden. Dabei kann es um recht einfache Dinge des täglichen Lebens gehen, die Traditionen sind, also Teil einer Handlungsanweisung, es kann Teil einer Vorschrift sein, oder Teil unserer Religion, unserer Weltvorstellung. Tradition setzt und definiert Standards, die Standards, mit denen wir zusammenleben.

In dem Beispiel unserer Trommler war es eine gute Tradition, die Nacht mit Trommelklängen zu erfüllen, damit das Volk überlebe. Auch wir haben sehr viele Traditionen, mit denen wir umgeben sind. Ob es nun die Raketen zu Silvester sind, die wir zünden, ob es die Schultüte für den ersten Schultag ist, Eier zu Ostern oder ein Brautkleid zur Hochzeit, alles entspringt unserer Tradition. Ob es um die Formulierung bei Todesanzeigen oder die Fahrweise unserer Automobile auf der rechten Straßenseite geht, auch eine Frage der Tradition. Dass wir im Berufsleben Hemden in die Hose stecken und nicht im Anzug mit herausgezogenem Hemd herumlaufen, ist ebenso eine Frage der Tradition, hier verhalten sich andere Kulturkreise beispielsweise ganz anders. Die Tatsache, dass Hemden die Knöpfe auf der rechten Seite haben und Damenblusen auf der linken, ist ebenfalls kulturell geprägt: Denn wenn die Knöpfe auf der linken Seite sind, tut sich die meist rechtshändige Zofe leichter, die Knöpfe zu schließen. Wir haben zwar keine Zofen mehr, die Knöpfe sind aber geblieben. Auch eine Tradition. Wir verschenken noch immer Silberlöffel zur Geburt, damit der Säugling durch die bakterizide Wirkung des Silbers geschützt sei, füttern ihm aber mit einem Plastiklöffel seinen Brei. Wir könnten uns einen Spaß daraus machen, mit Freunden über Traditionen zu sprechen, wir würden unendlich viele finden, die unser Land prägen und einzigartig machen. Einmal angefangen, findet man immer mehr Hinweise auf Traditionen, als man meint. Die Art, wie wir unsere Häuser bauen, unsere Mahlzeiten, das Format unserer Bücher, Reklamen. Viele Traditionen sind uns so selbstverständlich, dass wir noch nicht einmal mehr darüber nachdenken, dass es eine Tradition ist. So sehr sind wir Teil dieser, unserer Kultur.

Auch wenn wir selbst vielleicht nicht mehr an Gott glauben, keiner Kirche angehören, so ist unser ganzes Leben, unsere Kultur doch geprägt vom christlichen Glauben. Wir haben Vorstellungen, wie wir mit einander umgehen, die sich letztlich vom Judentum und Altem Testament und den zehn Geboten ableiten, wir haben eine christlich geprägte Ethik, unsere Gesetze basieren letztlich auf einem christlichen Weltbild, das auch die Freiheit des Individuums betont. In dieser Tradition leben und sprechen wir. Oftmals ist uns gar nicht bewusst, wie viel unserer Gesellschaft sich unmittelbar von der christlichen Tradition ableiten lässt, und es wird erst dann offensichtlich, wenn wir uns in anderen Kulturräumen bewegen, die ganz anders funktionieren.

Einige unserer Traditionen geben wir gerade auf, mit ungewissem und spannendem Ausgang für uns, unser Volk und unsere Zukunft. Traditionell bekamen Menschen Kinder, dann kam die sexuelle Selbstbestimmung in jeder Hinsicht, Kinder gehören heute nicht mehr zum selbstverständlichen Lebensziel von mittlerweile der Mehrheit der Bevölkerung im so genannten gebärfähigen Alter. Schon heute reichen die Altersvorsorgesysteme nicht mehr aus. Traditionell lebten wir in der Ehe, lebten als Ehepaar, das sich in einer nach den geltenden Traditionen nicht auflösbaren Ehe sah, als Paar, das seine Kinder bekam und diese auch selbst erzog.

Heute, so kann man verkürzt beschreiben, ist Familie, wo ein Kühlschrank steht. Kinder sollen nach dem heutigen auch von der Politik gesetzten Ideal so früh wie möglich einer staatlichen Sozialisierung unterworfen werden, am besten schon nach nur sechs Monaten Lebenszeit, damit die Eltern Geld verdienen können. Das ist einer der größten Brüche mit einer Tradition, die die europäischen Länder je gesehen haben, die aus Auswirkungen auf die zukünftige Art und Weise haben wird, wie wir miteinander umgehen und wie sich nachkommende Generationen entwickeln werden.

Die Hirnforschung hat mittlerweile verstanden, dass die ersten drei Jahre die für die Entwicklung eines Kindes extrem wichtigsten sind, und unser ganzes kommendes Leben in einer Nachhaltigkeit prägen, wie keine anderen Einflüsse, denn in ihnen wird über Tugenden wie Vertrauen, emotionale Intelligenz und Lernfähigkeit entschieden. Platt formuliert: Man muss noch nicht mit einem Jahr Mandarin lernen, um es später sprechen zu können, schmusen, Fingerspiele und der Sandkasten können wichtiger sein. Alle Eltern werden bestätigen, dass die Windel des eigenen Nachwuchses besser riecht als die von fremden Kindern. Das ist sicher ganz natürlich so, es liegt in der Natur der Menschen. Hier brechen wir gerade mit Traditionen, mit noch unbekanntem Ausgang.

Eine Familie war früher eine Schicksalsgemeinschaft, „in guten wie in schlechten Tagen" eben, die sich auch Widerständen aussetzte und in den allermeisten Fällen am Ende eines Lebens auf eine spannende und meist gute Zeit zurückblicken konnte, allerdings auch mit Tiefen, den schlechten Tagen halt. Heute mögen wir die schlechten Tage nicht mehr durchleben und setzen deshalb konsequent auf Lebensabschnitte, wenn es mühsam wird, geben wir schnell auf. Eine Ehe hält statistisch gesehen maximal sieben Jahre und sind alle Formen der Partnerschaft und alle anderen Lebensformen nicht nur toleriert, sondern sogar der Tradition vorzuziehen, auch weil Tradition so altbacken klingt. Versorgungsgemeinschaften, wie in der Ehe alter Prägung gelebt, werden aufgekündigt. Mit dem Ergebnis, dass die Tradition der Ehe mit einem Einkommen und mehreren Kindern die wirtschaftlich zweitschlechteste Lebensform geworden ist, die nur noch durch die alleinerziehende Mutter übertroffen wird. Früher war ein Volk eine Schicksalsgemeinschaft, die dazu verdammt war, gemeinsam Erfolg zu haben oder zu leiden. Früher setzte sich das Volk aus vielen Familien zusammen, die ihrerseits in einer Schicksalsgemeinschaft zusammenlebten, die gelingen konnte oder scheitern. Das war so überlieferte Tradition. Heute überwiegt bei uns – ein kompletter Bruch mit der Tradition – der individuelle Ansatz, dass zunächst das Individuum für sich sorgt, dann kommt irgendwann vielleicht ein Partner oder mehrere, dann ganz zuletzt der Rest der Bevölkerung. Es haben sich dadurch Normen, Werte und Traditionen verändert. Zum Teil wurden sie durch ein verändertes Verhalten und veränderte Anreize der Gesellschaft aufgegeben, und es ist spannend, was das letztlich einmal bedeuten wird, wir werden es vielleicht noch erleben. Aktuell scheint es so zu sein, dass sich viele weitentwickelte Völker entschlossen haben, auszusterben. Bei einer Kinderzahl von etwas über einem pro Frau halbieren sich die Bevölkerungen binnen weniger Jahrzehnte. Das schafft sonst nur ein Krieg und auch der nur mit Mühe.

Es wird also spannend, zu sehen, wie sich die Traditionen weiterentwickeln werden und welche auch wirtschaftlichen Konsequenzen der Bruch mit den Traditionen haben wird. Traditionen zu halten kostet immer mehr Mühe, als sie aufzugeben. Das gilt ganz allgemein. Was Kant so schön als Artigkeiten beschrieb, will letztlich auch erlernt und gelebt werden. Aufgegeben ist es schnell, es durch etwas Gleichwertiges oder Besseres ersetzen, ist die Aufgabe, die nicht immer gelingt.

Die Aufgabe von Traditionen bedeutet aber auch, dass Wissen und Können verloren geht. Wissen, wie man in einer besonderen Umgebung überlebt, Wissen, wie man etwas macht oder auch nicht macht. Gleichzeitig können neue Traditionen begründet werden, es kann in Sinne einer Evolution etwas Neues entstehen. Das kann evolutionär in dem Sinne geschehen, wie neues Wissen und neue Kompetenzen zu den überlieferten hinzugefügt werden, es kann aber auch schnell und durch einen Schlag geschehen, etwa durch einen verlorenen Krieg. Am Ende des zweiten Weltkriegs, als sich Japan ergab, kam es zu einer Radioansprache des Tenno, also des japanischen Kaisers, der seine Bevölkerung davon unterrichtete, dass Japan sich nicht nur ergeben habe, sondern auch, dass er, der Tenno, kein Gott mehr sei. Es gibt mindestens einen Japaner, der im Alter von sechs Jahren seine ganze Familie beim Atombombenabwurf von Hiroshima verloren hat und selbst nur überlebte, weil er zufällig an dem Tag bei Verwandten in einem etwa zwanzig Kilometer entfernten Dorf hinter den Bergen war. Er wuchs dann dort bei Onkel und Tante auf, es gab von seinen Eltern und Geschwistern nicht einmal mehr Asche, um sie zu bestatten, alles war verloren. Dieser Mensch baute später das Geschäft seiner Eltern wieder auf, denn es war in der Familie seit Generationen Tradition, es war das, was sie konnten und „was man machte".

Gefragt, was für ihn das Schrecklichste an der Situation gewesen sei, war noch schrecklicher als der Verlust der ganzen Familie die Radioansprache des Tenno, die Nachricht, dass sein Gott ab sofort nicht mehr Gott war. Gott war nicht tot, Gott war nicht mehr. Das ist natürlich eine Nachricht, die erst mal verdaut werden muss und tatsächlich auch uns noch schlimmer erscheinen mag, als der Verlust von Eltern und Geschwistern, der so gründlich ist, dass es noch nicht einmal etwas zu beerdigen gibt.

Sprache und Überlieferung

Wenn Tradition auch mit Überlieferung zu tun hat, dann kommen naturgemäß Geschichten, Legenden und anderen Überlieferungen große Bedeutung zu. Waren es früher die Minnesänger, dann die Klöster mit ihren Skriptorien, später der Buchdruck, der für die Verbreitung des Wissens sorgte, so ist es heute das Internet. Dabei radiert das Internet Traditionen aus, weil es noch keine eigenen hat bilden können, und durch die radikale Überschreitung von Grenzen und Kulturräumen wird es schwieriger, Informationen oder Geschichten zu bewerten im Sinne der Weitergabe. Brüche in Tabuzonen sind im Internet einfach möglich, denn nicht jede Gesellschaft hat die gleichen Tabus.

Die Brüder Grimm haben ja noch die Geschichten gesammelt, die im deutschsprachigen Raum erzählt wurden und haben auch die unterschiedlichen Versionen dokumentiert, die in unterschiedlichen Herzogtümern erzählt wurden. Dabei haben sie – anders als andere Chronisten der Zeit – versucht, die ursprüngliche Geschichte nicht zu verändern, sie waren also mehr Chronisten als Schriftsteller. Wäre das nicht geschehen, wären die meisten Märchen heute verloren und nicht mehr zu finden.

Die Geschichten haben damals wie heute die Aufgabe, zu helfen, zwischen Gut und Böse zu unterscheiden, zu zeigen, welches Leben die Kultur für richtig hält, welche Lehren man ziehen soll und wie eine Gemeinschaft sich das Zusammenleben vorstellt. Dabei ist es für Kinder auch ganz normal, sich mit grausamen Todesfällen auseinanderzusetzen, ja, vieles, was grausam scheint, wird selbstverständlich akzeptiert. So war es früher selbstverständlich nichts Ungewöhnliches, zu lesen, dass die böse Stiefmutter in glühenden Schuhen tanzen musste, bis sie tot umfiel oder in einem mit Nägeln gespickten Fass den Hang herabgerollt wurde. Solche drastischen Formulierungen finden wir heute nicht mehr in den Kinderbüchern, denn es scheint uns zu hart, solche Gedanken unseren Kindern zuzumuten. Selbst die dumme Ente, die bei „Peter und der Wolf" am Ende gefressen wird und noch leise im Bauch des Wolfs quakt, darf in modernen Versionen weiterleben und springt am Ende quicklebendig aus seinem Rachen. Wie sie das macht, bleibt ihr Geheimnis. Lediglich der Wolf darf noch sterben, wenn er statt mit sieben Geißlein genährt mit Steinen im Bauch in den Brunnen fällt. Vielleicht wird er bald in ein Programm zur Resozialisierung gesteckt und arbeitet später als Streetworker für kriminelle Elstern, die beim Diebstahl gefasst wurden. Es verändern sich die Überlieferungen und wir haben das Glück, dass wir vergleichen können, wie es einmal war.

Interessant ist dabei festzustellen, wie wir zwar auf der einen Seite unsere Kinder durch eine möglichst gewaltfreie Sprache zunächst erziehen wollen, auf der anderen Seite aber die modernen Märchen, die in den Filmen erzählt werden, immer blutiger und brutaler werden, sei es durch besonders martialische Geschichten aus dem Reich der Elfen und Feen oder durch besondere Kriegsepen, die in immer drastischeren Darstellungen versuchen, noch einen besonderen Reiz zu schaffen, wobei am Ende dann doch das Gute zu siegen hat. Offensichtlich verlangt unsere Tradition doch noch eine Menge Blut zwischen den Seiten der Bücher und in den Bildern. Da unterscheiden wir uns nicht wirklich von unseren Vorfahren.

Handlungen

Machen wir uns bitte auch hier nichts vor, traditionell akzeptierte Handlungen gehen auch weit in unser Zusammenleben hinein: Die Abschaffung der Todesstrafe, also die Vergeltung einer Straftat mit dem Verlust des Lebens, ist in Deutschland ist noch kein ganzes Menschenleben her und entstand unter dem noch frischen Eindruck ihres Missbrauchs im Dritten Reich. Schon wenige Jahrzehnte später, zu Zeiten des Terrorismus der Roten Armee Fraktion (RAF), wurde durchaus eine ernsthafte gesellschaftliche Debatte geführt, ob man sie wieder einführen müsse.

Die Logik war, dass ein inhaftierter Terrorist lebend noch durch weitere Straftaten freigepresst werden könnte, während ein toter Terrorist keine weiteren Straftaten mehr nach sich ziehen könnte. Die Entführung der Lufthansamaschine Landshut, die Ermordung von Herrn Schleyer, seines Fahrers und seiner Leibwächter, die Besetzung der Deutschen Botschaft in Stockholm, alles wäre vielleicht nicht geschehen, wenn es die Todesstrafe gegeben hätte. Es könnten noch Menschen leben, die ermordet wurden, das Unglück ganzer Familien wäre vermeidbar gewesen. So die Argumente für eine Todesstrafe. Wie wir wissen, hat man sich gegen die Wiedereinführung der Todesstrafe entschieden, weil Menschen nicht Menschen töten sollen, auch nicht als Staat, auch nicht bei noch so barbarischen Straftaten. Das ist kein Menschenleben her. Es ist aber auch kein Menschenleben her, dass der Polizei erlaubt wurde, den so genannten finalen Rettungsschuss abzugeben, in anderen Worten, in bestimmten Situationen doch gezielt zu töten. Auch gab es noch vor wenigen Jahrzehnten durchaus einen gesellschaftlichen Konsens, dass Gewalt notwendig sein kann und eingesetzt werden muss, dass beispielsweise zur Erziehung auch durchaus körperliche Gewalt angewandt werden konnte, ohne dass sich die Gesellschaft dessen schämte oder ein Unrechtsbewusstsein entwickelte. Gewalt zur Durchsetzung von Erziehung oder den Interessen einer Gesellschaft war kein abgelehntes Verhalten. Das ist noch keine vierzig Jahre her. Waren denn unsere Eltern oder Großeltern Barbaren? Sicher nicht.

Teil einer Tradition sind selbstverständlich auch nicht gewalttätige Handlungen. Dazu gehören neben den religiösen Riten, wie dem Lesen einer Messe, der Feier des Weihnachtsfests und dem Austausch von Geschenken, auch andere traditionelle Riten, wie die Formel bei der Vereidigung von zum Beispiel Ministern, bei denen genau beobachtet wird, ob der Nachsatz „so wahr mir Gott helfe" gesprochen wird oder nicht und zu Interpretationen führt. Es gibt sogar in Familien so etwas wie familienspezifische Handlungen, die Art, wie man Geburtstage feiert, die Art, wie man sich in Fotos für die Nachwelt dokumentiert, die Art, wie man Freunde begrüßt …

Bis hin zum Umgang mit unsren Toten haben wir unsere ritualisierten Handlungen, sowohl, was den Umgang mit ihnen angeht, als auch unser Verhalten: Unsere Toten werden gewaschen, bekommen ein besonderes

Gewand, werden aufgebahrt, es gibt die Gelegenheit, sich von ihnen zu verabschieden, sie werden bestattet, wobei hier die Modalitäten bereits auseinander gehen: Wir kennen die Erd- Feuer und Seebestattung. Auch nimmt die Neigung zur anonymen Beisetzung zu, ebenfalls ein Hinweis auf veränderte Traditionen. Wir kleiden uns schwarz, wenn wir trauern, nicht weiß oder bunt, wir zelebrieren unsere Trauer nach überlieferten Traditionen die Beerdigung bis hin zum Leichenschmaus. Nichts davon ist notwendig, aber es entspricht unserer Tradition und wir fühlen uns dabei in unseren Handlungen sicher, weil es der Tradition entspricht.

Dabei sind viele unserer Handlungen heute auf dem Prüfstand und werden zum Teil bewusst in hohem Tempo abgeschafft, offen erklärt mit dem Ziel, die Grundfesten unserer Gesellschaften zu verändern. Die Folgen für unsere Traditionen und damit für die Art und Weise, wie wir zusammenleben, sind oftmals noch nicht wirklich überschaubar. Durch die zunehmende Individualisierung, die letztlich unsere Traditionen abstreift und sie durch individuelle Einzelhandlungen ersetzt, verändert sich unsere Gesellschaft schon heute sehr, denn es wird nicht funktionieren, individualistisch geprägt auf viele Traditionen zu verzichten, aber an anderer Stelle, wenn es dem Individuum opportun erscheint, die Tradition und ihre Segnungen einzufordern. Hier könnten andere individuelle Aufgaben anderer Teile unserer Tradition dem entgegenstehen.

Identität, Zeit und Raum

Wir Menschen sind, so erleben wir uns in unserer Kultur, Individuen. Das ist letztlich Ausdruck unserer christlichen Tradition, denn im Christentum werden die Individuen und ihre Einzigartigkeit betont – wir alle sind ja vor Gott einzigartig. Einige der sich in den letzten Jahrzehnten ergebenden Konsequenzen sind schon angedeutet worden, in jedem Fall sollten wir uns hüten, davon auszugehen, dass nur eine Gesellschaft, die so funktioniert wie unsere auch lebenswert ist. Wir leben in unserer heutigen Zeit, in unserem heutigen Lebensraum, der sich verändert und den wir selbst auch aktiv verändern.

Als Individuen kommen wir dann wieder in Gruppen zusammen, die ihrerseits als Gruppe wahrgenommen werden. Daher können wir in Befragungen das Image einer Gruppe überprüfen und so entscheiden, wie wir traditionell gesehen werden. Wenn wir zum Beispiel an einen Arzt denken, dann sehen wir zunächst einen Menschen vor uns, der andere heilen möchte, der sich um Kranke kümmert, wir haben einen sehr angesehenen Beruf vor Augen. Denken wir an einen Metzger, dann haben wir die Vorstellung von einem Menschen, der mit Tieren Dinge macht, die wir vielleicht nicht so genau wissen wollen, um dann mehr oder weniger gut schmeckende Produkte zu verkaufen. Denken wir an einen Ingenieur, dann haben wir vor unserem geistigen Auge vielleicht eine Baustelle und einen technischen Beruf, denken wir an eine Kindergärtnerin, dann haben wir einen der vielleicht letzten eher weiblichen Berufe entdeckt und denken an Knete und Wasserfarben. Ein Einbrecher oder Zuhälter wird in unserer persönlichen Wertschätzung vielleicht nicht ganz oben stehen, auch wenn sein Einkommen unseres um ein Vielfaches übertreffen mag. Wir haben auch eine Vorstellung über eine uns gerecht erscheinende Entlohnung und ein gesellschaftliches Prestige. Auch das hat mit Tradition zu tun, die Wertigkeiten können durchaus unterschiedlich sein.

Wenn wir uns nun dem Thema interkulturelles Management nähern wollen, so wird es zunächst wichtig sein, dass wir uns unserer eigenen Kultur bewusst werden, und auch dessen bewusst werden, was unsere Kultur ausmacht. Zum einen, weil unsere Kultur für andere ja entsprechend so fremd ist, wie deren Kultur uns (nur uns erscheint ja nur die andere Kultur fremd, unsere eigene kennen wir ja), zum anderen, um zu verstehen, wo es kulturelle Unterschiede gibt. Kulturelle Unterschiede zu kennen, ist unglaublich wichtig, denn manches, was uns normal erscheinen mag, kann andere beleidigen und umgekehrt. Also sollten wir, wenn wir schon jemanden beleidigen, dann wenigstens absichtlich machen und nicht zufällig und ungewollt.

Umgang mit anderen

Lassen Sie uns mal ruhig einmal rassistisch werden. Wenn wir an Bayern denken, welche Bilder haben wir vor Augen: Königsschlösser, Lederhosen, Hüte mit Gamsbart, Bier trinkende Männer an Biertischen, Radi,

Brezen. Junge attraktive Mädchen im Dirndl. Kirchen mit Zwiebelturm. Schönes Wetter. Eine lustige, oft nicht verstandene aber gerne gehörte Sprache. Sonnenschein.

Wenn wir an Ostfriesland denken, haben wir ein anderes Bild: Gelbe Öljacken, Fisch, Fischerhemden, die blöden Ostfriesen, die in den vergleichenden Witzen immer die Dummen sind. Regen und Meer. Denken wir an Sachsen haben wir eine andere Tonmelodie im Ohr, vielleicht schöne Städte vor Augen, kulturelle Höchstleistungen vergangener Jahrhunderte. Wir haben Deutschland noch nicht verlassen und doch schon festgestellt, dass so einheitlich unser Land schon nicht ist. Wir haben auch in Deutschland kulturelle Unterschiede, und zwar gewaltige. Das mag nicht verwundern, wenn wir Deutsche Geschichte studieren und sehen, aus wie vielen Teilen dieses Land über lange Zeit zusammenwuchs, um nach dem Zweiten Weltkrieg einerseits durch die Vertreibung eine sehr starke Verschmelzung von Volksstämmen zu haben, andererseits aber sehr wohl regionale Identitäten ausbildete und heute noch hat. Es ist uns selbstverständlich, dass wir mit diesen unterschiedlichen Mentalitäten, Traditionen und Kulturen sicher umgehen, einfach, weil wir es seit unserer Geburt gelernt haben.

Denken wir an Frankreich, denken wir vielleicht an Baguette, Rotwein, Weichkäse. Spanien wird sofort Stierkämpfe vor unser geistiges Auge bringen und Flamenco. In China erwarten wir Pagoden und chinesisches Essen, Indien wird vor unser Auge dunkelhäutige Menschen bringen und das Dschungelbuch oder das Taj Mahal, die Vereinigten Staaten von Amerika meinen wir so gut aus Filmen zu kennen, dass uns das amerikanische Gerichtswesen näher ist als unseres. Das sind alles Stereotypen, die gerade geschrieben wurden, aber sie funktionieren. Wir meinen zu wissen, wie diese Gesellschaften funktionieren. Russen saufen. Orientalen feilschen und trinken Kaffee. Alle Australier surfen oder züchten Krokodile. Nur wir sind viel vielfältiger und passen in keine Schublade. Weil wir ja viel vielschichtiger sind. Komisch: Die anderen nicht?

Was aber, wenn wir uns in anderen Kulturräumen bewegen? Dann kommt das, was heute mit interkulturellem Management gemeint ist, nämlich die Fähigkeit, unterschiedliche Kulturen zu überbrücken, die verschiedenen Handlungsmuster der Kulturen zu erkennen, zu nutzen und dafür zu sorgen, dass gut und letztlich erfolgreich zwischen Kulturen zusammengearbeitet wird. Wichtig ist dabei, die eigene Identität nicht aufzugeben, dazu muss man sie aber auch kennen und sich seiner selbst bewusst sein. Das mag banal klingen, ist es aber nicht.

Ist es schon für viele Unternehmen nicht einfach, überhaupt Menschen des eigenen Kulturkreises dazu zu bewegen, konstruktiv miteinander umzugehen und zusammenzuarbeiten, so ist es noch viel schwerer, unterschiedliche Kulturräume und Sprachen dazu zu bringen, erfolgreich zu sein. Das fängt dann vielleicht damit an, mit welchen Fingern wir bis fünf zählen und oh und wie wir einander begrüßen, geht aber sicher weit über die Fragen hinaus, ob und wie Alkohol genossen wird und was wie gesagt wird. Aber davon auszugehen, dass ein mehrjähriger Auslandsaufenthalt Menschen in die Lage versetzt, interkulturell erfolgreich zu arbeiten, ist ebenso naiv, wie davon auszugehen, dass jeder Mensch alles kann. Wer sich einer Kommunikation verschließt und nicht gewillt ist, sich offen auf fremde Länder und Kulturen einzulassen, der wird scheitern. Und wer in einem Unternehmen deutscher Prägung in einem Ghetto der Ausländer in einem Land lebte, der mag den Luxus von Hausangestellten und einem Fahrer erkannt und genossen haben, er ist aber weit davon entfernt, interkulturell erfolgreich zu sein. Auch sollte man sich rechtzeitig von der Idee verabschieden, in jedem Kulturraum erfolgreich arbeiten zu können. Nicht jeder Mensch passt zu allen Kulturen, und auch das beste Chamäleon wird eine Umgebung finden, in der es sich nicht anpassen kann.

Ein Modell für kulturelle Unterschiede

Es mag nicht verwundern, dass eines der heute tragenden Modelle für kulturelle Unterschiede in den Niederlanden entwickelt wurde. Die Niederlande sind seit Jahrhunderten ja auf internationalen Wegen unterwegs gewesen, sie waren einmal eine der ganz großen Kolonialmächte und beherrschten ein Reich, das weit gestreut über den Globus reichte. In den Häfen treffen sich buchstäblich Menschen aller Herren Länder und handeln miteinander. In den Kolonien musste ebenfalls sichergestellt werden, dass ein Umgang miteinander möglich war. Dabei mag es ebenfalls nicht verwundern, dass es mit Geert Hofstede ein niederländischer Ingenieur war, der sich letztlich entschloss, nachdem er mehrere Jahre in seinem Beruf gearbeitet hatte, doch noch ein Studium der Sozialpsychologie aufzunehmen und sich mit der Frage zu beschäftigen, ob und wie man kulturelle Unterschiede messen könnte. Damit wurde eine typische Fragestellung eines Technikers auf kulturelle Fragen angewandt. Wie Novalis hatte auch er wohl erkannt, dass neben dem rein technischen Messen und Wiegen die Welt doch noch mehr hat und die Fähigkeit der Zusammenarbeit für den Erfolg oftmals wichtiger ist als die Technik. Als Techniker wollte er aber auch die Welt messen und wiegen.[7]

Es würde zu weit führen, in allen Einzelheiten nach zu verfolgen, wie Hofstede seine Arbeiten begann und wie daraus letztlich eine ganze Schule wurde, aber die Ergebnisse sind wichtig genug, benannt zu werden: Zunächst fand er heraus, dass es vier Einflussfaktoren gibt, die Kulturen in ihrem Verhalten und ihrem Umgang in der Gesellschaft beeinflussen. Diese Faktoren nannte er Kulturdimensionen.[8]

Machtdistanz (Power Distance)
Mit dem power distance index (PID), dem so genannten Machtabstand fand er ein Maß dafür, ob eine Gesellschaft Personen hervorbringt, die von sich aus akzeptieren, dass es eine ungleiche Verteilung von Macht gibt und diese auch erwarten. Ein hoher Wert für die Machtdistanz steht dafür, dass auch eine extreme Ungleichverteilung von Macht erwartet und gewollt wird, ein extrem niedriger Wert steht dafür, dass eine sehr starke Gleichverteilung der Macht in einem Unternehmen oder einer Gesellschaft erwartet und gewollt wird.

Es gibt Versuche, die unterschiedlichen Ergebnisse auch kulturhistorisch zu betrachten, indem beispielsweise betrachtet wird, ob ein Volk eher einen nomadischen oder städtischen Hintergrund hat. Wenn die Nomaden erst einmal in einer Grundsatzdebatte klären, ob man nach links oder rechts gehen möchte, ist es Winter, bis man zu einem Ergebnis kommt. Umgekehrt gibt es sesshafte Gesellschaften, die mehr Zeit haben, die optimale Entscheidung zu treffen, weshalb dem Anführer eher eine moderierende Rolle zugedacht wird.

---

[7] Zum Beispiel: https://de.wikipedia.org/wiki/Geert_Hofstede.
[8] https://geerthofstede.com/.

Individualismus und Kollektivismus (Individualism)

Ob, und wenn ja, wie sehr eine Gesellschaft individuelle Ansätze zulässt, bestimmt ebenfalls sofort einleuchtend das Verhalten eines jeden Mitglieds der Kultur. Es ist ein Unterschied, ob ein Individuum sich zuerst selbst wahrnimmt, oder ob es zuerst die Gemeinschaft als das wichtigere Element in seinem Leben sieht. Ist der Individualismus sehr hoch, das Individuum zuerst auf sich und seine Kompetenzen gestellt, dann ist auch der Wert sehr hoch. Ist der Kollektivismus sehr ausgeprägt und die Individualität niedriger ausgeprägt, dann ist der Wert naturgemäß niedrig. Solche Gesellschaften zeichnen sich laut Hofstede sehr stark durch Netzwerkbildung aus, denn starke Netzwerke stützen das Kollektiv und helfen so indirekt dem Individuum. Ein Kollektiv wird dann auch den Ruhm und die Ehre bekommen, weniger das Individuum. Der Star ist nicht der Projektleiter, sondern das Team, könnte man es ganz kurz formulieren.

Maskulinität (Masculinity versus Femininity)

Hier kommt es zum Zusammenprall der Geschlechter und ihrer Attribute. Dieser Index (MAS) misst letztlich, wie stark eine Gesellschaft maskulin oder feminin geprägt ist. Entgegen den heutigen Theorien, die besagen, dass es kein angeborenes Verhalten zwischen den Geschlechtern geben soll, geht Hofstede in seiner Betrachtung davon aus, dass es typisch weibliche und typisch männliche Verhaltensmuster gibt. Die neuere Forschung scheint ihm Recht zu geben, denn es scheint tatsächlich genetisch geprägte Verhaltensmuster zu geben, die in der Tat eher weiblich oder männlich sind.

Als typisch weibliche Werte fand er Fürsorglichkeit, Kooperationsbereitschaft und -fähigkeit, sowie Bescheidenheit, während die eher männlichen Werte die Bereitschaft zur Konkurrenz und zum Selbstbewusstsein waren. Bei Vögeln würde man sagen, männliche Werte neigen zum Gockeln, wie es schon bei der Teambildung beschrieben wurde, während weibliche Werte eher still und leise im Hintergrund wirken. Auch heute wird ja immer wieder diskutiert, dass männliche und weibliche Karrieren unterschiedlich verlaufen, sich Frauen von manchen Unternehmen und Aufgaben nicht angezogen fühlen und auch bestimmte Spielregeln, die in eher von Männern dominierten Welten nicht schätzen, wie auch Männer nicht wirklich gerne und nicht wirklich erfolgreich in einem von Frauen dominierten Unternehmen sein können. Ein hoher Wert bei MAS kennzeichnet dementsprechend eine eher von Konkurrenzdruck gekennzeichnete Gesellschaft, während ein niedriger Wert eher für ein durch Fürsorglichkeit gekennzeichnetes Miteinander spricht. Dabei sagen die Werte nichts über wirtschaftlichen oder kulturellen Erfolg oder Misserfolg aus, sie beschreiben lediglich den Umgang miteinander.

Unsicherheitsvermeidung (Uncertainity Avoidance Index)
Mit dem uncertainity avoidance index (UAI) wurde ein Wert dafür gefunden, wie gut oder schlecht eine Gesellschaft mit Unsicherheit umgehen kann. Es gibt Gesellschaften, die alles versuchen, Unsicherheit zu vermeiden, während es auch Gesellschaften gibt, die eher locker mit dem Thema Unsicherheit umgehen.

Auch hier geht man davon aus, dass die jeweiligen Lebensumstände dafür sorgen, wie sich eine Gesellschaft verhält. Wenn eine Gesellschaft auf einem aktiven Vulkan lebt, dann wird sie versuchen, zu verstehen, wann der wieder ausbricht und vielleicht immer den Fluchtkoffer bereit haben, so, wie eine Gesellschaft, die in einem Erdbebengebiet lebt, sichere Häuser bauen wird, die ein Beben überstehen. Umgekehrt muss sich eine Gesellschaft, die in einem so großen Lebensmittelreichtum lebt, dass niemand Hunger leidet eher keine Gedanken um einen Kühlschrank und Vorratshaltung machen.

Nachdem Hofstede viele Jahre mit diesen vier kulturellen Dimensionen gearbeitet hatte, erweiterte er das Modell um zunächst eine weitere Dimension, später noch um eine sechste, die für Kulturen und ihre Unterschiede entscheidend wichtig sind:

Lang- oder kurzfristige Ausrichtung (Long Term Orientation)
Das Denken einer Kultur in langen oder kurzen Zeiträumen, wobei die langen Zeiträume durchaus über die eigene Lebenserwartung hinausgehen können, zumindest aber mehrere Dekaden betreffen im Kontrast zu einer kurzfristigen Orientierung, bei der vielleicht schon drei Monate eine extrem lange Zeit sind, versucht man in dem entsprechenden Index für die long term orientation (LTO) zu messen. Diese erst später eingeführte Messgröße kam vor allem in asiatischen Ländern zu Einsatz und wurde auch wegen des asiatischen Gedankengutes, das auch in Wieder-

geburten rechnet, damit also die Spanne eines Menschenlebens weit überschreitet, eingeführt.

Natürlich gibt es Kritik an den durch nichts weiter begründeten Dimensionen, die teilweise auch eine Vermischung von Werten und Verhaltensweisen darstellt, somit im Sinne einer strengen wissenschaftlichen Betrachtung also logisch nicht ganz sauber durchdacht sind. Auch wurde bemängelt, dass Hofstede die Mitglieder einer Gesellschaft als uniform in den Verhaltensmustern und Werten beschreibt, was ja nun nicht sein kann, wie schon unsere eigene Sicht auf unser eigenes Land und unsere Landsleute leicht zeigen kann. In jeder Kultur werde man Individuen finden, die sich anders verhalten. Und nicht zuletzt seien die Werte ja alle durch Befragungen ermittelt worden, die in Unternehmen stattgefunden hätten, also sei ja eher die Frage, ob hier Unternehmenskulturen gemessen worden seien und nicht nationale.

All diese Kritik ist sicher berechtigt, und es kann auch davon ausgegangen werden, dass es nicht nur eine breite Verteilung von Verhaltensmustern in einer Bevölkerung gibt. Natürlich wissen wir auch, dass sich Nationen nicht exakt wie Unternehmen verhalten. Umgekehrt werden sich Menschen in der Arbeit aber nicht komplett anders verhalten als außerhalb der Arbeitsstätte, es wäre wider die Natur. Sicher kann man auch bei weitem Nachdenken weitere kulturelle Dimensionen finden, die ebenfalls unterschiedliches Verhalten Einzelner begründen. Das macht eine gefundene und empirische Untersuchung aber nicht unbedingt wertlos, gerade wenn man die Ergebnisse nicht als Naturgesetze betrachtet, sondern mit dem kritischen Geist, der gerade technisch und naturwissenschaftlich geprägten Menschen in die Wiege und die spätere Ausbildung gelegt ist.

Indulgance
Dieser zuletzt hinzugefügte Wert bietet den größten Spielraum zur Interpretation, da sich seine Bedeutung in zweierlei Richtung ergibt. Zum einen ist damit die Fähigkeit zum Genuss gemeint, zum anderen aber auch, wie sehr sich ein Mensch etwas hingeben mag, zum Beispiel auch der Idee eines Staates. Damit bietet der Wert nicht nur einen Index für Konsumverhalten (Genießen), sondern auch für Hingabe (z. B. für ein Land).

Praktische Beispiele

Um zu prüfen, ob sich ein empirisch gefundenes Modell bewährt, macht es meistens Sinn, zunächst zu sehen, ob und wie es in der Wirklichkeit funktioniert. Dabei bietet es sich an, sich selbst als Versuchskaninchen zu nehmen. Alle im Folgenden verwendeten Zahlen stammen von Geert Hofstede und sind im Internet leicht unter der Seite http://www.geert-hofstede.com zu recherchieren.
Die Werte für Deutschland sind in der folgenden Tabelle gegeben:

PDI	IDV	MAS	UAI	LTO	IND
35	67	66	65	83	40

Die Zahlenangaben helfen uns nur teilweise weiter, sagen aber schon etwas über die Kultur in Deutschland aus: Offensichtlich haben wir es in Summe mit einer nicht ganz so hierarchisch geprägten Kultur zu tun, da Menschen zwar akzeptieren können, dass es andere Menschen gibt, die mehr Macht haben, als man selbst, aber es überwiegt doch die Sicht des Individuums, was sich in einem entsprechenden Wert für die Individualität widerspiegelt. Die Gesellschaft ist eher von maskulinen Werten geprägt, also von einem Drang zu Wettbewerb, die Neigung Unsicherheiten zu vermeiden ist ausgeprägt, aber nicht der wesentliche Treiber der Kultur. Das findet man auch in der später ermittelten Langfristorientierung, die nicht sehr stark ausgeprägt ist. Der Kölner würde sagen: „wat kütt, dat kütt.", auf Hochdeutsch: „Was kommt, das kommt.", also einen gewissen Fatalismus beinhaltend.

Finden wir uns wieder? Sehen wir Deutschen uns bestätigt, erkannt? Vielleicht. Wir könnten jetzt sicher stundenlang über die Werte debattieren, über deren Messung, in die Kritik der Messmethodik eintreten und die Frage Debattieren, ob der Drang zur Individualität nun eher bei 66, 67 oder 68 zu suchen sei. Das wäre dann ein wirklich wieder gutes Verhalten von Technikern, das nicht immer weiterhilft. Wir können durchaus anmerken, dass die Werte nur in Westdeutschland ermittelt wurden und nach der deutschen Wiedervereinigung nicht erneut gemessen wurden, was sicher eine deutliche Verfälschung mit sich bringt, denn die Regeln, nach denen die

Deutsche Demokratische Republik funktionierte und die, die in der Bundesrepublik Deutschland galten, waren ja so unterschiedlich, dass letztlich die Bürger Ostdeutschlands in einer unblutigen Revolution ihre Regierung und die Spielregeln wegfegten, um sich der Bundesrepublik Deutschland anzuschließen. Es kann und darf erwartet werden, dass die Werte der Hofstede-Dimensionen in einer Diktatur von denen in einer von individueller Freiheit geprägten Gesellschaft drastisch abweichen, und es kann auch erwartet werden, dass die Verhaltensmuster, die Menschen in einer Diktatur überleben lassen sich nicht von heute auf morgen komplett verändern, wenn die Diktatur aufhört zu existieren. Dennoch sind damit die Werte nicht wertlos, auch wenn wir sie vielleicht mit Vorsicht genießen sollten.

Wichtig ist zunächst einmal aber auch, dass wir uns selbstverständlich klarmachen, dass in jeder Gesellschaft Verhaltensweisen ebenso verteilt vorliegen, wie auch die Intelligenz in einer hinreichend großen Population verteilt vorliegt. Ob die Gaußverteilung auch tatsächlich für Verhaltensmuster wie Egoismus oder Altruismus einer Gesellschaft anwendbar ist, wissen wir nicht, bei der Intelligenz ist es zumindest der Fall und wird es auch nicht mehr bestritten. Feststellen können wir aber, dass selbstverständlich jede Gesellschaft auch Menschen beinhaltet, die sich nicht exakt wie die Norm verhalten. Wenn wir es akzeptieren, dann haben wir den ersten Schritt zu einem sinnvollen Umgang mit den Ergebnissen Hofstedes gemacht und sollten die Werte einfach als Hinweise nutzen. Wenn wir uns ganz anders sehen, könnte es ein Hinweis darauf sein, dass wir in der Verteilung der individuellen Werte etwas weiter von Schwerpunkt entfernt liegen als andere. Da aber Gesellschaften sich letztlich in einem Konsens bewegen und im Rahmen des gesellschaftlichen Konsenses sich die Spielregeln und Verhaltensmuster einer Gesellschaft etablieren, haben wir hier einen guten Hinweis auf einen generellen Trend und generelle Verhaltensmuster, die wir erwarten dürfen, vorzufinden. Wichtig ist aber auch, dass wir uns vor Augen führen, dass singuläre und einschneidende Ereignisse, wie die deutsche Wiedervereinigung, die Datensätze ebenso nachhaltig verändern können, wie lang anhaltende gesellschaftliche Trends. Daher sollten wir uns davor hüten, alle Werte im Sinne einer naturwissenschaftlichen Erkenntnis als gegeben anzusehen – es sind keine Dogmen und keine Beweise. Stattdessen sollten wir immer bereit sein, unsere bisherige Sichtweise zu korrigieren.

Wirklich spannend wird es aber nun im Vergleich und die Aufgabe der Untersuchungen von Hofstede lag ja auch nicht darin, eine Kultur absolut richtig zu messen, sondern Unterschiede zwischen Kulturen zu erfassen und die sichtbar zu machen. Schon wenn wir uns im fast gleichen Sprachraum bewegen, wenn wir die Länder Deutschland, Österreich und die Schweiz mit einander vergleichen.

	PDI	IDV	MAS	UAI	LTO	IND
Deutschland	35	67	66	65	83	40
Österreich	11	55	79	70	60	63
Schweiz	34	68	70	58	74	66

Im direkten Vergleich dieser drei Länder fällt auf, dass sie sich zwar ähnlich sind, aber dennoch ausgeprägt unterschiedliches Umgehen in einigen Themenfeldern haben. In Österreich kommen Menschen offensichtlich weniger gut damit zurecht, wenn ihnen einfach so eine Autorität vor die Nase gesetzt wird, sie können aber wesentlich besser mit den maskulinen Attributen leben. Auch wenn jeder Lehrer ein Professor ist und es wohl noch bleiben wird, bedeutet das nicht, dass gleich vor jeder Autorität gebuckelt wird, auch wenn sie so genannt wird. Gleichzeitig versteht sich ein Bürger von Österreich von allen drei Ländern am ehesten noch als ein Mitglied einer Gesellschaft, weniger als Individuum, das in einer Gesellschaft lebt. Wir können schon hier Felder erkennen, auf die wir sinnvoller Weise aufpassen sollten, wenn wir mit Menschen der anderen Länder zusammenkommen: Vorsicht beim Umgang mit Autorität, hier kann schnell ein Missverständnis entstehen und Vorsicht auch in der Interpretation von Gesagtem – es könnte sein, dass unterschiedliche Beweggründe das Handeln treiben.

Europa – eine interkulturelle Großbaustelle

Das war jetzt aber erst mal eine Übung zum Warmlaufen – schauen wir uns nun einmal in Europa um, vielleicht können wir ja so nicht nur etwas über die EU und ihre Schwierigkeiten lernen, sondern auch über Geschichte. Ein ewig alter Zwist lag nun historisch seit Jahrhunderten zwischen dem, was heute Deutschland ist und Frankreich.

	PDI	IDV	MAS	UAI	LTO	IND
Deutschland	35	67	66	65	83	40
Frankreich	68	71	43	86	63	48

Die Unterschiede werden größer. Frankreich setzt, auch heute noch, klar auf das Prinzip des Zentralismus, Paris ist das Zentrum der Macht. Es wird auch akzeptiert, dass der, der die Macht hat, sie auch ausüben darf und soll. Dafür, das ist gewissermaßen hier die Kehrseite der Medaille, gibt es die Verpflichtung zur Fürsorge, die dann zentral gesteuert dem Land zugutekommt. Bemerkenswert für ein Land, das eher nicht in einer Region liegt, die von Naturkatastrophen heimgesucht wird, versucht man dennoch so viele Risiken wie möglich zu eliminieren und die verbleibenden zu kontrollieren. Kein Wunder, dass die Franzosen als die Meister der Diplomatie gelten, denken sie doch voraus, können mit Macht umgehen, akzeptieren sie auch als Steuerungsinstrument und versuchen, vorausschauend zu denken und zu handeln.

Auch wenn bisher für Frankreich noch kein Wert für die Langfristorientierung ermittelt wurde, so kann man vermuten, dass der Wert deutlich höher ist als beispielsweise in Deutschland, denn in der Vergangenheit hat sich immer wieder gezeigt, dass französische Verhandlungspartner in deutlich anderen Zeitskalen denken als andere Europäer. Mancher Verhandlungspartner hat erst nach etwa zehn Jahren begriffen, was für einen Vertrag er geschlossen hat.

Schon an dem Beispiel kann leicht erkannt werden, dass in möglichen Gesprächen das Risiko, aneinander vorbei zu reden, groß ist. Worte wie Chef oder Minister werden ganz anders interpretiert werden, je nachdem, wie viel Macht einer solchen Person zugebilligt wird. Je mehr einer Führungsposition auch Macht zugebilligt wird, umso mehr wird ihr auch zugebilligt werden, die Macht für sich selbst zu nutzen. Je mehr diese Gesellschaft dann noch in Netzwerken angelegt ist, umso mehr Entscheidungen werden unter Nutzung der Netzwerke, eventuell persönlichen Vorteilen und sicher Machtpositionen entschieden werden. Das mag einer anderen Kultur abstoßend vorkommen, ist aber letztlich zunächst nur ein kultureller Unterschied. Durch die unterschiedliche Wertung eines Verhaltens, kann hier bereits ein Konflikt erkennbar werden, der seine Ursache in kulturellen Unterschieden hat.

	PDI	IDV	MAS	UAI	LTO	IND
Deutschland	35	67	66	65	83	40
Großbritannien	35	89	66	35	51	69

Egal ob mit oder ohne Brexit, Großbritannien ist ein Teil Europas, auch wenn es nicht (mehr) in der EU sein mag. Als Menschen sind Briten deutlich anders als andere Europäer: Ein Mensch, der als Original am besten beschrieben wird, wird gesellschaftlich nicht geächtet, sondern geachtet und hat seinen Wert, wie nicht nur die oftmals uns schrill erscheinende Bekleidung zeigt. Nonkonformismus als Lebensform ist sicher auch britisch geprägt. Die Neigung, unvorhersehbares zu vermeiden kann es in einer Nation, die sich früher vor allem durch ihr Können in der Seefahrt hervortat schlecht geben, denn auf See weiß keiner, was der nächste Tag wirklich bringt, man muss letztlich mit sich permanent verändernden Situationen umgehen können.

Wie diese Beispiele schon gezeigt haben, wird es für Briten und Franzosen umso schwerer werden, sich miteinander zu arrangieren, die deutschsprachigen Länder hängen da irgendwo dazwischen. Europa ist aber noch größer, gehen wir mal an die Grenzen:

	PDI	IDV	MAS	UAI	LTO	IND
Deutschland	35	67	66	65	83	40
Schweden	31	71	5	29	53	78

Auch das Land von Pipi Langstrumpf hat ähnliche Probleme wie Deutsche, zu akzeptieren, dass es Macht gibt und Macht zu haben, das Individuum wird stärker gesehen. Damit hören die Ähnlichkeiten aber schon auf. Wirklich langfristig kann man sich nicht orientieren, aber zu kurz auch nicht, denn die Winter sind lang und kalt. Dennoch verwendet man viel weniger Zeit darauf, Sicherheit einzubauen, was sich vielleicht auch daran messen lässt, dass es eine der Gesellschaften ist, die sich am deutlichsten an weiblichen Eigenschaften orientiert und viel stärker von Werten wir Fürsorge leiten lässt, was so weit gehen kann, dass der Staat sich in die Belange des Individuums extrem weit einmischt, obwohl sich die Menschen als Individuen erleben. So kann es nicht verwundern, dass Schweden als eines der ersten Länder in Europa eine extreme Ausweitung des sozialen Netzes betrieb, aber auch als eines der ersten Länder an die Grenzen staatlicher Fürsorge stieß.

Es ist auch nicht verwunderlich, dass die Gruppenarbeit in Schweden erfunden wurde. Volvo führte sie als vielleicht erstes Unternehmen weltweit ein, bekam aber auch als erstes Unternehmen die Grenzen der Leistungsfähigkeit dieser Führungsmethodik zu spüren, weil eben nicht alles sich selbst steuernden Gruppen überlassen werden kann. Auch die Philosophie, sich quer durch ein Unternehmen mit Vornamen und Du anzureden, kam zuerst aus Schweden. Dafür wurde Ikea vor dreißig Jahren belächelt, heute versuchen viele Unternehmen die Philosophie, die sich dahinter verbirgt, zu kopieren, selbst wenn es vielleicht nicht zur eigenen nationalen Kultur passt.

	PDI	IDV	MAS	UAI	LTO	IND
Deutschland	35	67	66	65	83	40
Griechenland	60	35	57	100	45	50

Ganz anders sieht es da in Griechenland aus: Macht wird respektiert, Wettbewerb wird gesehen und gelebt, aber wichtig ist es auch, langfristig zu planen und zu denken. Dafür sieht man sich auch gerne mehr als Teil des Volkes. Bemerkenswert ist der extrem hohe Wert zur Unsicherheitsvermeidung, der höchste überhaupt gemessene weltweit, der so groß ist, dass er das bis dahin gegebene Meßsystem verließ.

Diese Länder stellen nun unter anderem die Europäische Union. Ein geografisches Gebilde, was in seiner Ausdehnung doch überschaubar ist und von gut 250 Millionen Menschen bevölkert wird, zeichnet sich neben den ganzen verschiedenen Sprachen auch durch erhebliche Unterschiede im Umgang der verschiedenen Teilkulturen miteinander aus. Natürlich hat es Auswirkungen auf das tägliche Miteinander. Natürlich haben die Unterschiede auch Auswirkungen auf die Interpretation von Verträgen, den Umgang miteinander, den Umgang mit anderen Nationen und Wirtschaftsräumen.

Andere Länder, andere Verhaltensmuster

Der auf der Welt noch immer sichtbarste Wirtschaftsraum, letztlich auch wegen seiner florierenden Filmindustrie, sind die Vereinigten Staaten von Amerika. Natürlich gibt es dort auch kulturelle Unterschiede, je nachdem, ob man sich im Osten oder Westen, im Norden oder Süden aufhält. Im Gegensatz zu Europa wurden die kulturellen Spielregeln aber dadurch gesetzt, dass sich Auswanderer aus verschiedenen Nationen arrangieren mussten, auch wenn sie vielleicht eigene Stadtviertel in einer Stadt bildeten, wie Chinatown oder Little Italy. Durch den nun doch schon einige Jahrhunderte dauernden Prozess, ein Schmelztiegel zu sein, wurden Kulturen vermischt. Das ist gerade ein Teil der amerikanischen Kultur geworden, auch wenn Kritiker immer wieder bemerken, es gebe dort keine. Das ist aber sicher falsch. Doch, es gibt sie, die amerikanische Kultur, man sollte aber nicht davon ausgehen, dass sie einer europäischen Kultur entspricht, auch wenn die Mehrzahl der Bürger der vereinigten Staaten ihre Wurzeln historisch in Europa finden.

Besonders gut sieht man kulturelle Unterschiede im Vergleich der Werte: Der Individualismus ist extrem ausgeprägt gelebt – in anderen Worten – das Individuum auf sich selbst gestellt. Im Gegenzug hindert auch kaum jemand das Individuum, erfolgreich zu sein, oder eben auch zu scheitern. Selbst Menschen, die nun wirklich nicht auf der Sonnenseite des Lebens geboren werden, preisen in den USA die individuelle Freiheit. Deshalb haben Amerikaner auch keine Probleme mit Millionengehältern, gibt es doch tatsächlich viele Millionäre, die sich aus eigener Kraft dahin entwickelt haben. Deshalb gibt es auch mehr Mäzene in den USA, als wir es in Europa kennen und viel mehr Stiftungen, denn Kapital verpflichtet.[9] Aber deshalb gibt es auch ein um vieles geringer ausgefallenes soziales Netz.

Auch haben sich die Vereinigten Staaten in einer für Europäer oftmals nicht nachvollziehbaren Weise mit Freiräumen umgeben, die zwar fast jede Religionsausübung ebenso akzeptieren, wie unterschiedliche Werte und Normen, um dann aber gleichzeitig die Verantwortung des Individuums als Verbraucher so stark zu begrenzen, dass tatsächlich ein verschütteter heißer Kaffee viel Geld wert sein kann, weshalb es eine florierende Industrie der Anwälte gibt.

---

[9] Das konnte in der jüngeren Geschichte besonders deutlich an einem Beispiel erkannt werden: Bill Gates, einer der Gründer von Microsoft, hat sich entschieden, mit seiner Frau zusammen die Bill und Melinda Gates Stiftung zu gründen, um das erworbene Kapital zu nutzen, wichtige Aufgaben anzugehen. Mit 40 Milliarden USD ausgestattet, kann wirklich Gewaltiges angegangen werden. Aus Deutschland hörte man die säuerliche Kritik, dass es nicht sein dürfe, einen solch großen Betrag privaten Entscheidern zu überlassen, der Staat wisse besser, wie mit dem Geld umzugehen sei und wohin es gelenkt werden sollte.

	PDI	IDV	MAS	UAI	LTO	IND
Deutschland	35	67	66	65	83	40
USA	40	91	62	46	26	68

Kein Wunder auch, dass es Spannungen zwischen den USA und der Sowjetunion geben musste, deren teilweiser Nachfolger Russland doch deutliche Unterschiede aufzeigt; auch wenn die Werte nur geschätzt sind. Sie weichen schon erheblich ab und weisen auf ein Land hin, bei dem eine Autorität eine Autorität ist und das auch anerkannt und akzeptiert ist. Im Gegenzug kümmert sich die staatliche Autorität um den einzelnen, so gut es halt geht und soweit noch etwas zu kaufen ist.

Die Verlagerung der Vorratshaltung letztlich auf den Verbraucher führt zu einem besonders starken Hang, Unsicherheit zu vermeiden, denn wenn die Supermärkte regelmäßig leer sind, dann mag es zwar den Witz geben, in dem ein Verkäufer auf die Frage antwortet, wo es denn Hosen gebe: „Keine Hosen finden Sie im dritten Stock, hier gibt es keine Handschuhe." In einer solchen Konsumumgebung, wie sie in der UdSSR gegeben war, war es unvermeidlich, dass der einzelne Bürger so viel wie möglich vorausschauend versuchte zu organisieren und zu gestalten.

Nimmt man nun die Werte für die USA und Russland im Vergleich, so ist klar, dass Beziehungen zwischen den Ländern nur so vor Herausforderungen strotzen und die Kommunikationsfallen hinter jeder Geste und jeder Verlautbarung lauern.

	PDI	IDV	MAS	UAI	LTO	IND
Deutschland	35	67	66	65	83	40
Russland	93	39	36	95	81	20

Die dritte Großmacht im Bunde ist sicher aus heutiger Sicht die Volksrepublik China. Im Gegensatz zu Russland gibt es zwar nicht so sehr die Versuche, Unsicherheit zu vermeiden, aber der Individualismus ist ebenfalls nicht gerade ausgeprägt, Herrschaft will anerkannt sein. Die Studentenunruhen auf dem Platz des Himmlischen Friedens gingen im Blutbad unter, Menschenrechte darf man noch heute nicht wirklich ansprechen und die Gesellschaft ist uns schon äußerlich fremd.

Wenn wir die Werte der verschiedenen kulturellen Dimensionen ansehen, verstehen wir, warum.

	PDI	IDV	MAS	UAI	LTO	IND
Deutschland	35	67	66	65	83	40
China	80	20	66	30	87	24

Auch die arabischen Länder zeigen uns, wie unterschiedlich die Kulturen sein können (hier hatte Hofstede nicht ein Land bewertet, sondern die Region). Dabei mag zunächst verwundern, wie moderat ausgeprägt die Bereitschaft ist, nach unseren Maßstäben in einen Wettbewerb einzutreten, doch verwundert es nicht, denn in einer Karawane kommt es nicht darauf an, wer als erster im Ziel ist, sondern dass alle an der Oase eintreffen. Es muss zwar jemanden geben, der das Sagen hat und dem alle gehorchen, daraus aber eine despotische Machtfülle abzuleiten, ist einfach falsch, auch wenn in arabischen Ländern sehr klar beispielsweise die Königshäuser bestimmen.

	PDI	IDV	MAS	UAI	LTO	IND
Deutschland	35	67	66	65	83	40
Arabien	80	38	52	68		

Aufmerksamkeit ist nötig

Die letzten Seiten haben vielleicht helfen können, zu zeigen, wie groß kulturelle Vielfalt sein kann und welche Hürden es gibt, diese auch zu nutzen. Sicher kann dieses Kapitel nicht ersetzen, sich mit fremden Kulturen auseinanderzusetzen, das soll es auch nicht. Es kann aber helfen, die Sinne zu schärfen, um Pannen im kulturellen Dialog zu vermeiden: Verdeutlichen wir uns kulturelle Unterschiede, die manchmal schon vor unserer Haustür beginnen und sich nicht auf die Frage beschränken, ob wir gerne griechisch oder italienisch essen gehen.

Bereits in der Europäischen Union gibt es kulturell erhebliche Unterschiede, die in der Vergangenheit Kriege provoziert haben und auch heute noch für den einen oder anderen Verhandlungsmarathon gut sind. Es ist für uns normal, dass wir Menschen, die unsere Hautfarbe haben und sich in etwa so kleiden wie wir, in ihren Handlungsmustern auch so einschätzen wie uns. Das ist einfach falsch. Wenn wir in Italien einmal Urlaub gemacht haben, haben wir vielleicht kulturelle Unterschiede gesehen. Wieso sollen die nicht auch in beruflichen Situationen vorliegen?

Es ist völlig natürlich, wenn uns Geschäftspartner nach unserer Familie fragen, auch wenn es in den USA schon fast unsittlich ist, die gleiche Frage zu stellen. Natürlich wird es auch zukünftig Nationen geben, in denen sich Damen freuen, wenn man ihnen ein Kompliment zu ihrem Aussehen macht, auch wenn es im Sinne des Antidiskriminierungsgesetzes schon anzüglich scheinen könnte. Natürlich wird es noch immer Gesellschaften oder Unternehmen geben, in denen der Chef einfach das Sagen hat. Punkt. Wir werden sie aber nicht an ihrer Kleidung erkennen, vielleicht an ihren Verhaltensmustern. Machen wir uns also immer wieder deutlich, dass auch die, die so aussehen wie wir und sich ähnlich kleiden, uns noch lange nicht ähnlich sein müssen.

Es mag auch ganz natürlich für uns sein, wenn wir davon ausgehen, dass es selbstverständlich ist, einen gesetzten Termin zu halten. Nicht jede Kultur muss das hergeben, denn manches geschieht nur, wenn die Zeit dafür reif ist. „Ihr habt die Uhr, wir haben die Zeit," ist letztlich ein passendes arabisches Sprichwort. Auch mögen wir der Meinung sein, dass die Bedeutung des Wortes „ja" nicht mehr zu interpretieren ist, es gibt aber mindestens drei verschiedene Bedeutungen des Wortes „ja" im Umgang mit indischen Geschäftspartnern: Ja, ich höre zu, ja, ich habe verstanden, ja, ich bin einverstanden. Gesagt wird nur das Wort ja. Die typische europäische Interpretation ist, das ja zu hören, was wir erwartet haben und ganz verwundert zu sein, wenn dann nichts mehr geschieht. Eine typische interkulturelle Falle. Kenner behaupten, es gebe sogar bis zu vierzig verschiedene Bedeutungen des Wortes „ja", die uns vor noch deutlichere Herausforderungen stellen können. Auch sind Arbeitsmethodik und Arbeitsethik je nach Kulturkreis unterschiedlich. Oft können wir ein gutes Verständnis erarbeiten, wenn wir auch verstehen, wie Kulturen funktionieren.

So werden wir dann auch leichter verstehen, wie wir selbst von außen gesehen werden. Dann wird uns beispielsweise nicht verwundern, dass zwar der Mercedes noch immer eine Bedeutung hat und „Made in Germany" auch noch weltweit einen guten Ruf hat, weil wir halt immer noch gewillt sind, uns etwas mehr anzustrengen. Wir werden aber auch feststellen müssen, dass unsere liberalen Lebensgewohnheiten nicht überall geschätzt werden, unsere Frauen als in der Nähe zur Prostitution lebend gesehen werden und wir mehr als misstrauisch beäugt werden, wie wir so locker vor uns hinleben. Kommt unser Geschäftspartner aus einer Welt, in der es wichtig ist, eine Familie zu haben, wird er sich schwertun, mit einem Menschen zu kooperieren, der in seiner Freizeit gegen alle seine ethischen Standards verstößt. In der Außensicht mag es für uns lustig sein, wenn wir alle als zügellos miteinander kopulierende Männchen und Weibchen gesehen werden, die dann auch noch keine Kinder haben wollen und auch sonst keine ethischen Standards mehr haben. Es ist aber nicht wirklich lustig, sondern eine ebenso ernst zu nehmende Außensicht, wie die Frage, die einem im arabischen Raum öfter gestellt werden kann, was denn gerade die Deutschen gegen Hitler haben, „he did not finish the job." Wäre er konsequenter gewesen, dann gäbe es den Staat Israel nicht und nicht die aus der arabischen Perspektive problematische Situation. Das ist dann interkulturell schon heftig und ganz an der westeuropäischen Sichtweise vorbei. Durch solche heftigen Rückmeldungen oder Fragen, die es übrigens wirklich gegeben hat, kann uns klar werden, wie schwierig eine interkulturelle Zusammenarbeit tatsächlich sein kann und wie schnell man selbst in eine Schublade gesteckt wird, auch wenn man selbst keinen Anteil an der Schublade zu haben meint. Es kann uns aber auch helfen, zu vermeiden, andere in unsere interkulturellen Schubladen zu stecken.

Wir sollten nun auch wirklich keine Sorge haben, auf fremde Kulturen zuzugehen. Wichtig ist der Geist, in dem wir miteinander umgehen und wie wir versuchen, andere Kulturen zu verstehen. So, wie wir uns freuen, wenn ein Gast wenigstens „Bitte" und „Danke" in unserer Sprache sagen kann, so freuen sich auch andere, wenn wir es können oder versuchen. So, wie wir stolz auf unsere kulturellen Errungenschaften sind, so sind es andere auch, und möchten uns gerne teilhaben lassen an ihrem kulturellen Schätzen. Natürlich sind fremde Länder exotisch, aber auch die Länder in unmittelbarer Nachbarschaft können ihre Fallen und Tücken haben, wie der gebildete Asterix-Leser weiß, denn dort heißt es:[10]

„Ich habe nichts gegen Fremde.
Meine besten Freunde sind Fremde.
Aber diese Fremden stammen nicht aus meinem Dorf."

Schöner kann man Fremdenfeindlichkeit nicht formulieren. Wenn wir also bereit sind, uns auf andere Kulturen einzulassen, zu verstehen, was die Grundprinzipien sind, nach denen diese Kulturen funktionieren und auch Spaß daran finden, Fremdes zu entdecken und uns auf Fremdes einzulassen, ohne dabei uns und unsere Kultur aufzugeben, dann können wir nicht nur viel Spaß am Leben haben, sondern auch viele Freunde in anderen Ländern gewinnen. Dabei sollten wir unsere Unsicherheit ruhig auch einmal zugeben, ganz nach dem Motto, wir wissen es nicht und möchten nicht verletzen. Dann sollten wir im Zweifelsfall auch den Mut haben, einmal um Entschuldigung zu bitten, vielleicht auch einmal zu viel. Das ist eine Besonderheit, um nur an dem Satz einen kulturellen Unterschied aufzuzeigen: In der deutschen Sprache können wir um Entschuldigung bitten, sie muss uns aber erst gewährt werden, damit wir dann entschuldigt sind. Im Englischen können wir unsere apologies ausdrücken und sind dann entschuldigt. Schon an dem kleinen Beispiel können wir sehen, wie unterschiedlich Sprachen funktionieren. Solche Unterschiede in der Sprache sollten nicht einfach weggewischt werden, sie können mehr als einen Krieg auslösen und der Berufsstand der Anwälte lebt davon, dass Sprache auch interpretiert werden will.

Um weitreichende Entschuldigungen zu vermeiden, hilft immer wieder zu versuchen zu kommunizieren und zu verstehen, was für eine Vorstellung die beiden Gesprächspartner haben, aber auch selbst offen zu sein, für das, was gesagt und nicht gesagt wird. So kann man dann immer besser Wünsche und Vorstellungen verstehen. Wir hätten ja auch nichts dagegen, wenn uns jemand fragt, was wir gerne mögen und was nicht.

---

[10] Uderzo und Goscinny; Asterix und Obelix, Das Geschenk Caesars, S. 16.

Fettnäpfchen gibt es genug, aber wir wollen ja nicht alle ausprobieren. Mit einer offenen Grundeinstellung und der Bereitschaft, alles, was wir als für uns normal gelernt haben, in Frage zu stellen und andere Sichtweisen zuzulassen, können wir zunächst getrost jedem fremden Besucher entgegenblicken. Auf einen Auslandsaufenthalt sollten wir uns allerdings doch intensiver vorbereiten.

4

Und jetzt? – Was sich ab heute ändern soll, um diese Frage zu beantworten

Zusammenfassung In diesem Kapitel beschäftigen wir uns mit der Frage, wie Sie für sich konkret herausfinden können, welcher Einstieg für Sie am besten passen könnte. Dazu gehen wir in zwei Schritten vor.

Im ersten Teil stellen wir Ihnen vor, wie Sie Ihre persönliche Zielzone identifizieren, welche Interessen und Kompetenzen Sie tatsächlich haben – und mit welchen praxiserprobten Methoden Sie all das herausfinden können.

Im zweiten Teil schauen wir uns dann gemeinsam mit Ihnen an, wie Sie basierend auf der zuvor identifizierten Zielzone das Ziel tatsächlich erreichen. Wie finden Sie eine passende Stelle? Wie finden Sie die richtigen Informationen und die richtigen Ansprechpartner im Unternehmen zu dieser Stelle? Worauf müssen Sie im Bewerbungsgespräch achten? Und was passiert nach der Einstellung?

Was wollen Sie eigentlich in zwanzig Jahren machen? Wo wollen Sie stehen, was wollen Sie erreicht haben? Wie sollte Ihr Leben aussehen? Wie wollen Sie von Ihren Mitmenschen gerne gesehen werden? Möchten Sie in Ihrem studierten Fach brillieren? Den Nobelpreis gewinnen? Oder

Vorstandsvorsitzender eines Dax-Unternehmens sein? Wollen Sie eine Familie mit vielen Kindern haben oder lieber ungebunden sein, um durch die Welt reisen zu können? Wollen Sie in Deutschland leben oder reizen sie fremde Länder und Kulturen? Möchten Sie gerne im Mittelpunkt des Interesses stehen oder wollen Sie viel eher im stillen Kämmerchen im Hintergrund arbeiten?

Blödsinnige Fragen? Alles langfristiger Kram der doch überhaupt nichts mit Ihrer aktuellen Studiensituation oder derzeitigen beruflichen Orientierung zu tun hat? Vielmehr haben Sie in einigen Wochen Abschlussprüfung und müssen für die erst einmal ordentlich pauken. Oder wartet vielleicht das nächste Kapitel Ihrer Master- oder Doktorarbeit auf Sie – das muss schließlich auch zuerst einmal geschrieben werden, vorher ist alles andere erst einmal vollkommen nebensächlich, und noch so unkonkret, dass es lächerlich erscheint, auch nur einen Gedanken daran zu verschwenden, oder? Oder haben Sie gerade als Vertriebsmitarbeiter in einem Pharmaunternehmen Ihre Stelle angetreten und in diesem Zusammenhang so viel mit Ihren Kunden, Ihrem Alltagsgeschäft zu tun, dass Sie für solchen Unsinn gar keine Zeit haben. Und ist es nicht ohnehin müßig, Gedanken an die eigene Karriere zu verschwenden? Da man diese doch sowieso nicht wirklich beeinflussen kann – und man daher eher die Feste feiern muss wie sie fallen. Und Gelegenheiten vielmehr opportunistisch ergreifen sollte, wenn sie sich einem halt eben bieten. Wenn man halt zu den wenigen gehört, die „Glück haben". Diese ganzen Fragen sind doch ohnehin alles nur Theorie, die man in keiner Weise in irgendeiner Form praxistauglich bekommen kann. Oder?

Sie merken schon: jetzt wird es eine Spur konkreter. Jetzt geht es um Sie. Und darum, was Sie vielleicht heute schon tun können, um sich auf morgen vorzubereiten. Natürlich haben Sie Recht: am Ende kommt es immer alles anders als geplant. Das wussten schon die alten Preußen, bei denen

„kein Plan den ersten Kontakt mit dem Gegner überlebt"
(frei nach Helmuth Graf von Moltke).[1]

---

[1] Originalzitat: „Kein Plan überlebt die erste Feindberührung", URL: https://1000-zitate.de/autor/Helmuth+Graf+von+Moltke/. Zugegriffen am 26.04.2020.

4 Und jetzt? – Was sich ab heute ändern soll, um diese Frage zu …

Aber ebenso haben sie erkannt, dass man mit einem Plan, einer

„Strategie […] ins Feld ziehen muss, um das einzelne an Ort und Stelle anzuordnen und für das Ganze die Modifikationen zu treffen, die unaufhörlich erforderlich werden"
(Carl von Clausewitz, „Vom Kriege")[2]

Keine Sorge, es geht nach diesen einleitenden historischen Worten hier keineswegs um Krieg (das ging es übrigens auch den alten Preußen nicht, wenn man die Literatur einmal ganz genau liest). Aber es geht um die grundsätzliche Tatsache, dass ein Plan, oder zumindest die Gedanken darum, was man einmal machen könnte, vielleicht nicht ganz so praxisfern sind, wie sie auf den ersten Blick zunächst erscheinen mögen.

Denn meist wird nur ein „vorbereiteter Geist" in der Lage sein, eine günstige Gelegenheit als solche auch wirklich zu erkennen, anstatt achtlos an ihr vorüberzugehen. Und damit erst die Voraussetzung zu schaffen, diese Gelegenheit dann auch in der Realität zu ergreifen (das wird dann im Allgemeinen nach außen hin als „Glück" bezeichnet). Der römische Philosoph Seneca soll hierzu gesagt haben:

„Glück ist, was passiert, wenn Vorbereitung auf Gelegenheit trifft"[3]

Stimmt weitgehend, wenn auch noch nicht ganz vollständig, denn ein wenig Mut, die Gelegenheit zu ergreifen, gehört am Ende schließlich auch noch dazu. Aber zu wissen, wo man hinmöchte, was man einmal erreichen möchte, kann in diesem Zusammenhang möglicherweise in erheblichem Umfang dabei behilflich sein, die beruflichen Optionen, die sich einem bieten, ein wenig zu sortieren, zu priorisieren und dann unter Umständen sogar die richtige Entscheidung zu treffen.

Der langen Rede kurzer Sinn und damit die schlechte Nachricht gleich vorweg: Planung ist durchaus sinnvoll und zielführend, aber den bis ins

---

[2] Carl von Clausewitz, Vom Kriege, Drittes Buch, 1. Kapitel, area verlag gmbh, Erftstadt, 2004 (basierend auf der sogenannten Volksausgabe, welche auf das erste Dritte des 20. Jahrhunderts datiert wird).
[3] Siehe: https://www.aphorismen.de/zitat/3297. Zugegriffen am 26.04.2020. Allerdings ist nicht sicher, ob Seneca diese Worte tatsächlich so gesagt hat.

letzte Detail am Reißbrett ausgearbeiteten Masterplan für eine ideale Karriere können und werden wir Ihnen hier nicht unterbreiten. Bevor Sie aber deswegen jetzt enttäuscht den Buchdeckel zuschlagen, beantworten Sie vielleicht für sich selbst einmal kurz diese Frage: „Was ist denn eigentlich Karriere?". Denn wir gehen einmal davon aus, dass Sie eine solche letzten Endes sicherlich in einer wie auch immer gearteten Form gerne machen möchten. Und daher auch eine klare Vorstellung davon haben.

Jetzt werden Sie vielleicht sagen: „Ist doch klar: Karriere ist der schrittweise Aufstieg innerhalb der Hierarchie eines Unternehmens, gemeinsam mit den damit verbundenen Annehmlichkeiten eines höheren Gehalts, eines immer größeren Büros, einer zunehmenden Führungsspanne usw.". Oder so ähnlich. Das war früher schon immer so gewesen. Ist es heute immer noch. Und wird auch in Zukunft weiterhin so bleiben. Oder?

Stimmt. Das ist Karriere ohne Zweifel mit Sicherheit – auch. Damit verbunden sind des Weiteren ein eng getakteter Terminkalender (der übrigens dann in der Regel nicht mehr von Ihnen selbst, sondern von jemand anderem verwaltet wird, so dass Sie letztlich in vieler Hinsicht fremdbestimmt werden), eine mit steigender Verantwortung zunehmende zeitliche Einbindung in Ihr Arbeitsumfeld, das in zunehmendem Maße über den ohnehin meist nur auf dem Papier erwähnten Acht-Stunden-Tag hinausgeht. Und nicht selten eine permanente Erreichbarkeit, da Sie Ihr Mobiltelefon schließlich immer bei sich tragen – und sich mit Ihrem Notebook von überall auf der Welt virtuell in Ihre Arbeitswelt einloggen können (im englischen Sprachraum gerne mit „24/7" bezeichnet – „24 Stunden an 7 Tagen erreichbar"). Von der Reisebereitschaft in fremde Länder einmal ganz abgesehen („Wir überlegen, eine neue Mine in Sambia zu eröffnen. Könnten Sie einmal vor Ort die Lage sondieren?"). Ist alles mit Sicherheit in Gänze weder typisch für einen normalen Berufseinsteiger noch für die Mehrzahl an Karrieren, die Sie langfristig anstreben werden. Aber Elemente davon werden Ihnen mit an Sicherheit grenzender Wahrscheinlichkeit an der einen oder anderen Stelle über den Weg laufen.

Wenn das jetzt alles auf einmal weniger spannend für Sie klingt. Wenn Sie sich Ihr Leben in zwanzig Jahren eigentlich vollkommen anders vorstellen – dann lohnt es sich vielleicht, einen zweiten Blick auf den Begriff „Karriere" zu werfen und den Begriff weiter zu durchdenken. Ein wenig länger darüber zu grübeln und sich den Kopf zu zerbrechen. Denn ganz so trivial und unidirektional („höher – schneller – weiter – besser – und noch mehr") wie es zunächst scheint, ist es am Ende vielleicht doch nicht. Möglicherweise ist Karriere – wenn man es einmal ganz einfach und allgemein betrachtet – etwas ganz anderes: nämlich die Suche nach Ihrer ganz persönlichen Nische in der Welt, nach Ihrem Platz in der Arbeitswelt, im Leben. Diese Nische kann natürlich die oben beschriebene einflussreiche Position innerhalb der Hierarchie eines Unternehmens sein, dann bewegen wir uns im Fall der bereits angesprochenen und von vielen so beschriebenen „klassischen Karriere". Es kann aber auch etwas ganz Anderes sein. Vielleicht steht bei Ihnen ja nicht der monetäre Aspekt im Vordergrund, sondern ganz andere Themen: Freunde, Hobbies, Reisen. Was auch immer. Und dann werden Sie sich vielleicht langfristig wie oben schon angedeutet weniger wohl fühlen mit einer Karriere im klassischen Sinne. Das soll selbstverständlich nicht bedeuten, dass es zwei Welten gibt, die sich keineswegs miteinander in Einklang bringen lassen können („Work versus Life", „Kind versus Karriere", etc.), da gibt es in der Welt nicht schwarz-weiß, sondern viele verschiedene Grautöne (und nicht selten sogar bunte Farben). Aber wenn Sie sich erst einmal über grundsätzliche Optionen klar werden möchten, dann kann es mitunter nicht schädlich sein, wenn man sich die Extreme einmal vergegenwärtigt. Um für sich erst einmal zu sortieren, in welche Richtung man denn generell tendieren würde und wie vielleicht zunächst gegensätzlich erscheinende Begriffe harmonisch zusammenfinden können. So könnte dann aus einer Work-Life-Balance, die einen Gegensatz formuliert ein Work-Life-Flow werden, in dem unsere Arbeit nicht mehr in Gegensatz zum Leben steht, sondern ein wichtiger Bestandteil des Lebens ist, der uns Erfüllung bringt. So könnte das Glück, die nächste Generation aufwachsen zu sehen, ein Teil unseres Lebenswegs sein, der genauso Möglichkeiten gibt, wie nimmt. Genauso, wie wir unserem Leben Chancen nehmen, wenn eine berufliche Karriere eine neue Generation ausschließt. Egal, was wir entscheiden und umsetzen, es öffnen sich neue Türen und andere bleiben einfach verschlossen. Das nennt man dann Konsequenzen des Handelns. Im Idealfall werden wir uns vorher Gedanken gemacht haben und mit den Konsequenzen leben können.

Denken Sie einmal von dieser Perspektive ausgehend weiter über den Begriff „Karriere" nach, dann stolpern Sie möglicherweise irgendwann auch einmal über die folgenden Fragen:

- „Kenne ich mich denn eigentlich selbst gut genug, um sagen zu können, in welchem Umfeld ich langfristig gerne einmal arbeiten möchte? Und wenn nicht, wie kann ich das eigentlich rauskriegen?"
- „Wie finde ich überhaupt heraus, ob ein Arbeitsumfeld zu mir passt, oder mich nicht anspricht? Welche Quellen sollte ich wie nutzen?"
- „Und was mache ich eigentlich, wenn das was ich dann gefunden habe sich nicht als das Richtige herausstellt? Wenn irgendetwas schief läuft mit meiner so hervorragend geplanten Karriere?"

Diese Fragen würden wir uns hier stellen. Diese Fragen haben wir uns seinerzeit auch gestellt, als wir vor der Entscheidung gestanden haben, wie wir unseren beruflichen Werdegang gestalten wollen. Als wir an Ihrer Stelle waren. In der einen oder anderen Weise haben wir Sie uns explizit oder implizit gestellt. Und intensiv darüber nachgedacht. Teilweise vielleicht auch nicht intensiv genug. Aber Antworten für uns gefunden. Und entsprechend gehandelt. Diese Antworten aber an dieser Stelle detailliert vorzustellen wird Ihnen höchstwahrscheinlich nicht weiterhelfen. Dazu sind individuelle Lebensentwürfe, Pläne und Werdegänge, Wünsche, Anforderungen, Interessen, Ziele etc. einfach zu unterschiedlich. Doch jenseits dieser spezifischen Unterschiede bei den Inhalten können wir vielleicht versuchen, Ihnen ein wenig von dem Handwerkszeug zu zeigen, das wir hilfreich gefunden haben, um die obigen Fragen für uns zu beantworten. Möglicherweise finden *Sie* das ein oder andere Mittel ja auch nicht ganz unnütz. Und nutzen es unter Umständen gar für sich selbst in der Praxis.

Nur wer das Ziel kennt, kann die Richtung bestimmen

Versetzen Sie sich kurz einmal gedanklich in folgende Situation: ein potenzieller Interessent für ein ingenieurwissenschaftliches Studium wird bei seinem Besuch an der von ihm auserkorenen Hochschule beiläufig

4 Und jetzt? – Was sich ab heute ändern soll, um diese Frage zu ...

gefragt: „Was wollen Sie denn später einmal machen mit der hier erhaltenen Ausbildung?". Antwort des Interessenten: „Hmmm ... Weiß ich ehrlich gesagt noch nicht so ganz genau." „Und woher wissen Sie dann ob dieses Studium für Sie das Richtige sein soll?". „Äääh, das kann ich eigentlich auch noch nicht wirklich sagen. So genau weiß ich das noch nicht. Ich wollt halt mal irgendwas machen, damit ich nicht unnütz zu Hause rumsitze ...". „Verstehe ... Und wie wollen Sie denn vorgehen, um herauszufinden, was Sie denn einmal wirklich machen wollen?". „Och", antwortet der Interessent, jetzt deutlich selbstsicherer, „ich denke, ich werde mal im Internet nachschauen!"

Klingt absurd? Nur ein fiktiver Fall? Fernab jeder Realität? Wollen wir es einmal hoffen ... Oder hätten Sie an seiner Stelle genauso oder ähnlich reagiert? Fakt ist: das Internet als das im obigen Beispiel genannte Informationsmedium bietet uns heute ganz ohne Zweifel hervorragende, vielseitige und mit Sicherheit auch noch aktuell ungeahnte Möglichkeiten, Antworten auf vielseitige Fragen zu finden. Aber um diese Antworten zu erhalten, sollte man in der Lage sein, geschickte oder sogar die richtigen Fragen zu stellen. Die einen zu nützlichen Antworten führen. Sollte sich Zeit nehmen, diese Fragen zu ergründen, zu durchdenken, zu formulieren. Und sollte daher die grobe Richtung kennen, in welche die Fragen zielen sollten.

Denn das Internet wird Ihnen keine präzisen Antworten auf ungenau gestellte Frage liefern. Damit wir uns nicht falsch verstehen: selbstverständlich liefert Ihnen das Internet Antworten (oder genauer gesagt ein im Programmcode des hinter individuellen Websites verankerter Algorithmus gibt Ihnen eine Anzahl an Treffern zu Ihrer Suche zurück). Und natürlich werden Sie fündig, wenn Sie bei den einschlägigen Suchmaschinen nach „Was soll ich werden?" (etwa 1.630.000 Treffer),[4] „Welcher Beruf passt zu mir?" (etwa 23.600.000 Treffer)[5] oder gar „Welcher Mensch bin ich?" (etwa 278.000.000 Treffer)[6] suchen. Schauen Sie ruhig selbst einmal nach. Ihr Wochenende ist gerettet: Sie werden von der Unmenge an Treffern überrascht sein. Vom Inhalt dann vielleicht schon et-

---
[4] Google-Suche nach „Was soll ich werden?" vom 26.04.2020.
[5] Google-Suche nach „Welcher Beruf passt zu mir?" vom 26.04.2020.
[6] Google-Suche nach „Welcher Mensch bin ich?" vom 26.04.2020.

was weniger. Spätestens wenn Sie nach dem unmittelbaren Nutzen des Gefundenen auf die (doch wohl aus Ihrer Sicht so konkret gestellte) Frage forschen, sind Sie dann womöglich ernüchtert auf den Boden der Tatsachen zurückgekommen. Und schlimmstenfalls frustriert und enttäuscht. Andererseits zeigt aber die hohe Anzahl an Treffern bei Internet-Suchmaschinen auf die oben genannten Fragen, dass diese oder ähnliche Themen wohl nicht nur uns beim Schreiben dieses Buches und vielleicht Sie als Leser beschäftigen. Sondern dass es offenbar eine ganze Reihe Menschen gibt, die sich mit den gleichen Fragestellungen herumschlagen. Und offenbar noch keine wirklich zufriedenstellende Antwort darauf erhalten haben, zumindest nicht über das Internet. Denn anders ließe sich die stetig steigende Anzahl und Vielfältigkeit des virtuellen Angebots zur Beantwortung dieser Frage wahrscheinlich kaum plausibel erklären. Nachfrage schafft eben Angebot. Aber das Angebot befriedigt gegenwärtig noch nicht das tieferliegende Bedürfnis des Kunden nach Wissen über sich selbst.

Das Internet wird Ihnen also womöglich keine Antwort darauf geben können, was Sie aus Ihrem Leben machen sollen. Das dürfen Sie (zum Glück!) immer noch selbst herausfinden, entwickeln und entscheiden. Und das ist (leider) nicht immer eindeutig definierbar und in Summe recht komplex. So komplex, dass man es eben nicht mal kurz in einen einfachen Algorithmus packen und „berechnen" kann.

Aber vielleicht sagen Sie sich nach der bisherigen Lektüre, dass es sich durchaus lohnen könnte, einen Ihnen momentan unklar erscheinenden Pfad einzuschlagen. Und auf diesem Pfad werden Sie vielleicht – wie schon häufiger in diesem Buch – das Gefühl haben, den Wald vor lauter Bäumen, den Traumjob vor lauter toller Optionen nicht mehr zu sehen. Nicht mehr zu wissen, wohin eigentlich mit Ihnen. Seien Sie unbesorgt. Das ist vollkommen normal für solche komplexen Entscheidungssituationen wie die, in der Sie sich gerade befinden. Denn einen Überblick zu bekommen im Dschungel der Berufsoptionen ist keine triviale Aufgabe. Da gibt es keine so eindeutig strukturierte Entscheidungshilfe, wie zum Beispiel einen Studienführer, der Ihnen vielleicht noch in den letzten Jahren der Schulzeit den Weg in Richtung Universität oder Fachhochschule gewiesen hat. Schlimmer noch: im Gegensatz zu vorher können wir Ihnen hier noch nicht einmal einen allgemeingültigen Wegweiser durch den Dschungel aufzeigen. Aber wir können versuchen, Ihnen eine Hilfestellung, oder zumindest Elemente davon zu skizzieren, um sich einen solchen Wegweiser selbst zu bauen.

Wie? Helfen wird Ihnen dabei unserer Ansicht nach zunächst einmal, wenn Sie eine langfristige Perspektive einnehmen. Wenn Sie sich einmal – wie eingangs des Kapitels angerissen – die Frage stellen (oder gefallen lassen), wo Sie eigentlich langfristig stehen wollen, in zehn, in zwanzig Jahren. Wie für Sie ganz persönlich die langfristige Vision, der Bauplan Ihres Lebens aussieht. Und wenn Sie diese Vision einmal für sich konkret formuliert haben, dann können Sie auch überlegen, wie die Schritte aussehen könnten, die Sie zu dieser Vision, diesem Ziel führen sollen. Und wenn Sie dann plötzlich sehen, dass die Optionen, die sich Ihnen zu einem bestimmten Zeitpunkt Ihrer beruflichen Laufbahn bieten, ein Schritt in Richtung auf diese Vision, dieses Ziel, sind – dann können Sie diese Optionen, diese beruflichen Schritte mit ruhigem Gewissen angehen. Auch ohne eindeutigen Beweis und ohne Gewähr, dass diese Schritte Sie dann auch wirklich zum Ziel hinführen werden. Denn einen Beweis für die Richtigkeit einer Entscheidung wird Ihnen die Realität im Moment der Entscheidung immer schuldig bleiben. Aber eine im Sinne Ihrer ganz persönlichen langfristigen Vision getroffene Entscheidung ist immer genau in dem Moment richtig, in dem getroffen wird.

Schauen wir uns also ein wenig näher an, wie man sich Gedanken um dieses Ziel machen kann, wie man versuchen kann, es konkret zu fassen – um dann am Ende die Richtung der persönlichen Entwicklung bestimmen zu können.

Um das Ziel zu bestimmen, sollten Sie sich selbst kennen lernen

Vorab: das Ergebnis dieses „visionären" Prozesses wird natürlich bei jedem einzelnen Leser vollkommen anders aussehen. Weil jeder von uns – wie bereits erwähnt – mit seinem eigenen und jeweils anderen Satz an Fachwissen, Kompetenzen, Erfahrungen, Erwartungen, Wünschen etc. an eine von ihm individuell im Vergleich zu seinen Mitmenschen jeweils vollkommen anders wahrgenommene Realität herantritt.

Kurz gesagt: das Ziel, die Vision, muss zu Ihnen passen. Bevor wir also über das Ziel reden, bevor wir anfangen, eine Vision zu basteln, sollten Sie sich erst einmal selbst genau kennenlernen. Klingt jetzt etwas abgedroschen, aber je tiefer Sie hier anfangen zu bohren, um über sich selbst etwas in Erfahrung zu bringen, sich selbst zu verstehen, desto mehr werden Sie unter Umständen feststellen, wie wenig oder wie unpräzise Sie sich vielleicht vorher kannten. Wenn das so ist: gut. Dann können Sie (müssen aber nicht) mit einem revidierten und präzisierten Selbstbild in die Zielformulierung gehen. Oder bestätigt die „Analyse" nur Ihr jetziges Selbstbild? Auch gut. Dann haben Sie mit dieser Bestätigung ein umso solideres Fundament, auf das Sie nun bauen können.

Dieser Schritt ist fundamental. Und wird vielleicht (zu) häufig übersehen. Vielleicht weil er trivial erscheint, lächerlich klingt. Und man sich vielleicht nicht mit so einer „esoterischen Lappalie" auseinandersetzen will, weil man nur auf Fakten ein solides Fundament bauen kann.

Wenn Sie aber diese Etappe leichtfertig überspringen („Blödsinn, ich weiß doch wer ich bin. Was soll der Quatsch?"), dann kann unter Umständen ein Ziel daraus resultieren, dass Sie zu falschen Schritten führt und Sie nicht unbedingt glücklicher machen wird ...

Das mag die Karriere eines F&E-Leiters in einem mittelständischen Unternehmen der verarbeitenden Industrie zeigen. Als inhaltlicher Impulsgeber und Ideengenerator für Forschungsprojekte war er über lange Jahre hinweg enorm erfolgreich. Basierend auf diesem Erfolg war es für ihn nur die nächste logische Konsequenz, dass er die Gesamtverantwortung des betreffenden Geschäftsbereichs übernahm. Und fand sich auf einmal im fortgeschrittenen Stadium seines beruflichen Werdegangs plötzlich in einer Situation wieder, in der er sich nicht mehr um Forschungsprojekte und -ideen, sondern vielmehr um Rohstoffkosten, Personalentwicklung und Vertriebsstrategien kümmern musste. Dinge, die er sich bislang erlauben konnte, nur oberflächlich zu streifen, und neben seinem eigentlichen Interesse – der Forschung – vernachlässigt hatte. Aber nun merkte er, dass sein neues Jobumfeld, obwohl von ihm gewollt und bezüglich einer Karriere geplant, ihm nicht mehr den erforderlichen persönlichen Freiraum zur Entwicklung ließ, den er vorher hatte, dass die Dinge, die er vorher an den Rand seines Tätigkeitsfeldes geschoben hatte, nun urplötzlich in den Vordergrund rückten – und er infolgedessen in seinem großen Büro mit Sekretärin und persönlichem Assistent nicht mehr wirklich glücklich war. Das ist dann mehr als bedauerlich, denn selbst verschuldetes persönliches Unglück wäre vermeidbar gewesen.

Natürlich kann es andererseits auch vorkommen, dass Sie durch puren Zufall und „Glück" (zu diesem Begriff siehe weiter oben) in ein Arbeitsumfeld kommen, von dem Sie nie für möglich gehalten hätten, dass es Sie überhaupt in irgendeiner Form reizen könnte. Und das sich dann als wahres Eldorado entpuppt, innerhalb dessen Sie sich nach Lust und Laune entfalten können.

Dies verdeutlicht das Beispiel eines Menschen, der auf Umwegen in das Grenzgebiet zwischen verschiedenen Disziplinen gelangte, um sich dort mit einem Unternehmen selbstständig zu machen, das sich auf Entwicklung und mechanische Tests von Verbundwerkstoffen spezialisierte. Keiner hat ihm während seines Studiums beigebracht, Unternehmer zu sein. Und er hätte es auch nie für möglich gehalten, dass ihm genau diese Tätigkeit in diesem speziellen Fachgebiet einmal Freude bereiten und Bestätigung bringen würde. Aber er nahm diese sich ihm bietende Gelegenheit wahr und eröffnete sich auf diese Weise ungeahnte Entwicklungsmöglichkeiten: nach einigen Jahren der Selbstständigkeit ist er heute Institutsleiter an einer deutschen Universität. Und hat nebenbei eine Familie mit drei Kindern gegründet und ein Haus gebaut. Selber, natürlich.

Die Beispiele zeigen: es kann durchaus gut laufen, auch wenn man sich keine oder nur wenige Gedanken um die langfristige Perspektive macht – aber die Gefahr besteht nun einmal, dass Sie sich dadurch ungewollt in eine Sackgasse manövrieren. Eine Sackgasse wohlgemerkt, keine wirkliche Einbahnstraße im Spiel des Lebens (wie wir im letzten Teil des Buches sehen werden). Aber als planender Mensch wollen Sie Sackgassen vielleicht von vornherein nach Möglichkeit meiden. Und frühzeitig als solche erkennen. Und in diesem Zusammenhang kann es Ihnen ja vielleicht nicht allzu sehr schaden, ein paar Gedanken an die eigene Adresse zu richten. Um herauszufinden, welche Wünsche, welche beruflichen Sehnsüchte und Ziele sich wirklich in Ihnen verstecken. Welche Talente möglicherweise in Ihnen schlummern, von denen Sie bislang noch gar nichts geahnt haben. Oder aber welche Wahrheiten, die Sie längst über sich herausgefunden geglaubt zu haben, sich als Illusionen entpuppen.

Was Sie über sich herausfinden sollten

Was also sind die konkreten Punkte, die Sie über sich in Erfahrung bringen sollten. Oder vielleicht schon wissen und nur noch einmal sauber strukturiert zu Papier bringen müssen? Es gibt eine Vielzahl an möglichen Themenfeldern, eine Vielzahl an unterschiedlichen Kriterien, mit denen Sie Ihre Persönlichkeit beschreiben können. Aber die beiden wichtigsten Dimensionen im Hinblick auf ihre angestrebte berufliche Orientierung sind aus unserer Sicht wohl Ihre Interessen und Ihre Kompetenzen. Also grob gesagt die Fragen „Was will ich?" und „Was kann ich?".

Interessen
Zur konkreten Identifizierung Ihrer Interessen könnten sie sich beispielsweise folgende Fragen stellen:

„Wie soll mein Leben aussehen, das ich einmal führen möchte?"
„Welche Themen interessieren mich?"
„Was macht mir Spaß?"

Ist alles ganz einfach? Wissen Sie doch längst? Hatten wir auch gedacht. Und waren dann überrascht, als wir versuchten, die klar und eindeutig erscheinenden Antworten auf diese Fragen einmal konkret und schriftlich zu formulieren. Versuchen Sie es ruhig einmal für sich, eine eindeutige Antwort auf diese Fragen zu finden. Und vielleicht stellen Sie ähnlich wie wir fest, dass es gar nicht so einfach ist, immer eine klar umrissene Antwort darauf zu finden. Und die dann noch schriftlich zu fixieren. Und eine eindeutige Grenzlinie zu ziehen zwischen diesen genannten Fragen und den nachfolgenden:

„Wie sollte mein Leben auf keinen Fall aussehen?"
„Was interessiert mich überhaupt nicht?"
„Was macht mir keinen Spaß?"

Vielleicht werden Sie jetzt sagen: „Die Fragen sind doch viel zu unkonkret gestellt!" Es wird doch beispielsweise an keiner Stelle und in keiner Weise deutlich, ob die Frage nach dem „was interessiert mich", nach dem „was macht mir Spaß" alleinig auf die Arbeitswelt abzielt oder ob damit nur oder auch das private Umfeld gemeint ist.

Stimmt. Diese Fragen sind unkonkret gestellt. Sie sind nicht eindeutig, und sollen es auch nicht sein. Denn einerseits können die Antworten auf diese Fragen auch nicht eindeutig sein, vielleicht gibt es auch keine wirklich klaren Antworten. Und andererseits definieren Sie selbst mit Ihrer Antwort bereits implizit, in welche Richtung Sie möglicherweise einmal gehen wollen, wohin die Reise gehen könnte. So könnten zwei mögliche Antworten auf die erste Frage, „Wie soll mein Leben aussehen", lauten:

- „Ich möchte in einem beruflichen Umfeld arbeiten, in dem ich meine im Studium erworbenen Kompetenzen einbringen kann, mich durch permanentes Lernen weiterentwickele und ein kollegiales Arbeitsumfeld habe, in dem man meinen Rat und mein Fachwissen schätzt und ich mich wohlfühle"
- „Ich möchte einen sicheren Arbeitsplatz, der mir eine ausreichende Balance zwischen Berufs- und Privatleben gibt. Mit meiner Frau und meinen Kindern wohne ich in einem Eigenheim und bin nach wie vor begeisterter Radfahrer."

In beiden Fällen könnte die Antwort lauten, dass Sie beispielsweise als Maschinenbauingenieur eine Anstellung in der Entwicklungsabteilung eines großen Automobilkonzerns annehmen. Aber die Perspektive der beiden Antworten ist eine grundverschiedene. Wo im ersten Fall die Ausgestaltung und Optimierung des beruflichen Werdegangs eindeutig im Vordergrund steht, liegt im zweiten Beispiel die Priorität eindeutig auf dem Familienleben und dem damit verbundenen sozialen Umfeld. Eine Wertung dieser Perspektiven kann man dabei nicht vornehmen. Es gibt sie nicht. Kein „Gut" und „Schlecht", kein „Richtig" oder „Falsch". Sie selbst sollen und werden für sich ganz persönlich entscheiden, was Ihnen wirklich wichtig ist. Und daher sind die oben gestellten Fragen genau so und nicht anders gestellt – und sollten auch so und nicht anders gestellt werden, um Ihnen an dieser Stelle ganz bewusst einen Spielraum zu bieten. Um erste Fragen für sich zu klären. Und das nicht (oder nicht nur) indem Sie eine (möglichst) konkrete Antwort für sich selbst finden.

Denn Sie merken vielleicht schon, dass es nicht oder nicht nur die Antwort selbst sein wird, die Ihnen weiterhilft. Sondern auch und vor allem die Art und Weise, wie Sie antworten. An was Sie denken, wenn Sie die Antwort geben. Um welche Themen Ihre Gedanken kreisen, wenn Sie nach einer Antwort suchen. Unterschätzen Sie diesen Aspekt bitte nicht. Das können sehr wertvolle Informationen sein. Sie geben Ihnen einen ersten wichtigen Einblick in Ihre Interessen. Und vielleicht in Interessen, die Ihnen bis jetzt explizit gar nicht so bewusst oder präsent waren. Notieren Sie sich diese Themen, an die Sie denken irgendwo. Schriftlich. Und seien Sie ehrlich zu sich selbst. Fragen Sie sich bei jedem Thema vor allem auch immer wieder „Warum?": Warum interessiert mich genau dieses Thema? Weil ich es wirklich will? Oder weil ich einem externen Anspruch (der Gesellschaft? meines Bekanntenkreises? meiner Familie?) gerecht werden will? Warum denke ich in diese Richtung (z. B. berufliche Karriere) und nicht in eine andere (z. B. Familie). Habe ich beispielsweise noch nie in diese andere Richtung nachgedacht? Warum schließe ich sie überhaupt von vornherein aus? Warum sollte ich vielleicht erst noch einmal gründlicher darüber nachdenken? Und warum nicht?

Sie sehen schon an diesen einleitenden Beispielen, dass die Frage nach Ihrem Selbst beliebig kompliziert werden kann. Was es aber vielleicht umso erforderlicher macht, sich genau diese Fragen zu stellen. Denn Sie sind als Persönlichkeit viel komplexer gestrickt als die Materie, mit der Sie sich bislang im Rahmen Ihres Studiums beschäftigt haben. Und die sich immer eindeutig nach bestimmten (bekannten oder noch zu ergründenden) Gesetzen und Regeln verhalten hat.

Kompetenzen
Und wenn Sie dann Ihre Interessensgebiete ausgiebig erforscht haben, stellen Sie sich anschließend die Frage nach Ihren Kompetenzen, also beispielsweise:

„Was kann ich gut?"
„In welchen Feldern habe ich an der Universität immer die besten Noten gehabt?"

„Welche besonderen Fähigkeiten habe ich?"
„Auf welchen Gebieten habe ich einzigartige Talente?"
„Was will ich vielleicht einmal gut können?"
„Was lerne ich gerade?"

Aber auch:

„Was kann ich nicht gut?"
„Auf welchen Gebieten möchte ich keineswegs zum Experten werden?"

Auch hier sollten Sie wie oben bei den Interessen geschildert ganz bewusst in sich hineinhorchen, an welche Themenfelder Sie denken, wenn Sie diese Fragen für sich beantworten. Ist es Ihre herausragende Fähigkeit, Computerprogramme zu schreiben, mit der Sie in Ihrer Arbeitsgruppe schon mehrfach fachlich brillieren konnten. Ist es Ihre umfangreiche Publikationsliste? Oder sind Sie vielleicht ein guter Geschichtenerzähler (zumindest erzählen Ihnen das Ihre Kinder immer wieder)? In jedem Falle wird Ihnen auch hier die Perspektive noch einmal mehr Informationen liefern als die reinen Inhalte.

Und wenn Sie jetzt beispielsweise denken: was soll denn bitte schön „Geschichten erzählen" mit unserem Thema der Berufsfindung oder Berufsorientierung zu tun haben? Vielleicht nichts. Möglicherweise aber eine ganze Menge. Schauen wir uns dieses exotisch anmutende Beispiel einmal kurz näher an. Sie werden im Laufe Ihrer beruflichen Laufbahn immer wieder mit einer Unmenge an Daten zu tun haben. Und werden immer wieder vor die Aufgabe gestellt sein, diese Daten zu einem sinnvollen Ganzen zusammenzuführen, um sie beispielsweise Ihrem Vorgesetzten zu präsentieren. Oder Ihren Mitarbeitern. Oder Sie möchten Ihrem Partner beim Abendbrot einen Kurzabriss über Ihre momentane Arbeit geben, ohne sich aber in endlosen Details verlieren zu wollen. In solchen Momenten machen Sie im Grunde genommen nichts anderes als sich „eine Geschichte zurechtzulegen", also die Daten und Informationen in eine Ihnen logisch erscheinende Reihenfolge zu bringen – in der Hoffnung, dass Ihr Adressat dies auch so sieht. Leider ist letzteres nicht immer automatisch der Fall. Aber wenn Sie vielleicht diese Fähigkeit jeden Abend am Bett Ihres Kindes bei der „Gute-Nacht-Geschichte" trainieren, dann können Sie davon unter Umständen auch in Ihrem beruflichen Umfeld profitieren.

Mag sein. Vielleicht auch nicht. Das eine ist das Privatleben, das andere die Berufswelt. Kann man da überhaupt die gleichen Maßstäbe anlegen? Oder muss man mit zweierlei Maß messen? Überlegen Sie selbst.

Halten Sie sich dabei aber immer vor Augen, dass in all diesen Situationen Sie immer Sie selbst sein werden. Ob am Zeichentisch in der Entwicklungsabteilung oder am Frühstückstisch mit Ihrer Frau oder Ihrem Mann. Unterschiedliche Adressaten. Unterschiedliche Erwartungshaltungen. Aber der gleiche Satz an Kompetenzen, Fähigkeiten und Wissen, aus dem Sie in beiden Situationen schöpfen können, um eine Lösung zu finden. Und daher ist es vielleicht nicht allzu verkehrt, den Blickwinkel auch ganz bewusst um Ihre Interessen und Kompetenzen – auch und gerade im privaten Bereich – zu erweitern.

Wir werden weiter unten noch sehen, wie Sie gerade das Thema der Kompetenzen noch vertiefen und verfeinern können. Für den Moment möchten wir einmal davon ausgehen, dass Sie für sich eine solche Liste erstellt haben und diese neben Ihre Liste mit den Interessen legen.

Was machen Sie als nächstes mit den zwei Listen, die Sie auf diesem Weg erhalten haben? Sie können zunächst einmal schauen, ob Sie Interessen haben, die gleichzeitig auch Kompetenzen darstellen (im Sinne von: „das könnte für einen potenziellen Arbeitgeber möglicherweise von Interesse sein"). Nehmen wir beispielsweise an, Sie hätten sich bei Interessen notiert „Knifflige Probleme lösen" und bei Kompetenzen fände sich der Punkt „Problemlösungsfähigkeit". Betrachtet man diese zwei Punkte, so werden Sie feststellen, dass Ihnen die Bearbeitung von herausfordernden Problemstellungen nicht nur Spaß macht, sondern dass Sie dies auch noch recht gut können (immer vorausgesetzt, dass auch andere diesen Punkt so sehen, dazu aber weiter unten mehr). Eine solche Kombination wäre ein möglicher Ansatzpunkt, auf dem Sie dann aufbauen können. Denn wenn Sie Ihrem Interesse folgen, werden Sie eine gute Chance haben, ein für Sie attraktives Arbeitsumfeld zu finden.

Umgekehrt werden Sie bei Themen, die Sie interessieren, die Sie aber nicht ausreichend beherrschen (angenommen, Sie interessieren sich grundsätzlich für wirtschaftliche Themen und Fragestellungen, haben aber bislang das Gefühl, noch keine ausreichende Kenntnis des Themas

4 Und jetzt? – Was sich ab heute ändern soll, um diese Frage zu ...

zu besitzen und stufen Ihre Kompetenz bei diesem Thema daher eher gering ein. In diesem Falle müssten Sie sich überlegen, ob Sie Ihr Interesse in diesem Feld in einem beruflichen Kontext weiter ausbauen wollen – oder ob Sie sich zugunsten anderer Alternativen, bei denen Sie eine bessere Übereinstimmung zwischen Interesse und Kompetenz haben, orientieren.

Wenn Sie Ihre Themen auf diese Weise einmal durchgehen, dann fällt Ihnen vielleicht weiter auf, dass Sie keine Kompetenz genannt haben, die nicht auch gleichzeitig ein Interessenfeld ist. Stellen Sie sich dann einmal die Frage: „Ist meine Liste bereits komplett vollständig?" Denn möglicherweise beherrschen Sie gewisse Dinge, die Sie selbst gar nicht als Kompetenzen wahrnehmen, andere aber gerade an Ihnen schätzen. Auch wenn es auch nicht unmittelbar Interessengebiete von Ihnen sind. Und vielleicht lohnt es sich ja für Sie hinsichtlich Ihrer beruflichen Laufbahn, gerade diese Themen einmal weiterzudenken? In jedem Falle sollten Se die Vollständigkeit Ihrer Liste nicht nur kritisch überprüfen – Sie sollten sie vor allem auch anzweifeln. Denn bislang haben nur Sie selbst ein Bild von sich gestrickt. Wir werden im nächsten Abschnitt sehen, mit welchen Techniken Sie dieses Eigenbild ergänzen können um Perspektiven, die aus Ihrem Umfeld kommen. Und dass gerade ein Fremdbild, eine Rückmeldung von außen, für Ihre eigene Einschätzung von enormer Bedeutung sein kann, das haben wir bereits an anderer Stelle in diesem Buch vertieft.

Abschließend möchten wir aber an diesem Punkt noch zwei weitere Themen erwähnen. Zum einen sollten Sie sich jenseits von Interessen und Kompetenzen noch fragen, ob es für Sie irgendwelche Randbedingungen gibt, innerhalb derer Sie Ihre berufliche Laufbahn bestreiten wollen. Das haben wir weiter oben schon bei den Fragen nach den Interessen implizit anklingen lassen und möchten es bewusst an dieser Stelle noch einmal verankern. Denn möglicherweise ist Arbeit ja nicht alles in Ihrem Leben, vielleicht messen Sie Privatleben, Freunden oder der Familie einen ebenso hohen Stellenwert zu. Oder sogar einen höheren? Vielleicht ist es Ihnen von Anfang an wichtig, dass Ihr Arbeitsumfeld kompatibel mit Ihrem Familienleben ist. Da ist es in jedem Fall von Anfang an wichtig, dass Sie klar priorisieren, was Ihnen wichtig ist und was Sie auf keinen Fall akzeptieren würden. Das hilft Ihnen in jedem Falle bereits einen

Schritt weiter, um mögliche Suchfelder für eine berufliche Orientierung zu identifizieren – oder eben andere erst einmal grundsätzlich auszuschließen. Und das ist auch schon etwas wert, wenn man sich die Vielzahl an möglichen Stellen vor Augen hält, die sich Ihnen am Ende Ihres Studiums bieten werden.

Und gehen Sie an dieser Stelle vor allem auch noch einmal in Ruhe und im Detail durch, was in den bisherigen Kapiteln gesagt wurde – und auch das was aus Ihrer Sicht nicht gesagt wurde, was vergessen wurde … Vielleicht haben Sie nach dieser ersten Übung mit Interessen und Kompetenzen bereits einen anderen Blickwinkel und sehen das ein oder andere Thema jetzt schon aus einer ganz anderen Perspektive. Und merken für sich: die Art und Weise, wie ich darüber nachdenke, gibt mir schon ein ganz gutes Gefühl dafür, was ich möchte (oder glaube zu mögen) und vielleicht ganz gut beherrsche (oder glaube zu können).

Wie Sie all das über sich herausfinden könnten

Bislang haben wir nur davon gesprochen, dass Sie diese Liste allein erstellen sollen mit den aus Ihrer Sicht relevanten Informationen zu Interessen und Kompetenzen. Welche Möglichkeiten können Sie noch nutzen, um diese zu identifizieren?

Es gibt zahlreiche Techniken, die Sie hier verwenden könnten. Sie alle zu beschreiben würde nicht nur den Rahmen des Buches sprengen, sondern ab irgendeinem Punkt verwirren oder schlimmstenfalls sogar langweilen, weil Sie nichts relevant Neues mehr dazulernen würden. Daher möchten wir an dieser Stelle auf die aus unserer Sicht hilfreichsten Techniken fokussieren.

Methode 1: „Agenda XXXX"
Bei der Agenda XXXX stehen die vier X für eine Jahreszahl. Schreiben Sie doch mal einen Artikel über sich selbst, der in 20 Jahren in Ihrer lokalen Zeitung erscheinen wird. Und der ein wenig darüber berichtet, wer Sie sind, was Sie in den dann vergangenen Jahren alles so getrieben haben (beruflich, privat) und vielleicht wo Sie in der Gesellschaft stehen. Was möchten Sie dann inhaltlich über sich selbst lesen? Ihre wissenschaftli-

4 Und jetzt? – Was sich ab heute ändern soll, um diese Frage zu ...

chen Errungenschaften vielleicht? Ihre berufliche Karriere? Wie soll Ihr Werdegang in diesem Papier dargestellt sein? Als eine Musterkarriere wie aus dem Bilderbuch? Oder mit abrupten Zäsuren, weil Sie immer wieder gerne etwas Neues ausprobiert haben und sich als kreativer Mensch sehen? Wie sollten Sie als Person darin beschrieben werden? Als zielstrebiger Aufsteiger? Sozial engagierter Altruist? Oder als jemand, der sein Hobby zum Beruf gemacht hat und jetzt mit einer Rockband über die Lande zieht?

Klingt vielleicht etwas albern, aber bei dieser Übung sollten Sie sich ganz bewusst die Zeit und die Geduld nehmen, um nachzudenken, was Ihnen wirklich wichtig ist im Leben, was Ihre Wünsche, Ihre Träume sind. Und diese dann zu Papier bringen. Denn es ist wichtig, dass der Zielzustand, in dem Sie sich gerne sehen würden, konkret und schriftlich fixiert wird. Dann gilt wirklich noch gemäß Goethe, dass „was man schwarz auf weiß besitzt, getrost nach Hause tragen kann". Aber nicht, um es dann in eine Schublade zu verfrachten und verstauben zu lassen. Vielmehr sollte dieses Schriftstück dann Ihre ganz persönliche „Agenda XXXX" werden, an der Sie dann konsequent Ihre Schritte messen können. Führt mich ein bestimmtes berufliches Umfeld näher an mein Ziel heran? Oder entferne ich mich dadurch eher weiter davon? Und muss ich dann vielleicht meine Schritte ändern? Oder muss ich vielleicht meine Ziele modifizieren? Aber auch zu diesem Punkt etwas später mehr.

Wenn Sie beispielsweise für sich definieren, dass Sie in zwanzig Jahren jeden Abend Ihren Feierabend mit Ihrer Familie auf dem Liegestuhl in Ihrem Garten verbringen wollen, dann sollten sie Ihre berufliche Karriere vielleicht so stricken, dass Sie sich eine Wohnung mit einem ausreichend großen Gartengrundstück leisten können. Und dass Sie in einem beruflichen Umfeld tätig sind, das Ihnen die Möglichkeit gibt, nach Möglichkeit jeden Abend bei Ihrer Familie zu sein. Eine Beschäftigung als Geschäftsführer eines kleinen Start-ups wäre in diesem Falle vielleicht nicht unbedingt das, was Sie langfristig glücklich machen würde. Denn weder haben Sie dann eine wirklich robuste und sichere Einkommensquelle (was ist, wenn Sie Pleite gehen?), noch hätten Sie als Geschäftsführer Zeit (und Muße?), sich einem Übermaß an Freizeit widmen zu können.

Dann würde Ihre Agenda XXXX vermutlich eher so aussehen, dass Sie sich ein spannendes und herausforderndes Jobumfeld wünschen, innerhalb dessen Sie immer wieder praxisnah neue Dinge lernen können und unabhängig von Vorgesetzten in der Hierarchie eines großen Industriekonzerns Ihren eigenen Weg bestimmen können.

Und wenn Sie auf die große Karriere in einem global tätigen Automobilkonzern schielen, dann werden Sie noch nicht einmal wissen, in welchem Land Sie langfristig einmal eingesetzt sein werden. Und sich daher durch Maximierung Ihrer Flexibilität einen möglichst breiten Raum an Optionen offenhalten möchten.

Gehen Sie hierzu auch gerne noch einmal die im Kap. 3 diskutierten Punkte durch und überlegen Sie im Sinne eines Zeitungsartikels zu Ihrer Agenda XXXX, welche Kriterien für Sie bei der beruflichen Orientierung wichtig sind und wie Sie diese gerne für sich persönlich ausgestalten möchten.

Und noch einmal: wichtig ist, dass Sie sich Ihre Agenda XXXX, Ihr Leitbild, Ihre Vision, irgendwo sichtbar machen. Damit Sie es jeden Tag sehen. Und lesen. Und darüber nachdenken. Und sich immer wieder fragen, ob es nach wie vor Ihrem Ideal, Ihrem Zielzustand entspricht. Und wenn nicht: ändern sie es.

Methode 2: „Post-it"!
Falls Ihnen der Geschmack weniger nach umfangreicher literarischer Übung im Rahmen eines Zeitungsartikels steht, sondern Sie vielmehr eine schnelle und pragmatische Methode bevorzugen, dann hilft die Methodik des sogenannten „Post-it's schreiben".

Was ist der Grundgedanke dahinter? Jeden Tag und manchmal zu den unmöglichsten Zeiten und an den unmöglichsten Orten entwickeln wir einen interessanten Gedanken, schnappen immer wieder Gesprächsfetzen auf, lesen etwas was uns als geistreich und vielleicht richtungsweisend erscheint. Warum gehen Sie nicht hin und schreiben diese Dinge einfach auf? Das könnten Sie beispielsweise in einem kleinen Buch machen, das Sie immer bei sich tragen. Oder Sie könnten diese Gedanken (weil Sie nicht möchten, dass Sie in einem Buch „versauern") vielleicht auf Post-it's schreiben (daher der Name der Methode) und diese wiederum beispielsweise an exponierten Stellen in Ihrer Wohnung aufhängen. Wieder um sicherzustellen, dass sie auch regelmäßig gelesen werden. Und verinnerlicht werden. Und abgerissen werden, wenn sie als nicht mehr zielführend angesehen werden.

Was bringt diese Methode? Wie ist sie zu bewerten, auch und gerade im Vergleich zur vorher beschrieben Methode. Zum einen ist die „Post-it"-Methode eher chaotisch und ungerichtet. Und das nicht nur in dem Sinne, dass Sie nicht vorhersehen können, welche Ideen Ihnen im Laufe eines Tages an welcher Stelle und in welchem Zusammenhang über den Weg laufen werden (im Bus, in der Zeitung, im Gespräch mit Kollegen beim Mittagessen, etc.). Vielmehr ergibt sich aus der Gesamtheit Ihrer gesammelten „Post-it"-Erkenntnisse nicht unmittelbar ein explizites Zielbild, auf das Sie hinarbeiten können. Ganz im Gegensatz zur Methode „Agenda XXXX", wo dieses Ziel ja schließlich der Ausgangspunkt all Ihrer Überlegungen ist.

Was nicht heißen soll, dass es dieses Ziel bei Methode 2 nicht gibt oder etwa nicht geben sollte. Ganz im Gegenteil. Letzten Endes wollen Sie ja schließlich wissen, wo sie hinmöchten, sammeln Gedanken und Sprüche, die Ihrer Meinung nach etwas über Sie selbst aussagen, und Ihnen diesbezüglich im Hinblick auf die Frage nach der Natur Ihrer Persönlichkeit weiterhelfen. Oder Gedanken, die Ihnen schlicht und einfach gefallen. Aber in diesem Falle (bei der Methode 2) gehen Sie eher „bottom-up" vor, das heißt Sie sammeln erst eine Vielzahl von Informationen und Ideen, bevor Sie dann schrittweise beginnen, die zu strukturieren und zu verdichten. Um dann aus dem sich ergebenden Gesamtbild (vielleicht und hoffentlich) ein Muster zu erkennen, das dann Ihr Zielzustand sein kann. Bei Methode 1 war es vielmehr ein sogenanntes „top-down"-Vorgehen: erst das Ziel, dann die konkreteren Schritte, die zu diesem Ziel führen.

Sie selbst wissen am besten, ob Sie eher ein „bottom-up"- oder ein „top-down"-Mensch sind. Und dementsprechend werden Sie auch eher zu Methode 1 oder Methode 2 (oder vielleicht sogar zu einer Kombination aus beiden) tendieren. Probieren Sie aber beide ruhig einmal aus und experimentieren Sie damit. Dann werden Sie auch hier sehen, dass bereits der Prozess, die Anwendung der Methodik, Ihnen etwas Wichtiges über Sie selbst erzählt. Und es Ihnen jenseits der reinen Inhalte, die Sie erarbeiten, ermöglichen kann, Aussagen über Ihr Selbst zu treffen.

Auch bei diesen zwei Methoden gibt es kein „Optimum", keine Idealmethode. Jede der beiden Methoden hat ihre ganz spezifischen Vor- und

Nachteile. Wo es in dem einem Fall eine klare Struktur gibt, kann es in einem anderen schwierig sein, diese mit Leben zu füllen, mit konkreten Gedanken auszugestalten. Und wo man bei der anderen Methode diese Vielfalt an inhaltlichen Gestaltungselementen jederzeit in Form von Post-it's vor sich hat, besteht die Gefahr, dass man eben den berühmten Wald vor lauter Bäumen nicht mehr sieht und vielleicht ein wesentliches Gebiet übersieht. Ohne natürlich letztlich die Garantie zu haben, dass man genau dieses fehlende Gebiet mit der ersten Methode absolut sicher erfassen kann.

Sie sehen also bereits beim Vergleich dieser zwei einfach erscheinenden Methoden, dass es kein Ideal, kein Optimum geben kann. Und wir daher mit einer großen Liste an möglichen Techniken vermutlich mehr Verwirrung stiften würden als Ihnen wirklich bei der Strukturierung Ihrer Gedanken behilflich zu sein. Aber ein wesentlicher Methodentyp ist bislang außen vor geblieben. Und diesen möchten wir Ihnen nicht vorenthalten.

Methode 3: „Kritische Selbstbewertung"
Abhängig von Ihrer eigenen Natur haben Sie sich bis zu diesem Punkt wahrscheinlich per „bottom-up" oder „top-down" eine gewisse rudimentäre Vorstellung von Ihrem Zielzustand und vom Weg dahin entworfen. Basiert haben Sie sich dabei auf dem zuvor entworfenen Bild Ihrer Interessen und Kompetenzen, von dem ausgehend Sie den Pfad in Richtung auf diesen Zielzustand beschreiten konnten.

Was fehlt Ihnen jetzt noch? An welcher Stelle haben Sie nun noch Bauchschmerzen mit dem Konzept? Wenn Sie an diesem Punkt angekommen sind, dann plagt Sie vielleicht das ungute Gefühl, dass das Ergebnis, das Sie auf einem der oben beschriebenen Wege erhalten haben, falsch oder zumindest nicht ganz richtig sein könnte. Sie können es schließlich nicht mit einer in alle Richtungen naturwissenschaftlich abgesicherten Methode überprüfen. Aber wie können Sie eine unabhängige Beurteilung des Bildes bekommen?

Vielleicht, indem Sie das bis hierhin entworfene Selbstbild um eine externe Perspektive erweitern. Also ganz bewusst andere Menschen bitten, eine kritische Beurteilung Ihrer Person, Ihres Selbstbildes, vielleicht weniger Ihrer Interessen, vor allem aber Ihrer Kompetenzen, vorzunehmen. Wir haben bereits vorher darüber gesprochen, in welcher Form gerade das Thema Feedback oder Rückmeldung für Sie wichtig sein kann. Und das nicht nur, wenn Sie erst einmal eine Stelle in einem Unternehmen angetreten haben. Sondern auch und gerade, bevor Sie sich auf die Suche nach einer Stelle begeben. Warum? Sie selbst sind möglicherweise und das sogar sehr wahrscheinlich „betriebsblind". Was heißt das? Sie machen sehr viele Dinge automatisch, vielleicht weil Sie diese schon immer so gemacht haben. Vielleicht weil es so für Sie am Bequemsten ist. Möglicherweise merken Sie darüber aber gar nicht, dass Sie im Grunde genommen sehr ineffizient arbeiten. Dass es möglicherweise viel schnellere und bessere Wege gibt, Ihre Arbeit zu erledigen. Sie aber einfach auf Ihrer gewohnten Bahn laufen, nur weil Sie es immer schon getan haben. Und solange Ihnen keiner von außen sagt: „Das kannst Du aber so oder so besser machen" werden Sie sich mit hoher Wahrscheinlichkeit auch nicht ändern. Warum auch? Weil Sie der Überzeugung sind, dass Ihre Kompetenzen eben echte Kompetenzen sind. Weil Sie es so sehen. Oder so sehen wollen.

Daher besteht in gewisser Weise also immer die Gefahr, dass Ihr Selbstbild nicht dem entsprechen wird, wie Sie Ihre Umgebung sieht oder wahrnimmt. Deshalb ist es immer empfehlenswert, wenn Sie sich auch einmal durch die Brille Ihrer Mitmenschen betrachten lassen, sogenannte „Fremdbilder" von sich einholen und diese dann kritisch mit Ihrem Selbstbild vergleichen, denn es ist schon spannend, wieso uns andere anders sehen, als wir uns selbst sehen oder gesehen werden wollen.

Wie machen Sie das? Eine mögliche Vorgehensweise ist, dass Sie sich zunächst einmal selbst entlang einer Liste von Fragen beurteilen. Und dann genau diese Liste von Fragen anderen Menschen vorlegen (natürlich ohne dass diese Ihre konkrete Selbsteinschätzung kennen, auch wenn sich das in der Praxis vermutlich nicht immer ganz vermeiden lassen wird). Und Sie legen sie ihnen mit der Bitte um eine möglichst objektive Beurteilung vor. Wahrscheinlich vermuten Sie schon hinter der Formulierung „möglichst objektiv" völlig richtig, dass es nicht ausreichen wird, diese Übung nur einmal zu machen. Denn jeder Mensch, den Sie um eine Beurteilung Ihrer Person bitten, wird in gewisser Weise immer subjektiv antworten. Entweder weil er vielleicht ahnt, was Sie gerne hören möchten und Ihnen daher unbequeme Wahrheiten ersparen möchte. Oder aber Menschen, die von Natur aus ohnehin etwas kritischer sind, und die daher dazu neigen, Ihre Schwächen bei einer Bewertung zu überbetonen und Ihre Stärken nicht ausreichend relativiert dazu positionieren. Dementsprechend sollten Sie das Ergebnis kritisch beurteilen, sich aber auch freuen, Rückmeldung bekommen zu haben, denn jede Rückmeldung hilft. Sie sollten sich aber auch nicht nur die Ihnen passenden Kommentare heraussuchen, sondern sich ganz bewusst auch mit den kritischen Kommentaren auseinandersetzen. Denn vielleicht steckt ja wirklich etwas dahinter.

Machen Sie diese Übung daher also nach Möglichkeit immer mit einer Reihe von Menschen aus Ihrem Umfeld, am besten mit ganz unterschiedlichen. Fragen Sie Freunde, Bekannte, Ihre Professoren, Kommilitonen, Mitbewohner im Wohnheim, vielleicht auch flüchtige Bekannte und legen Sie ihnen die Liste der Bewertungskriterien Ihrer Person vor.

Wie könnte eine solche Liste von Kriterien aussehen, die Sie zur Beurteilung heranziehen? Es gibt an dieser Stelle prinzipiell keinen letztgültigen Satz an klaren Kriterien, aber ein Blick in die Literatur zeigt unterschiedliche Möglichkeiten, die Sie nutzen können. Beispielsweise das von Merrill und Reid beschriebene Vorgehen zur „Social Style Analysis".[7] Bewertet werden dabei unterschiedliche Kriterien (beispielsweise auf einer Skala von 1 bis 4), wobei Sie (beziehungsweise die Sie bewertenden Personen) angeben müssen, zu welchem Extremum sie jeweils tendieren. Fragen könnten hier beispielsweise sein:

- Sind Sie eher zurückhaltend oder dominant?
- Wie tolerant sind Sie gegenüber der Meinung von anderen?
- Unterstützen Sie andere oder verlangen Sie eher etwas von ihnen?
- Stellen Sie eher Fragen oder neigen Sie dazu, klare Aussagen zu machen?

Basierend auf den Antworten werden Sie bei diesem Test in eine von vier unterschiedlichen Kategorien eingeteilt:

---

[7] Merrill, Reid, Personal Styles and Effective Performance: Make your Style Work for You; Chilton, Radnor, PA, 1981.

4 Und jetzt? – Was sich ab heute ändern soll, um diese Frage zu ...

- Aktionsorientierte Menschen, die andere begeistern können und für spontane Entscheidungen „aus dem Bauch heraus" bekannt sind („Expressive Style")
- Ergebnisorientierte Führungspersönlichkeiten, die eine große Entschlossenheit mit einer hohen emotionalen Selbstkontrolle kombinieren. Sie wollen schnell zum Punkt kommen, sind sehr pragmatische Menschen und mögen es nicht, wenn man lange „um den heißen Brei herumredet" („Driver Style")
- Prozessorientierte und gut organisierte Menschen, die sehr kritisch an ihre Arbeit herangehen und als Spezialisten in ihrem Feld gelten („Analytical Style")
- Personenorientierte Menschen, die ein Höchstmaß an emotionaler Einfühlsamkeit (Empathie) verbinden mit hoher Sympathie und einem Interesse an ihren Mitmenschen („Amiable Style")

Weitere Informationen zu dieser Methodik finden sich unter der oben angegebenen Literatur oder im Internet (am Einfachsten suchen Sie bei einer der einschlägigen Suchmaschinen einmal nach „Social Style Analysis"). Sie sehen an dieser Stelle im Übrigen: auch hier hilft Ihnen das Internet dank einer gezielten Frage weiter. Aber Sie sehen auch am Detailniveau, auf das wir bis zu dieser Stelle vorgestoßen sind, wie weit Sie unter Umständen gehen müssen, bis Sie einem Computeralgorithmus eine Frage stellen können, auf welche Sie eine halbwegs gescheite Antwort erhoffen können.

Noch ein Wort zu dieser ersten Methode. Wenn Sie sich die Inhalte einmal genauer anschauen, so zielt diese sehr stark auf die Einschätzung Ihrer Persönlichkeit in einem sozialen Kontext ab. Das heißt die Fragestellung, wie Sie auf andere Menschen wirken. Auf welche Weise sie mit anderen Menschen zusammenarbeiten. Und wie Sie sich in Stresssituationen Ihnen gegenüber verhalten. Warum sind gerade diese Fragestellungen von so großer Bedeutung? Wie wir bereits gesehen haben werden Sie es jenseits der universitären Mauern in erster Linie, vielleicht nur noch, mit Menschen zu tun haben. Und hier wird es Ihnen immer helfen zu wissen, welcher Typ Mensch Sie selbst sind und mit welchen Menschentypen Sie es auf der anderen Seite zu tun haben. Um vielleicht einschätzen zu können, wie Sie selbst auf andere wirken und zu wissen, wie Sie mit verschiedenen Typen von Personen am besten interagieren können. Oder sich dessen zumindest einmal bewusst zu sein, auch wenn Sie ad hoc noch keine Lösung dafür parat haben.

Eine andere Möglichkeit, eine Einschätzung von Ihnen selbst zu bekommen, wäre die Methodik nach der „Environmental Interaction Theory" nach Ackoff.[8] Darin geht es in einer Weiterentwicklung der von C. G. Jung entwickelten Typologie der introvertierten (Kurz: Fokus des persönlichen Interesses auf das eigene Innere) und extravertierten Menschen (Kurz: Fokus des persönlichen Interesses auf die Außenwelt) um die ganzheitliche Betrachtung der Wechselwirkungen eines Menschen mit seiner Umwelt. Kurz gesagt: wie stark wirken wir selbst auf andere ein (schwach oder stark)? Und wie stark lassen wir uns von anderen beeinflussen (schwach oder stark)? Dabei unterscheidet Ackoff zwischen dem „Objectivert" (intensive Wahrnehmung der Umwelt) und dem „Subjectivert" (schwache Wahrnehmung der Umwelt). Entsprechend gibt es innerhalb dieser Dimension den „Externalizer" (wirkt stark auf seine Umwelt ein und versucht, diese im Sinne seines Idealbildes zu verändern) und dem „Internalizer" (dieser Typ lässt sich stark von seiner Umwelt beeinflussen und passt sich dieser eher an anstatt sie zu ändern). Daraus lassen sich wiederum durch Kombination vier Idealtypen konstruieren, den „Internalizing Objectivert" (wird stark durch seine Umwelt geprägt und versucht sich dieser anzupassen), den „Externalizing Objectivert" (wird ebenfalls stark durch seine Umwelt geprägt, versucht diese aber seinerseits auch in seinem Sinne zu ändern), den „Internalizing Subjectivert" (wird nur schwach von seiner Umwelt geprägt und wirkt nur schwach auf diese ein, passt sich eher an) und den „Externalizing Subjectivert" (dieser lässt sich nur in geringem Maße durch seine Umwelt beeinflussen, wirkt aber sehr aktiv und gestaltend auf seine Umwelt ein).

Wir möchten an dieser Stelle diese Methode nicht im letzten Detail beschreiben. Nähere Details zu dieser Methodik finden sich in der angegebenen Literatur oder wenn Sie im Internet bei den entsprechenden Suchmaschinen nach den Schlagworten suchen.

---

[8] Z. B. bei Ackoff: „Psychologische Typen und Unternehmensführung", technologie & management 4/1986, S. 42–47.

Bei dieser zweiten Methode steht in erster Linie die Wechselwirkung des Individuums mit seiner Umgebung im Vordergrund. Und die Eigen- und Fremdwahrnehmung, wie stark Sie beispielsweise in Diskussionen das Ergebnis in Ihrem Sinne beeinflussen wollen – oder in welchem Maße Sie auf die Argumente anderer eingehen oder einzugehen bereit sind.

Man könnte noch nahezu beliebig viele weitere Methoden aufzählen. Was sie alle gemeinsam haben werden ist am Ende eine Klassifizierung von Personen entlang bestimmter Dimensionen, die es Ihnen und auch anderen erlaubt, eine Einschätzung Ihrer Persönlichkeit vornehmen zu können – auch und gerade im Hinblick auf Ihre Positionierung in einem späteren Berufsumfeld. So werden Sie beispielsweise im Sinne der „Social Style Analysis" als „Amiable" wenige Chancen besitzen, langfristig in eine verantwortungsvolle Management-Position zu kommen (und wahrscheinlich auch entsprechend geringe Ambitionen haben, in eine solche Richtung beruflich vorzustoßen). Und im Sinne der Theorie von Ackoff werden Sie als Entwicklungsingenieur kaum Aussichten auf Erfolg haben, wenn Sie sich von Ihrer Umwelt nicht beeinflussen lassen, also Technologietrends beispielsweise verschlafen oder nicht auf konstruktive Vorschläge Ihrer Mitarbeiter eingehen. Insofern wird Ihnen jede bestimmte Methode gewisse Facetten Ihrer Persönlichkeit vor Augen führen können und Ihnen helfen, gewisse Elemente einmal bewusst aus einer anderen Perspektive als der vielleicht üblichen zu sehen.

Seien Sie sich aber bei der Anwendung all dieser Methoden stets einer Sache bewusst: keine davon wird Ihr komplettes Ich in seiner Gesamtheit erfassen. Dafür ist eine Persönlichkeit einfach zu komplex und die Methoden können entsprechend nur einen ganz kleinen Ausschnitt aus diesem komplexen Spektrum erfassen und (hoffentlich nicht allzu fehlerbehaftet) wiedergeben. Und keiner gibt Ihnen am Ende des Tages die Garantie, dass die Antwort im Sinne einer endgültigen Wahrheit vollständig und korrekt ist, wenn also beispielsweise die Fragen aus Nettigkeit nicht ganz ehrlich beantwortet wurden (es wurde eher ein Wunschbild angekreuzt als eine ehrliche Selbstanalyse, eher der Zielzustand als der Status quo etc.).

Dass wir uns nicht falsch verstehen: diese Methoden können bei richtiger Anwendung sehr hilfreich sein, bei der Richtungsbestimmung, auch und gerade in einer Berufsorientierungsphase – aber man sollte dem Ergebnis nicht nur mit einer gewissen Neugier und Spannung entgegensehen – sondern auch immer mit einer gewissen Skepsis begegnen und einem kritischen Blick gegenüberstehen. Aber wem sagen wir das …

… diese Fähigkeit haben Sie ja quasi in die Wiege gelegt bekommen und mit der universitären Muttermilch seit Jahren aufgesaugt. Und stehen grundsätzlich jedem Ergebnis, auch und gerade denen, die Sie selbst erhalten haben, durch und durch kritisch gegenüber. Ist doch so. Oder?

So weit, so gut. Was haben Sie dann am Ende bis jetzt erreicht? Sie haben ein Eigenbild Ihrer Persönlichkeit. Und Sie haben ein Fremdbild. Und jetzt? Was machen Sie jetzt damit? Wie sehen beide denn aus? Sind sie sich ähnlich? Gibt es zwischen ihnen signifikante Unterschiede? Und wenn ja: entlang aller Kategorien oder lediglich innerhalb einzelner Dimensionen? Und sind es bei allen Fremdbildern immer die gleichen Kategorien, bei denen man Differenzen hat oder sind es jeweils unterschiedliche? Und wie gehen Sie unter dem Strich nun mit diesem Ergebnis um?

Vielleicht bestätigt das Fremdbild Ihr Eigenbild. Hervorragend. Dann können Sie ja direkt darauf aufbauen. Oder umso konsequenter nach möglichen Lücken suchen, die Sie vielleicht noch irgendwo vermuten. Und wenn das Fremdbild nicht Ihrem Selbstbild entspricht? Dann können Sie das zur Kenntnis nehmen, sich einer gewissen Diskrepanz bewusst sein – oder aber im anderen Extrem für sich entscheiden, dass Sie gewisse Aspekte Ihrer Persönlichkeit ändern möchten, um die Fremdwahrnehmung Ihrem Selbstbild anzunähern.

Sie gewinnen in jedem Fall ein breiteres Meinungsspektrum zu Ihrer Person und sind basierend darauf höchstwahrscheinlich in der Lage, ein differenziertes Bild des Startpunktes zu zeichnen („Wo stehe ich heute?") und eine bessere Vorstellung von dem zu bekommen, wohin Sie irgendwann einmal wollen („Wie sollte der Zielzustand aussehen?"). In jedem Falle sollten Sie eine Vorstellung des Fremdbildes von sich haben, um darauf vorbereitet zu sein, wie andere Menschen Sie wahrnehmen werden. Wie Sie auf andere wirken – oder gegebenenfalls wirken könnten. Und vielleicht Ansatzpunkte für Ideen zu entwickeln, was Sie tun können, um den im Selbstbild skizzierten Zustand zu erreichen, wie Sie gerne auf andere wirken möchten. Das Bild, das Sie vielleicht in zwanzig Jahren im „Artikel XXXX" veröffentlicht sehen möchten.

4 Und jetzt? – Was sich ab heute ändern soll, um diese Frage zu ...

Ein Plädoyer für den tatsächlichen Einsatz dieser Methoden ...

Auf den letzten Seiten haben Sie jetzt viel über verschiedene Methoden und Techniken gelesen, die Ihnen in der ein oder anderen Art und Weise bei der Frage der Selbsteinschätzung und der Identifizierung eines für Sie richtigen und erstrebenswerten Zielzustandes helfen könnten. Eigentlich alles bestens. Sie haben das Handwerkszeug gesehen, vielleicht auch verstanden. Aber können Sie es auch anwenden?

Denn das alles haben Sie bis hierher erst einmal bequem auf sich einrieseln lassen. Und haben sich vielleicht gesagt: „Hört sich spannend an", „Kann echt interessant sein", „Sollte ich unbedingt mal machen", usw. Wenn das der Fall ist: schön. Freut uns. Dann haben wir vielleicht nicht vollkommen am Ziel und an Ihren Bedürfnissen vorbeigeschrieben. Aber heißt das jetzt auch automatisch, dass Sie das Gelesene auch tatsächlich und unmittelbar in die Tat umsetzen werden? Wir glauben: Nein. Warum?

Vielleicht kennen Sie dieses Gefühl: Sie sind auf einem Weiterbildungsseminar, auf einer wissenschaftlichen Konferenz, oder vielleicht auf dem Treffen eines universitätsübergreifenden Graduiertenkollegs. Dort hören Sie beispielsweise (ähnlich wie in diesem Buch) ganz viele Dinge über ganz viele ausgefeilte Methoden, die Ihnen helfen, besser zu werden. Beispielsweise auf einem Rhetorik-Seminar, bei dem Ihnen gesagt wird, wie Sie besser präsentieren können. Oder Dinge, die Sie schon immer einmal machen wollten, aber allein noch nie anpacken wollten. Zum Beispiel gemeinsam mit Kommilitonen eine Konferenz zu einem bestimmten Thema zu organisieren. Oder aber vielleicht ein Buch schreiben. All diese Dinge, all diese Pläne sind meist sehr schnell entworfen. Schnell skizziert. Und eigentlich alles ganz einfach. Aber darum nicht auch alles ganz leicht.

Häufig werden Sie diese Dinge nämlich im Anschluss an die gemachte Erfahrung nicht unmittelbar in Ihrem beruflichen Alltag umsetzen. Vielleicht sogar nie. Warum nicht? In den oben beschriebenen Fällen befinden Sie sich nicht in Ihrer gewohnten Arbeitsumgebung (z. B. der Arbeitskreis an der Universität, an der Sie gerade Ihre Abschlussarbeit anfertigen). Daher nehmen Sie Eindrücke dieser neuen Umgebung (beispielsweise im angesprochenen Rhetorik-Seminar) umso intensiver wahr. Sie notieren sich wahrscheinlich viele wichtige Hinweise (machen Sie beispielsweise auch auf einer wissenschaftlichen Konferenz auf dem obligatorischen Notizblock, mit dem Sie dort unterwegs sind …). Aber wenn Sie dann in Ihrer gewohnten Umgebung zurück sind, fallen Sie meist sehr schnell in den gewohnten Alltagstrott zurück. Die vielen kleinen hilfreichen Dinge, die Ihnen in der „anderen Umgebung" so sinnvoll und weitreichend schienen (Tipps für besseres Präsentieren aus dem Rhetorik-Seminar, interessante Forschungsergebnisse am Rande Ihres derzeitigen Tätigkeitsfeldes, die Sie auf einer Konferenz gesehen haben, etc.) werden meist zunächst einmal zurückgestellt (und damit implizit depriorisiert) zugunsten der vielen Dinge, die einfach jetzt im Alltag gemacht werden müssen (und während Ihrer Abwesenheit auch liegengeblieben sind). Da muss man sich jetzt einfach schnell auf die nächste Aufgabe vorbereiten. Die Ergebnispräsentation für die Teamsitzung zusammenstellen. Das nächste Experiment planen, da man ja am Folgetag Meßzeit am Gerät hat, usw. Die Notizen landen dann erst einmal zusammen mit den vielen tollen Eindrücken in einer Schublade. Erst einmal. Glaubt man. Und Jahre später findet man beim Umzug ein paar verstaubte Blätter, auf denen man beispielsweise im Rhetorikseminar von einst so viele interessante Gedanken notiert hat. Oft wundert man sich nicht einmal, dass man eigentlich nie wirklich an deren Umsetzung gegangen ist.

Kommt Ihnen das bekannt vor? Dann sollten Sie sich umso mehr fragen, wie Sie es schaffen können, das in den letzten Kapiteln Gesagte vielleicht doch in die Tat umzusetzen. Denn etwas zu lesen und gut zu finden ist eine Sache. Der erste Schritt. Aber erst die Anwendung in der Praxis wird Ihnen wirklich helfen, ein Ergebnis zu erzielen. Und wie so häufig mit neuen Methoden werden Sie auch hier keine schnellen Ergebnisse erreichen können, sondern nur durch permanente und immer wiederkehrende Übung einen Effekt erzielen.

Warum dieses Plädoyer? Wir möchten Ihnen in diesem Buch nicht nur aus unserer Sicht sinnvolle Methoden vorstellen. Wir würden uns für Sie wünschen, dass Sie den Mut haben, diese auch anwenden. Oder Sie zumindest ermuntern, selbst auf die Suche nach besseren Techniken zu gehen und diese einzusetzen. Einfach weil wir selbst immer wieder gute Erfahrungen damit gemacht haben. Wir glauben daher, dass es vielleicht nicht ganz sinnlos ist, ein paar Gedanken auf mögliche Gründe zu verschwenden, die Sie an dieser Stelle daran hindern könnten oder werden, diese Methoden anzuwenden. Machen Sie sich diese Gründe am besten immer wieder bewusst, um nicht in die oben beschriebene „Alltags-Falle" zu tappen, die permanent darauf lauert, Sie blind zu machen für die vielen guten Ideen und Gedanken, die Sie vielleicht (und hoffentlich) bei der Lektüre haben. Da Sie im Alltag alsbald wieder in einer Fülle von (zweifelsfrei notwendigen) Kleinigkeiten abtauchen. Aber passen Sie auf, dass aus dem „Abtauchen" kein „Ertrinken" wird. Denn die besten Gedanken helfen Ihnen nicht, wenn Sie nicht konsequent weiterverfolgt und realisiert werden. Es ist einfach. Aber darum nicht unbedingt auch leicht.

Und auch wenn Sie jetzt sagen: „Ist doch alles nix Neues was mir da erzählt wird, sagt doch jeder in irgendeiner Form irgendwie. Und bringen tut's eh nix!" Auch dann könnten möglicherweise die oben beschriebenen Gründe dahinterstehen. Oder aber Ihre Aussage drückt unbewusst eine Abwehrhaltung gegenüber einem offenen Feedback aus? Vielleicht aus Angst davor, etwas zu hören zu bekommen was Sie nicht gerne hören möchten? Die Angst davor, vielleicht herauszufinden, dass man vielleicht gar nicht so gut und so kompetent ist wie man immer gedacht hat? Die Sorge, wie Sie mit den Ergebnissen umgehen?

Einen letzten Punkt haben wir Ihnen zuvor bei der Diskussion der Themen „Identifizierung von Interessen und Kompetenzen" ein wenig verschwiegen. Denn während Sie natürlich Ihre Interessen selbst meist sauber auf einem Zettel werden notieren können – so sollten Sie sich einmal fragen, wer denn eigentlich die Kompetenz besitzt, Ihre Kompetenzen bewerten zu können? Sie selbst? Nun, wenn Sie gerade Ihre Doktorarbeit anfertigen, dann besitzen Sie zweifellos weltweit die höchste Kompetenz für Ihr ganz spezielles Fachthema und können dies auch entsprechend bewerten. Aber welche Relevanz besitzt dieses Spezialthema bei der Bewerbung auf eine konkrete Stelle? Wird es eine Stellenbeschreibung geben, welche exakt Ihrem Promotionsthema entspricht? Eher unwahrscheinlich. Und wenn Sie sich noch im Studium befinden, so werden Sie wahrscheinlich sagen: „Eigentlich sind es meine Professoren, welche meine Kompetenzen bewerten".

Ihre Interessen können Sie selbst bewerten. Aber bei den Kompetenzen sollten (und werden) Sie immer auch auf den Rat anderer Menschen angewiesen sein. Sei es durch eine direkte Rückmeldung im persönlichen Gespräch, was Sie als Berufsanfänger zum Beispiel im Rahmen eines „Jahresgesprächs" mit Ihrem Vorgesetzten haben sollten – oder aber als Doktorand bei den regelmäßigen Fortschrittsberichten mit Ihrem Professor. Vielleicht haben Sie sich schon einmal in der einen oder anderen Situation mit einem solchen Gespräch konfrontiert gesehen und sind danach mit einem unangenehmen Gefühl herausgegangen. Zum Beispiel weil die, Ihrer Meinung nach bemerkenswerten, Messergebnisse in den Augen Ihres Betreuers gar nicht so überragend waren und dieser Ihnen ob der Art und Weise, wie Sie die Daten ausgewertet haben (nämlich in seinen Augen vollkommen falsch) erst einmal „die Flügel gestutzt" hat. In einem solchen Fall werden Sie sich erst einmal (verständlicherweise) geärgert haben (über wen eigentlich? Über Ihren Betreuer? Über sich selbst?). Haben Sie auch etwas daraus gelernt? Haben Sie es beim nächsten Mal besser gemacht? Dann sind Sie bereits auf dem besten Weg, zum Kern des Problems vorzustoßen. Denn halten Sie sich bei aller Frustration in einer solchen Situation vor Augen, dass Ihr Betreuer Ihnen den größtmöglichen Gefallen getan hat. Denn wen man nicht mehr kritisiert, den hat man aufgegeben.

Und dennoch: viele Menschen haben trotz gegenteiliger Behauptung häufig Angst vor einem offenen Feedback. Zu entdecken, dass man in den Augen der anderen Menschen vielleicht gar nicht das Idealbild darstellt, welches man sich selbst erträumt, würde gefühlt nicht selten als vernichtendes Urteil ohne Ausweg hingenommen werden. Weil man Angst vor der Konsequenz hat: sich verändern zu müssen. Menschen lehnen Veränderungen in der Regel meist ab, besonders, wenn es sie selbst betrifft. Weil sie die Notwendigkeit dazu innerhalb Ihrer jeweiligen aktuellen Position nicht unmittelbar erkennen: „Warum sollte ich mich denn verändern? Mit geht es doch prima so wie alles läuft?" Richtig. Heute. Morgen auch? Und übermorgen? Nächste Woche? Nächsten Monat? Nächstes Jahr? Quatsch. So weit voraus plant doch kein Mensch. So weit voraus kann kein Mensch planen. Oder? Wenn sie heute noch studieren, dann denken sie wahrscheinlich meist nicht weiter als bis zur nächsten Klausur, maximal bis zu Ihrem Abschluss („… und solange ich den noch

4 Und jetzt? – Was sich ab heute ändern soll, um diese Frage zu …

nicht in der Tasche habe, macht es ohnehin keinen Sinn, irgendwelche Gedanken an das Danach zu verschwenden!"). Aber Sie können ja mal für sich überlegen, mit welcher Wahrscheinlichkeit Ihr soziales Netzwerk (Kommilitonen, Freunde, etc.) in dieser Form noch in zwei Jahren am gleichen Ort bestehen wird. Eine Kommilitonin hat einmal im Studium gesagt: „Ich werde mir hier vor Ort eine Promotionsstelle suchen. Alle meine Freunde sind schließlich auch hier." Ein aus der damaligen aktuellen Situation heraus zunächst einmal vollkommen nachvollziehbare und auch verständliche Entscheidung. Aber die Freunde werden bald mit ihrem Studium fertig und was machen Sie, wenn die dann Arbeit in einer anderen Stadt finden? Und wegziehen? Dann werden die Karten plötzlich wieder neu gemischt. Das ursprüngliche Fundament Ihrer Entscheidung hat sich nicht wirklich als nachhaltig herausgestellt. Dieses Beispiel mag jetzt ein etwas einfacher und logischer Fall für Sie sein. Aber es zeigt immerhin: es gibt Fälle, bei denen man durchaus etwas weiter in die Zukunft planen kann. Und sich daher die Frage stellen darf: „Warum geht es mir heute eigentlich gut? Was müsste passieren, damit es mir morgen nicht mehr gut geht? Wie wahrscheinlich ist es, dass diese Fälle eintreten? Wie könnte ich (am allerbesten bereits heute) darauf reagieren oder mich auf diesen Eventualfall vorbereiten?"

Ähnlich verhält es sich auch mit Ihren Interessen – und vor allem den Kompetenzen. Stellen Sie sich ganz bewusst die Frage, ob Sie die bereits ausreichend und mit für Sie befriedigendem Ergebnis „an der Realität gerieben haben"? Haben Sie von ausreichend vielen Menschen das verlässliche Feedback erhalten, dass Sie als Maschinenbauingenieur ein geborener Raketenwissenschaftler werden können? Und haben Sie dieses Feedback auch ausreichend gewichtet? Ein guter Bekannter wird Ihnen beim abendlichen Bier wohl kaum von einer solchen Karriere abraten. Sonst riskiert er womöglich noch, kein weiteres Getränk angeboten zu bekommen. Aber wenn ein auf diesem Gebiet renommierter Wissenschaftler auf einer Konferenz anerkennend auf Ihre Ergebnisse blickt und Sie auf eine oder zwei seiner Fragen nicht so ganz ungeschickt geantwortet haben – dann hat sein Wort bezüglich Ihrer Kompetenz wohl durchaus ein wenig mehr Gewicht. Das bedeutet aber nicht, dass Sie dann nicht als Raketenbauer Bedeutung erreichen können – Sie kennen dann aber Ihre Schwächen und können gezielt daran arbeiten, die abzubauen.

Jetzt mögen Sie immer noch denken: „Habe ich doch längst alles zur Genüge gemacht! Warum noch mehr Gedanken an die Theorie verschwenden?" Sie kennen sich selbst bereits gut genug? Beherrschen Ihre Fachgebiete absolut kompetent und fehlerfrei? Gut. Dann hören Sie am besten genau jetzt mit dem Lesen auf und freuen sich auf Ihr erstes Teammeeting in der Wirtschaft, auf Ihr erstes Mitarbeitergespräch, auf das erste Treffen mit einem Kunden, der ein Problem hat, das Sie lösen müssen, auf die ersten zu lösenden menschlichen Konflikte bei Ihren Mitarbeitern. Erst danach lesen Sie vielleicht weiter. Vielleicht sehen Sie dann, dass Ihre Selbsteinschätzung nicht so vollkommen ins Schwarze getroffen hat wie geplant (tut sie meist ohnehin nie – hat sie auch bei uns nicht). Und vielleicht sagen Sie sich, dass es die eine oder andere Stelle gibt, an der Sie sich vielleicht doch ein wenig ändern oder zumindest an sich arbeiten müssen. Oder Sie stellen fest, dass es gewisse Aspekte gibt, denen Sie in dem ganzen Prozess noch gar keine Beachtung geschenkt haben. Vielleicht haben Sie bis dato nur an fachliche Interessen und Kompetenzen gedacht und zwischenmenschliche Themen beiseitegeschoben. Weil Sie dachten, dass Sie sich da „schon irgendwie durchwursteln" werden. Und dem ist dann vielleicht „da draußen" nicht wirklich so.

Dann hören Sie vielleicht mit etwas offenerem Ohr dem Feedback der Menschen aus Ihrer Umgebung zu. Sie werden überdies bei diesem Prozess wahrscheinlich auch merken, dass Frustration eine ganz normale Begleiterscheinung ist. Aber diese Frustration bewusst zu erleben und zu überwinden, sich dennoch wieder aufzuraffen – das ist eine wichtige Kompetenz, die Sie für Ihr Berufsleben mitbringen dürfen. Wer als Hochschulabsolvent monatelang daran gefeilt hat, etwas fertigzustellen, zum Laufen zu bringen, weiß wie sich so etwas anfühlt: nicht wirklich toll, aber nun einmal erforderlich, um das Ziel zu erreichen. Aber sehen Sie das Positive an der Situation: Sie haben gelernt, mit Frustration umzugehen, besitzen eine enorm hohe Frustrationstoleranz. Das ist eine wichtige Basis für das weitere Lernen auf Ihrem Berufs- und Lebensweg!

Wenn Sie nun für sich entschieden haben, dass auch Sie bezüglich des Wissens um Ihre Person, um Ihre Interessen und Kompetenzen, weiterkommen möchten, dann werden Ihnen vielleicht die vorgestellten Methoden helfen, dieses Ziel zu erreichen. Auch in diesem Falle sollten Sie das Buch an dieser Stelle vielleicht tatsächlich erst einmal aus der Hand legen und sich konkret überlegen, wie Sie ab morgen (oder noch besser: ab jetzt!) vorgehen wollen, um auf die oben gestellten Fragen eine für Sie befriedigende Antwort zu bekommen. Nehmen Sie sich dazu am besten einmal ein leeres Blatt und einen Stift und denken Sie in Frieden darüber nach. Und skizzieren sie es dann. Schreiben es auf. Genauso hat es einer unserer Mentoren eines Tages mal gesagt:

„Richtiges Nachdenken über Strategie, über langfristige Ziele beginnt dort, wo man vor einem leeren weißen Blatt sitzt und seine Gedanken darauf skizzieren und sortieren muss"[9]

Also sortieren Sie Ihre Gedanken. Es lohnt sich. Denn wie heißt es so schön:

„Die Zeit, die man bei der Vorbereitung verliert, gewinnt man in der Anwendung".[10]

Wir wünschen Ihnen also auch viel Spaß bei der Vorbereitung und dem Durchdenken des Prozesses, den Sie für sich als den geeignetsten erachten, um hinsichtlich dieser Frage ans Ziel zu kommen.

Was sollten Sie außerdem noch tun?

Wenn Sie bis hierhin den Eindruck haben, mit dem Vorgestellten die beste aller Methoden an der Hand zu haben, dann sollten Sie umso skeptischer sein. Nicht weil wir nicht selbst von dem Vorgestellten überzeugt sind oder es nicht selbst bereits erfolgreich in der Praxis angewendet haben. Ganz im Gegenteil. Aber wir können und werden im Rahmen dieses Buches niemals absolute Vollständigkeit oder Wahrheit für uns beanspruchen. Es wäre schließlich ziemlich vermessen, einen generischen Masterplan für eine Karriere auf nur knapp 250 Seiten zu beschreiben.

---

[9] Persönliche Mitteilung eines Mentors von Thorsten Daubenfeld.
[10] Dieser Satz findet sich z. B. bei Hans Fischer im Werk „Nachhaltig führen lernen", vdf Hochschulverlag, 2004.

Zum einen da wir den Umfang des Werkes nicht sprengen wollen. Zum anderen und vor allem aber auch weil auch wir nur über einen begrenzten Erfahrungshorizont verfügen. Weil wir eben wie jeder Mensch nicht alles wissen können und weil sich auch nicht alles planen lässt. Was wir hier leisten können und wollen, ist ein wenig von den Dingen zu erzählen, die wir für uns selbst als vorteilhaft erkannt haben. Und ein paar kritische Gedanken zu den Dingen zu äußern, die wir als weniger zielführend betrachten. Ob Sie das alles genauso sehen wie wir sei bereits einmal dahingestellt.

Vielleicht kennen Sie aber selbst noch andere Mittel und Wege, um das oben angesprochene Ziel zu identifizieren oder zu erreichen. Hervorragend! Dann verwenden Sie diese Methoden! Nichts ist einfacher zu nutzen als das Werkzeug, das man bereits beherrscht. Wie gesagt: wir können Ihnen hier nur einen Ausschnitt aus einem nahezu unbegrenzten Gesamtspektrum liefern.

Aber allein eine Diskussion über die Methoden, die Ihnen helfen können, sich selbst besser kennen zu lernen, wäre bereits hilfreich für Sie. Denn dann haben Sie bereits für sich beschlossen, dass Sie es wollen. Etwas über sich erfahren. Und dass wir uns nur noch über den bestmöglichen Weg zu diesem Ziel unterhalten. Dann reden wir nicht mehr über das „Warum?" sondern fragen nur noch nach dem „Wie?". Und der Weg zur Beantwortung dieser Frage kann innerhalb dieser Buchdeckel skizziert sein. Oder auch nicht. Aber wenn Sie das Ziel erreichen wollen, dann werden Sie den für Sie besten Weg finden.

Und noch einmal: viele nützliche Themen, beispielsweise aus dem Gebiet der Rhetorik (verstanden als Kunst der Kommunikation, also Antworten auf die Fragen „Wie erreiche ich mit meinen Gedanken mein Gegenüber am besten?" oder „Wie stelle ich sicher, dass ich die Gedanken des anderen bestmöglich verstehe und auch wiedergeben kann?") können wir an dieser Stelle, in diesem Buch, höchstens einmal knapp erwähnen, aber sicherlich nicht vertiefen. Auch das in Ihrem späteren Arbeitsleben in zunehmendem Maße an Bedeutung gewinnende Thema Zeitmanagement („Wie schaffe ich es, in der Vielzahl an unterschiedlichen Themen die auf mich permanent einrieseln, den Überblick zu behalten – und trotzdem nicht jeden Tag bis in den späten Abend hinein zu arbeiten?") kann hier keine tiefere Erwähnung finden.

Wir können Sie daher nur dazu ermuntern, den im Rahmen dieses Textes eingeschlagenen Weg in unterschiedliche Richtungen weiterzugehen. Und beispielsweise in Weiterbildungen zu Rhetorik, Zeitmanagement, etc. tiefer in das viel zitierte Gebiet der „soft skills" vorzustoßen. Wir hoffen, dass wir gezeigt haben, dass es vielleicht nicht ganz unsinnig ist, sich auch im Vorfeld des Erstkontaktes mit dem Berufsleben einmal damit beschäftigt zu haben.

Und generell sollte aus unserer Sicht die Maxime gelten: tun Sie alles, von dem Sie glauben, dass es Ihnen im Sinne des Vorgestellten hilft, Ihr Ziel zu erreichen und sich selbst besser kennen zu lernen. Und lassen Sie am besten die Finger von den Methoden, bei denen Sie von vornherein sagen, denken oder fühlen, dass Sie Ihnen ohnehin nichts bringen. Auch hier werden Sie bereits merken, dass Sie ein gewisses Bauchgefühl für den Einsatz dieser Techniken und Methoden nicht nur implizit mit sich herumtragen und entwickelt haben – sondern es auch einsetzen können. Und auf Ihr Bauchgefühl sollten Sie hören. Das haben wir an anderer Stelle schon einmal gesagt. Unsere körpereigene Biochemie hat im Laufe der Evolution Erkenntnismechanismen entwickelt, die weit über unseren Funken Verstand herausgehen. Und was wir manchmal etwas oberflächlich als „Bauchgefühl" abtun ist vielleicht nicht mehr und nicht weniger als eine fundamentale Entscheidungshilfe in komplexen Situationen. Möglicherweise auch in solchen Situationen, in denen Sie sich als Absolvent oder Berufsanfänger befinden. Also hören Sie auf Ihren Bauch. Wir kommen im nächsten Abschnitt noch einmal darauf zu sprechen, in welchen Situationen Sie ganz besonders hinhören sollten.

Was sollten Sie am Ende haben? Wo sollten Sie stehen?

Jetzt ist es also so weit. Jetzt haben Sie all das zuvor Gesagte angewendet. Alle Methoden ausprobiert, andere eigene erfolgreich ergänzt. Sich intensiv damit auseinandergesetzt. Interessen und Kompetenzen durchleuchtet und identifiziert. Und jetzt? Wo sollten Sie jetzt stehen? Was sollten Sie am Ende dieses Prozesses über sich wissen?

Erwarten Sie am besten nicht ein eindeutiges und präzises Bild. Dann werden Sie höchstwahrscheinlich enttäuscht, der Mensch ist nicht nicht nur Materie, wir sind komplexer als die Dinge, mit denen wir uns normalerweise beschäftigen. Vielleicht finden Sie sich stattdessen vielmehr mit einem groben Umriss dessen, wie Sie sich selbst einordnen würden bzw. von anderen eingeordnet werden (oder aber von anderen eingeordnet sein möchten). Das mag Ihnen jetzt vielleicht wie vieles zuvor in diesem Buch wieder etwas unbefriedigend vorkommen. Weil Sie Eindeutigkeit haben möchten. Aber so ganz unähnlich zum Erkenntnisprozess in Ihrem jetzigen Bereich ist es auf den zweiten Blick vielleicht gar nicht. Immerhin zeichnet sich ernsthafte Forschung nach Thorstein Bunde Veblen (1857–1929) dadurch aus, dass „plötzlich zwei Probleme existieren, wo es vorher nur eines gegeben hat".[11] Seien Sie also nicht allzu sehr überrascht, wenn Sie am Ende des Prozesses, den wir auf den letzten Seiten skizziert haben, auf einmal mehr Fragen gefunden als Antworten erhalten haben. Und auf den dritten Blick fällt Ihnen dann auf einmal sogar auf, dass Sie diese zwei Fragen genauer und gezielter stellen können als Sie es bei der einen Frage, welche Sie am Anfang hatten, tun konnten. Ganz ähnlich wie in der Wissenschaft.

Wenn Sie zum Beispiel mit der Ausgangsfrage „Was sind eigentlich meine Interessen?" gestartet sind, dann haben Sie als mögliche Antworten vielleicht notiert „Karriere machen. Berühmt werden. Als fachlich kompetent gelten". Und bei näherer Betrachtung fällt Ihnen auf, dass durch Realisierung dieser Interessen eindeutig auf eine Karriere als Führungskraft hinzielen. Und daher vielleicht bewusst oder unbewusst auf gewisse andere Optionen in Ihrem Leben von vornherein verzichten. Und stellen sich darauf basieren vielleicht Fragen wie „Wie sollte ein Arbeitsumfeld, ein Ersteinstieg, gestaltet sein, welches zu diesen Interessen passt?" oder „Wie wichtig werden mir diese Interessen denn eigentlich langfristig sein?".

Was auch immer Sie herausgefunden haben, auf jeden Fall haben Sie damit eine Basis geschaffen, welche Ihnen als Ausgangspunkt für den

---

[11] Zitat siehe z. B. bei https://gutezitate.com/zitat/107806. Zugegriffen am 26.04.2020.

4 Und jetzt? – Was sich ab heute ändern soll, um diese Frage zu ...

weiteren Weg dienen kann und wird. Beispielsweise indem Sie sie durch Übereinstimmung von Eigen- und Fremdbild eine Bestätigung Ihrer derzeitigen Position erhalten haben, und daher auf dem eingeschlagenen Kurs weiterfahren. Oder Sie entscheiden sich trotz Differenzen zwischen Eigen- und Fremdbild so weiter zu machen wie bisher. Aber sind sich der Tatsache bewusst, dass Ihre Außenwirkung vielleicht nicht immer so ist wie von Ihnen erwünscht. Oder Sie suchen ganz bewusst die Konfrontation, weil Ihnen das ja ohnehin Spaß macht? Vielleicht bestätigt die Nicht-Übereinstimmung aber auch ein lange von Ihnen gehegtes Gefühl, dass Sie sich in eine gewisse Richtung ändern sollten. Sie aber bislang noch nicht so genau wussten, in welche Richtung das sein soll. Und Sie haben diesbezüglich jetzt ein wenig mehr Klarheit erhalten.

Wie auch immer das konkrete Ergebnis bei Ihnen persönlich aussehen wird. Erst wenn Sie sich über Ihre eigene Position im Klaren sind, dann – und nur dann! – macht es eigentlich Sinn, sich aktiv auf die Suche zu machen. Auf die Suche nach beruflichen Optionen, die zu diesem Bild passen, das Sie für sich definiert haben. Das Verständnis für Ihre eigene Persönlichkeit als Fundament bildet im Dschungel der Optionen gewissermaßen Ihr „Basiscamp", Ihren Ruhepol, von dem ausgehend Sie Ihre Fühler nun ausstrecken können, um nach Möglichkeiten Ausschau zu halten. Und das Ihnen jederzeit als Rückgrat und als „roter Faden" dient, wenn Sie sich in diesem Dschungel „da draußen" zu verlaufen drohen. Denken Sie hier gerne an das Bild von Theseus aus der griechischen Sagenwelt, der im Labyrinth des Minotaurus dank eines Fadens den Rückweg wiederfand. Die Idee, einen Faden zu nehmen, hatte er auch nicht selbst, sondern bekam ihn von Ariadne. Er hat sich also auch nicht gewehrt, von anderen zu lernen.

Ausgehend von diesem Fundament werden Sie nun auch sinnvolle(re) Fragen an die Welt „da draußen" richten können. Vielleicht kann Ihnen unter Zuhilfenahme dieser konkreteren Fragen sogar eine Suchmaschine im Internet dabei behilflich sein, den nächsten Schritt zu tun. Oder zumindest haben Sie die Chance, auf eine intelligent gestellte Frage eine nicht allzu ungeschickte Antwort zu bekommen ...

Wie man über die Welt da draußen mehr erfährt

Wie also sieht nun Ihre persönliche „Straße zum Erfolg" aus? Sie wissen jetzt vielleicht ein wenig konkreter als zuvor was Sie eigentlich können und wollen, haben sich diesbezüglich auch mit anderen Menschen ausgetauscht, um Ihre Position besser zu verstehen. Und auch was es so generell an Möglichkeiten gibt wissen Sie aus den vorangegangenen Kapiteln möglicherweise etwas präziser als vor der Lektüre dieses Buches.

Und nun? Wie schaffen Sie nun einen Übergang, eine Verbindung zwischen diesen beiden Welten? Zwischen Ihrer eigenen nunmehr konkretisierten Situation und der Welt voll Möglichkeiten da draußen? Wie kommen Sie jetzt an konkrete Informationen zu möglichen Stellen? Wo sollen Sie anfangen zu suchen? Und wie geht es am besten weiter, wenn Sie etwas gefunden haben? Wie kommen Sie letztendlich zu einer realistischen Einschätzung, ob Sie für die identifizierte Stelle wirklich geeignet sind oder nicht?

Zu all diesen Fragen ist an vielen anderen Stellen bereits viel Kluges geschrieben und auch viel Sinnvolles gesagt worden. Wir möchten Ihnen daher an dieser Stelle keinen weiteren „konventionellen Bewerbungsratgeber" ersparen, lesen Sie die ruhig, denn viele Sichtweisen helfen immer. Wir können und wollen auch keine Optimierungsstrategien für Bewerbungsschreiben im Detail vorstellen. Nicht weil diese vielen kleinen Details nicht wichtig wären, ganz im Gegenteil. Aber bevor Sie sich Gedanken darum machen, wie Sie Ihr Bewerbungsschreiben korrekt formatieren und ob Sie besser Schriftgröße 10 oder 12 wählen, möchten wir Ihnen gerne noch einmal vor Augen führen, wie der Gesamtprozess aussieht, in den Sie dann hineintreten. Dann können Sie für sich überlegen, an welchen Stellen dieser Prozesskette Sie gezielt detailliertere Informationen zu Rate ziehen, um Näheres zu erfahren.

In welche Einzelschritte kann man diesen Prozess untergliedern? Noch einmal: es geht darum, von Ihrer jetzigen Position ausgehend eine passende Stelle zu identifizieren und diese letztendlich zu besetzen. Aus unserer Sicht lässt sich der damit verbundene Prozess in die folgenden wesentlichen Schritte untergliedern:

4 Und jetzt? – Was sich ab heute ändern soll, um diese Frage zu ...

a) Screening – oder: wie man den Markt systematisch analysiert
b) Fragen – oder: wie man mehr über eine identifizierte Stelle erfährt
c) Kontaktaufnahme – oder: wie man auf sich aufmerksam macht
d) Vor dem Gespräch – oder: wie man herausfindet was auf einen zukommen könnte
e) Im Bewerbungsgespräch – oder: was Ihnen Ihr Bauch so alles erzählt
f) Nach der Einstellung – oder: warum Sie sich auch jetzt nicht wirklich zurücklehnen sollten

An verschiedenen Stellen dieses Buches haben wir bereits den ein oder anderen Aspekt aus dieser Liste herausgegriffen (zum Beispiel im ersten Teil das Thema Bewerbungsgespräch). Warum gehen wir hier erneut darauf ein? Vielleicht weil es sinnvoll sein kann, das bereits Gesagte noch einmal in einem anderen Kontext zu sehen, aus einer anderen Perspektive zu betrachten. Achten Sie dabei auf sich selbst: haben Sie die gleichen Gefühle, Konnotationen und Bilder im Kopf als an den Stellen, an denen wir zuvor bereits von diesen Themen gesprochen haben? Warum? Warum nicht? Was lernen Sie dabei über sich selbst?

Wir möchten daher nun die einzelnen beschriebenen Schritte noch ein wenig detaillierter anschauen, mit einem speziellen Fokus darauf, Ihnen mögliche Fallstricke und Herausforderungen zu zeigen. Aber auch, um Ihnen ein paar weitere aus unserer Sicht wertvolle Werkzeuge mit an die Hand zu geben, mit denen Sie während des Gesamtprozesses nicht den Überblick verlieren und vielleicht besser in der Lage sind, in der richtigen Situation die für Sie passende Entscheidung richtig zu treffen. Denn auch wenn alle vorgestellten Schritte selbsterklärend wirken mögen: in der Praxis merkt man häufig, dass die Durchführung auch der einfachsten Dinge einem meist nicht so einfach und locker von der Hand geht, wie man sich das am grünen Tisch so ausgemalt hat.

a) Screening
Wo beginnen Sie Ihre Suche nach Informationen? Basierend auf dem Satz an Fragen – oder besser gesagt an Schlagworten – welche Sie sich zurechtgelegt haben, können Sie nun gezielt eine breit gefächerte Suche nach möglichen passenden Stellen beginnen. Quellen dafür können Jobbörsen im Internet oder regionale/überregionale Zeitungen sein, aber

auch Berufsverbände. Bei all diesen Adressen können Sie gezielt mit dem Ihnen vorschwebenden Berufsbild auf Suche gehen.

Reicht das? Um etwas zu finden: vielleicht ja. Aber werden Sie auch das finden, was Sie eigentlich gesucht haben? Vielleicht. Möglicherweise aber auch nicht. Sie verlassen die Universität mit einem ganz bestimmten individuellen Satz an Fertigkeiten, Wissen, Erfahrungen und Kompetenzen. Es kann sein, dass genau diese Mischung in Form einer bestimmten Stelle gesucht wird. Oder traditionell schon immer gesucht wurde. Ein Ingenieur schon immer in die Entwicklungsstätten der Automobil- oder Maschinenbauindustrie gelangt ist. Ein Chemiker schon immer als Laborleiter in Forschungs- und Entwicklungsabteilungen von Großkonzernen seine ersten beruflichen Schritte gemacht hat. Ein Jurist schon immer nach einer Kanzlei suchte und ein Theologe in den kirchlichen Dienst gehört.

Aber denken wir doch mal ganz frech ein wenig weiter. Es kann ja durchaus sein, dass die Marktanforderungen in Ihrem Berufsfeld sich gerade wandeln. Nicht dramatisch. Aber schleichend. Das kann dann beispielsweise für einen Ingenieur bedeuten, dass er nicht nur allein in Deutschland seine Entwicklungen optimiert, sondern sich im Kontext eines global tätigen Konzerns auch mit Kollegen aus den USA oder etwa Asien permanent abstimmen muss. Die damit verbundenen interkulturellen Konsequenzen haben wir auch an anderer Stelle in diesem Buch bereits erwähnt. Müßig zu erwähnen, dass Ihnen Deutsch als Sprache in diesem Umfeld nur bedingt weiterhilft. Ebenso müßig, dass Sie mit entsprechenden Fremdsprachenkenntnissen bei einer Bewerbung bessere Karten haben als jemand ohne. Ist doch klar! Hat doch heute jeder! Wirklich? Ist Ihr Englisch verhandlungssicher? Können Sie Gestik und Mimik Ihrer chinesischen Verhandlungspartner korrekt einschätzen? Wenn nicht, dann keine Panik: Sie sind nicht allein unterwegs. Und haben auch überhaupt nichts falsch gemacht in Ihrem Studium. Aber Sie können eben durch die Universität nicht auf alle Eventualitäten des heutigen globalen Arbeitsmarktes vorbereitet sein. Denn zum einen müssen Sie natürlich Ihr theoretisches Wissen natürlich erst einmal in der Praxis ausreichend unter Beweis stellen. Denn auch eine erfolgreich bestandene Führerscheinprüfung macht aus Ihnen noch keinen perfekten Autofahrer. Und eine Grundausbildung bei der Bundeswehr stellt auch alleine

4 Und jetzt? – Was sich ab heute ändern soll, um diese Frage zu ...

noch nicht sicher, dass Sie in bewaffneten Konfliktsituationen immer korrekt und unter Wahrung Ihrer eigenen Gesundheit reagieren werden. Des Weiteren gibt es natürlich so viele Spezialthemen, auf die Sie unmöglich im Rahmen Ihres Studiums vorbereitet werden konnten. Oder haben Sie als Maschinenbauer einmal eine Vorlesung zu dem Thema „Optimierung der Wandstärke von Aluminiumfensterbeschlägen unter Beachtung der Anforderungen der Energieeinsparverordnung vom ..." gehört? Und nicht zuletzt ist das Marktumfeld „da draußen" einer großen Dynamik unterworfen und Berufsfelder und Anforderungen an Absolventen darin ändern sich kontinuierlich. So wird sich beispielsweise im Bereich der Chemiedistribution immer eine Überlappung zwischen technischen und kaufmännischen Themen finden: Zwischen Lieferanten und Kunden koordinieren, Qualitätskontrollen etablieren, Logistikketten gestalten – und wird auf diese Weise mehr technische und betriebswirtschaftliche Kenntnisse und Projektmanagementfähigkeiten an den Tag legen müssen, als ihm an der Universität jemals beigebracht wurden. Aber das soll hier kein Vorwurf an das Ausbildungssystem sein. Denn auf jede Veränderung kann man sich entsprechend nicht vorbereiten. Seien Sie sich aber bewusst, dass Sie sich gegebenenfalls auf solche Veränderungen einstellen und vorbereiten müssen. Denn die Welt da draußen steht nicht still. Und der Job, für den Sie heute ausgebildet werden, kann morgen schon mehr Kompetenzen von Ihnen verlangen, als Sie heute noch für möglich halten. Aber noch einmal: dafür sind Sie eigentlich schon ganz gut gerüstet. Denn Sie haben ja gelernt, sich schnell und effektiv in neue Felder einzuarbeiten.

Andererseits kann es aber auch so sein, dass Ihr derzeitiges Kompetenzspektrum in ganz neuen Bereichen gesucht wird. Theologen findet man nicht nur in der Telefonseelsorge, wo man sie leicht verorten möchte. Sie können auch Großartiges in der Personalarbeit leisten, sowohl als Personalreferenten als auch als Mitarbeiter von Personaldienstleistern. Sie können aber auch ganz andere Wege gehen und Erfinder werden. Oder Schlagersänger. Wenn Papst Benedikt XVI als Chemietechniker ausgebildet wurde, warum soll dann nicht ein Theologe auch Vorstandsvorsitzender werden können?

Und drittens gibt es dann möglicherweise noch gänzlich neue Gebiete, welche bislang weder auf dem Arbeitsmarkt (also auf der Nachfrageseite) noch auf dem Ausbildungsmarkt (also auf der Angebotsseite) existierten. Wo ganz neue Felder besetzt werden können, für die es keine klassische Ausbildung gibt. Das war und ist in der IT noch heute so. Nicht nur Kabarettisten können Ausbildungen abbrechen oder sich neu etablieren.

Der langen Rede kurzer Sinn: ja, Sie sollen natürlich möglichst breit suchen und möglichst viele unterschiedliche Quellen zu Rate ziehen (aber mal ehrlich: um das zu erfahren, hätten Sie nicht erst dieses Buch kaufen müssen, oder?). Aber vielmehr und wichtiger ist es, den Blick auch auf die jenseitige Seite der heutigen Grenzen Ihres Fachgebietes zu richten. Um einen holistischen Überblick zu bekommen und vielleicht Elemente von Antworten auf die Fragen zu bekommen: wo setzt man meine Kompetenzen eigentlich traditionell ein? Wo entstehen neue Einsatzfelder für mein heutiges Kompetenzspektrum? An welcher Stelle und auf welche Weise verändert sich mein als eindeutig abgegrenzt geglaubtes Arbeitsumfeld? Welche neuen Anforderungen, welche heute noch nicht erschlossenen Kompetenzen, sollte ich eigentlich noch mitbringen? Und wo entstehen gänzlich neue Gebiete, in denen ich vielleicht sogar Pionierarbeit leisten kann? Für die es momentan noch gar kein richtig passendes Studium gibt?

Jetzt werden Sie sagen: all diese Fragen kann man doch im Rahmen eines „Screenings" des Arbeitsmarktes unmöglich im Auge behalten und beantworten! Oder? Stimmt. Aber nur zum Teil. Denn beantworten werden Sie alle mit Sicherheit nicht. Aber im Auge behalten werden Sie die Fragen jetzt vielleicht besser als zuvor. Oder überhaupt erst einmal Ihren Blick in diese Richtungen wenden. Und schaden kann das nicht. Denn ein breites Suchfeld definiert sich schließlich nicht primär über die Breite der eingesetzten Quellen, sondern zuallererst einmal über die Breite des Blickes, mit welchem Sie diese Quellen ansehen.

Und wer weiß: am Ende dieses ersten Schrittes stehen Sie vielleicht tatsächlich mit einer interessant klingenden Stellenanzeige da, von der Sie dann erst einmal gerne mehr erfahren möchten. Und möglicherweise aus einem Bereich, an den Sie vorher noch gar nicht gedacht haben. Oder aber Sie haben eine Reihe von für Sie interessanten Unternehmen entdeckt, bei denen Sie sich auch ohne konkret ausgeschriebene Stelle initiativ bewerben möchten. In jedem Falle sind Sie vielleicht nicht allzu schlecht beraten, wenn Sie sich im Vorfeld Ihrer Bewerbung zunächst einmal über die Stelle und/oder das Unternehmen näher informieren.

b) Fragen, Fragen, Fragen
Schon im ersten Teil dieses Buches haben wir darüber gesprochen, welchen Charme die W-Fragen haben. Was man mit geschickt gestellten Fragen alles über die Welt und seine Mitmenschen erfahren kann. Warum nutzen Sie diese Fragen nicht, um mehr über eine Stelle zu erfahren die Sie interessiert? Wieder eine W-Frage. In unserem ganz konkreten Kontext.

Aber wie machen Sie das denn nun eigentlich ganz konkret? Wie kommen Sie denn an die gesuchten Informationen? Diese „Wie"-Fragen sind es, die uns als Ingenieuren und Naturwissenschaftlern vermutlich direkter in den Kopf schießen, weil wir eben eine klare Antwort haben wollen. Weil wir einen Aktionsplan bekommen wollen, den wir abarbeiten können. Um danach sicher zu sein, alle Informationskanäle genutzt zu haben und – soweit das im jeweiligen Falle möglich ist – möglichst allwissend zu sein.

Erwarten Sie jetzt keine detaillierte Checkliste mit Fragen und zu Fragenden. Keinen filigranen Aktionsplan, den Sie sukzessive abarbeiten können. Den können und wollen wir Ihnen hier nicht präsentieren. Es gibt keinen. Dazu sind die Fragen zu vielschichtig, die möglichen Quellen zu unterschiedlich. Aber möglicherweise brauchen Sie den auch gar nicht. Vielleicht suchen Sie ja jenseits einer konkreten fertigen Frageliste, jenseits der Sicherheit, wie ein Prozess angegangen werden muss, nach etwas anderem. Nach der Motivation, dem Mut, diesen Prozess überhaupt anzugehen, angehen zu wollen. Über den eigenen Schatten zu springen und Fragen zu der Sie interessierenden Stelle an die Welt zu richten. Auch wenn Sie vielleicht Gefühle dabei haben wie: „Dann mache ich mich doch lächerlich!", „Dann gestehe ich doch allen ein, dass ich das noch nicht weiß!" oder „Dann disqualifiziere ich mich doch von vornherein! Alle erwarten doch von mir, dass ich das schon weiß!".

Diese Fragen und Gedanken kommen Ihnen nicht ganz unbekannt vor? Vielleicht kennen Sie ja noch nicht das folgende Motto:

Wer fragt, führt

Warum? (Hmm ... Wieder eine W-Frage ...). Mit den richtig gestellten Fragen offenbaren Sie nicht Ihr Unwissen, sondern zeigen vielmehr Interesse, und eine „willingness to understand" – Sie wollen präzisieren, verstehen, was mit den Details einer Stellenbeschreibung gemeint ist. Denn häufig sind Stellenanzeigen nicht immer selbsterklärend. Und nicht detailliert genug, um sich konkret vorstellen zu können, was denn nun eigentlich im Detail hinter der Stelle steckt. Dann ist es durchaus legitim, einmal nachzuhaken und zu fragen, was denn eigentlich im Detail dahintersteckt. Wenn ein direkter fachlicher Ansprechpartner bei der Stellenanzeige genannt ist, dann scheuen Sie nicht, diesen einmal anzurufen. Mit wenigen Verständnisfragen, welche Sie umtreiben (z. B. „Wie sieht das Einsatzfeld konkret aus?" oder „An welchen Stellen und in welchem Maße kommen die in der Stellenanzeige genannten Projektmanagementkompetenzen ins Spiel?") können Sie selbst die Stellenanzeige ein wenig besser verstehen. Und auf der anderen Seite vielleicht dafür sorgen, dass man sich Ihren Namen schon einmal gemerkt hat („Ach ja, der Daubenfeld. Hat schon einmal angerufen ..."). Und das kann und muss sich im Bewerbungsprozess nicht unbedingt negativ auswirken. Man kann nämlich das oben genannte Sprichwort sinngemäß weiter ergänzen zu:

Wer fragt, führt.
Denn wer sich interessiert, wird interessant.

Möglicherweise stellen Sie dem stellenausschreibenden Unternehmen W-Fragen aber auch nur, um der Frage willen. Um einmal zu sehen, wie auf diese Fragen reagiert wird. Um das Unternehmen ganz bewusst einmal zu testen. Dabei lernen Sie unter Umständen bereits eine ganze Menge. Über die Unternehmenskultur beispielsweise. Sind solche offenen Fragen denn überhaupt erwünscht? Werden Sie mit Begeisterung beantwortet? Oder ernten Sie erst einmal Überraschung und Schweigen? Wie im vorangegangenen Teil über die Identifikation Ihrer persönlichen Stärken und Schwächen können Sie die Fragen quasi als Köder auswerfen und als Vehikel verwenden, um allein aus Antwort*verhalten* Antworten für sich zu bekommen.

4 Und jetzt? – Was sich ab heute ändern soll, um diese Frage zu ...

Wo beginnen Sie mit Ihrer Fragerei? Nachdem Sie eine interessante Stelle identifiziert haben, werden Sie vermutlich zunächst einmal im Internet die Homepage des entsprechenden Unternehmens ins Visier nehmen. Und dabei eine Menge erfahren über die Produkte des Unternehmens, seine Kennzahlen, möglicherweise ein wenig über die handelnden Personen oder aber auch über die Werte des Unternehmens ...

... und haben anschließend in irgendeiner Form irgendwie das Gefühl, nicht wirklich schlauer zu sein als vorher. Warum? Vielleicht, weil Websites geduldig sind? Klar ist: jedes Unternehmen stellt auf seiner Homepage seine Erfolgsstory vor: zum Beispiel eine nachhaltig hohe Profitabilität und Rendite, eine mehr als hundert Jahre alte Historie, innovative Produkte oder zahlreiche Stimmen zufriedener Kunden. Klar. Weil es eben logischerweise nicht schick ist und mögliche Interessenten (oder Kunden) irritieren könnte, wenn man über Verluste reden müsste. Oder über die Schließung eines über Jahrzehnte betriebenen Standortes. Oder über die zahlreichen Forschungsprojekte, die nicht erfolgreich waren. Oder über Kundenreklamationen. Alles nur zu verständlich. Aber umso problematischer für Sie als Interessent. Denn Sie kennen jetzt eigentlich nur die halbe Wahrheit, und möchten sich doch gerne ein möglichst ganzheitliches Bild machen. Denn in jedem Unternehmen gibt es eben die schönen und weniger schönen Seiten. Letztere zu identifizieren ist schon ein wenig kniffliger. Aber auch meist erforderlich, um sich ein rundes Bild vom Ganzen machen zu können. Wie bereits weiter oben gesagt stehen Ihnen hierfür heute Webportale wie kununu zur Verfügung, auf denen Arbeitnehmer ihre eigenen Unternehmen beurteilen – da lohnt es sich durchaus, einmal vorbeizuschauen! Aber auch dort dürfen Sie sicherlich nicht erwarten, dass alles Gold ist was glänzt und dass alles Sie dort finden, stimmt. Dennoch ein wichtiger Baustein, um sich ein Bild zu machen.

Vielleicht haben Sie ja auch das Glück und finden in der regionalen oder überregionalen Tagespresse Artikel zum Unternehmen, bei denen Sie ein wenig mehr über die Details erfahren können. Naja. Zumindest in der Art und Weise, wie die Presseabteilung des Unternehmens es Ihnen zugesteht. Also auch keine wirklich vollständig unabhängige und objektive Quelle. Es sei denn, unabhängige Journalisten haben auf eigene Faust recherchiert und dabei Dinge aufgedeckt, über die Sie auf anderen Wegen sonst nichts erfahren hätten.

Aber was machen Sie dann mit den ganzen Informationen? Was macht Sie sicher, dass die von den Mitarbeitern des Unternehmens als positiv beschriebenen Seiten von Ihnen auch als positiv empfunden werden? Oder würden Sie im gleichen Arbeitsumfeld etwa ganz andere Gefühle haben? Und ob umgekehrt die als negativ beschriebenen Seiten von Ihnen möglicherweise eher als Herausforderung gesehen werden?

In der Praxis werden Sie selbstverständlich immer einen Mix aus allen vorstehenden Quellen anzapfen, um sich ein Bild des potenziellen Arbeitsumfeldes zu machen. Wichtig ist nur, dass Sie sich immer wieder vor Augen führen, dass das Bild, welches Sie sich basierend auf diesen Informationen bauen, unvollständig und in den meisten Fällen stark subjektiv gefärbt ist.

Aber jenseits dieser Quellen gibt es noch eine Reihe weiterer Möglichkeiten, um an Informationen zu der speziellen Stelle, dem jeweiligen Unternehmen oder aber der Branche an sich zu kommen.

Fangen Sie an, in Ihrem persönlichen Umfeld zu forschen. Fragen Sie Familie, Bekannte, Freunde, Professoren, etc. Warum? Zu all diesen Menschen haben Sie eine *persönliche* Kontaktbasis. Und mit etwas Glück können Ihnen diese Menschen entweder selbst etwas zu der Sie interessierenden Stelle oder dem Umfeld erzählen. Oder diese Menschen kennen irgendjemanden, der Ihnen weiterhelfen könnte. Und das ist meist gar nicht einmal so unwahrscheinlich. Der amerikanische Psychologe Stanley Milgram prägte 1967 den Begriff des sogenannten „Kleine-Welt-Phänomens", demzufolge jeder Mensch jeden beliebigen anderen auf der Welt über durchschnittlich sechs Ecken (d. h. andere Kontakte) kennt.[12] Fangen Sie erst einmal innerhalb Ihrer Familie mit der Forschung an. Sie werden verblüfft sein, wie viele Anknüpfungspunkte sich alleine hier ergeben. Und die weiter oben angesprochene persönliche Basis zu diesen Menschen ist ein Fundament, das es Ihnen erlaubt, die erhaltenen Aussagen zur Stelle, zum Unternehmen etc. in einem vielleicht etwas „objektiveren" Licht zu sehen. Ein Grund, diesen Aussagen möglicherweise ein wenig mehr zu trauen als denen aus anderen Quellen. Aber das müssen

---

[12] Stanley Milgram, The Small World Problem, Psychology Today 1967, 1 (1), S. 60–67.

4 Und jetzt? – Was sich ab heute ändern soll, um diese Frage zu ...

Sie letztlich immer noch für sich selbst entscheiden. In jedem Falle werden Sie eine unabhängige Quelle haben, aus der Sie sich ein differenziertes Bild über das Zielunternehmen machen können.

Und darüber hinaus werden Sie vermutlich auch merken, dass es ein Gewinn für Sie sein kann, wenn Sie neben Ihren persönlichen Kontakten auch Leute ansprechen, welche Sie überhaupt noch nicht kennen. Hier sollten Sie selbstverständlich nicht im ersten Schritt gleich von Ihren konkreten beruflichen Zielen sprechen, aber das kann sich im Verlauf eines solchen Gesprächs ja durchaus aus dem Kontext ergeben. Vielleicht ist die nette ältere Dame auf dem Sitz im ICE neben Ihnen ja eine ehemalige Fotografin, die einmal Fotos für die Bundesregierung geschossen hat. Und die sich vor allem an eine Begebenheit erinnert, als die neue Produktionsstätte eines großen Flugzeugbauers neu eingeweiht wurde. Ach, Sie sind Ingenieur, der sich im Bereich Luft- und Raumfahrttechnik orientieren möchte. Interessant. Erzählen Sie doch einmal mehr!

Und bei einem zwanglosen Gespräch mit dem Filialleiter Ihrer Optikboutique stellen Sie auf einmal fest, dass dieser einmal Metallurgie studiert hat. Hmmm. Ihrem eigenen Vertiefungsgebiet Thermodynamik von Phasengrenzen innerhalb der Physik doch eigentlich gar nicht so unähnlich. Wie sind Sie denn dann dazugekommen? Weiterbildung mit BWL-Abendstudium und dann Selbstständigkeit gewählt. Aha. Interessant. Erzählen Sie doch einmal mehr!

Nicht immer und nicht unmittelbar werden Sie dabei Informationen zu der konkreten Stelle bekommen. Aber Sie erweitern schrittweise Ihren Bekanntenkreis und erhöhen die Wahrscheinlichkeit, dass Ihnen irgendjemand aus diesem Kreis irgendwann einmal bezüglich Fragen zu eine bestimmten Berufsumfeld, zu einem bestimmten Stellenangebot wird weiterhelfen können. Persönlich oder indirekt durch einen seiner Kontakte.

Wahrscheinlich müssen wir Ihnen all das gar nicht im Detail beschreiben. Ist Ihnen ohnehin bewusst. Weil Sie nicht zu den „Klischee-Absolventen" gehören, die sich ohnehin nur mit der leblosen Materie beschäftigen, mit Ihrem reinen Fach. Und die stattdessen in nicht unerheblichem Maße viel Spaß bei der Zusammenarbeit mit Menschen haben und Zeit und Energie in den Aufbau eines persönlichen Netzwerkes investieren. Oder?

Unterschätzen Sie die Macht dieser Netzwerke nicht. Jeder kennt eben jeden – irgendwie. Und jeder Mensch – jeder – kann Ihnen eine gute Geschichte erzählen. Von *jedem* können Sie etwas lernen – wenn Sie es nur selbst möchten und zulassen. Und das kann Ihnen bei Ihrer Suche nach Ihrem Platz im Arbeitsleben immer in der einen oder anderen Form an der einen oder anderen Stelle behilflich sein. Und es hat nichts Anrüchiges an sich. Das hat nichts mit Vetternwirtschaft oder ähnlich Anrüchigem zu tun, sondern schlicht und ergreifend mit der typisch menschlichen Neigung, dass man eben zuallererst einmal den Menschen zuhört, die man persönlich kennt. Weil man eben vor „dem Fremden" eher Angst hat oder ihm zumindest Misstrauen entgegenbringt. Das bringen wir im Übrigen schon unseren Kindern bei. Mit gutem Grund. Und was für Kinder gut ist … na ja, den Rest kennen Sie ja aus der Werbung …

Haben Sie also ruhig den Mut zum Fragen! Und mal ehrlich: nicht zu fragen – dazu ist das Leben doch eigentlich viel zu schade. Denn bei allen Unwägbarkeiten ist eines doch nahezu sicher: in etwa hundert Jahren werden Sie mit an Sicherheit grenzender Wahrscheinlichkeit nicht mehr auf dieser Welt sein. Was hat das jetzt in diesem Kontext mit dieser Frage zu tun? Fragen Sie sich einmal folgendes: warum nutzen Sie nicht die Zeit bis zu diesem unabwendbaren Ereignis möglichst gut? Und warum fangen Sie nicht jetzt damit an? Fragen ist am Anfang nicht leicht. Macht aber mit zunehmender Anwendung immer mehr Spaß (das können Sie – wiederum – an Kindern im Übrigen ganz wunderbar beobachten!). Und am Ende sind Sie garantiert reicher an Erfahrung. Und wer weiß: vielleicht ergibt sich aus dieser Fragerei ja auch noch etwas ganz anderes? Vielleicht erkennt jemand im Gespräch mit Ihnen ja noch eine Seite an Ihrer Persönlichkeit, die Sie so noch nie gesehen haben. Ein Talent, welches Sie nie an sich vermutet hätten. Großartig. Wieder etwas gelernt. Oder Sie erfahren etwas ganz Neues über sich? Das wäre ja noch schöner. Und Sie werden sich wundern, wie offen, wie gesprächsbereit Menschen plötzlich werden, wenn man sich einmal mit Ihnen unterhält. Wie hilfsbereit Menschen eigentlich sind. Und was für Themen manchmal aus einer einfachen Situation und einer Frage entstehen können: „Haben Sie aus Ihrem Vortrag denn schon mal ein Buch gemacht?"

Am Ende stellen Sie sich möglicherweise nur noch eine Frage: warum habe ich eigentlich so spät damit angefangen, Fragen zu stellen? Also viel Spaß dabei!

c) Kontaktaufnahme

An dieser Stelle mögen Sie also nun eine aus Ihrer Sicht passende Stelle identifiziert haben. Und haben sich des Weiteren so gut wie nur irgend möglich unter Nutzung aller Ihnen zugänglichen Quellen über diese informiert. Und dabei ein wenig mehr über die offiziellen und inoffiziellen Hintergründe des Unternehmens erfahren. Aus der Website des Unternehmens, durch Kontakte aus Ihrem persönlichen Netzwerk usw. Und sind – positiv betrachtet – immer noch der Meinung, dass der Job zu Ihnen passt. Was nun?

Der nächste logische Schritt ist an dieser Stelle selbstverständlich die Bewerbung. Über die optimale Gestaltung dieses Schrittes gibt es Bücher, mit denen sich mit Sicherheit ganze Bibliotheken füllen lassen würden. Und unzählige Seminare, mit denen Sie zum vollkommen Experten auf diesem Gebiet ausgebildet werden können. Ganz zu schweigen von den Vorlagen für Bewerbungsunterlagen, welche Sie über das Internet besorgen können. Und das auch noch in jeder beliebigen Sprache! Warum also noch viele Worte über diesen Schritt im Gesamtprozess verlieren? Ist doch offensichtlich der einfachste von allen, oder?

Oder sind Sie ob der Vielfalt der oben beschriebenen Angebote eher desorientiert? Wissen nicht, auf was es wirklich ankommt beim Bewerbungsschreiben? Und wo die Fallstricke sind? Noch einmal: wir können und wollen an dieser Stelle nicht die tausend und erste Abhandlung über diese Thematik schreiben. Aber vielleicht ist es hilfreich, wenn wir den Blick ein wenig in die Richtung lenken, die aus unserer Sicht hilfreich sein könnte. Um Ihnen vielleicht eine kleine Hilfestellung dabei zu geben, wenn es darum geht, die Vielfalt an Themen zu priorisieren, die Sie bei der Bewerbung zu berücksichtigen haben. Als da wären: Anschreiben, Lebenslauf, Zeugnisse, Bilder, etc. Was davon ist denn wirklich wichtig?

Ganz ohne Zweifel: Ihr Lebenslauf ist das Herzstück einer jeden Bewerbung. Sie werden es wohl eher schwierig haben, eine Stelle im Bereich der softwaregestützten Modellierung des Fahrzeugverhaltens von Lastkraftwagen bei unterschiedlichen Bodenverhältnissen zu bekommen, wenn Sie nicht entsprechende Mathematik- oder Informatikkenntnisse vorweisen können. Genauso schwierig wird es sein, wenn Sie sich als Biologe auf eine Stelle in einer molekularbiologischen Arbeitsgruppe bewerben obwohl Ihr bisheriger Lebenslauf eher auf einen Schwerpunkt im Bereich der Zoologie lag. Sie sollten also sicherstellen, dass Ihr Lebenslauf zum Stellenangebot passt – und Ihre Kompetenzen nicht am Ziel vorbeischießen.

Aber wenn der Lebenslauf das Herzstück ist, sozusagen „das Bild" welches Sie von sich abgeben – so ist Ihr Anschreiben im Gegensatz dazu „der Rahmen", der einen Leser erst einmal dazu einlädt, sich näher mit dem Bild zu beschäftigen. Das Anschreiben ist mehr als eine reine Höflichkeitsform in der Bewerbung, die eben „da sein muss", auf deren Gestaltung man aber keinen tieferen Wert legen sollte. Ganz im Gegenteil. Denn viele Unternehmen schauen sich zunächst einmal das Anschreiben an, um sich ein erstes Bild von dem Bewerber zu machen. Warum? Vielleicht weil das Unternehmen sehen möchte, was Ihre Beweggründe sind, um diese Stelle anzutreten. Vielleicht weil Sie auf Ihre schriftliche Ausdrucksweise hin überprüft werden sollen. Oder schlicht und ergreifend einfach, weil das Anschreiben der vielleicht einzige Bestandteil Ihrer Bewerbung ist, an dem Sie keinen wirklich klaren Vorgaben folgen können. Innerhalb dessen Sie gezwungen sind, einen Freitext zu formulieren, der Ihre Motivation enthält. Innerhalb dessen Sie kurz und prägnant darstellen sollen, auf welche Weise Sie gedenken, Mehrwert in das Unternehmen hinein zu tragen – und das obwohl Sie eigentlich keine wirklich tief gehende Ahnung davon haben, wie das Unternehmen im letzten Detail denn nun eigentlich funktioniert und wie es was auf welchen Wegen genau macht. Das kann unter Umständen ein sehr anspruchsvoller Spagat sein. Denn zu allem Überfluss sollen Sie dabei ja neben einem aus der Masse der Bewerbung herausstechenden Stil auch noch authentisch bleiben. Sich nicht „verbiegen". Und nicht in der Bewerbung das Blaue vom Himmel versprechen, während Sie dann im Bewerbungsgespräch später wieder „zurückrudern". Also nicht schreiben „… es war schon immer mein Traum, als Pharmareferent für ein global tätiges Unternehmen Mehrwert für die Kunden zu schaffen …" und dann im Bewerbungsge-

4 Und jetzt? – Was sich ab heute ändern soll, um diese Frage zu ...

spräch einzuschränken im Sinne von „... im Grunde genommen interessiert mich die Tätigkeit schon sehr, aber es wäre schön, wenn die Reisebelastung nicht allzu hoch wäre ...".

Was ist also wichtig? Zunächst einmal sollten Sie sich selbst sicher sein, das angestrebte Jobumfeld wirklich – wirklich – anvisieren zu wollen. Was voraussetzt, dass Sie sich im Vorfeld intensiv damit auseinandergesetzt haben. Wissen, was auf Sie im Ernstfall zukommen wird. Und auch eine gute Vorstellung davon haben, auf welche Weise Sie dem Unternehmen mit Ihren Kompetenzen dienlich sein können (denn nur das interessiert die Gegenseite in diesem Falle!). Und genau diese Tatsachen sollten Sie dann möglichst pointiert zu Papier bringen. So dass es authentisch bleibt und nicht übertrieben im Sinne von „... war schon immer mein Kindheitstraum ..." (klingt spätestens beim dritten Unternehmen in der dritten Branche auch in Ihren Augen wie ein übler Scherz). Seien Sie also kritisch und fragen Sie sich selbst ganz bewusst immer wieder, was Sie wirklich dazu bewogen hat, sich bei diesem Unternehmen zu bewerben. Auf diese Stelle. Wenn Sie dann herausfinden, dass es „halt bloß die einzige Alternative" ist – nun ja, fragen Sie sich selbst, ob das eine gute Basis für eine Arbeitsbeziehung ist, die im Extremfall Ihr ganzes restliches Arbeitsleben andauern sollte. Und ob Sie es wirklich schaffen, einem professionellen Personalmanager gegenüberzutreten und diese wahren Beweggründe verborgen zu halten. Was würden Sie sagen, wenn Sie auf der anderen Seite des Tisches sitzen würden und Sie sich selbst als Bewerber gegenübertreten?

Wenn Sie sich aber ehrlich sicher sind, dass sowohl das angestrebte berufliche Umfeld als auch das Unternehmen und die konkrete Stelle zu Ihnen passen würden (basierend auf Gesprächen mit Freunden, Bekannten, etc.) – dann schreiben Sie genau dies in Ihr Anschreiben hinein. Zum Beispiel in der Art wie „Im Rahmen meines Studiums habe ich meinen Interessenschwerpunkt früh auf den Bereich Prozessoptimierung in der Produktion gelegt. Dieses Interesse habe ich im Rahmen meiner Abschlussarbeit bei einem namhaften Turbinenhersteller nicht nur weiterführen, sondern auch erfolgreich umsetzen können. Eine Tätigkeit im technischen Vertrieb gibt mir die Gelegenheit, das Erlernte in der Praxis unmittelbar einzusetzen.". Durch ein Anschreiben dieser Art verbinden Sie unmittelbar wirtschaftliches Interesse Ihres potenziellen Arbeitgebers

(„… in der Praxis unmittelbar einzusetzen …") und verweisen nicht nur explizit auf Ihren Lebenslauf („… Interessenschwerpunkt Prozessoptimierung …", „… Abschlussarbeit bei Turbinenhersteller …") sondern zeigen auch unmittelbar die Bereitschaft zu weiterem Lernen („… Möglichkeit zur weiteren Entwicklung …"), was einem Arbeitgeber (nicht nur) in der heutigen Zeit besonders wichtig ist.

Noch besser wird es aber sein, wenn Sie vor dem Versenden der Bewerbung mit dem Unternehmen schon gesprochen haben. Greifen Sie zum Telefon und rufen sie an. Sie lernen viel über das Unternehmen, die Stelle und das Auswahlverfahren, wenn Sie mit Ihnen telefonieren. Sie können vielleicht schon ausschließen, was Sie nicht wollen, Sie haben aber auch die Chance, Ihr Anschreiben noch gezielter zu formulieren und so sicherzustellen, dass sich jemand im Unternehmen auch an Sie erinnert, wenn Sie Ihre Unterlagen schicken. Vielleicht haben Sie schon mit der Fachabteilung gesprochen und so mehr Informationen bekommen, die Ihnen bei der Formulierung des Schreibens ebenso helfen, wie bei der Überprüfung, ob dieser Arbeitgeber und die Stelle tatsächlich zu Ihnen passt.

Natürlich gibt es auch Unternehmen, die nicht mehr den direkten Kontakt mit Bewerbern haben wollen. Personalbeschaffungsprozesse werden ausgelagert, Algorithmen entscheiden über die Zulassung zum Gespräch oder verwehren es. Wenn Sie mit einer solchen Behandlung einverstanden sind, bewerben Sie sich ruhig über solche Plattformen. Wenn Sie nicht so behandelt werden wollen, könnte es ein erster Hinweis darauf sein, dass Sie in einem solchen Unternehmen nicht arbeiten wollen und vermutlich dann auch nicht arbeiten werden.

Was ist also das Entscheidende? Ihre ehrliche Motivation zum Antreten der Stelle beziehungsweise (bei Initiativbewerbungen) für eine Beschäftigung im jeweiligen Unternehmen. Ehrlich, offen und ungeschönt. Sie können diese Motivation nicht direkt und ad hoc schreiben? Müssen sich erst einmal Ihre Worte zurechtlegen, erst einmal genau überlegen was Sie eigentlich sagen? Dann ist es möglicherweise doch nicht die richtige Stelle für Sie? Denken Sie vielleicht noch einmal drüber nach. Schlafen Sie noch einmal drüber. Vielleicht fühlen Sie sich ja wegen irgendeiner Sache noch ein wenig unwohl. Und da ist es allemal wert, dass Sie sich noch einmal tiefer gehende Gedanken zu der angestrebten Position machen.

Andererseits haben Sie sicherlich vielfältige Interessen, Kompetenzen und Wissensgebiete, welche Sie in einem Anschreiben zu Markte tragen können. Tun Sie das auch, gezielt für Ihre angestrebte Stelle. „Tunen" Sie sozusagen Ihr Anschreiben auf den jeweiligen Arbeitgeber, auf die jeweilige Stelle, auf die Sie sich bewerben. Wir haben im vorangegangenen Abschnitt behauptet, dass jeder Mensch eine gute Geschichte zu bieten hat. So haben auch Sie jedem eine gute und spannende Geschichte zu erzählen. Sie müssen nur lange genug suchen und angestrengt genug überlegen, aus welcher Perspektive Sie Ihren persönlichen Werdegang (den Sie auch am Ende Ihrer universitären Ausbildung durchaus bereits als solchen bezeichnen dürfen!) im Licht der jeweiligen Stelle betrachten möchten. Sie werden sehen: wenn Sie nur lange genug suchen, dann kann jedes Leben spannend werden.

Denn nichts ist am Ende des Tages langweiliger für einen Mitarbeiter im Personalwesen, als standardisierte Anschreiben durchzusehen, denen man ansieht, dass sie Repliken von Anschreiben für Bewerbungen auf ganz andere Stellen sind. Sie erwarten sich doch sicher ein Mindestmaß an Wertschätzung von Ihrem künftigen Arbeitgeber. Also darf dieser von Ihnen doch wohl auch etwas mehr Wertschätzung erwarten, oder? Es lohnt sich daher durchaus, Zeit und Energie in das Anschreiben einer Bewerbung zu stecken. Denn ohne einen richtigen schönen Rahmen nutzt manchmal auch das beste Bild nichts.

d) Vor dem Gespräch

Stellen wir uns für einen Moment einmal vor, dass Ihre Bewerbung erfolgreich die erste Hürde passiert hat. Sie ist durch die Personalabteilung durchgegangen, und Ihr Profil scheint dem Unternehmen tatsächlich interessant genug zu sein, um sich persönlich mit Ihnen unterhalten zu wollen. Also genau das, was Sie eigentlich erreichen wollen. Und dann beginnen auch schon die nächsten Fragen.

Wer wird mit mir reden? Über welche Themen? Was sind die Fragen, mit denen ich konfrontiert werden könnte im Bewerbungsgespräch? Und wie bereite ich mich am besten darauf vor? Welche Fragen sollte ich von meiner Seite aus stellen? Und welche Dinge sollte ich besser nicht ansprechen? Wie stelle ich die Einzelheiten meines Lebenslaufs im Bewerbungsgespräch vor? Um nur ein paar mögliche Fragen zu nennen, die Ihnen im Vorfeld des eigentlichen Gesprächs durch den Kopf schießen könnten.

Im Grunde genommen stecken Sie an dieser Stelle also trotz der anfänglichen Freude über die Einladung in einer eher unbequemen Situation. Unbehagen erwacht in Ihnen. Vielleicht Unsicherheit. Warum? Ein Teil dieser Unsicherheit ist sicherlich den konkreten Inhalten des Gesprächs geschuldet, welche Sie eben noch nicht genau absehen können. Ein anderer Teil Ihrer Unsicherheit erwächst aber möglicherweise aus einer ganz anderen Quelle. Aus der Tatsache heraus, dass Ihnen im Prinzip schon klar ist, auf welchem Wege Sie einen Großteil der oben angesprochenen Fragen aus dem Weg räumen können – nämlich schlicht und ergreifend indem sie fragen. Dass Sie aber andererseits nicht genau wissen, wen Sie über welchen Weg und mit welcher Wortwahl wann fragen können und sollten, um an die gewünschten Informationen zu kommen. Weil Sie sich vielleicht noch etwas unsicher fühlen und noch nicht genau wissen, was man machen darf und was man lieber bleiben lässt.

Auch hierzu ist in vielen Abhandlungen sehr viel Kluges (und vielleicht hier und da auch hilfreiches) geschrieben worden. Daher möchten wir die Problematik bewusst ein wenig von außen betrachten. Fragen, was es denn wirklich sein könnte, was Sie davon abhält, den Hörer in die Hand zu nehmen und anzurufen. Das klingt vielleicht absurd, aber genau dieser Schritt ist für viele – gerade am Übergang vom Studium ins Berufsleben – einer der schwierigsten Schritte überhaupt. Seinem Gegenüber nicht ins Gesicht sehen zu können, während man telefoniert. Das erfordert schon etwas Übung. Und eine gewisse Menschenkenntnis. Aber beides erhält man nicht durch trockenes Studium oder aber allein durch die Lektüre dieses Buches. Sie müssen es einfach machen. Und wenn Sie sagen, Sie können es noch nicht, dann probieren Sie es aus und lernen es. Es wird sich lohnen. Wie Sie auftreten sollen? Nun, am besten gehen Sie das Telefonat an, ohne sich in Ihrer Art und Weise zu verstellen. Sie geben sich genauso, wie Sie sind. Das hat gleich zwei Vorteile: zum einen müssen Sie nicht in irgendeine Rolle schlüpfen, die nicht zu Ihnen passt (das merkt Ihr Adressat ohnehin irgendwann – und meist ziemlich schnell) und können sich daher ganz auf die Inhalte des Gesprächs konzentrieren. Andererseits lernt Ihr Gegenüber Sie gleich genauso kennen, wie Sie sind. Und kann sich bereits ein erstes ehrliches (wenngleich auch nur akusti-

4 Und jetzt? – Was sich ab heute ändern soll, um diese Frage zu ... 297

sches) Bild von Ihnen machen. Die einzige Grundregel, welche Sie beherzigen sollten: seien und bleiben Sie höflich. Und das haben Ihnen Ihre Eltern sicherlich schon als kleines Kind beigebracht. Also auch nichts wirklich Neues für Sie.

Warum ist diese Kontaktaufnahme an dieser Stelle des Prozesses so wichtig? Warum reiten wir gerade darauf so herum? Haben Sie nicht vorher alle erdenklichen Informationen abgegriffen und könnten eigentlich direkt in das Bewerbungsgespräch hinein marschieren? Vielleicht nicht ganz. Denn Sie wissen zwar grob um was es in der Stelle geht. Und Sie haben auch eine einigermaßen präzise Vorstellung davon, was das Unternehmen eigentlich so macht und über welche Produkte oder Dienstleistungen es sich definiert. Aber jetzt haben Sie einen ganz konkreten Ankerpunkt, um mehr zu erfahren. Denn die Einladung zum Bewerbungsgespräch enthält normalerweise die Kontaktdaten eines ganz bestimmten Ansprechpartners. Entweder eines Verantwortlichen aus der Personalabteilung, der Sie seitens des Unternehmens durch den Bewerbungsprozess begleiten wird. Oder aber vielleicht sogar ein Fachverantwortlicher, der bei erfolgreicher Bewerbung möglicherweise sogar Ihr Vorgesetzter werden könnte. In jedem Falle haben Sie durch die Einladung das Recht erhalten, diese Personen zu kontaktieren. Vielleicht gebietet sogar die Pflicht dazu, sie anzurufen. Warum? Weil Sie damit nicht nur weiterhin Ihr nachhaltiges Interesse an der Stelle und dem Unternehmen bekunden. Sondern sich auch konkreter über die Inhalte informieren können, die Sie erwarten. Und je konkreter Sie wissen, was auf Sie zukommen wird, umso besser werden Sie sich vorbereiten können. Und dazu müssen Sie für sich selbst das Gefühl haben, alles richtig verstanden zu haben. Um nicht mit falschen Erwartungshaltungen in das Gespräch hineinzugehen.

Machen Sie sich aber auch noch einmal klar: das bevorstehende Bewerbungsgespräch ist keine Klausur an der Uni mehr. Es geht hier nicht mehr darum, sich ein begrenztes Stoffgebiet in den Kopf zu pauken und es dann anschließend nach dem Gespräch am besten gleich wieder zu vergessen, um Platz für die nächste Prüfung zu schaffen. Sicher, wahrscheinlich haben Sie auch mit Ihrem Dozenten abgestimmt, welche Schwerpunkte in der Prüfung gelegt werden, um den Lernstoff ein wenig einzugrenzen. Aber diese Situation, in die Sie nun marschieren, unterscheidet sich von der akademischen Ausbildung fundamental. Da geht es nicht darum, eine standardisierte Prüfung zu bestehen, die jemand nach bestem didaktischen Wissen und Gewissen zusammengestellt hat. Es geht vielmehr darum, ob Sie als Mensch (und nicht nur als Wissensträger oder Kompetenzzentrum) zu dem Unternehmen, zu der Abteilung, zum Team passen. Ihr Gegenüber wird keine Prüfungsunterlagen mitbringen. Er wird sich mit Ihnen im Idealfall einfach von Mensch zu Mensch unterhalten wollen. Wie wir bereits vorher festgehalten haben, geht es dabei mehr darum, ob „die Chemie stimmt" (dazu im nächsten Abschnitt noch etwas mehr), als dass alle Fragen korrekt und richtig beantwortet wurden. Denn darauf bekommen Sie im Gegensatz zur Universität hier meist nicht immer die volle Punktzahl. Rechthaberei zahlt sich nicht unbedingt immer aus.

Wenn Sie sich also im Vorfeld eines Gesprächs informieren über Gesprächspartner, Inhalte und Ablauf – bleiben Sie in jedem Falle authentisch. Und sagen Sie die Dinge so, wie sie sind. Auf der anderen Seite ist man in der Regel genauso neugierig auf Sie wie Sie es umgekehrt auf das Unternehmen sind. Und wenn Sie sich vor dem Bewerbungsgespräch noch einmal informieren über die Details – dann machen Sie sich durch Ihr Interesse allerhöchstens. So sind Sie auf diese Weise gewappnet für den entscheidenden Teil des Prozesses, bei dem Sie dann persönlich auf Ihr mögliches neues Arbeitsumfeld treffen.

e) Im Bewerbungsgespräch

Im ersten Teil des Buches haben wir das Thema des Bewerbungsgesprächs schon einmal diskutiert. Wir möchten es an dieser Stelle im Kontext des gesamten Bewerbungsprozesses noch einmal aufgreifen, weil es das Herzstück dieses gesamten Prozesses ist. Der Kulminationspunkt, auf den Sie hingearbeitet haben und von dem aus Ihrer Sicht nun alles abhängt. Vielleicht Ihre ganze Zukunft.

Gehen Ihnen solche Gedanken durch den Kopf, bevor Sie in das Gespräch hineingehen? Vielleicht liegen Sie damit ja gar nicht so falsch. Aber andererseits besteht dann möglicherweise die Gefahr, dass Sie unnötig verkrampfen, sich nur auf Ihr Ziel fixieren („Ich muss diese Stelle bekommen!") und dabei übersehen, dass es auf dem Weg dorthin auch und gerade im Bewerbungsgespräch noch zahlreiche kleine, aber entscheidende Hürden zu nehmen gilt. Worauf kommt es also an dieser Stelle an? Auf welche Dinge sollten Sie Wert legen?

Sie könnten versuchen, im Bewerbungsgespräch drei Dinge zu beherzigen:

- Seien Sie Sie selbst
- Gehen Sie ergebnisoffen und ohne Erwartungen in das Gespräch
- Hören Sie auf Ihr Bauchgefühl

„Sei du selbst". Diesen Spruch werden Sie vermutlich in der einen oder anderen Form schon häufiger gehört haben. Und erstaunlicherweise verliert er nie wirklich an seiner Aktualität und Bedeutung, auch wenn er abgedroschen klingen mag. Warum? Vielleicht weil wir in vielen Situationen in unserem Leben, auch und gerade im Geschäftsleben, sehr häufig der Meinung sind, dass wir in eine gewisse Rolle schlüpfen müssen. Etwas Gewisses repräsentieren müssen, das wir implizit mit der angestrebten Stelle in Verbindung bringen. Die fachliche Allwissenheit eines promovierten Naturwissenschaftlers, der in der Forschungs- und Entwicklungsabteilung eines Pharmakonzerns Karriere macht. Die Unfehlbarkeit eines Investmentbankers, der seinen Kunden stets zwei Gedankenschritte voraus ist und sachlich-nüchtern seine Argumente herunterschnurrt. Oder aber die penible Exaktheit eines Mitarbeiters in der Qualitätssicherung eines Landmaschinenherstellers. Aber stimmen diese Bilder denn wirklich mit der Realität überein? Welche verlässlichen Quellen haben Sie herangezogen, um diese Bilder auf ihre Plausibilität hin zu überprüfen? Und wie viel von dem was Sie glauben, ist Glaube? Unbewiesene Legende? Oder schlicht und ergreifend falsch?

Wenn Sie versuchen, im Bewerbungsgespräch diesem Bild gerecht zu werden, dann kann es passieren, dass es aus der Perspektive Ihres Gegenübers krampfhaft wirkt. Weil Sie eben nicht Sie selbst sind, weil Sie noch nicht in diese neue Rolle, welche Sie glauben müssen zu spielen, hineingeschlüpft sind. Oder weil Sie sich nicht wohlfühlen darin und sich eigentlich auch nicht sicher sind, ob diese Rolle überhaupt eine Realität hat. Genau das wird Ihr Gegenüber merken und darüber wahrscheinlich auch irritiert sein. Er erwartet, sich zunächst mit Ihnen als Mensch zu unterhalten. Er möchte nicht mit einem Rollenbild sprechen. Gerade

Querdenker und Individuen werden in einem Großteil der von Ihnen angestrebten Berufsfelder gesucht sein. Menschen, die ihre Stärken und Schwächen bewusst zu Markte tragen – um darauf basierend das Beste für sich und ihr Unternehmen herauszuholen. Das beginnt im Bewerbungsgespräch. Damit, dass Sie sich als Mensch wie Sie sind präsentieren und Ihrem Gegenüber entgegentreten. Denn nur dann sind Sie wirklich authentisch und können überhaupt etwas von dem Gespräch erwarten ...

... was Sie aber eigentlich auch nicht krampfhaft machen sollten. Etwas von dem Gespräch erwarten. Setzen Sie sich im Vorfeld und während des Gesprächs nicht unnötig unter Druck. Selbstverständlich wollen Sie lernen, ob Sie die Stelle haben wollen. Es bringt aber nichts, wenn Sie sich das während des Gesprächs permanent vor Augen halten und darüber alles andere vergessen. Und krampfhaft versuchen, nach Antworten und Argumenten zu ringen, um Ihre Vorteile nach außen zu kehren und nicht allzu viele von Ihren Schwächen an die Oberfläche zu spülen.

Gehen Sie ruhig, entspannt und ergebnisoffen in das Gespräch. Machen Sie sich eines bewusst: Sie werden eine Stelle finden, die zu Ihnen passt! Das kann – aber muss nicht – genau diese hier sein. Am Ende des Tages ist ein Bewerbungsgespräch nämlich genau nur das – ein Gespräch. Erwarten Sie nicht mehr, aber auch eben nicht weniger davon.

Was kann Ihnen im Gespräch helfen? In Anlehnung an ein historisches Zitat („frage nicht, was dein Land für dich tun kann, frage, was du für dein Land tun kannst.") könnten Sie nach dem Motto verfahren:

Frag nicht, was das Unternehmen für Dich tut,
sondern überlege, was Du für das Unternehmen tun kannst!

Noch einmal: das heißt wiederum nicht, dass Sie krampfhaft nach Argumenten suchen müssen, um Ihre angestrebte Existenz im Unternehmen zu rechtfertigen. Überlegen Sie im Vorfeld vielleicht eher einmal, was Sie tun würden, wenn das Unternehmen Ihnen alleine gehörte. Welche Schritte wären Ihrer Ansicht nach diejenigen, die am gewinnbringendsten wären? Und warum genau diese? Warum nicht andere? Dann werden Sie Ihre Ideen nicht nur mit viel mehr Nachdruck vertreten können, haben aber vielleicht auch eine ganze Menge Fragen bekommen, die lohnen, geklärt zu werden.

Vermutlich werden Sie auch merken, dass es eine eindeutige Antwort auf die Frage nach dem, was Sie tun können, eigentlich nicht gibt. Oder vielmehr eine einzige Antwort, es werden eher viele Antworten sein. Es wird darum gehen, aus der Vielzahl von Themen und Möglichkeiten diejenigen herauszufinden, die Ihnen am besten erscheinen, am besten zu Ihnen passen. Darüber an einer passenden Stelle des Bewerbungsgesprächs zu diskutieren, kann mit Sicherheit nicht schaden. Das zeigt, dass Sie sich intensiv Gedanken um das Unternehmen gemacht haben. Wer das im Vorfeld einmal gemacht hat, der macht das möglicherweise sogar auch nach der Einstellung. Sie werden vermutlich merken, dass Ihnen ein solches Gespräch nicht nur leichter fallen wird als ein wie auch immer geartetes „Rollenspiel", wenn Sie also Sie selbst sein können, sondern dass es sogar paradoxerweise sogar Spaß machen kann. Ihr Gegenüber wird merken, dass Sie sich eben nicht nur auf die rein fachliche Seite des Gesprächs vorbereitet haben, sondern sich wirklich ernsthaft und tief Gedanken um die angestrebte Stelle gemacht haben.

Dann sollten Sie sich drittens vor Augen halten, dass sich die eigentliche Entscheidung im Bewerbungsgespräch relativ schnell anbahnen wird. Wie wir weiter oben gesehen haben, in spätestens acht Sekunden. Acht Sekunden. Dann wissen Sie für sich, ob Sie diesen ob wirklich antreten wollen – oder nicht. Dann weiß Ihr Gegenüber, ob das Gespräch für ihn gewinnbringend sein wird – oder nicht. Was heißt das aber konkret in der Situation des Bewerbungsgesprächs? Und warum ist das so?

Ein Traumjob auf dem Papier sieht immer perfekt aus. Aber damit ist er noch lange kein Traumjob in der Realität. Wenn Sie also im Laufe des Bewerbungsgesprächs ein mulmiges Gefühl im Bauch haben, dann sollten Sie vielleicht noch einmal überlegen. Noch einmal tief darüber nachdenken, ob die angestrebte Stelle wirklich die richtige für Sie ist. Eine Nacht darüber schlafen. Denn möglicherweise wäre die Arbeitsrealität in dem Unternehmen nicht die, die Sie zu finden erhofft haben. Hier kommt der Faktor der Unternehmenskultur ins Spiel. Man kann diese Kultur nicht greifen, nicht beschreiben. Man muss sie selbst erleben. Und das kann man ungezwungen zum vielleicht ersten und letzten Male eben im Bewerbungsgespräch machen. „Drum prüfe, wer sich ewig bindet ..." – auch wenn im Berufsleben heute nichts mehr für die Ewigkeit gemacht wird: eine Fehlentscheidung ist in jedem Fall bitter und würde Ihnen bereits mittelfristig keinen Spaß bereiten.

An mehreren Stellen dieses Buches haben wir diesem diffusen „Bauchgefühl" aus unterschiedlichen Gründen viel Platz eingeräumt. Und es besitzt einen unschätzbar hohen Stellenwert, auch und gerade im Bewerbungsprozess. Weil selbst Mathematiker, Informatiker, Naturwissenschaftler, und Techniker lernen mussten (teilweise schmerzlich!) wie wichtig das Bauchgefühl bei der Berufswahl ist. Und dass es keinen Sinn macht, sich zu verbiegen, gegen den eigenen Bauch zu handeln und eine Rolle zu spielen. Das macht Ihnen langfristig keinen Spaß, und die Leute merken es ohnehin früher oder später. Außerdem riskieren Sie, krank zu werden, wenn sSe gegen sich selbst arbeiten. Und dass ein Bewerbungsgespräch, als solches geführt (nämlich als Gespräch) alles ist, was Sie erwarten können. Und dass genau das auch Freude bereiten kann. Und wenn es keine Freude bereitet, dann weiß man zumindest, dass man diesen Weg beruflich wahrscheinlich auch nicht gehen möchte. Was auch eine wichtige Information ist. Auch wenn es mit Sicherheit schwerfällt, sich am Ende eines langen Bewerbungsprozesses eingestehen zu müssen, dass die Stelle nicht die richtige ist. Umso schwieriger, wenn man dann sogar noch ein Vertragsangebot in Händen hält und man die Gelegenheit hätte, die Stelle tatsächlich anzutreten. Wie vielen ist der Spatz in der Hand hier lieber als die Taube auf dem Dach? Was nur zu verständlich ist. Schließlich hat man im Vorfeld so viel darin investiert. Aber heißt es im Sprichwort nicht auch noch „Don't throw good money after bad"? Sollte man also gleichermaßen nicht noch die „wertvolle Zeit" (einer beruflichen Tätigkeit) hinter der „schlechten Zeit" (Bewerbung auf eine eigentlich gar nicht zu uns passenden Stelle) hinterherwerfen? Hier können und werden wir Ihnen keinen abschließenden Rat geben. Das müssen Sie in der jeweiligen Situation ganz individuell für sich selbst entscheiden. Kriterien für diesen Entscheidungsspagat haben wir Ihnen zuvor bereits einige vorgestellt. Denken Sie einmal drüber nach.

f) Nach der Einstellung

Nehmen wir einmal an, Sie haben es durch sämtliche in den vorherigen Abschnitten beschriebenen Etappen geschafft. Ihre Zielrichtung identifiziert. Eine passende Stelle, ein passendes Unternehmen auserkoren. Sich erfolgreich beworben und im Bewerbungsgespräch überzeugt. Und das Unternehmen hat Sie überzeugt. Und jetzt können Sie nach der Vertragsunterzeichnung – endlich – mit der langersehnten Berufslaufbahn beginnen.

Dann könnten Sie sich jetzt doch eigentlich mit Fug und Recht zurücklehnen, die Suche nach der passenden Stelle der Vergangenheit angehören lassen und sich voll und ganz auf Ihre Arbeit konzentrieren. Oder? Oder etwa nicht? Möglicherweise noch nicht ganz. Sie haben bislang die angetretene Stelle permanent gegen Ihre Erwartungen, gegen Ihre Wünsche, gemessen. Ihr Maßstab waren dabei die identifizierten Interessen und Kompetenzen, also all das was Sie über sich selbst herausgefunden haben. Warum sollte das jetzt nicht mehr ausreichen?

Menschen verändern sich im Laufe ihres Lebens. Mit zunehmendem Alter können sich Prioritäten verschieben. Und was Ihnen heute als belanglos erscheint, das kann schon morgen wesentlicher Bestandteil Ihrer Lebensgestaltung sein. So stehen während des Studiums bei Ihnen als junger und ungebundener Mensch möglicherweise Themen wie Auslandserfahrung und Reisen sehr hoch im Kurs. Als Berufseinsteiger werden Dinge wie eine eigene Wohnung, ein eigenes Auto oder (auf der Basis der nun geschaffenen finanziellen Sicherheit) die schrittweise Festigung einer Partnerschaft oder gar die Gründung einer Familie. Wenn Sie dann später Kinder haben werden Sie vielleicht feststellen, dass das Thema Familie zum bestimmenden Faktor in Ihrer Lebensplanung werden kann. Und Sie vielleicht Ihren Kindern möglichst früh möglichst viel von Ihrer Erfahrung mitgeben möchten. Und daher vielleicht (im Unterschied zu Ihrer Ausrichtung im Studium) das Thema Auslandserfahrung als weniger wichtig erachten. Und sich Ihre Prioritäten fundamental verschieben.

Wie heißt es dazu passend in einem Rocksong aus den 1990er-Jahren:

Oh, how years change the things for which we strive.
A better world or just a quiet life[13]

---

[13] Marillion, Song: One Fine Day, Album: This Strange Engine, Castle Communications, 1997.

Interessen, Prioritäten, Ansichten, soziales Umfeld usw. All das wird sich also wahrscheinlich auch bei Ihnen verändern. Vielleicht plötzlich, radikal und fundamental. Vielleicht auch nicht dramatisch. Vielleicht auch nicht schnell. Vielleicht nehmen Sie es ja noch nicht einmal wahr. Zunächst einmal. Machen Sie sich vielleicht zunächst einfach nur einmal mit der Tatsache vertraut, dass es passieren könnte oder gar wird. Beobachten Sie sich von Zeit zu Zeit einmal. Um zu schauen, ob die alten Interessen, Kompetenzen usw. immer noch aktuell sind. Betrachten Sie Ihre Ziele und Ihre berufliche Position einmal im Lichte dieser möglichen Veränderungen. Denn möglicherweise erfordert eine veränderte Basis Ihrer Prioritäten usw. auch eine berufliche Veränderung. Das muss nicht unbedingt sein, kann es aber. Und dann sollten *Sie* als erstes darüber Bescheid wissen. Um möglichst frühzeitig darauf zu reagieren.

Es macht also durchaus einmal Sinn, von Zeit zu Zeit sich selbst (wie vorher beschrieben) einmal zu überprüfen und auch Ihre berufliche Position einmal abzuklopfen. Was macht Ihnen an ihrem beruflichen Umfeld Freude? Was stört Sie? Warum? Wohin möchten Sie langfristig? Inwiefern haben Sie Ihre ursprünglichen Ziele noch beibehalten? Wo haben sie sich geändert? Was war die Ursache dafür? Gute Fragen …

… viele Fragen, die Sie sich immer wieder stellen sollten, um sicherzugehen, dass Sie im Dickicht des Alltags nicht den Blick für das wesentliche, das große, verlieren. Denn eine Neugestaltung, die von Zeit zu Zeit durchaus einmal erforderlich sein kann, ist nicht unbedingt etwas Negatives.

Manchmal sind es auch nicht unbedingt nur die intrinsischen Faktoren, welche Sie zu einer Veränderung treiben. Manchmal, und in einer sich zunehmend globalisierenden Welt wie heute vielleicht sogar immer häufiger, werden Sie unter Umständen und wahrscheinlich auch von außen immer wieder dazu gezwungen, eine andere Richtung einzuschlagen. Auch das ist nicht unbedingt von Nachteil. Und auf keinen Fall ein Grund, die berühmte Flinte ins Korn zu werfen. Warum, weshalb und wieso – dieser Frage möchten wir im letzten Teil des Buches ein wenig näher auf den Grund gehen.

5

Was ich will – nicht, was man macht

Zusammenfassung Im abschließenden Kapitel stellen wir Ihnen noch eine kleine, aber zentrale Frage, die Ihr weiteres Leben vielleicht fundamental verändern wird. Lassen Sie sich überraschen!

Seien Sie ruhig ehrlich zu sich selbst. Es ist am Anfang vielleicht ungewohnt, aber Sie sind ja mit sich durchaus in den meisten Fällen in guter Gesellschaft. Und Sie werden es bis an das Ende Ihrer Tage auch sein. Sicher, es gibt Tage, an denen können wir uns selbst nicht leiden, das ist normal und geht vorbei. Trotzdem werden wir in der Regel mit uns ganz vernünftig aufgestellt sein, wie sind aber vielleicht den Umgang mit uns nicht gewöhnt, speziell, wenn wir nicht gewöhnt sind, mit uns selbst umzugehen. Wenn Sie den Text bis hierher blöd finden, dann haben Sie vermutlich etwas zu viel Sachebene in Ihr Leben eingebaut und etwas zu wenig Beziehungsebene. Das haben Sie dann vermutlich schon gemerkt, wenn Sie mit dem Gedicht von Novalis nicht wirklich zu tun haben wollen, wenn die Emotionen eher übertrieben finden und es einfach doof finden, über Gefühle zu sprechen.

Was sich anbietet, dazu sind wir ja auch letztlich ausgebildet, ist, sich ein Blatt Papier zu schnappen und darauf zu malen, zu schreiben, irgendwie Farbe auf das Papier zu bringen. Dabei sollten wir auch eine Frage aufschreiben. Klingt doof? Ist es aber nicht. Wenn wir also die Frage stellen wollen, was wir im Leben erreichen wollen, dann sollten wir auf das Blatt schreiben

Was will ich im Leben erreichen?

Lassen Sie die Frage ruhig wirken. Vielleicht sitzen Sie vor dem Blatt Papier, und es bleibt lange leer. Macht nix. Je nachdem was Sie studiert haben sind Sie ja vielleicht noch nicht gewöhnt, so zu denken und zu arbeiten. Vielleicht fällt Ihnen sogar schwer, von sich selbst als „ich" zu sprechen. Oft sind wir gewohnt, nicht als „ich" zu denken, sondern von „man" zu sprechen, wenn wir in Wirklichkeit uns selbst meinen. Von „ich" zu sprechen, bedeutet letztlich, dass wir uns erfolgreich abgewöhnt haben, uns selbst als unwichtig wahrzunehmen, uns zurückzunehmen. Das kostet durchaus Mut und ist nicht einfach.

Wir verstecken uns oft lieber hinter einem kollektiven „man", wer immer der Kerl ist. Da fühlen wir uns sicherer, weil wir nicht so ungeschützt im Wind stehen, wie wir das als „ich" tun. Aber Vorsicht: Die Frage kann auch Nebenwirkungen haben. Es gibt Menschen, die bei der Frage festgestellt haben, dass Sie lange in die falsche Richtung gegangen sind und dann Ihren Weg korrigierten. Ist das falsch? Ist es falsch, den Weg zu korrigieren, wenn ein Mensch feststellt, dass er den bisherigen Weg nur ging, weil er seinen Eltern einen Gefallen tun wollte? Wenn er dann zum Ergebnis kommt, dass es ihm dennoch Freude macht, den Weg zu gehen und er das Talent dazu hat – schön! Wenn er feststellt, dass er lieber was auch immer gemacht hätte, dann steht er vor einer Entscheidung. Ist er dadurch dümmer geworden? Eigentlich nicht.

Also noch mal: Was will *ich* im Leben erreichen? Nicht man, ich. Noch persönlicher geht es nicht. Es geht um mich. Um niemand anderen. Nicht um meinen Nachbarn, nicht um meine Eltern, nicht um meinen Professor, bei dem ich gerade arbeite oder gearbeitet habe, nicht um meine besten Freunde. Nur um mich. Purer Luxus, aber auch gefährlich. Vielleicht habe ich gerade keine gute Meinung von mir, vielleicht ist mir die Frage zu gewaltig, denn sie geht ja tief an mich, an meinen Kern als Menschen heran. Ob ich mir wirklich begegnen will? Bitte, ja.

Sie haben die Frage aber auch anders erkannt: Der Analytiker in uns hat schon die Worte sortiert und erkannt, dass die Frage eine W-Frage ist, also eine offene Frage. Schlecht für uns, wir können sie nicht einfach mit ja oder nein beantworten. Es ist eben nicht gefragt worden,

Will ich im Leben etwas erreichen?

Das könnten wir guten Gewissens beantworten und wären glücklich und zufrieden, wenn wir dann ein klares „Ja" antworten. Es bliebe dann offen, was das Etwas ist. Die Frage lässt aber den Ausweichraum nicht zu:

Was will ich im Leben erreichen?

„Könnte ich die Frage bitte präzisiert bekommen?"
„Nein."
„Kann ich bitte eine andere Frage bekommen?"
„Wir haben gerade keine bessere Frage. Die ist schon gut genug."
„Wirklich nicht? Ich bin nicht gewöhnt, so komplexe Fragen ohne jede weitere Erläuterung gestellt zu bekommen."
„Ja. Du darfst Dir die Frage selbst präzisieren."
Mist ...

... jetzt müssen wir doch was selbst machen. Wir haben ja gelernt, große Arbeitspakete in kleinere zu spalten. Also, was gibt denn unsere Logik her: Wie kann man das Leben zerlegen: Beruf – Familie – Freizeit – Hobbys. Erfolg – Ansehen – Geld – Macht – Sex – Spaß. Lebensalter: Jedes Jahrzehnt wird separat beschrieben, was soll in dem Jahrzehnt passieren: Mit 30–40–50–60–70–80–90–100. Orte, Kontinente. Wo will ich leben? Inhalte: Was will ich gemacht haben, bis ich sterbe? Materielles: Was will ich besitzen? Kulinarisches: was will ich unbedingt einmal gegessen haben? Zwischenmenschliches: Wen will ich unbedingt einmal gesprochen haben? Wer soll mein Freund sein? Ganz wichtig dabei ist, dass Sie sich nicht von einer Struktur gefangen nehmen lassen. Egal welche Logik – jede ist richtig und uns gleich lieb. Aber wichtig ist, darauf zu achten, bloß keine unsaubere Logik zu haben. Unsere Logik, egal, wie sie aussieht, muss schlüssig sein und muss dazu geeignet sein, tatsächlich die Breite der Frage abzudecken. Beruf und Freizeit können da als Wertepaare stehen bleiben, wenn sie für uns alle Tage und alle Stunden der Tage abdecken. Vielleicht kommt dann in einer späteren Ebene die Frage nach Tag und Nacht, nach Werktag und Wochenende dazu. Vielleicht unterscheiden wir dann erst zwischen Familie, Kollegen und Freunden, vielleicht unterscheiden wir zwischen Pflicht und Kür, zwischen Freude und Verpflichtungen – egal, wie die Begriffe sich ergänzen, wir sollten darauf achten, dass sie das Thema umfassen. Sonst werden uns die nicht bedachten Aspekte einholen.

Sie werden eine Logik finden, die große Frage zu unterteilen. Dann werden Sie die kleinen Pakete haben, die Sie bearbeiten können, bei denen die Antworten nur so kommen. Wenn es am Anfang dauert, machen Sie sich bitte nichts daraus. Das ist normal. Sie haben ja die Wissenschaft studiert, die Sie gewählt haben und keine andere. Sie sind ja auch die Sachebene getrimmt worden, nicht perfekt im Umgang mit sich selbst. Aber mit den Arbeitstechniken, die Sie gelernt haben, sind Sie auch in der Lage, diese wirklich komplexe, aber für Sie auch im wahrsten Sinne des Wortes lebenswichtige Frage zu beantworten. Sie werden auch merken, dass Sie, wenn Sie das erste Wort geschrieben haben, schnell immer mehr schreiben werden. Sie werden Kreuz- und Querbezüge herstellen, Sie werden mit Ihren Antworten auf einander aufbauen. Vermutlich reicht das Blatt nicht aus. Macht nix, dann nehmen wir eben die super Post-its, mit denen sich Botschaften überallhin kleben lassen. Nehmen Sie die Wand, die Tür. Der Vorteil der Post-its ist, dass Sie nun in der Lage sind, Ihre Ideen hin und her zu schieben.

Diese Übung fühlt sich am Anfang sicher ungewohnt an, sie kann uns aber unglaublich helfen, uns selbst zu sortieren. Es kann sein, dass wir auf dieser Reise zu uns selbst unbequeme Wahrheiten sagen müssen, es kann sein, dass wir feststellen, dass ein anderer Weg für uns vielleicht der bessere wäre, es kann sein, dass wir feststellen, dass wir uns wohl fühlen, so, wie es gerade läuft. Vielleicht begegnen wir Ängsten, vielleicht begegnen wir ganz neuen Möglichkeiten, vielleicht passt einfach alles.

In jedem Fall sollten wir aber auch unseren Ergebnissen insofern kritisch gegenüberstehen, wenn wir davon ausgehen, nun einen Arbeitsplan zum Glück oder zum Erfolg zu haben – nicht jeder muss den Plan so bestechend finden wie wir, weshalb es immer wieder lohnt, zu prüfen, wie weit der Zielkorridor noch gegeben ist und wir in ihm. Und wir sollten auch jederzeit bereit sein für auch gravierende Änderungen. Friedrich Dürrenmatt, der große Schweizer Dramaturg und erbarmungslose Logiker, hat in den zehn Thesen zu seinem Theaterstück „Die Physiker" festgestellt:[1]

„Je planmäßiger ein Mensch vorgeht,
 desto wirksamer vermag ihn der Zufall zu treffen."

In diesem Sinne vertrauen Sie nicht zu sehr auf die Macht der Planung und lassen Sie genug Flexibilität übrig, um auf veränderte Situationen zu reagieren. Sie werden es sicher brauchen. Haben Sie keine Angst davor, sondern freuen Sie sich auf den Rest Ihres Lebens.

---

[1] Friedrich Dürrenmatt, 21 Punkte zu den Physikern, Punkt 8 (geschrieben 1961), Diogenes Verlag, Werkausgabe, Band 7, (1998, S. 91).

GPSR Compliance

The European Union's (EU) General Product Safety Regulation (GPSR) is a set of rules that requires consumer products to be safe and our obligations to ensure this.

If you have any concerns about our products, you can contact us on

ProductSafety@springernature.com

In case Publisher is established outside the EU, the EU authorized representative is:

Springer Nature Customer Service Center GmbH
Europaplatz 3
69115 Heidelberg, Germany

www.ingramcontent.com/pod-product-compliance
Lightning Source LLC
LaVergne TN
LVHW020341260326
834688LV00045B/1470